Über dieses Buch Die Innenwelt-Verschmutzung ist nach der Vorstellung des Autors die Vergiftung der menschlichen Psyche durch falsche Gefühle, trügerische Hoffnungen und irreale Vorstellungen. Diese Verschmutzung wird nach den Worten des Autors am deutlichsten sichtbar im Konsum von Rauschmitteln der verschiedensten Art. Weder das Ausmaß dieser Verschmutzung der menschlichen Innenwelt noch überhaupt die Existenz dieser Erscheinung sind hinreichend bekannt, weder bei den sogenannten Experten noch in der Öffentlichkeit. Der Autor des Buches hat Fakten und Zahlen aus der jüngsten Zeit über die Erscheinungsformen der Innenwelt-Verschmutzung zusammengetragen und analysiert darüber hinaus die Ursachen, die er in engem Zusammenhang mit der Bevölkerungsexplosion sieht. Das Buch hat in der Fachwelt wie in der Öffentlichkeit große Beachtung gefunden. So urteilt ein Rezensent: »...eine so brillante wie ausgewogene Analyse eines Problems, das wir ebenso wie die Umweltverschmutzung in den nächsten Jahren bewältigen müssen, wenn unsere bedrohte Lebensqualität gerettet werden soll« (›Welt am Sonntag‹).

Der Autor Jürgen vom Scheidt, 1940 in Leipzig geboren, hat in München Psychologie, Soziologie, Anthropologie und Psychopathologie studiert. Er arbeitete nach dem Studium zunächst als wissenschaftlicher Lektor und Publizist für Psychologie und Naturwissenschaften. Er führt heute in München eine psychologische Praxis. – Weitere Titel des Autors im Fischer Taschenbuch: ›Handbuch der Rauschdrogen‹ (mit Wolfgang Schmidbauer, Bd. 4551); ›Der falsche Weg zum Selbst‹ (Bd. 3842); ›Der unbekannte Freud‹ (Bd. 42292).

Jürgen vom Scheidt

Innenwelt-Verschmutzung

Die verborgenen Aggressionen
Symptome, Ursachen, Therapie

Fischer
Taschenbuch
Verlag

Geist und Psyche
Begründet von Nina Kindler 1964

Überarbeitete Ausgabe
Veröffentlicht in der Fischer Taschenbuch Verlag GmbH;
Frankfurt am Main, Januar 1988

Umschlaggestaltung: Graupner & Partner GmbH
Gesamtherstellung: Clausen & Bosse, Leck
Printed in Germany
ISBN-3-596-42297-3

Inhalt

Die Schicksalsfrage der Menschenart scheint mir zu sein, ob und in welchem Maße es ihrer Kulturentwicklung gelingen wird, der Störung des Zusammenlebens durch den menschlichen Aggressions- und Selbstvernichtungstrieb Herr zu werden. In diesem Bezug verdient vielleicht gerade die gegenwärtige Zeit ein besonderes Interesse. Die Menschen haben es jetzt in der Beherrschung der Naturkräfte so weit gebracht, daß sie es mit deren Hilfe leicht haben, einander bis auf den letzten Mann auszurotten. Sie wissen das, daher ein gut Stück ihrer gegenwärtigen Unruhe, ihres Unglücks, ihrer Angststimmung. Und nun ist zu erwarten, daß die andere der beiden »himmlischen Mächte«, der ewige Eros, eine Anstrengung machen wird, um sich im Kampf mit seinem ebenso unsterblichen Gegner zu behaupten. Aber wer kann den Erfolg und Ausgang voraussehen?

Sigmund Freud, 1930

Vorwort zur überarbeiteten Neuausgabe 1987

Als dieses Buch 1973 zum erstenmal erschien, war vieles von dem, was darin behandelt wird, noch weitgehend Spezialwissen für Fachleute. Das betraf zunächst schon den Begriff »Umwelt-Verschmutzung«, von dem ich den Titel ableitete, mehr noch aber »Innenwelt« und gar »Innenwelt-Verschmutzung«. Schon bald wurde gefragt, was das denn eigentlich sei: Innenwelt. Und dann erst: »Verschmutzung« der Innenwelt! Was haben sich nicht manche Kritiker aufgeregt darüber, daß ich angeblich seelisches Leid buchstäblich »in den Dreck ziehe« – als hätte ich dies auch nur mit einem einzigen Satz *so* gesagt (mehr darüber in der Einleitung).

Meine zentrale These (und größte Hoffnung), nämlich daß die »Verschmutzung innen« allmählich die »Kriege draußen« ablösen könnte, hat sich zum Glück in der Zeit seit 1973 bestätigt:

- In weiten Teilen der Welt und speziell in dem Teil, der uns Deutsche betrifft und der zum schlimmsten Schauplatz eines atomaren »Endspiels« werden könnte, herrscht Frieden – jedenfalls in politischem Sinne (kulturell und gesellschaftlich sieht manches freilich anders aus).
- Drogensucht und die anderen Formen der »Innenwelt-Verschmutzung« haben deutlich zugenommen – s. die entsprechenden Kapitel 2 bis 6.

Letzteres ist ein großes Unglück für alle, die darunter leiden – ersteres ein ebenso großes Glück für uns wie für die Menschheit als Ganzes.

Ich kann nur hoffen, daß dies so bleiben wird – und daß wir für die Sanierung der Innenwelt wie die der Umwelt irgendwann Ähnliches sagen können.

Den Kritikern und den Lesern, die sich – positiv wie negativ – zu den ersten Auflagen meines Buches äußerten, sei an dieser Stelle herzlich gedankt, für Lob wie für Tadel. Ich habe gewisse polemische Stellen, weil unnötig, gestrichen. Mißverständliches wurde klargestellt, vor allem der Aggressions-Begriff (s. Kapitel 1). Das statistische Zahlenmaterial wurde auf den neuesten Stand gebracht, soweit dies möglich bzw. nötig war; eine Zusammenfassung dieser Zahlen, erschreckend mit ihren wahrhaft astronomischen Dimensionen, findet man in der Einleitung.

Jürgen vom Scheidt
München, im Mai 1987

Einleitung

Die Räusche des Haschisch, des LSD und anderen jener verführerischen Substanzen sind meine erste bedeutende und auch tiefgreifendste Begegnung mit dem gewesen, was ich »Innenwelt-Verschmutzung« nennen möchte. Nach ersten theoretischen Arbeiten zur Drogenproblematik, vor allem aber aufgrund meines täglichen Umgangs mit den seelischen Nöten junger Leute wurde mir zunehmend klarer bewußt, daß die Rauschgiftwelle unserer Tage weder etwas Neues (es gab schon einige solcher »Wellen«) noch etwas Einzigartiges ist, sondern daß sie lediglich wegen ihrer buntschillernden Aura von den Massenmedien und deren Millionenpublikum in den Vordergrund gerückt wurde. Im vorliegenden Buch möchte ich zeigen, daß es sich bei der Drogenseuche in Wirklichkeit nur um eine von vielen Formen handelt, in denen uns Innenwelt-Verschmutzung begegnet. Ich werde versuchen, auch alle jene anderen Gesichter – oder besser »Masken« – darzustellen: von den psychosomatischen Krankheiten über Neurosen und Geisteskrankheiten bis hin zur »Medien-Verschmutzung« durch Werbung, Fernsehen und andere sozio-kulturelle Bereiche. Es geht mir dabei allerdings, das soll von vorneherein betont werden, weder um ein »Lehrbuch der Psychopathologie« noch um eine Art »Untergang des Abendlandes« aus der Sicht eines Psychologen. Vielmehr schwebt mir eine nüchterne Bestandsaufnahme vor, verbunden mit einem Schuß Kulturkritik.
Obwohl ich der Diagnose den meisten Platz einräumen mußte, ist mir noch mehr an den letzten Kapiteln gelegen, in denen ich mich mit den Ursachen der Innenwelt-Verschmutzung und den Möglichkeiten einer Vorbeugung beziehungsweise Therapie auseinandersetze. Und trotz allen Grundes zu schwärzestem Pessimismus sehe ich Ansätze für eine letzten Endes positive Lösung.
In diesem Buch wird als eine der wichtigsten Ursachen der Innenwelt-Verschmutzung die explosionsartige Zunahme der Weltbevölkerung betrachtet.
Was könnte die Aktualität des Buches mehr unterstreichen, als die erschreckende Tatsache, daß 1973, als ich das Manuskript schrieb, auf der Erde noch keine vier Milliarden Menschen lebten – und daß nun, wenige Monate vor Erscheinen dieser Überarbeitung, schon die fünfte Milliarde überschritten wurde. Und dies in gerade fünfzehn Jahren!
Auch sonst haben sich die beschriebenen Trends noch verstärkt – aller-

dings nicht nur die negativen, sondern auch positive. So hat zum Beispiel US-Präsident Reagan, erschrocken über das wahre Ausmaß der Suchtgefahren in den USA, 1986 endlich die Rauschdrogen zum »Staatsfeind Nr. 1« benannt und ihnen »den Krieg erklärt«. Mit diesen großen Worten, vor allem als Wahlkampf-Lokomotive gedacht, meinte er, daß die *Lieferanten, Händler* und *Konsumenten* verstärkt bekämpft werden sollten.

Wie andere konservative Politiker auch verwechselt er leider Ursache und Wirkung. Wenn er sich einmal fragen würde, warum seine Landsleute in so ungeheurer Anzahl den Rauschgiften verfallen (und keineswegs nur die Ärmsten, sondern auch hochbezahlte Spezialisten in Wirtschaft, Wissenschaft und Sport, und keineswegs nur die Jugendlichen, sondern auch immer mehr Erwachsene), dann müßte er sich einer äußerst unbequemen Thematik stellen:

Daß nämlich immer mehr Menschen das Leben in der modernen Zivilisation, allem materiellen Komfort zum Trotz, immer weniger zu gefallen scheint und sie sich deshalb mit Hilfe der Drogen einen fragwürdigen Ersatz zu schaffen suchen. Ersatz zum Beispiel für eine echte Spiritualität und Religiosität. Ein höchst unbequemes Thema, vor deren Beantwortung sich auch Geistliche aller Glaubensrichtungen gerne zu drücken scheinen – weil sie keine glaubwürdigen Antworten mehr haben?

Hier sind kapitalistische wie sozialistische Politiker übrigens im selben Irrtum befangen: Wenn Gorbatschow seinen Sowjetmenschen den Alkohol wegnehmen will, so bekämpft er ja ebenfalls nur das Symptom – und nicht die Wurzeln des Übels.

Wenn es beispielsweise in der Bundesrepublik einem Wundertäter gelänge, ein kulturelles und gesellschaftliches Klima zu schaffen, das wenigstens den exzessiven Konsum von Alkohol überflüssig machte (nicht das genießerische Gläschen Wein oder die Maß Bier auf dem Oktoberfest), dann ließen sich nicht nur jährlich 75 bis 125 Milliarden Mark einsparen (Details s. S. 57), sondern wir würden einem soziokulturellen Paradies auch sonst um einiges nähergekommen sein.

Hier liegt allerdings, so meine ich, ein weiterer Irrtum verborgen. Wenn stimmt, wie manche Sozialutopisten (gleich ob roter, schwarzer, grüner oder – einstmals – brauner Couleur) phantasieren, daß sich durch entsprechende Verbesserungen der sozialen und kulturellen Ursachen die Drogen- und anderen Süchte aus der Welt schaffen ließen, so wären damit ja immer noch nicht jene Ursachen für Innenwelt-Verschmutzung beseitigt, die sozio-kulturell gar nicht, oder kaum, relevant sind, sondern die in den Familien und familienähnlichen Verbänden weitergegeben werden. In den »Keimzellen des Staates« also, wie

das gerne genannt wird, die man aber in vielen Fällen treffender als »Brutstätten von Innenwelt-Verschmutzung« bezeichnen sollte, wo Neurosen und Süchte regelrecht gezüchtet werden.
Nach mehr als zwei Jahrzehnten Beschäftigung mit diesem Thema bin ich inzwischen zu einer Auffassung gelangt, die so neu gar nicht ist, die mir aber sicher wieder »Prügel« von »links« und von »rechts« eintragen wird, wie schon zur Erstausgabe dieses Buches vor fünfzehn Jahren: Daß nämlich im Grunde jeder selber »seines Glückes Schmied« ist und daß Drogenabhängigkeit wie die anderen Formen der Innenwelt-Verschmutzung auch im Grunde zur Conditio humana gehören, daß sie Teil des (möglichen) Schicksals jedes Menschen sind – und damit auch seine Lebensaufgabe, die es zu bewältigen gilt. So wie Erdbeben und Überschwemmungen oder Seuchen wie AIDS.
Aber es geht auch nicht an, dieses Schicksal nur fatalistisch auf sich zukommen zu lassen.
Der Dritte Weltkrieg ist uns jeden Tag gegenwärtig – nicht nur als Drohung eines atomaren Weltuntergangs in Mitteleuropa, sondern als Realität im Nahen Osten, in Asien und in Mittelamerika. Das heißt nicht, daß wir die Hände in den Schoß legen und das Unvermeidliche abwarten sollen.
Auch die ungeheure Flut der Rauschgifte und die Horden von skrupellosen Händlern sind eine solche schreckliche Realität. So wie »verschreibungswütige« (bzw. von ihren Patienten völlig überforderte, hilflose) Ärzte eine Realität sind und Apotheker, die gerne ihren gelernten Beruf ausüben und ihre Medikamentenberge verkaufen wollen, weil sie halt nun einmal davon leben. Oder so wie die Gastwirte und Krämer, die nur zu gerne ihre Biere, Weine und Schnäpse an den »mündigen« Konsumenten weitergeben. Oder die Autohändler, die jene tonnenschweren Giftgasanlagen und Mordinstrumente an den Mann und die Frau bringen wollen, die eigentlich längst waffenscheinpflichtig sein müßten.
Aber wer, um alles in der Welt, zwingt denn mich persönlich, ein Rauschgift oder den Alkohol zu mißbrauchen, oder unnütz Auto zu fahren, oder meine kostbare Lebenszeit vor den öden Bilderwüsten des Fernsehers zu vergeuden?
Ich – und Sie, der Leser, die Leserin – haben doch wirklich die Freiheit, das zu wählen, was gut tut! Und ich habe, wenn ich von einem dieser Dinge (Alkohol, Auto, Fernsehen oder was sonst noch) abhängig sein sollte, doch immer noch viele (!) Chancen, mir Hilfe zu suchen, die mich befreit. Wenn ich diese Hilfen nicht nütze, dann ist dies mein Schicksal: zugrunde zu gehen in eben jener Sucht.
Niemand, der für suchtproduzierendes Elend welcher Art auch immer

verantwortlich ist, wird dadurch allerdings seiner Verantwortung enthoben – vor welchem Richter es auch sein möge.
In weiten Teilen der Welt (Europa, UdSSR, USA, China, Australien) gibt es heute keine Kriege mehr, auch keine kriegsähnlichen Auseinandersetzungen (die Lebensqualität dort mag eine andere Frage sein). Auch hierin hat sich eine in der Erstausgabe geäußerte Hoffnung, zu unser aller Glück, bestätigt, die zugleich die zentrale These dieses Buches ist: daß die Kriege draußen sich allmählich, via Innenwelt-Verschmutzung, ins Innere der Individuen verlagern könnten.
Die allmähliche Befriedung der Welt – trotz der entsetzlichen Bedrohung durch ein alles doch noch auslöschendes Feuer – ist erstmals in den Bereich des Möglichen gerückt. Es läßt sich heute zumindest mit einigem Realismus vorstellen, daß die Aufgabe des nächsten Jahrhunderts, wenn nicht Jahrtausends, nicht mehr die kriegerische Umverteilung von Landbesitz sein wird, sondern die ökologische Sanierung der Länder, Meere und Lüfte. Sie wird alle wirtschaftlichen Kräfte und alle wissenschaftliche Phantasie zunehmend binden und immer weniger Raum für Kriegs»spiele« lassen. Bhopal, Tschernobyl und Basel waren in allerjüngster Zeit nur drei der Katastrophen, die in Zukunft verhindert werden müssen – und von denen uns doch noch eine ganze Reihe drohen. Seweso und seine durch Europa geschmuggelten Dioxyn-Fässer sind leider fast schon wieder vergessen!
Diese Sanierung der Umwelt wird auf Dauer geistige, psychische und soziale Kräfte ebenso binden wie *Billionen*summen an Kapital, und zwar auf dem gesamten Planeten Erde.
Und je mehr diese Verlagerung der Kräfte voranschreitet, um so mehr wird der einzelne auch die Chance haben, Zeit und Geld und Aufmerksamkeit (!) sich selbst, seinen inneren Problemen und deren Sanierung zu widmen.
Das Augenmerk verstärkt auf diese Verhältnisse und ihre komplizierten Zusammenhänge zu richten, ist Thema dieses Buches. Als ich es nach langen vorangehenden Recherchen 1973 zuerst veröffentlichte, war ich noch der Meinung, daß ich auch manches über die Sanierung wüßte und zu sagen hätte – in dieser Hinsicht bin ich heute viel bescheidener geworden. Das Individuum ist doch in einem Ausmaß gefordert (und auch überfordert) durch die Umwelt- wie die Innenwelt-Bedingungen, die es vorfindet und die ihm irgendwann in der Jugend, aber vermehrt noch im Erwachsenenalter bewußt werden, daß es oft schon an Wunder grenzt, wenn überhaupt Fortschritte möglich sind.
Dies wird mir deutlich, wenn ich meine eigenen Bemühungen in dieser Richtung betrachte. Als ich das Buch vor 15 Jahren geschrieben habe, waren mir manche Zusammenhänge zwar schon klar – aber ich bezog

sie nicht wirklich auf mich selbst und mein Leben. Ich fuhr ein Auto (ohne viel an meinen Beitrag zur Umwelt-Verschmutzung zu denken), sah gern fern und rauchte gelegentlich. Heute brauche ich alle drei Krücken nicht mehr.

Es gibt aber noch andere Probleme in meinem Leben, die nicht so leicht zu bewältigen sind. Ich habe vor allem auch gelernt, ein wenig mehr Geduld mit mir selbst und der Welt zu haben. Ohne Geduld verändert sich nämlich überhaupt nichts.

Ich muß noch hinzufügen, daß ich zwei meiner erwähnten Krücken gar nicht so freiwillig aufgegeben habe, wie es den Anschein haben mag. Die materiellen Einschränkungen, welche die Scheidung meiner ersten Ehe mir auferlegten, zwangen mich dazu, Auto und Fernseher, auch als Zeitvertreib und Fluchtmöglichkeit, loszulassen.

Aber der emotionale Strudel, in den Trennung und dann Scheidung mich stürzten, zwang mich auch, meine innere Misere, meine eigene Innenwelt-Verschmutzung, deutlicher anzuschauen und dort im Lauf der Jahre Ordnung zu machen. Insofern gebe ich nun in diesem Buch also nicht nur, wie Kritiker der ersten Auflage mir zu Recht vorgeworfen haben, Ratschläge, die dann andere befolgen sollen. Ich habe diese Einsichten selbst schon vor Jahren befolgt – und nicht ohne Gewinn, wie ich meine. DieselbenKritiker stießen sich übrigens auch schon an dem Wort »Innenwelt-*Verschmutzung*«: Ich würde da doch seelisches Leid unzulässig mit dem Abfall der Umwelt-Verschmutzung gleichsetzen und die emotional Kranken diskriminieren. Genau dies war aber, als Psychologe und Therapeut, das letzte, was ich wollte. Ich weiß dafür zu gut, wie sich seelisches Leid anfühlt – ich kenne es aus vielen Jahren auf beiden Seiten der »Couch«, als Patient ebenso wie als Therapeut.

Diese zweifache Erfahrung hat mich aber auch gelehrt, die Realität der inneren Welt nicht mehr so zu verkennen wie in früheren Jahren – sie vor allem auch nicht zu beschönigen. »Schmutz« ist »Schmutz«, gleich, ob draußen oder drinnen. Es gibt nämlich heute eine Art von Schönfärberei, die bereits an Psycho-Kitsch grenzt und in unzähligen Lebenshilfe-Büchern verbreitet wird, sei es als »Positives Denken« oder als manche (nicht alle!) Botschaften heutiger Esoterik.

Da ist also, so meine ich, allerhand »Müll« abgelagert, den es auszuräumen gilt. Zum Beispiel Schuldvorwürfe gegen die Eltern: Irgendwann muß man für seine Misere eben selbst die Verantwortung übernehmen.

Das aber bedeutet nicht zuletzt, altes Zeug, alte Überzeugungen über Bord zu werfen. Das hört sich leichter an als es ist. Das dauert vor allem viel länger als man meint: nicht Jahre, sondern Jahrzehnte. Und das kostet – nicht nur Geld, sondern Zeit und Nerven, Selbstüberwindung und Geduld, Geduld, Geduld.

Aus all diesen Gründen ist Selbsterfahrung und Psychotherapie so wenig beliebt. Neulich hörte ich sogar die bewußte Verballhornung »Psychoterroristen« für »Psychotherapeuten« – welche Ängste müssen dahinterstecken...

Wenn ich von »Verschmutzung« der Innenwelt rede, so weiß ich mich darüber hinaus aber auch mit dem Volksmund einig. Der spricht nämlich nicht zufällig davon, daß jemand

- etwas unter den Teppich kehrt,
- Dreck am Stecken hat,
- Leichen im Keller versteckt oder
- Skelette im Schrank.

Weshalb ja auch empfohlen wird, man solle

- seine Nase nicht in fremde Angelegenheiten stecken, sondern
- besser vor der eigenen Türe kehren.

Wie es »hinter Türen«, eigenen und fremden, aussieht und »unter Teppichen«, das ist Thema dieses Buches. Wenn nun neue Kritiker auf die naheliegende Idee kommen sollten, ich hätte besser meine Nase nur in meine eigenen Angelegenheiten gesteckt, so kann ich nur erwidern: Es gehört nun einmal zu meinen beiden Berufen, als Schriftsteller wie als Psychologe, meine Nase in fremde Belange zu stecken – zum anderen aber muß ich, um zu wissen, wie und wo man »kehrt«, erst einmal ausfindig machen, welches die »Türen« überhaupt sind.

Jede dieser »Türen« ist eines der folgenden Kapitel, in denen ich noch im Detail beschreiben werde, wie Innenwelt-Verschmutzung beschaffen ist. Und was man womöglich dagegen tun kann.

Für all dies habe ich übrigens inzwischen auch ein Patent-Rezept gefunden. Es heißt:

»Mit beiden Augen sehen lernen.«

Damit meine ich: Ich muß einerseits die Realität so nehmen, wie sie tatsächlich jeweils ist. Dies ist die detaillierte, auch statistisch untermauerte Zustandsbeschreibung, die ich versuche. Ich darf mich von den schon recht desolaten Verhältnissen aber auch, bei aller Desillusionierung, nicht lähmen lassen. Dies ist die Aufgabe des anderen, des »zweiten« Auges. Es muß versuchen, hoffnungsvoll auch die positiven Entwicklungen wahrzunehmen. Nicht zufällig habe ich aber auch im politischen Sinne zwei Augen: ein (eher konservatives) rechtes und ein (eher sozialutopisch wahrnehmendes) linkes. Die Aufgabe ist, beide Augen nicht nur zu koordinieren, sondern sie auch für Rückschau und Vor-Sicht zu benützen – damit Leben in der Gegenwart besser gelingt!

Hoffnungsvolle Trends sind, wenn man sie nur sehen will, ohne Frage auch vorhanden. Heutzutage kann sich beispielsweise niemand mehr für den Krieg begeistern, ohne für irre gehalten zu werden – vor wenigen Jahrzehnten war dies durchaus noch keine weitverbreitete Ansicht. Das mahnende »erste« Auge nimmt natürlich wahr, daß in Afghanistan, im Irak/Iran und im Libanon, um nur drei Beispiele zu nennen, die Verrückten immer noch das Sagen haben, daß die Hoffnung derzeit erst ein schwaches Pflänzchen ist. Aber das Pflänzchen wächst – siehe Friedensbewegung!

Ähnliches tut sich im Bereich der Umwelt-Verschmutzung, wo jede neue Katastrophe zwangsläufig das »grüne« Bewußtsein schärfen und die ökologische »Gegen-Bewegung« stärken wird.

Jeder bewußt lebende und jeder dadurch irgendwann auch verantwortungs-bewußt lebende Mensch wird diese Prüfung der äußeren und inneren Wirklichkeit »mit beiden Augen« täglich neu vornehmen müssen.

Eine äußerst anstrengende und erschöpfende Tätigkeit, zusätzlich zu all dem anderen, was es sonst noch zu tun gibt.

Aber anders läßt sich, denke ich, in diesen apokalyptischen Zeiten nicht existieren. Und die Apokalypse, dies möchte ich noch abschließend anmerken, prophezeit ja keineswegs nur die Hölle auf Erden und den Untergang der Welt – sondern auch den Himmel. Es ist mir ein Trost, daß man aus der Menschheitsgeschichte mit ihrem oft brutalen Auf und Ab doch eine ständige Verbesserung der Lebensqualität auch für den einzelnen ablesen kann: »Der Fortschritt ist wirklich, wenn auch nicht immer stetig«, sagt der britische Vorgeschichtsforscher Gordon Childe. »Die aufwärts gerichtete Kurve löst sich in eine Reihe von Gipfeln und Tälern auf. Aber in den Gebieten, welche die Archäologie wie auch die geschriebene Geschichte überblicken können, sinkt kein Tal jemals bis auf das niedrige Niveau des vorhergehenden ab, überragt jeder Gipfel den vorhergehenden.«*

* Quellenangaben findet man im Anhang, in der – seitennumerierten – Reihenfolge der Zitate.

1. Verschmutzung der Innenwelt?

Umweltverschmutzung ist ein »Monster«, das von außen her unsere Existenz bedroht. In zunehmendem Maße wird man nun darauf aufmerksam, daß es auch eine »Verschmutzung« der menschlichen Seele gibt, die uns mindestens ebenso sehr gefährdet. Genauere Analysen zeigen, daß sie in hochgradig verdrängten, aggressiven Impulsen wurzelt, die jedoch für den einzelnen wie für die Gesellschaft so beängstigend sind, daß man sie lieber vom Bewußtsein fernhält. Statt dessen äußern sie sich in vielerlei Maskierungen.

Mitte der sechziger Jahre tauchte ein bis dahin unbekanntes Wort auf – zunächst in wissenschaftlichen Publikationen, bald aber auch in den Massenmedien: Umweltverschmutzung.

Mit jener Geschwindigkeit, die zu den verblüffendsten Phänomenen unserer hochtechnisierten Zivilisation gehört, folgte den Kassandrarufen der Gelehrten die breitangelegte Aufklärung über die Schädlichkeit von Autoabgasen, über die bedrohliche Zunahme des Mülls, über das »Umkippen« des biologischen Gleichgewichts von Flüssen und Seen, ja sogar der Meere. Schließlich wurden eigene Umweltschutzgesetze entworfen, eigene Behörden zu ihrer Durchführung gebildet. Mutige Richter in Italien und Japan schickten die ersten Fabrikanten wegen Umweltverschmutzung ins Gefängnis oder verdonnerten sie zu hohen Geldstrafen. Und allmählich konnte man beobachten, daß Spaziergänger ihre Picknickabfälle in Plastiktüten sammelten und wieder mit nach Hause nahmen, statt sie im Wald liegen zu lassen.

Es scheint uns bewußt zu werden, daß unsere Umwelt nicht mehr jene Unbegrenztheit (und damit unbegrenzte Regenerationsfähigkeit) besitzt, die sie noch um die Jahrhundertwende gehabt haben mag. Vielmehr dämmert uns, daß die Gefahr, wir könnten demnächst in unserem eigenen Unrat ersticken, keineswegs mehr utopisch ist. Die Vorstöße der Amerikaner und Sowjetrussen in den Weltraum haben das Vorbild für ein neues Denkmodell geliefert: So wie man an Bord eines Apollo-Mondschiffes jede noch so winzige Menge Abfall mit peinlicher Sorgfalt sammeln muß, wird man bald auch an Bord des »Raumschiffes Erde« (Buckminster Fuller) die Umweltverschmutzung eindämmen müssen. Sonst zieht unser Planet irgendwann als gigantischer Friedhof seine Bahn durch das Universum.

Wenn ich in Anlehnung an die bedrohliche Verschmutzung unserer Außenwelt den Begriff »Innenwelt-Verschmutzung« benütze, so mag dies zunächst nach modischem Wortgeklingel aussehen, nach Spiel mit dem neuen Trend, masochistisch über Gefährdungstendenzen in der modernen Welt aufzuklären. Tatsächlich möchte ich zeigen, daß es sich bei der »Innenwelt-Verschmutzung« wohl um ein noch größeres Problem und um noch größere Gefahren handelt als bei der »Umwelt-Verschmutzung«. Wie die Zerstörung der Außenwelt hat die der Innenwelt nicht erst in unseren Tagen begonnen (siehe Kap. 7); beider Ursache liegt vielmehr darin, daß seit geraumer Zeit – vielleicht seit Jahrhunderten? – der Mensch sehr sorglos und wohl auch entsprechend unerfahren Außenwelt wie Innenwelt ein Maß an Mißbrauch zugemutet hat, das sich nun bitter rächt. Wahrscheinlich ging sogar die Innenwelt-Verschmutzung voran – denn ist es nicht der seelisch *ge*störte Mensch, der aus grenzenlosem Egoismus das Gleichgewicht der Natur *zer*stört?

Genauere Analysen, die uns heute noch nicht möglich sind, werden späteren Generationen vielleicht einmal zeigen, daß beide Arten von Verschmutzung in einem kybernetischen Rückkopplungsprozeß untrennbar miteinander verbunden sind, daß sich beide, wenn das natürliche Gleichgewicht einmal gestört ist, in einem unheilvollen »Teufelskreis« gegenseitig vermehren und verstärken – bis eine Situation eintritt, wo sich der Unrat außen wie innen so hoch türmt, daß man ihn nicht übersehen kann. Auch ein sauberes »Raumschiff Erde« stellt nur eine Teillösung des viel umfassenderen Problems dar – denn was nützt eine noch so saubere Umgebung, wenn die Seelen der Menschen so vergiftet sind, daß sie es an Bord ihres »Raumschiffes« nicht mehr miteinander aushalten können? Zwei altbewährte Methoden, dem Dilemma der verschmutzten Innenwelt (sprich: den falschen Gefühlen, den übertriebenen Affekten, den irrationalen Gedanken, den Vorurteilen) aus dem Weg zu gehen, werden nicht mehr lange funktionieren, wenn die Weltbevölkerung weiter zunimmt und der Nächste uns täglich näher auf den Leib rückt:

- Man kann vor dem unliebsamen anderen nicht mehr davonlaufen (wie es etwa die Buschleute bei sozialen Konflikten tun), und
- man kann nicht länger durch kriegerische Akte den lästigen »Ko-Astronauten« von Bord befördern (daß das nicht geschieht, dafür sorgt schon – und hoffentlich weiterhin – das tödliche »Gleichgewicht des Schreckens« durch A-, B- und C-Waffen).

Also wird man sich über kurz oder lang mit der »Reinigung« der Innenwelt beschäftigen müssen.

Eine zentrale These dieses Buches ist, daß wir uns in einer Phase des

Übergangs zu einem neuen Menschenverständnis befinden, die dadurch gekennzeichnet ist, daß Konflikte nicht mehr in der Außenwelt ausgetragen werden, zum Beispiel durch Kriege (zwischen Gruppen) oder Verbrechen (zwischen Individuen), sondern daß die Aggressionen sich nach »innen« verlagern, bis vielleicht eines Tages das individuelle seelische Leid in weit größerem Maß als bisher das kollektive physische Leid sogar abgelöst haben wird, in Form von Neurosen, Psychosen und dergleichen. Warum könnte dies wünschenswert sein? Individuelles Leid läßt für den Leidenden mehr »Freiheitsgrade« verfügbar als etwa ein Gestellungsbefehl während der Mobilmachung zu einem Krieg zwischen zwei Staaten. Denn aus dem individuellen Leid kann man sich zum Beispiel durch eine Psychotherapie befreien. Doch davon mehr in den Schlußkapiteln. Zunächst soll einmal genauer bestimmt werden, was diese Innenwelt-Verschmutzung eigentlich ist.
Wie bei der Umweltverschmutzung ist es sehr schwer, eine präzise, nicht zu sehr vereinfachende Definition zu geben. Dennoch weiß inzwischen jedermann und jedefrau, was Umweltverschmutzung ist, weil man sie tagtäglich vor Augen hat, hört oder riecht. Mit der Innenwelt-Verschmutzung ist es nicht so einfach. Ich habe bereits betont, daß dieser »seelische Schmutz« verborgen im Unbewußten liegt, daß gerade in dieser Verborgenheit, in diesem Unbewußtsein seine eigentliche unheilvolle Wirkung steckt. Und da es für den einzelnen bei der Innenwelt-Verschmutzung weit schwieriger ist als bei der Umweltverschmutzung – ja in vielen Fällen nahezu unmöglich –, sich die Erscheinungsformen der Verschmutzung in konzentrierter typischer Form zu betrachten (da er oder sie selten Gelegenheit hat, sich selbst in Nervenkliniken, Gefängnissen und psychotherapeutischen Sprechstunden umzusehen), will ich versuchen, in den folgenden fünf Kapiteln anschaulich vorzuführen, wie Innenwelt-Verschmutzung sich äußert. Beginnen wir mit einigen summarischen Feststellungen.
Innenwelt-Verschmutzung ist:

- die Summe aller von einer (stillschweigend vorausgesetzten) Norm psycho-sozialer Gesundheit abweichender Störungen;
- das Ergebnis mangelhaft kontrollierter Aggressivität, die vorwiegend unbewußt arbeitet;
- das äußerlich, zum Beispiel durch die starke Zunahme der depressiven Erkrankungen, allmählich sichtbar werdende Erscheinungsbild des »inneren Chaos«, unter dem immer mehr Menschen leiden;
- die Gesamtheit all jener Reaktionen, mit denen ich-schwache Persönlichkeiten versuchen, mit einer sie zunehmend überfordernden Umwelt doch noch irgendwie zurechtzukommen.

Gegen jede dieser Feststellungen, die sich sicher ergänzen lassen,

könnte man Einwände erheben. Was heißt »Norm psycho-sozialer Gesundheit«? Bei den Eskimos gehört es zum guten Ton, daß der Hausherr dem Gast die Ehefrau zum Beischlaf zur Verfügung stellt – bei uns ist dies, trotz Gruppensex, ein Ding der Unmöglichkeit. Die Art und Weise, wie eine moderne Frau in unseren Breiten ihren Körper ganz selbstverständlich den Männern zur Schau stellt, würde in der Türkei auch heute noch Entrüstung hervorrufen. Und der junge Vater, der stolz seinen Sprößling im Kinderwagen spazierenfährt, hätte vor nicht allzu langer Zeit Hohngelächter hervorgerufen.
Was heißt weiterhin »Aggressivität«, was »inneres Chaos« und »ichschwacher Mensch«?
Der Leser möge diese Begriffe einstweilen als das nehmen, was sie sind: Verständigungshilfen, die die Kommunikation zwischen Autor und Leser erleichtern, und später von Fall zu Fall genauer bestimmt und klarer gezeichnet werden. Wer sich in der tiefenpsychologischen Literatur auskennt, dem werden diese Begriffe vertraut sein. Es ist jedoch ohne weiteres möglich, ohne derartige Vorkenntnisse die »Innenwelt-Verschmutzung« zu verstehen.

1.1 Falsche Gefühle und einiges mehr

Analog zur Umwelt-Verschmutzung, wo man es mit einer unerträglichen Zunahme von unverarbeiteten oder unverarbeitbaren (materiellen) Abfällen zu tun hat, könnte man sagen, daß es sich bei der Innenwelt-Verschmutzung um »falsche Gefühle« dreht, und zwar um Gefühle, die mit Aggressivität zusammenhängen: Haß, Wut, Neid, Eifersucht, Gier.
Da es sich in der Regel um sehr unbewußte, massiv verdrängte Gefühle handelt (»Gefühl« soll auch den anderen psychologischen Terminus »Affekt« miteinschließen), werden manche, wenn nicht die meisten dieser Formen dem Leser, der nicht tiefenpsychologisch geschult ist, zunächst nicht ganz einsichtig sein. So werde ich die Drogensucht ebenso als Beispiel der Innenwelt-Verschmutzung und der »falschen Gefühle« anführen wie die Zwangsneurose, die psychosomatische Krankheit »Magengeschwür« ebenso wie Vorurteile gegen Juden und Zigeuner, die Schizophrenie ebenso wie die Pornographie. Ein etwas großer Topf mit sehr heterogenem Inhalt, wird mancher Leser hier einwenden. Und manch einer wird schon an dieser Stelle befürchten, daß der Autor allzu vieles auf einen allzu kleinen Nenner bringen möchte – eine neue »monokausale« Theorie, die unzulässig simplifiziert.
Nun habe ich tatsächlich die Absicht, die oben genannten Erschei-

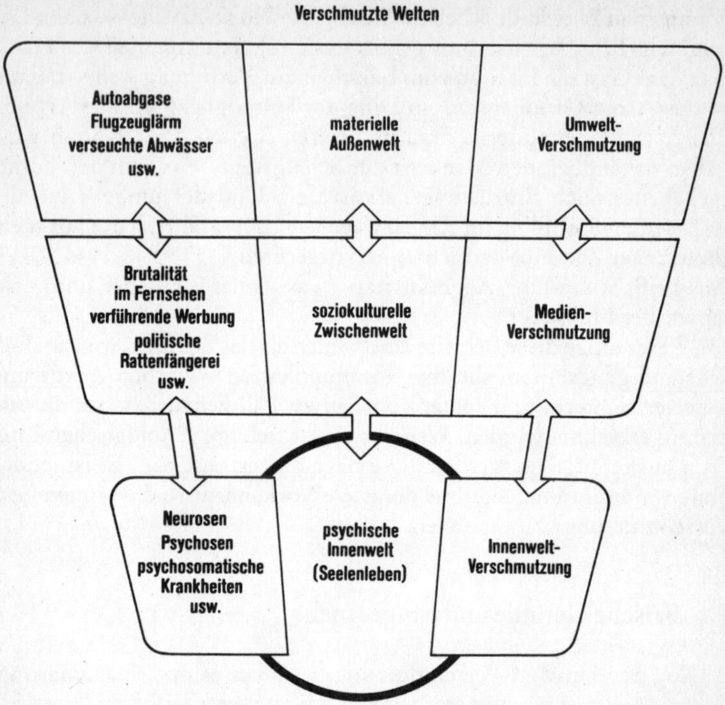

Nicht nur die Außenwelt ist mit »Unrat« erfüllt, sondern auch unsere Innenwelt. Zwischen diesen beiden Sphären, der materiellen und der seelischen, befindet sich eine dritte, die sozio-kulturelle Sphäre. Auch sie wird heute in zunehmendem Maße verseucht (siehe Kap. 6). Zwischen allen drei Lebensbereichen herrschen rege Wechselbeziehungen, wie sie vielleicht am deutlichsten beim Drogenproblem zutage treten: Ohne die Sensationsberichte der Massenmedien wären wohl kaum so viele Jugendliche zum Rauschmittelmißbrauch angeregt worden. Die Drogen selbst sind Objekte der materiellen Außenwelt, die über komplizierte physiologische Prozesse unser Seelenleben durcheinanderbringen.

nungsbilder psycho-sozialer Störungen auf eine gemeinsame Ursache zurückzuführen, nämlich auf verdrängte aggressive Gefühle bzw. Triebregungen. Und ich halte es für unbezweifelbar, daß das von Menschen an sich selbst oder anderen verursachte Leid, dessen Summe ich »Innenwelt-Verschmutzung« nenne, auf unbewußte Aggressionen zurückzuführen ist.

Ich möchte jedoch von vorneherein klarstellen, daß ich solche Aggressionen keineswegs als alleinige Ursache des Elends in der Welt sehe (dazu erfährt man tagtäglich zuviel von Naturkatastrophen und ande-

ren, nichtmenschlichen Wirkfaktoren des Weltgeschehens). Der Leser wird wissen, daß die klassische Erklärung Sigmund Freuds für die Entstehung der Neurosen, die wir ja auch zu den Auswirkungen der »Innenwelt-Verschmutzung« zählen, dahingehend lautete, sie seien die Folge verdrängter *sexueller* Gefühle. Erst in seinen Alterswerken bezog Freud dann mehr und mehr die verheerenden Auswirkungen verdrängter *aggressiver* Impulse mit in seine Betrachtungen ein; bis er schließlich zu der Überzeugung kam, daß dem von ihm postulierten Aggressions- oder Todestrieb eine den sexuellen Triebkräften gleichzustellende Verantwortung für die Entstehung der seelischen Krankheiten zukommt.
Wenn ich auf diesen Seiten den aggressiven Aspekt mehr betone als den sexuellen, so hat dies zwei gewichtige Gründe:

- Zum einen zeigt die psychotherapeutische Erfahrung, daß die Libido (ganz allgemein: die Liebesfähigkeit) sich ihre natürlichen Bahnen sucht, wenn die aggressiven Blockierungen und Charakterverformungen, von denen dieses Buch vorwiegend handelt, durchgearbeitet und gelockert oder aufgelöst werden. Offenbar können wir unserer menschlichen Natur gemäß schon immer lieben, während wir mühsam und viele Jahre lang, wenn nicht zeit unseres Lebens, lernen müssen, unsere aggressiven Impulse zu steuern und zu zähmen.
- Zum anderen hat es sich seit Sigmund Freuds grundlegenden Arbeiten allmählich herumgesprochen, welche Probleme eine unterdrückte oder falsch verstandene Sexualität mit sich bringt – wie sehr uns aber gerade die »verborgene Aggression« zu schaffen macht, das scheint infolge viel kräftigerer, die Einsicht hemmender Tabus noch heute weithin unbekannt zu sein.

Ich möchte hier nicht in die heftigen Auseinandersetzungen eingreifen, die derzeit in der Gelehrtenwelt um den Begriff »Aggression« geführt werden. Für mich ist Aggression – unabhängig, ob triebbedingt oder Folge von Frustrationen – jede *menschliche* (!) *Handlung* und jedes *menschliche Gefühl*, die auf direkte oder indirekte Weise diesen betreffenden Menschen selbst oder seine Mitmenschen stören, wenn nicht gar allmählich zerstören.
Aggressiv ist für mich also

- ein Säugling, der brüllt, weil seine Mutter ihm zu spät die Brust gibt;
- diese Mutter, weil sie die natürlichen Bedürfnisse ihres Kindes nicht rechtzeitig befriedigt;
- ein Autofahrer, der einem unvorsichtigen Fußgänger den »Vogel« zeigt;
- dieser unvorsichtige Fußgänger, weil er die Gefahren seiner Umwelt

Das innere Vietnam:

Standardwaffe in Vietnam nannte der Münchner Zeichner Louis Murschetz im Jahr 1973 eine Karikatur. Mit der Haschischzigarette, die das Geschützrohr ersetzt, spielt er auf die Tatsache an, daß viele der in die Vereinigten Staaten zurückgekehrten Dschungelkrieger im Kampfgebiet von Rauschdrogen wie Haschisch und Heroin abhängig wurden. Damit zeigt sich schon, daß dieser unselige Konflikt nicht nur zu einer Umweltverschmutzung gewaltigen Ausmaßes führte (entlaubte und vergiftete Wälder, verseuchte Reisfelder, mit Metallsplittern übersäte Bombentrichter), sondern auch zu einer nicht weniger schrecklichen Innenwelt-Verschmutzung. Von früheren Kriegen weiß man in dieser Hinsicht nicht sehr viel. Grimmelshausen hat in seinem »Simplicius Simplicissimus« einiges von den Greueln des Dreißigjährigen Krieges beschrieben. Die psychiatrischen Lehrbücher verzeichnen die vom Granatschock geschüttelten »Kriegsneurotiker« des Ersten Weltkrieges. Erst Vietnam hat der Weltöffentlichkeit die Augen für andere psycho-soziale Folgen bewaffneter Konflikte geöffnet:

- beinahe jeder dritte GI gilt als drogenabhängig;
- psychische Impotenz ist eine typische und weitverbreitete Erkrankung der Vietnam-Veteranen;
- der Rassenhaß trat mit all seinen Vorurteilen selten so offen zutage wie zwischen schwarzen und weißen US-Soldaten in Vietnam;
- die Bevölkerung in der Heimat wurde über der Frage nach der Fortsetzung des Krieges in zwei unversöhnliche Lager gespalten;
- gar nicht ermessen läßt sich das psychische Leid, das außer den körperlichen und materiellen Schäden über die Bevölkerung Indochinas hereinbrach.

nicht beachtet und somit andere, wie den eben erwähnten Autofahrer, gefährdet;

- ein Skifahrer, der sich aus eigenem Verschulden das Bein bricht;
- ein depressiver Patient, der seine Familienangehörigen durch seine Depressionen jahrelang zu einer Art »Sklavendienst am Krankenbett« zwingt;
- der Alkoholiker oder Heroinist, der seinen Körper und seine Seele durch Drogen zerstört;

- der Wissenschaftler, der im Dritten Reich »Untermenschen« zu Versuchszwecken bei Temperaturen unter null Grad nackt im Freien stehen ließ;
- der politisch extreme Student, der die Hirne seiner Kommilitonen mit emotionalen Phrasen und simplifizierenden Klischees verwirrt.

Dieser Katalog ist nicht vollständig, denn es soll den folgenden Kapiteln nicht vorgegriffen werden. Die aufgeführten Beispiele sind auch keineswegs als moralische Wertungen zu verstehen, denn gerade bei der »verborgenen Aggression« der Innenwelt-Verschmutzung wissen wir oft nicht, weshalb sie stattfindet. Ist die Mutter, die den hungrigen Säugling schreien läßt, schizoid-gefühlskalt – oder hat sie vielleicht nur brav die veralteten Vorschriften deutscher Babypflege befolgt, wonach sich das Kind mit seinen Mahlzeiten nach der Uhr zu richten hat und nicht die Mahlzeit nach den natürlichen Hungerzeiten des Kindes?

Solch ein Katalog von Beispielen und eigentlich auch dieses ganze Buch sollen nicht irgendeiner – ohnehin relativen – Moral huldigen, sondern vielmehr bei der Einübung einer gewissen Sensibilität helfen, die uns vielleicht irgendwann in die Lage versetzten wird, Innenwelt-Verschmutzung hinter ihren so unglaublich vielgesichtigen Erscheinungsformen zu erkennen, richtig einzuschätzen und damit auch einzudämmen – ja schließlich aufzuarbeiten.

Eines der Hauptkennzeichen vieler aggressiver Akte in unserer Epoche ist es, daß sie weitgehend unbewußt und damit von allen Beteiligten unbemerkt bleibt. Noch immer spricht man nur dann von Aggression, wenn man einen gewalttätigen Akt wahrnimmt. Wenn ich beobachte, wie ein Mann seinen unbewaffneten Bruder mit einer Keule niederschlägt, so ist für mich klar, daß der Angreifer »aggressiv« ist. Aber kann ich mir sicher sein, daß sein so wehrlos erscheinendes Opfer in Wahrheit nicht weit aggressiver war, vielleicht dadurch, daß es seinen Bruder viele Jahre lang in seiner Lebensentfaltung behinderte, durch eine neurotische Krankheit zum Beispiel? Es gibt nicht wenige Eltern, die ihre Kinder solchermaßen zeit ihres Lebens unmündig und damit auf versteckte Weise versklavt halten.

In den gängigen Büchern über Aggression ist meist von Mord und Totschlag die Rede, von Kriegen und Gemetzel. Aber gehören diese Beispiele offener Gewalttätigkeit – trotz Weltkriegen und trotz neuer Kriege in Nicaragua, im Nahen Osten und in Afghanistan (Vietnam ist fast schon eine Legende) – nicht bereits einer fast überwundenen Epoche der Menschheitsgeschichte an?

In den hochtechnisierten Ländern der westlichen Welt kommen heute

Nigredo nannten die mittelalterlichen Alchimisten das innere Chaos. Die Alchimie wurde, wenigstens von ihren ernsthaften Anhängern, als ein Weg betrachtet, dieses Chaos zu harmonisieren: Parallel zur chemischen Läuterung der Materie in seinen Retorten und Schmelztiegeln versuchte der Alchimist eine entsprechende spirituelle Läuterung seiner eigenen Seele zu erzielen. Unser Holzschnitt zeigt deutlich den Bereich der Innenwelt-Verschmutzung (links unten) und das Ziel der auch »Individuation« genannten Läuterung (rechts oben), das jedoch mit Absicht nur durch Symbole dargestellt wurde.

Mit den Zusammenhängen zwischen »Psychologie und Alchimie« hat sich vor allem der Schweizer Psychiater C. G. Jung in einem gleichnamigen Werk beschäftigt. Anhand der Traumserie eines Patienten konnte er zeigen, daß die in den alchimistischen Texten beschriebenen Erlebnisse und Symbole denen eines modernen Träumers in hohem Maße ähneln. Eine dieser »archetypischen« Seelenkräfte ist der *Guru* (siehe Kap. 8). C. G. Jung ist für die seelisch Kranken unserer Tage selbst ein solcher Seelenführer geworden.

schon mehr Menschen durch Autounfälle um als durch Kriege oder kriegsähnliche Konflikte – allein in der Bundesrepublik sterben jährlich mehr als 10000 Menschen auf den Straßen. Durch Selbstmord enden weltweit mehr Leute – jeden Tag etwa 1000 – als durch Mord und Totschlag. Und die Zahl der Todesopfer durch Heroin in den Jahren 1962 bis 1975 schätzte man für die USA höher als die Zahl der amerikanischen Vietnamtoten im gleichen Zeitraum. Addiert man die Zahlen all dieser Opfer der »verborgenen Aggression«, so ergibt sich eine Bilanz, die für mich eigentlich nur einen Schluß zuläßt:
Die offene Aggressivität des Menschen, die sich bislang so verheerend und für den einzelnen nahezu unausweichlich in der Außenwelt ausgetobt hat und die heute mehr und mehr durch die schon weniger offene Form der Aggression durch Umweltverschmutzung ergänzt wird (auch die Gedankenlosigkeit oder Profitgier eines Fabrikanten ist eine Form von Gewalttätigkeit!) – diese Aggressivität verlagert sich zunehmend in die Innenwelt der Individuen.
Aber was ist diese Aggressivität denn eigentlich? Freud und viele seiner Schüler sagen, es sei ein Trieb, genau wie der Sexualtrieb. Dem widerspricht die Tatsache, daß es für Aggressionen kein biologisch festgelegtes Triebziel gibt wie bei der Sexualität den Partner beziehungsweise die Fortpflanzung. Andererseits erlebt jemand, der unter starken Aggressionen leidet (oder seine Mitmenschen darunter leiden läßt!), diese tatsächlich drangartig, so als wirke eine Art Trieb oder Antrieb in ihm. Ich glaube aber inzwischen, daß man sich hüten muß, wie Freud dies getan hat und wie es die Psychoanalytiker noch immer tun, deswegen von einem eigenen Aggressionstrieb auf biologischer Grundlage zu sprechen. Es erscheint mir jedenfalls plausibler, Aggressionen, also alles, was in diesem Buch unter dem Oberbegriff »Innenwelt-Verschmutzung« zusammengefaßt wird, als einen Versuch des Menschen zu betrachten, sich von unerträglichen inneren Spannungen zu befreien. Dies können körperliche genauso wie seelische Spannungen sein; wir werden noch sehen, daß sich beides ohnehin nur schwer voneinander trennen läßt.
Wir können Aggressionen also als eine Art Notventil betrachten, das inneren »Druck« abbauen hilft. Und zwar sind aggressive Handlungen, sowohl gegen andere wie gegen einen selbst, ganz offenkundig der Weg, solche Spannungen in kürzester Zeit und mit größten Quantitäten abzubauen. Besser wäre es natürlich, wenn man sich beispielsweise ärgert, die Ursachen zu ergründen und die daraus resultierenden Spannungen schöpferisch zu verarbeiten, indem man auf praktikable (!) Abhilfe sinnt. Aber es ist zunächst einmal wesentlich einfacher, mit der Faust auf den Tisch zu hauen, laut loszubrüllen, sich einen »Sündenbock« zu suchen, sich einen Rausch anzutrinken...

Innenwelt-Verschmutzung wäre demnach das Ergebnis mißglückter Spannungsreduktion, die in aggressives Verhalten gegen andere oder gegen sich selbst umschlägt.

Die Umweltverschmutzung ist inzwischen zu einer Art Damoklesschwert geworden, das jedermann deutlich sichtbar über sich hängen sieht. Aber kaum jemand macht sich bisher Gedanken darüber, daß das »Chaos draußen« nur denkbar ist durch das »Chaos drinnen«. Man kann, denke ich, mit ruhigem Gewissen prophezeien, daß an dem Tag, an dem wir mit unzähligen Milliarden Mark, Dollar, Rubel, Yen, Franken, Pfund usw. das heute so bedrohliche Problem der Umweltverschmutzung gelöst haben werden (und in dieser Hinsicht bin ich durchaus optimistisch), daß an diesem Tag die Innenwelt-Verschmutzung ihre umfassendste und bedrohlichste Form erreicht haben wird. Weil dann nämlich die jetzt noch so gängigen Formen des Ableitens der Aggression (zum Beispiel durch weggeworfene Zigarettenstummel, ein zu heftig durchgetretenes Gaspedal, die überlaut aufgedrehten Musikboxen) nicht mehr verfügbar sind. Denn wer in nicht allzu ferner Zukunft mit drakonischen Strafen rechnen muß, weil er seine Kinder in einem überfüllten Mietshaus anbrüllt oder sich am Klavier austobt (weil dies die Nerven seiner zusammengepferchten, fluglärmgestörten Nachbarn noch mehr strapaziert) – der wird schon von seiner Umgebung gezwungen, Aggressivität noch mehr zu verinnerlichen. Und er wird sich – unbewußt natürlich – eine der vielen verfügbaren Störungen wählen:

- eine Sucht (Kap. 2),
- eine psychosomatische Krankheit (Kap. 3),
- eine überwiegend psychisch bedingte Fehlfunktion wie Neurose, Psychose oder Kriminalität (Kap. 4),
- Vorurteile gegen Minderheiten (Kap. 5),
- Mißbrauch sozio-kultureller Bereiche wie Fernsehen oder Werbung (Kap. 6).

In den abschließenden Kapiteln sollen die Ursachen dieser Verlagerung von »außen« nach »innen« untersucht (Kap. 7) und Möglichkeiten der Prophylaxe und Therapie (Kap. 8) gezeigt werden.

2. Die psychedelische Gegenwelt

Die Verschmutzung der Innenwelt wird nirgends deutlicher sichtbar als bei der Rauschgiftwelle unserer Tage. Ihre Entstehungsgeschichte, ihr Verlauf, die Lebensstationen ihrer Opfer und vor allem die Allgegenwart der psychedelischen Drogen sind geradezu ein Modell dafür, wie chaotisch die Innenwelt vieler Menschen tatsächlich ist.

In diesem Kapitel geht es um Drogen und um die Räusche, die man mit ihnen erleben kann. Wenn ich dabei die negativen Aspekte so betone, heißt dies allerdings nicht, daß ich die positiven Möglichkeiten ignoriere. Die Rauschdrogen haben sicher nicht deshalb in allen Kulturen und zu allen Zeiten eine so zentrale Rolle gespielt, weil sie nur Schaden anrichten. Als »sakrale Drogen« hat man das Coca und den Haschisch bezeichnet, weil sie in religiösen Ritualen der Inkas und der Inder benutzt wurden, um die Gläubigen in unmittelbaren Kontakt mit ihrer Gottheit zu bringen.

LSD kann (muß aber nicht) eine Psychotherapie enorm beflügeln – ohne sie freilich abzukürzen. Opiate dienen auch heute noch der Schmerzlinderung in der Medizin; Kokain-Derivate werden dort zur Betäubung nach wie vor eingesetzt. Und was wäre unser Sozialleben ohne den Alkohol!

Hier jedoch geht es primär um die Schrecken, die *jede* Droge verbreitet, sobald sie dem Individuum und der Gesellschaft außer Kontrolle gerät. Das Motto ist dabei stets ein Satz von Paracelsus: »Alles ist ein Gift – die Menge macht's, ob es heilt oder tötet.«

Beginnen möchte ich mit der Schilderung eines Traumes.

»...Dann kam ich in ein neues Zimmer. Ein entsetzliches Gefühl stieg in mir auf, als ich sah, was da im Halbdunkel vor mir auf dem Fußboden lag: Dutzende und Aberdutzende von Mumien, bedeckt vom Staub vieler Jahrhunderte. Ich wollte schreien, aber mein Hals war zugeschnürt. Unter einem unerträglichen Zwang stieg ich durch die Reihen der vermoderten Toten, bis ich in ein weiteres Zimmer kam, kleiner als das davorliegende. Es war völlig leer – bis auf einen Spiegel, der, halb blind, an der gegenüberliegenden kahlen Wand hing und mich magisch anzog. Ich ging zu ihm und sah hinein. Ich sah nichts...«

Diesen eindrucksvollen Traum hatte ein 24jähriger Haschischraucher zu Beginn seiner Behandlung. Ich werde die darin ausgedrückte Ver-

zweiflung und Existenzangst ebensowenig vergessen wie jenes Erlebnis, das ich eines Abends mit einer 17jährigen Fixerin hatte. Sie war so entkräftet, daß sie nicht in die Sprechstunde kommen konnte. Ich fuhr zu ihr hin und wurde Zeuge, wie sie sich eine Viertelstunde lang vergeblich bemühte, sich selbst ein Beruhigungsmittel einzuspritzen, wie sie ihren ohnehin schon narbenübersäten Unterarm nach einer noch weichen, heilen Venenstelle zum Einstechen mit der viel zu dicken Nadel absuchte, und dabei vor Entzugsschmerzen schier durchdrehte.
Einzelbeobachtungen wie diese beiden wird der Leser in diesem Buch finden, wo immer sie zur Anschaulichkeit beitragen. Um diesem »Fleisch« der Details jedoch auch ein tragfähiges »Skelett« zu verleihen, werden zahlreiche graphische Darstellungen und einschlägiges Zahlenmaterial herangezogen. Denn erst in der Zusammenschau dieser beiden Möglichkeiten wissenschaftlicher Darstellung bekommt man ein Bild der Realität, das weder zu impressionistisch noch zu unanschaulich und steril ist. Dem Angsttraum des Kiffers und dem Fixer-Erlebnis soll deshalb die folgende Statistik über den bundesrepublikanischen Anteil des weltweiten psychedelischen Problems folgen. Die Daten stammen zwar aus einer 1972 veröffentlichten Untersuchung, die an baden-württembergischen Schulen und Ausbildungsstätten durchgeführt wurde, sie sind jedoch keineswegs veraltet und gelten sinngemäß auch für die 80er Jahre. Demnach haben von je hundert befragten Jugendlichen zwischen vierzehn und einundzwanzig Jahren

- vierunddreißig bereits einmal Rauschmittel (vor allem Haschisch) probiert;
- elf sind Dauerkonsumenten geworden;
- einen bis zwei kann man als opiatsüchtig bezeichnen.

Der Alkoholkonsum, der in dieser Altersgruppe ebenfalls besorgniserregend zunimmt, wurde dabei nicht berücksichtigt. Die Entwicklung zeigt, daß sich eine gewisse Beruhigung auf der Drogenszene angebahnt hat. Ende der 70er Jahre war ein gewisser Stillstand, wenn nicht gar ein gelinder Rückgang des Drogenmißbrauchs zu beobachten. Dies war jedoch noch kein Grund zur Beruhigung, denn die Zahlen täuschten. Es sah zwar ganz so aus, als würde die Hauptgruppe der bisherigen *User* allmählich ihren Drogenkonsum abbauen oder aufgeben – anstelle dieser überwiegend Haschisch rauchenden oder gelegentlich LSD schluckenden jungen Leute (die meist schon um die zwanzig waren und durchweg intelligent und aus »gutem Haus«) trat in den 80er Jahren eine völlig anders zusammengesetzte Gruppe, die »harte« Drogen wie Opiate und Amphetamine spritzt (ihre Mitglieder sind wesentlich jünger, weniger intelligent und stammen aus sozial

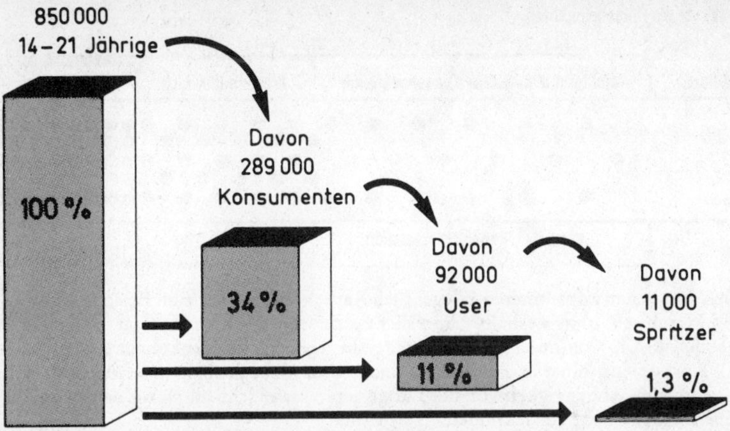

Etwa jeder dritte Jugendliche in Baden-Württemberg war Anfang 1972 Konsument irgendeiner Droge (Alkohol nicht inbegriffen), ohne bereits regelrecht drogenabhängig zu sein; etwa jeder zehnte war ein abhängiger User, und ein bis zwei von hundert waren schwersüchtige Spritzer. Diese Zahlen sind seither etwas niedriger geworden, dafür gibt es mehr Alkoholiker und Tablettensüchtige unter den Jugendlichen (Stand 1975).

niedrigeren Schichten). Die zuständigen Stellen rechnen damit, daß dieser »harte Kern« der regelrecht Süchtigen aus schätzungsweise 40 000 Jugendlichen besteht. Eine Expertin wie die Frankfurter Psychologin Lilo Süllwold sprach sogar von »sechzigtausend Frührentnern« durch schweren Drogenmißbrauch. Da man grob schätzt, daß jeder Süchtige die Gemeinschaft im Laufe seines Lebens rund eine Million kostet, kommt man auf Beträge, die zwischen vierzig und sechzig Milliarden Mark schwanken!

1983 ergab eine Untersuchung in Niedersachsen, daß

- jeder vierte Zehnjährige schon Erfahrung mit Alkohol hatte;
- jeder zehnte Jugendliche schon einmal illegale Drogen wie Haschisch oder Heroin probiert hatte. (Schnipkoweit)

Doch nicht die vergleichsweise kleine Schar der Fixer, sondern das Millionenheer der Hascher und LSD-Schlucker muß einen bedenklich stimmen, denn sie schränken vielleicht ihren Konsum ein oder – was ich für ziemlich selten halte – geben ihn wieder ganz auf, in jedem Fall aber werden sie durch die Rauscherlebnisse in der Entwicklung ihrer noch unreifen Persönlichkeit gehemmt oder gar zurückgeworfen. Immerhin haben nach einer Untersuchung (1971) in Hessen schon einmal vierzig Prozent der 137 000 Schüler in den achten, neunten und zehnten Klas-

Spektrum der Drogeneinnahme

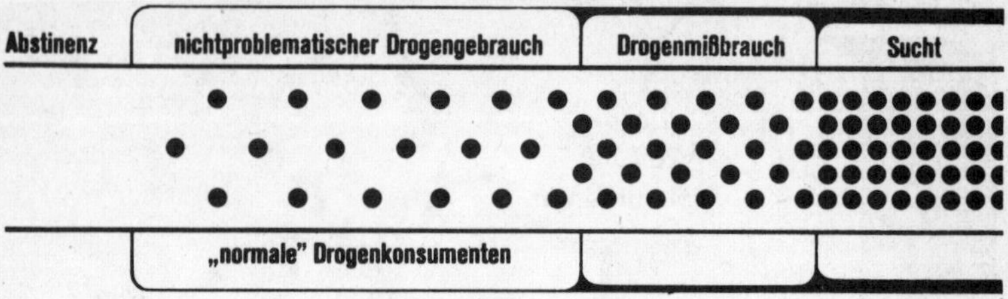

Viele Menschen konsumieren gelegentlich Rauschdrogen, wie zum Beispiel Alkohol und Haschisch, ohne deshalb schon süchtig zu sein. Der amerikanische Psychiater Wendell R. Lipscombe sieht die Hauptgefahr jeglichen Drogenkonsums darin, daß der Konsument, ohne es zu merken, leicht vom nicht problematischen Genuß in zunehmende Abhängigkeit von der Droge gerät, bis er schließlich aus der Sackgasse »Sucht« nicht mehr zurückfindet.

sen der verschiedensten Schultypen mehrfach Rauschdrogen zu sich genommen. Jeder zweite von ihnen konsumierte sogar regelmäßig oder zumindest häufig psychoaktive Mittel der unterschiedlichsten Art. In der Oberstufe der hessischen Gymnasien hatte bereits die Hälfte schon mehrmals gehascht oder gespritzt, ungefähr jeder dritte – das sind zehntausend Schüler – nahm regelmäßig Drogen zu sich, und jeder zwanzigste konnte als ausgesprochen süchtig bezeichnet werden.

Wie sieht das 16 Jahre später aus, im Jahr 1987? Kokain, eine Droge, die man damals bei uns allenfalls grammweise beschlagnahmte (s. Kriminalstatistik), wird inzwischen kiloweise eingeschmuggelt, Haschisch/Marihuana bereits tonnenweise. Der als »Todesdroge« qualifizierte Kokain-Abkömmling »Crack«, 1983 erstmals in Los Angeles beobachtet, wurde nur drei Jahre später im Ursprungsland schon als der »Staatsfeind Nr. 1« der USA bezeichnet und tauchte auch in Deutschland auf, wo er in eigens eingerichteten Untergrundlabors hergestellt wird.

Auf dem Münchner Marienplatz, wo sich sonst die Touristen versammeln, um das Glockenspiel zu bewundern, wurden 1986 mehr als 30 Dealer festgenommen, die ihre Ware an einkaufende Einheimische ebenso wie an Durchreisende zu verkaufen suchten.

Noch bedenklicher scheint die Situation jedoch bei den »legalen Drogen« geworden zu sein, über deren Schrittmacher-Funktion für die illegalen Präparate sich alle Experten einig sind. Auf einer Tagung des Deutschen Kinderschutzbundes im Dezember 1986 wurde geschätzt, daß schon etwa ein Drittel der Schüler dann und wann zu rezeptfreien Tabletten greifen und damit lernen, problembeladene und Streß-Situa-

tionen mit Hilfe von solchen fragwürdigen Hilfsmitteln zu »bewältigen« – ganz wie die Eltern es ihnen vormachen, mit Medikamenten aller Art ebenso wie mit Zigaretten und Alkoholika.
Als »skandalöse Entwicklung« wurde es auf derselben Tagung in München bezeichnet, daß bereits kleine Kinder, vom Säuglings- bis zum Vorschulalter, Psychopharmaka erhalten – ganz offiziell von den Ärzten verordnet.
Aber während solche Berichte in den Zeitungen oft nur auf den hinteren Seiten zu finden sind, wird groß auf den Titelseiten berichtet, wenn einem angeblichen Drogenschmuggler der Galgen droht, wie dem Deutschen Frank Förster, um den sich sogar der deutsche Bundespräsident bemühte.
Auch dies gehört zur psychedelischen Gegenwelt: daß ihre makabren Aspekte beim Publikum wie bei den Massenmedien allemal mehr Resonanz finden als die tatsächlichen Probleme.
Wie wir gleich noch sehen werden, wirkt sich die Innenwelt-Verschmutzung durch Rauschgift nicht nur während des akuten Rauschzustandes aus (in Form von Halluzinationen, verstärkter Ich-Bezogenheit, geschwächtem mitmenschlichen Kontakt), sondern noch Jahre später, auch wenn keine Drogen mehr genommen werden. Die »Hasch-Wracks«, die jetzt allmählich in den ärztlichen und psychologischen Sprechstunden auftauchen, sprechen eine deutliche Sprache, daß auch das Haschisch, das von intellektuellen Besserwissern lange als »harmloser als Alkohol« gepriesen wurde, keineswegs so harmlos ist.*
Die Zukunft wird zeigen, daß unser eigentliches Drogenproblem nicht die rund zehntausend Fixer sind, sondern die auf zwei bis drei Millionen geschätzten Hascher und Ex-Hascher. (In den USA sollen sogar schon fünfundsiebzig Prozent der Jugendlichen Drogenerfahrung haben, vor allem mit Marihuana).

2.1 Ein Weltproblem und seine Geschichte

Wenn die Vereinigung der amerikanischen Ärzte (AMA) die Rauschgiftsucht zum »öffentlichen Feind Nummer eins« erklärt, viele US-Firmen bereits jeden Bewerber vor der Einstellung auf Drogenmißbrauch untersuchen lassen, polnische Jugendliche mit Fleckenmitteln »auf die Reise gehen«, jugoslawische Jugendliche sich zu Tode »fixen« oder die

* Das Haschisch-Problem behandle ich in konzentrierter Form im Stichwort-Artikel »Cannabis« des »Handbuch der Rauschdrogen« (W. Schmidbauer und J. vom Scheidt). In noch ausführlicherer Form tut dies Peggy Mann in: »Hasch – Zerstörung einer Legende«.

Abb. 12:

	1968	1970	1979	1980	1981	1982	1983	1984	1985	1986
beschlagnahmt – Heroin – u. a. Opiate	1,8 mg	0,5 kg	207 kg	267 kg	97 kg	199 kg	260 kg	264 kg	208 kg	140 kg
– Kokain	(nichts)	40 kg	19 kg	22 kg	24 kg	23 kg	106 kg	171 kg	165 kg	143 kg
– Cannabis	380 kg	4331 kg	6407 kg	3200 kg	6689 kg	2934 kg	4606 kg	5646 kg	11498 kg	2397 kg
Drogentote (durch Opiate)	(keine ?)	29	623	494	360	383	472	361	324	348
verfolgte Drogendelikte	1891	16104	51445	62395	61802	63002	63742	60588	60941	68694

Die Rauschdrogen in der Kriminalstatistik der Bundesrepublik:
Man darf ruhig davon ausgehen, daß die Dunkelziffer 1 : 10 ist, vor allem, was das Verhältnis beschlagnahmter Rauschmittel betrifft, verglichen mit dem, was tatsächlich gehandelt wird. (Quelle: Bundeskriminalamt)

japanische Polizei – und zwar schon 1968 – in einem einzigen Jahr zwanzigtausend junge Leute in Sachen Rauschdrogen verhören mußte, ja wenn sogar die klassischen Rauschgiftländer wie die Türkei und Nepal Drogenverbote einführen und ganze Länder (wie Kolumbien mit seinem Kokain) ohne Rauschgiftherstellung längst bankrott wären – dann kann man sich dem Eindruck nicht entziehen, daß die Rauschgifte zum Weltproblem geworden sind. Bereits 1950, als man ein Drogendilemma allenfalls in den Slums von New York vermutete, schätzten Experten der Vereinten Nationen die Zahl der (nicht unbedingt süchtigen) Haschischraucher der Erde auf weit über zweihundert Millionen, die vor allem in Asien und Afrika leben. Rund zwanzig Millionen abhängige Coca-Kauer soll es in Südamerika geben. Irgendwo zwischen diesen beiden Zahlen dürfte die Gruppe der Süchtigen liegen, die Opium rauchen oder Opiate (Morphium, Heroin) spritzen: Professor Hildebert Wagner von der Münchner Universität schätzte vor einem Jahrzehnt den Gesamtumsatz von Heroin allein in den USA auf jährlich 1,3 Milliarden Mark – in einem Bericht des US-Kongresses war für 1984 bereits die Rede von 375 Milliarden Mark (für sämtliche illegale Drogen, also ohne Alkohol). Der Rauschgiftkontrollrat der UNO sprach im selben Jahr davon, daß der Drogenmißbrauch weltweit auf ein »noch nie dagewesenes Maß« angestiegen sei, mit der BRD als einem der am stärksten betroffenen Länder.

Ungemein größer ist allerdings die Zahl der Menschen, die eine Droge zu sich nehmen, die man heutzutage kaum mehr als das bezeichnet, was sie tatsächlich ist, nämlich ebenfalls ein gefährliches Rauschgift: Alkohol. Die Zahl der Alkoholsüchtigen auf der ganzen Welt wird auf über zwanzig Millionen geschätzt, die Zahl der Konsumenten, die man noch nicht als süchtig bezeichnen kann, beträgt ein Vielfaches davon. 1986 in der Bundesrepublik: offiziell 1,5 Millionen, inoffiziell mindestens 2,5 Millionen Alkoholiker.

Noch interessanter wird die Kalkulation, wenn man die Sterblichkeitsziffern berücksichtigt, für die eine derartige Substanz verantwortlich gemacht werden kann. So nimmt man aufgrund nordamerikanischer Untersuchungen an, daß sich die verheerende Wirkung von Rauschgift und Alkohol um den Faktor zehn unterscheidet: Jedes Jahr fallen vierzigtausend Amerikaner dem Alkohol zum Opfer (Unfalltode nicht mitgerechnet), dem Rauschgift, vor allem Heroin, etwa viertausend. Alkohol ist also die schwächere Droge, aber infolge des größeren Mißbrauchs das größere volksgesundheitliche Problem.

Um eine weitere Zehnerpotenz größer ist die Zahl derer, die einer dritten Substanz erliegen: dem Nikotin. An Zigaretten sterben, etwa durch Herzinfarkt oder Lungenkrebs, gut 400000 US-Bürger.

Eines darf man natürlich bei diesen Vergleichen nicht vergessen: Heroin kann bereits beim ersten »Schuß« töten, Alkohol vielleicht nach zehn Jahren, Nikotin vielleicht nach zwanzig oder dreißig.
Ob Zigaretten, Alkoholika oder Rauschgifte wie Heroin, LSD, Cannabis indica (Marihuana, Haschisch) im Spiel sind, ist zwar nicht in puncto Wirkung, wohl aber im Hinblick auf die Ursache des Konsums ziemlich gleich. Stets sollen psychische Bedürfnisse befriedigt werden, die auf entsprechend massive Enttäuschungserlebnisse in der Kindheit zurückgehen – damit aber auch auf verdrängte Erlebnisse und Impulse mit starken unbewußten Aggressionen. Wie die Wissenschaft inzwischen weiß, haben Eltern, die ihren Kindern derartige Frustrationen zumuten, in ihrem bisherigen Leben meist selbst große Versagungen erlitten. Es ist deshalb kein Wunder, daß – nach amerikanischen und kanadischen Untersuchungen – der Rauschmittelmißbrauch unter jenen Jugendlichen am weitesten verbreitet ist, deren Eltern regelmäßig Tranquilizer und Stimulanzien einnehmen; Alkohol- und Zigarettengenuß sind gleichermaßen wichtige Schrittmacher des Drogenmißbrauchs.
Der wahrhaft gigantische Abusus biochemischer Krücken aller Art kann als das heute am deutlichsten sichtbare Signal für die weltweite Innenwelt-Verschmutzung betrachtet werden. Aber wie kam es zu diesem Mißbrauch?
»Rauschdrogen haben eine lange Vergangenheit, aber eine kurze Geschichte«, formuliert der Münchner Psychologe und Drogenexperte Wolfgang Schmidbauer im »Handbuch der Rauschdrogen«. Er meint damit, daß der Menschheit diese merkwürdigen Substanzen zwar schon seit Jahrtausenden bekannt sind, daß sie uns aber erst in jüngster Zeit zu einem echten Problem und einer ausgesprochenen Gefahr geworden sind.
Vor viereinhalb Jahrtausenden entstand das Gilgamesch-Epos. In diesem chaldäischen Mythos, dessen Keilschrift-Bruchstücke man in den Ruinen von Ninive entdeckte, in der Tontafelbibliothek des Assyrerkönigs Assurbanipal, ist die Rede von einer merkwürdigen Pflanze: »Ich will dir ein Geheimnis verraten«, sagt Utnapischtim zu Gilgamesch. »Von einem verborgenen Wunderkraut will ich dir Kunde geben. Das Kraut sieht aus wie ein Stechdorn und wächst tief unten im Meer... Wenn du dies Kraut in deine Hände bekommst und davon ißt, so wirst du ewige Jugend und Leben finden.« – An anderer Stelle preist Gilgamesch die Pflanze und will »alle Helden davon essen lassen«. Wir haben hier vermutlich die älteste überlieferte Beschreibung einer Rauschdroge und ihrer Wirkungen vor uns. Das Meer, aus dem die »Wunderblume« geholt werden muß, ist eine uralte Metapher für das

Unbewußte, das ja mit Hilfe von Rauschdrogen zugänglich gemacht werden kann. Die unbekannten Verfasser dieses Epos waren sichtlich fasziniert von diesem Kraut, weil zu seiner magischen Wirkung »ewige Jugend und Leben« gehören, so ziemlich genau das, was der neurotisch gehemmte Hascher oder LSD-Schlucker heutzutage sucht, wenn er im Rausch der geistigen Vergreisung und dem seelischen Tod seiner Neurose entfliehen möchte. So finden wir bei den alten Chaldäern, in einem der frühesten literarischen Zeugnisse der Menschheit, alle Elemente vor, die auch den modernen Drogenkult charakterisieren:

- Faszination durch das Rauschmittel,
- missionarischer Eifer bei der Weiterverbreitung,
- maßlose Überschätzung der Wirkung.

(Es dürfte kein Zufall sein, daß das Gilgamesch-Epos in einer der ältesten Städtekulturen entstanden ist – haben die Forscher doch guten Grund anzunehmen, daß Drogengebrauch und Konzentration der Menschen in größeren Siedlungen eng zusammenhängen. Auch die Annahme, daß es schon in den Städten des alten Chaldäa »Neurotiker« gegeben hat, die ihr Leiden mit Rauschdrogen zu lindern suchten, ist nicht so weit hergeholt, wie es auf den ersten Blick scheinen mag [siehe auch Kap. 7].)

Etwas Ähnliches begegnet uns in den 120 Hymnen, welche indoarische Priester tausend Jahre später zu Ehren des Zaubertrankes *Soma* sangen, der vermutlich ein Absud aus Fliegenpilzen war:

»Der Trank hat mich fortgerissen wie ein stürmischer Wind...
Das Denken hat sich mir dargeboten, wie eine Kuh ihrem kleinen Liebling...
Die eine Hälfte meines Ichs läßt die beiden Welten hinter sich...
Ich habe an Größe diesen Himmel und diese Erde übertroffen...
Ich merke, daß ich Soma getrunken habe.«

(Rigveda, Hymne X, 119)

2.2 Vergiftete Muttermilch

Haschisch war bereits vor mehr als 2000 Jahren den Chinesen bekannt: Im ersten Jahrhundert vor Christus empfahl der Kaiser Shen-Nung ein Präparat aus den weiblichen Hanfpflanzen (aus denen auch die Rauschdroge zubereitet wird) gegen Rheuma, Verstopfung und andere Leiden.

In der Fledermaus-Höhle von Albanol bei Granada und in den Schweizer Pfahlbauten fand man Hinweise darauf, daß die Mohnpflanze (aus der das Opium und seine gefährlichen Derivate gewonnen werden) in

Europa mindestens schon vier Jahrtausende bekannt ist. Wahrscheinlich wußten bereits die Menschen der Altsteinzeit von der Wirkung solcher Gifte. In vielen – wenn nicht allen – Frühformen der Kultur spielen derartige Substanzen, die die Schranken zwischen der Innenwelt und der Außenwelt bis zu einem gewissen Grad aufheben können, eine wichtige Rolle. In der Inka-Kultur des alten Peru waren es die Coca-Blätter (aus denen man Kokain destilliert), auf manchen Südsee-Inseln der Rauschpfeffer Kawa-Kawa, bei den Azteken der Zauberpilz Teonanacatl, im Dionysoskult des antiken Griechenland der Wein. Lotus und Seerose, die heiligen Pflanzen der Völker Asiens bzw. Mittelamerikas, haben nicht zufällig halluzinogene Eigenschaften!

Eine pharmakologische Verbindung zwischen der Frühzeit der Menschheitsgeschichte und unserer Epoche kann man in den berühmt-berüchtigten »Hexensalben« sehen, die mit hoher Wahrscheinlichkeit noch von den geheimen Hexen-*Koven* des Mittelalters benützt wurden und in den heidnischen Ritualen dieser matriarchalen Bünde nicht zuletzt zur Abwehr des Christentums *(Schwarze Messen)* eine zentrale Rolle spielten. Der Volkskundler Will Erich Peuckert hat 1960 eine solche Salbe nach einem überlieferten Rezept von Giambattista Porta zubereitet, das der italienische Gelehrte bereits 1568 in seiner »Magia naturalis« beschrieb. Peuckert und sein Freund bestrichen sich Stirn und Achselhöhlen mit der Mixtur, genau wie die Hexen, worauf sie bald in einen rauschähnlichen Schlaf verfielen:

»Wir hatten wilde Träume«, schreibt Peuckert. »Vor meinen Augen tanzten zunächst grauenhaft verzerrte Gesichter. Dann plötzlich hatte ich das Gefühl, als flöge ich meilenweit durch die Luft. Der Flug wurde wiederholt durch tiefe Stürze unterbrochen. In der Schlußphase... das Bild eines orgiastischen Festes mit grotesken sinnlichen Ausschweifungen.«

Der Selbstversuch des Wissenschaftlers entspricht verblüffend genau den authentischen Schilderungen jener abergläubischen Frauen vergangener Jahrhunderte, die man als Hexen verschrie. Trotzdem besteht zwischen dem Experiment aus dem Jahr 1960 und dem *Koven*-Ritual des Mittelalters oder der Steinzeit ein gewaltiger Unterschied: Damals war die Wirkung des magischen Gebräus (vermutlich eine Mischung aus Bilsenkraut, Tollkirsche, Opium u. ä. Pflanzengiften) Teil einer urtümlichen religiösen Zeremonie, die den Berauschten in unmittelbaren Kontakt zur Gottheit brachte – heutzutage beobachtet man aus der Distanz des skeptischen Wissenschaftlers »körperlich-seelische Reaktionen« auf ein »Pharmakon«.

Doch nicht nur in den Laboratorien ging die unmittelbare, naive Wirkung der Rauschdrogen verloren. War ihr Gebrauch früher bestimmten »heiligen Personen« vorbehalten (bei den Sibiriern den Schamanen), dem »gemeinen Volk« allenfalls zu den Gelegenheiten der Fruchtbarkeits- und Erntedankfeste erlaubt, waren die Drogen also in die jeweilige Volkskultur integriert, so wurden sie in späteren Zeiten mehr und mehr zum Vehikel für Privatvergnügen und schließlich zum Fluchtmittel aus einer zunehmend entfremdet empfundenen Umwelt. Einmal aus dem religiös-kollektiven Zusammenhang gelöst, geht aber auch die Kontrolle des einzelnen über seinen Drogenkonsum rasch verloren. In der Isolierung entsteht die Drogenabhängigkeit, die Sucht.

Bereits im vergangenen Jahrhundert etablierten sich in kleinen Zirkeln neugierige Intellektuelle, die solche Drogen nicht mehr allein zur Erreichung ekstatischer Verschmelzung mit der Gottheit einnahmen, welche man anschließend künstlerisch gestaltete, sondern die mit dem Drogenkonsum psychische Blockierungen, unbewußte Verdrängungen lockern wollten. Es dauerte nur wenige Jahrzehnte, und das Rauscherleben selbst wurde zum zentralen Gegenstand einer anwachsenden Drogenliteratur. Schließlich genügte es nicht mehr, daß man sich neue Sensationen verschaffte, daß man seine Wahrnehmungsfähigkeit und sein Gedächtnis stimulierte – jetzt brauchte man die Drogen wie ein Medikament. Nicht mehr, um die Kreativität zu reizen, sondern um Entzugserscheinungen und depressiven Zuständen zu entgehen, nahm man nun diese Substanzen. Und anstelle der relativ schwachen Pflanzenextrakte erschienen hochkonzentrierte Retortengifte: Aus den Coca-Blättern gewann man das heimtückische Kokain, aus dem Hanf das THC *(Tetrahydrocannabinol*, das ähnlich wie LSD wirkt), aus dem Mohn Morphium und Heroin. So wie man vorher schon aus dem Wein den stärkeren Weinbrand gewonnen hatte.

Damit war aber auch die reinigende Wirkung des religiösen Rausches nicht mehr relevant, und an ihren Platz trat die Verschmutzung der Innenwelt. Was bestenfalls noch zustande kommt, ist eine Anregung der schöpferischen Phantasie. So soll zum Beispiel Robert Louis Stevenson seine makabre Erzählung von »Dr. Jekyll und Mr. Hyde« unter dem Einfluß von Kokain geschrieben haben.

Die Dichter sind überhaupt weitaus bessere Kronzeugen für die Innenwelt-Verschmutzung durch Rauschdrogen als irgendein Psychiater oder Pharmakologe. In ihren Werken geben sie davon beredtes Zeugnis und berichten stellvertretend für die Armeen der weniger begabten Süchtigen, denen nicht einmal die Möglichkeit der künstlerischen Sublimation zur Verfügung steht, um sich aus der Drogenabhängigkeit zu befreien oder sie wenigstens in Grenzen zu halten.

Zwanglos lassen sie sich in ein Panorama des Rausches einordnen: der

Im Club der Haschischraucher

»Nach einigen Minuten überfiel mich eine allgemeine Steifigkeit. Mein Körper schien sich aufzulösen und durchsichtig zu werden. Das Haschisch, das ich gegessen hatte, sah ich sehr deutlich in meiner Brust in Form eines Smaragds, der Millionen kleiner Fünkchen sprühte. Meine Augenlider verlängerten sich ins Unendliche und schienen wie Goldfäden auf kleinen elfenbeinernen Rollen, die sich ganz von allein mit einer verblüffenden Schnelligkeit drehten. Rings um mich war ein Rieseln und Einstürzen von Steinmassen in allen Farben und in stetem Wechsel, das nur mit dem Spiel des Kaleidoskops verglichen werden kann. In manchen Augenblicken sah ich nur noch meine Kameraden, jedoch verändert, halb Mensch, halb Pflanze, mit dem nachdenklichen Aussehen des Ibis, auf dem Fuße eines Vogels Strauß stehend, mit den Flügeln schlagend. Alles dies war so seltsam, daß ich mich vor Lachen in meiner Ecke kaum halten konnte und daß ich schließlich meine Kissen in die Luft warf, sie wieder auffing und mit der Schnelligkeit eines indischen Jongleurs herumwirbelte, um mich der Tollheit des Schauspiels anzuschließen...«

»Die erste Phase nähert sich dem Ende, und ich war ganz ruhig, ohne Kopfschmerzen oder sonst irgendeines der Symptome, die den Weinrausch begleiten, und war sehr überrascht über das, was vorgegangen war. – Nach einer halben Stunde verfiel ich von neuem wieder der Wirkung des Haschisch. Dieses Mal waren die Visionen sehr viel komplizierter und ungewöhnlicher. Milliarden von Schmetterlingen, deren Flügel wie Fächer rauschten, flogen mit dauerndem Summen in einer merkwürdig erleuchteten Luft umher. Gigantische Pflanzen und Blumen mit kristallenen Kelchen, enorme Pfingstrosen, goldene und silberne Betten stiegen auf und breiteten sich rings um mich aus mit einem Knistern, das an Feuerwerk erinnerte. Mein Gehör hatte sich merkwürdig gesteigert, ich hörte das Geräusch der Farben. Grüne, blaue, gelbe Töne kamen in scharf unterschiedenen Wellen zu mir. Ein umgeworfenes Glas, ein Ächzen des Stuhles, ein leise ausgesprochenes Wort vibrierten und widerhallten in mir wie Donnergetöse. Meine eigene Stimme schien mir so laut, daß ich nicht zu sprechen wagte aus Angst, die Mauern umzuwerfen oder selbst wie eine Bombe zu krachen. Mehr als 500 Uhren sangen mir die Zeit mit flötenden, kupfernen und silbernen Stimmen. Jeder gestreifte Gegenstand tönte wie eine Harmonika oder eine Äolsharfe. Ich versank in einem Ozean von Wohllauten, in dem wie Inseln einige Bruchstücke aus ›Lucia‹ oder dem ›Barbier‹

auftauchten. Noch nie hatte ich ein solches Glücksgefühl erlebt. Ich löste mich auf, war so weit entfernt von mir, meiner selbst so entledigt, dieses widerwärtigen Zeugen, daß ich zum erstenmal die Existenz der Elementargeister verstand, der Engel und der vom Körper getrennten Seelen. Ich war wie ein Schwamm mitten im Meer. Jede Minute durchzogen mich Wellen von Glück, die durch meine Poren ein und aus gingen; denn ich war ja durchdringbar geworden, und bis ins letzte hinein nahm ich die Farbe der phantastischen Umgebung auf, in die ich versetzt war. Töne, Düfte, Licht kamen durch unzählige schmale Kanälchen, so fein wie Haare, zu mir, in denen ich die magnetischen Ströme pfeifen hörte. – Nach meiner Berechnung dauerte dieser Zustand ungefähr 300 Jahre, denn die Empfindungen folgten sich dermaßen zahlreich und rasch, daß eine Zeitwahrnehmung unmöglich schien. Nachdem dieser Zustand vorüber war, merkte ich, daß es nur eine Viertelstunde gedauert hatte ...«

»Eine dritte Phase, die letzte und zugleich bizarrste, beendigte meine orientalische Sitzung. In dieser verdoppelte sich mein Blick. Zwei Bilder jedes Gegenstandes spiegelten sich in meiner Netzhaut und erzeugten eine vollständige Symmetrie. Aber bald nachdem die magische Substanz vollständig verzehrt war und nun noch intensiver auf mich zu wirken begann, war ich für eine Stunde vollkommen von Sinnen. Alle pantagruelischen Träume durchzogen meine Phantasie: Einhörner, Greifen, Riesenvögel usw., kurz, die ganze Menagerie der Traumungeheuer trippelte, funkelte, flatterte und klapperte durch das Zimmer. Die Erscheinungen waren so barock, daß ich den Wunsch hatte, sie zu zeichnen, so daß ich in weniger als 5 Minuten das Bild des Dr. X entwarf, wie es mir erschien, am Klavier sitzend, als Türke gekleidet, eine Sonne auf dem Rücken. Die Noten entschlüpften dem Klavier als Raketen oder kapriziös auseinandergezogene Spiralen. Ein anderer Entwurf, der die Geschichte eines Lebewesens der Zukunft darstellen sollte, zeigte eine lebendige Lokomotive mit einem Schwanenhals, der in einem Schlangenrachen endigte, aus dem Rauchwolken mit ungeheuerlichen Füßen hervorsprudelten, aus Rädern und Rollen bestehend. Jedes Paar Füße von einem Flügelpaar begleitet, und auf dem Schwanz des Tieres sieht man den alten Merkur sitzen, der sich trotz seiner geflügelten Ferse besiegt davonmacht. Dank der Wirkung des Haschischs konnte ich das Portrait eines Koboldes naturgetreu wiedergeben, während ich diesen bislang nur nachts in meinem alten Büfett hatte ächzen und rumoren hören.«

Aus: Gautier, Théophile, Le Club des hachichines

Haschischraucher Théophile Gautier (Textprobe siehe Kasten); die Opiumfreunde Edgar Allan Poe, Samuel Taylor Coleridge und Thomas de Quincey; Charles Baudelaire, der dem Wein, dem Opium und dem Haschisch gleichermaßen zusprach; und aus unseren Tagen – um nur die prominentesten zu nennen – Hans Fallada, Klaus Mann, Else Lasker-Schüler, Trinker und Morphinisten. Und was wäre Ernest Hemingway ohne seinen Whisky gewesen?

Ganz im Gegensatz zu den psychedelischen Wundertüten, die alternde Hippies wie der ehemalige Psychologiedozent Timothy Leary unseren unerfahrenen Jugendlichen versprachen, schrieben Baudelaire und seine Zeitgenossen auch von den schrecklichen oder schlicht nichtssagenden Erlebnissen, die die schönen erfahrungsgemäß um ein Vielfaches überwiegen. Von versteinerten Landschaften war da im neunzehnten Jahrhundert die Rede, von menschenfressenden Dirnen, Treibsand, eisiger Kälte, überschwemmten und verwehten Tempeln, beobachtenden Augen und der männermordenden Sphinx. Bei de Quincey wird die Innenwelt-Verschmutzung bildhaft sichtbar, während er im Mai des Jahres 1818 Opium, vermischt mit Wein, trinkt, Tag für Tag:

»Tausend Jahre lang lag ich bestattet in steinernen Särgen bei Mumie und Sphinx, in enger Grabkammer still im Herzen der ewigen Pyramiden. Ich duldete den giftigen Kuß der Krokodile und lag unter unaussprechlichen, schleimigen Massen im schilfgrünen Urschlamm des Nils.«

Dem aufmerksamen Leser wird nicht entgangen sein, daß de Quinceys Beschreibung sich in hohem Maße mit der Stimmung des eingangs dieses Kapitels zitierten Traumes eines Kiffers deckt – obwohl eineinhalb Jahrhunderte dazwischenliegen und das eine Mal Opium, das andere Mal Haschisch genommen wurde. – Es handelt sich um den dichterischen Ausdruck dessen, was die Psychoanalytiker meinen, wenn sie Rauschdrogen als »vergiftete Muttermilch« bezeichnen. Wer sich berauscht, versucht nämlich (unbewußt) einen Gefühlszustand wiederherzustellen, der dem Erleben des Säuglings an der Mutterbrust nahekommt. Doch man tut dies, wenn man Drogen nimmt, nicht ungestraft. Zwar füttert uns im Rausch die *Gute Mutter* mit Gefühlen der Geborgenheit und Liebe und mit den phantastischen Visionen des »Inneren Universums« – aber gleichzeitig frißt uns der andere, immer drohende Aspekt des Mütterlichen, die *Böse Mutter*, langsam auf, zerstört uns durch Zersetzung der körperlichen, seelischen und sozialen Identität. Nur zwei Beispiele für die Zerstörung des Körpers, die oft erst nach Jahren sichtbar wird:

- Der kanadische Physiologe N. Bakthan konnte bei einer Gruppe heroinsüchtiger Teenager mit dem Elektronenmikroskop nachweisen, daß die Muskeln nach zwei bis drei Jahren Sucht wie die von Fünfzigjährigen »gealtert« waren.
- Englische Mediziner aus Bristol und Cardiff fanden bei Cannabis-Rauchern (Durchschnittsalter: 22 Jahre; Gebrauch von Haschisch und Marihuana über einen Zeitraum von drei bis elf Jahren) anomal große Hirnkammern. Ähnlich alarmierend sind die Ergebnisse der EEG-Untersuchungen des Bielefelder Neurologen Erich Ebel, der bei jugendlichen Kiffern Störungen im Hirnstrombild entdeckte, die an Schwere den EEG-Veränderungen nach Hirnhautentzündungen und nach Hirnschädeltraumen wie bei Autounfällen entsprachen (Bozarth).
- Auch für das Kokain, das lange Zeit nur als Ursache *seelischer* Abhängigkeit gesehen wurde, kennt man inzwischen (1986) Abläufe, die – ähnlich dem Heroin – deutliche Veränderungen im Gehirn und in der Folge dann *körperliche* Abhängigkeit verursachen.

Der Zerfall beziehungsweise das mangelnde Ausreifen der seelischen Identität oder Persönlichkeit wird täglich neu von Lehrlingen und Schülern demonstriert, die wegen Konzentrationsschwierigkeiten, Nachlassen des Gedächtnisses und zunehmend irrealen Lebenserwartungen und -vorstellungen als Folge ihres Drogenkonsums ihre Ausbildung abbrechen müssen. Sie selbst nennen dies mit einer Art Galgenhumor »ausflippen«. Dahinter steht jedoch die brutale Wahrheit, daß der von Drogen Zerstörte sehr bald zum Frührentner wird, den nur der materielle Überfluß der von ihm so verachteten Wohlstandsgesellschaft am Leben erhält.

Deutlichstes Anzeichen des Zerfalls der sozialen Identität ist das rapide Ansteigen der Kriminalität im Gefolge der Drogenspringflut. Selbst wenn man – wie die Betroffenen – den gelegentlichen Schwarzhandel *(dealen)* als eine Art Kavaliersdelikt ähnlich der »Trunkenheit am Steuer« bagatellisieren würde, blieben immer noch die Apothekeneinbrüche, Erpressungen, Urkundenfälschungen, Raubüberfälle und Diebstähle (allein in der Bundesrepublik gab es 1978 1891 Fälle von illegalem Handel und Schmuggel mit Rauschgift, 1986 bereits 68694 Fälle!), mit denen Drogenabhängige sich neuen »Stoff« oder Geld zum Erwerb der sehr teuren Drogen beschaffen. Ein Gewohnheitshascher, der täglich ein Gramm »guter« Sorte (Schwarzer Afghan, Roter Libanese) raucht, dürfte bei den derzeitigen Preisen im Monat etwa 200 bis 250 Mark allein für seinen *shit* ausgeben. Ein Fixer, der – und das ist nicht selten – täglich drei »Schuß« braucht, muß dafür im Monat bereits weit über 500 Mark zahlen. Und das »schicke« Kokain kostet leicht 100

Mark pro Tag! Kein Wunder, daß die Makler und Händler der New Yorker Börse zu den besten Kunden der Koks-Dealer zählen, wie 1984 im »Spiegel« zu lesen stand.

Nach Angaben einer Expertenkommission kostete der Rauschmittelmißbrauch allein die Stadt New York jährlich fünf Milliarden Dollar. »Die Summe, die wir errechneten«, schrieb Herbert Berger schon 1969, »erschien uns so gewaltig, daß wir sie mit verschiedenen anderen Methoden überprüften. Alle lieferten dieselbe Antwort: Narkotika-Sucht kostet jeden New Yorker pro Jahr durchschnittlich 625 Dollar. Darin sind enthalten: die Kosten für das Aufspüren der Süchtigen und der Händler, für ihren Prozeß und den Gefängnisaufenthalt; Wohlfahrtskosten für die Süchtigen und ihre Angehörigen; und – das ist die größte Summe – der Wert der gestohlenen Güter.«

Diese Zahlenangaben Bergers dürften sich bis in die 80er Jahre mindestens verzehnfacht haben. Nach Angaben der »Hauptstelle gegen die Suchtgefahren« in Hamm verdreizehnfachte sich fast die Zahl der aktenkundigen Rauschgiftdelikte in der Bundesrepublik von 1969 bis 1982, nämlich von 4761 auf 63 002 Fälle. Zwei Drittel der Kriminellen, die im Drogenrausch eine Straftat verübten, waren Jugendliche und Kinder, ein Teil jünger als vierzehn. Die Dunkelziffer ist etwa zehnmal so hoch.

Nun darf man allerdings nicht, wie es noch immer vorkommt, diesen Identitätszerfall allein den Rauschdrogen anlasten. Gewiß haben sie eine Verstärkerwirkung, gewiß nimmt die Innenwelt-Verschmutzung rapide zu, wenn solche Substanzen ins Spiel kommen. Vorher jedoch sind durch negative Kindheitserlebnisse, durch Lieblosigkeit und Wohlstandsverwahrlosung die Wurzeln für jene Störungen gelegt worden, die in der Pubertät, wenn nicht schon früher, den Griff zur Rauschdroge so verlockend erscheinen lassen. Nur solche Menschen bedürfen der Rauschdrogen beim Aufsuchen frühkindlicher Gefühlszustände, archaischer Erlebnisse und mystischer Visionen, die seelisch gestört sind und die damit auch immer in ihrer schöpferischen Spontaneität gehemmt sind. Nicht umsonst hat man LSD-25, Meskalin, Psilocybin, Haschisch und verwandte Präparate als »psycholytisch«, das heißt »seelenlösend«, bezeichnet.

Wenn man die Biographien jener Autoren wie Charles Baudelaire oder Timothy Leary studiert, die Drogen genommen oder sich für sie engagiert haben, stellt man verblüfft fest, daß sie ähnliche Konflikte und unharmonische Familiensituationen erlitten haben wie ihre unglücklichen Nachahmer unter den Jugendlichen unserer Tage. Nach einer Studie, die Professor Paul Kielholz in Basel unter Drogenkonsumenten durchführte,

- stammen 53 Prozent aus zerrütteten Familien (ein Charakteristikum, das auch Baudelaires Biographie bestimmt),
- 72 Prozent leben in schweren Konflikten mit und in Opposition zu ihren Eltern, Lehrern und Lehrherrn (dies trifft in hohem Maße für Leary zu, wie man seiner Autobiographie entnehmen kann),
- 56 Prozent leiden an verzögerter oder verlängerter Pubertät.

Professor Klaus Wanke lieferte bei einer ähnlichen Untersuchung in Frankfurt vielleicht noch wichtigere Werte. Bei den von ihm befragten jugendlichen Drogenkonsumenten

- zeigten 52 Prozent bereits in der Kindheit neurotische Störungen wie Bettnässen, Nägelkauen, nächtliches Aufschrecken, Angst vor der Schule usw.,
- fühlten sich 36 Prozent in der Schule überfordert,
- hatten 25 Prozent (!) bereits einen Selbstmordversuch hinter sich.

Gewiß handelt es sich bei beiden Studien um Jungen und Mädchen, die bereits massiv gestört waren – sonst wären sie gar nicht in die Klinik oder in die Drogenberatungsstelle gelangt, wo sie interviewt wurden. Bei der weitaus größeren Zahl der Jugendlichen, die sich mit gelegentlichen Haschisch- oder LSD-Räuschen begnügen, sieht die Situation in der Regel nicht so hoffnungslos aus. Vor allem, wenn sie intelligent genug sind und die Situation innerhalb ihrer Familie und in der Schule beziehungsweise Ausbildung noch nicht völlig verfahren ist, kann man mit einer entsprechend orientierten Psychotherapie den Drang nach dem Drogenrausch relativ gut abbauen und die äußere wie innere Verwilderung korrigieren.

Bei den Fixern allerdings, die sich Opiate oder Amphetamine injizieren, sind die Chancen einer Heilung gering bis aussichtslos: Bei der üblichen neuropsychiatrischen Behandlung rechnet man mit einer Rückfallquote von beinahe hundert Prozent. Mit den neuen gruppentherapeutischen Verfahren (Wohngemeinschaften mit Betreuung durch geheilte Ex-Fixer und entsprechend geschultes Personal) sind die Chancen etwas besser geworden, wenngleich man auch hier mit siebzig bis achtzig Rückfällen bei hundert Probanden kalkuliert.

2.3 Die Reise nach innen

Als am 2. Mai 1938 Professor Albert Hofmann, Chemiker des Sandoz-Konzerns in Basel, Lysergsäure des Getreideschmarotzers *Claviceps purpurea* mit einer Diäthylamid-Gruppe zu LSD-25 kombinierte, da konnte er nicht ahnen, daß er das Tor zu einem Universum im Inneren des Menschen aufstieß, das an Kompliziertheit und Faszination dem äußeren Universum nicht nachsteht, ja das es sogar – wenn man Augenzeugen glauben darf – übertrifft.

Gewiß sind verschiedene Schlüssel zu diesem Tor in die Innenwelt schon weitaus länger bekannt: Opium und Haschisch seit mehreren Jahrtausenden, vielleicht ebenso lange der Peyotl-Kaktus mit seinem Wirkstoff Meskalin, die mexikanische Zauberwinde *Rivea corymbosa* (Ololiuqui), der Fliegenpilz, die magische Mandragora... Dennoch ist das Erscheinen der psychedelischen Modedrogen eine neue Entwicklung; zumindest für unsere westlich-abendländische Zivilisation. Denn der Orient, das alte Mittel- und Südamerika und Afrika kannten die Drogenreise in die Innenwelt bereits, als unsere germanischen Vorfahren noch auf der Bärenhaut lagen und ihren vergorenen Honig, genannt Met, schlürften; und wenn sie mal eine andere Droge probierten, dann gaben sie sich nicht innerweltlichen Visionen hin, sondern wüteten als »Berserker« (wahrscheinlich in einem durch Fliegenpilze hervorgerufenen Rauschzustand).

Was dieser Tage im Westen passiert – und nur sehr unscharf als »Drogenwelle« bezeichnet wird –, ist im Grunde die Explosion einer lange aufgestauten Sehnsucht nach Innerlichkeit, nach dem »inneren Universum«, aus dem man systematisch abgespalten worden war. Wurden doch spätestens im christlichen Mittelalter auf den verschiedenen Konzilien die großen Tabus aufgerichtet, die ein eigenmächtiges Vordringen in jene Regionen unterbanden: Man mußte schon großes Glück haben, wenn man im siebzehnten Jahrhundert auf *trip* gehen wollte (mit Drogen wie Bilsenkraut und Stechapfel oder auf dem natürlichen Weg der mystischen Versenkung, der Vision, Askese oder Geisteskrankheit), ohne als Ketzer auf dem nächsten Scheiterhaufen zu enden.

Das Vordringen der Naturwissenschaften, die ganz dem äußeren Universum zugetan sind und ohne Zweifel Großartiges geleistet haben, hat leider auf Kosten des inneren Universums stattgefunden und dieses nicht nur versperrt (wobei man, wahrscheinlich ohne es zu bebasichtigen, die Dogmenstarre der Kirchen unterstützte), sondern als »wissenschaftlich nicht erfaßbar« abgetan, diskriminiert und schließlich als »Sumpf der Mystik und des Okkulten« (so ein bekannter Chemiker auf einem internationalen Drogen-Symposion) ganz aus dem Bereich des wissenschaftlichen Interesses verbannt. Schließlich wußten nur noch die Spinner, Sonderlinge, Spökenkieker davon.

Visionen? Gewiß, sagt der biologisch orientierte Psychiater alter Schule, gewiß, Geisteskranke werden ab und an von Visionen heimgesucht, und deshalb isoliert man sie, am besten weit draußen vor der Stadt in besonderen Anstalten.

Drogenwellen in der Neuzeit

1861–1865	1871–1900	1920–1925	ab 1960
Bürgerkrieg in Nordamerika	Gründerzeit in Europa	»Roaring Twenties«	heutige Drogenwelle
vier bis fünf Prozent der Bevölkerung betreiben Opiummißbrauch	Elends-alkoholismus in weiten Kreisen der Arbeiterschaft	Kokainismus, vor allem in der Unterwelt, der Bohème und bei den Jugendlichen	weitverbreiteter Gebrauch und Mißbrauch von Alkohol, Haschisch, Heroin, LSD, Kokain

Drogenwellen hat es in der Neuzeit schon mehrere gegeben. Hier werden nur die vier spektakulärsten aufgeführt.

Träume? Gewiß, sagt der Ingenieur, kleine Kinder haben Träume, und man bringe ihnen deshalb bei, daß Erwachsene nicht träumen, sondern nüchtern und realistisch denken.
Ekstase? Mag sein, sagt der Funktionär, daß irgend jemand so etwas mal beim Orgasmus erlebt. Wer weiß das schon genau. Aber dann bitte nicht darüber sprechen. Und schon gar nicht in anderer Form »aus dem Gehäuse« geraten.
Phantasie? Das überläßt man besser den Künstlern und anderen Verrückten, sagt der Oberlehrer, das ist nichts für brave Bürger.
So konnte man zumindest bis vor einigen Jahren argumentieren. Inzwischen rechnet man damit, daß bald jeder zweite Jugendliche zwischen vierzehn und einundzwanzig Jahren Erfahrung mit Rauschdrogen hat. Aber im Gegensatz zur Zeit nach dem Ersten Weltkrieg, als es unter den Opfern der damals grassierenden Kokainwelle so erschreckend viele Jugendliche gab, und im Gegensatz zur Zeit des Elendsalkoholismus im vergangenen Jahrhundert, als sich unzählige Minderjährige zu Tode soffen, sind es jetzt weitgehend Kinder des Mittelstandes und der Oberschicht, also der sogenannten besseren Kreise, die mit Rauschdrogen herumexperimentieren (wenngleich die jungen Leute aus weniger privilegierten Schichten den Anschluß an diesen Trend bereits gefunden haben). So wurde Anfang 1970 in London die 18jährige Louise Barber, Tochter des Vorsitzenden der Konservativen Partei Großbritanniens, wegen des Verdachts auf Marihuanabesitz vor Gericht gestellt. In den USA wurden 1984 zwei Söhne Robert Kennedys Opfer von Drogen: Robert jr. bekannte sich im Februar vor Gericht des Heroin-Besitzes schuldig, sein Bruder David wurde zwei Monate später mit Kokainvergiftung tot aufgefunden.

Bei einer Umfrage unter Bonner Studenten rangierten ausgerechnet die Theologiestudenten an der Spitze der Haschischkenner, dicht gefolgt von den anderen Geisteswissenschaftlern, also die Adepten jener akademischen Disziplin, die bislang die Innenwelt gepachtet hatten – oder es sich zumindest noch immer einbilden.
Offenbar kann die detaillierte Kenntnis der Außenwelt mit Hilfe von Elementarteilchen-Beschleunigern und Radioteleskopen und jener Unzahl anderer Hilfsinstrumente der Naturwissenschaften nicht die persönliche Erfahrung der psychischen Realität *in* uns ersetzen. Offenbar vermögen das auch Deutsch- und Sozialkundeunterricht nicht (die noch immer als vollgültiger Ersatz für einen sachkundigen Psychologiekurs betrachtet werden). Und offenbar ist auch der klassische Religionsunterricht nicht mehr dazu in der Lage: In den Oberstufen der bayerischen Gymnasien zum Beispiel läßt sich bereits jeder vierte katholische Schüler von »Religion« befreien, und die protestantischen Schüler stehen ihnen nicht viel nach. Es wird sich noch zeigen, ob östliche Religionen oder neue westliche Sekten wie die »Jesus People«, die »Scientology« und die Sanyassin des indischen Guru Bhagwan Sri Rajneesh da mehr Erfolg haben werden.
Verfall der Religion und Drogenmißbrauch kann man übrigens in einem engen Zusammenhang sehen. Nach Ansicht des ungarischen Mythologen Professor Karl Kerényi ist die Zunahme und Verselbständigung des Rauschmittelkonsums ein typisches Kennzeichen für den Verfall einer religiösen Hochkultur, in der begrenzter, kontrollierter Drogengenuß im Rahmen eines kultischen Rituals zuvor jahrhundertelang problemlos möglich gewesen ist (persönliche Mitteilung).

2.4 Verwahrloste Jugend – oder vernachlässigende Eltern?

Wir werden in Europa hoffentlich nie dahin kommen, daß wie in New York jährlich mehr Menschen durch Heroin umkommen als im Straßenverkehr. Wir werden mit großer Wahrscheinlichkeit auch nicht jene Situation wie Kuba erreichen, wo zeitweise achtzig Prozent der Bevölkerung Cannabisprodukte wie Marihuana und Haschisch rauchten. Aber einige zehntausend Fixer und einige hunderttausend Hascher werden wir in der Bundesrepublik inzwischen schon haben. Mindestens 50000 Drogenabhängige, eine halbe Million Tablettensüchtige sowie 1,5 Millionen Alkoholkranke sind es offiziell, einem Bericht der Bundesgesundheitsministerin Süßmuth vom Juli 1986 zufolge. Die Bundeszentrale für gesundheitliche Aufklärung sprach allerdings schon 1984 von 2,5 Millionen Alkohol*abhängigen*. Und mindestens »20000 Todesfälle jährlich« führt die »Hauptstelle gegen die Suchtgefahren« in Hamm auf Alkohol zurück, davon mindestens 4000 durch Trunkenheit am Steuer.

Um das Bild des Alkoholismus in der BRD noch abzurunden: 40 Prozent der Berufstätigen trinken am Arbeitsplatz – und der volkswirtschaftliche Schaden durch direkte und indirekte Alkoholschäden wird pro Jahr auf 17 Milliarden Mark beziffert (Fahrtmann 1985).

Was die Drogenszene so bedenklich erscheinen läßt, ist jedoch vor allem die Tatsache, daß vorwiegend Jugendliche in Mitleidenschaft gezogen werden. Sie müssen ausbaden, daß ältere Leute mit widerstandsfähigerer Persönlichkeit wie die LSD-Apostel Timothy Leary (Jahrgang 1921) und Rudolf Gelpke (Jahrgang 1933) die Rauschdrogen in verantwortungsloser Weise verharmlost haben. Auf einen Fünfzehnjährigen kann nämlich bereits Haschisch stark persönlichkeitsabbauend wirken, vor allem, wenn es regelmäßig geraucht wird. Hauptwirkung im negativen Bereich (gewisse positive, stimulierende Wirkungen bei verarbeitungsfähigen älteren Menschen mit entsprechender Lebenserfahrung sollen nicht in Abrede gestellt werden) ist eine anhaltende Apathie, die man als »passive Selbstverwöhnungshaltung« charakterisiert hat. Wahrscheinlich handelt es sich dabei um eine durch die Droge verstärkte depressive Grundstimmung, die in den westlichen Völkern ohnehin stark zunimmt und bei der älteren Generation ihren Ausdruck im Mißbrauch vor allem von Alkohol und Tabletten findet.

Analysiert man die Ursachen, die Jugendliche zum Drogenkonsum verleiten, so entdeckt man neben so vordergründigen, von ihnen selbst genannten Motiven wie »Neugier«, »Abenteuerlust«, »Steigerung der Wahrnehmungsfähigkeit«, »Gruppenkonformismus« sowie dem selteneren politischen Motiv »Protest gegen die Wohlstandsgesellschaft« einige weitere Faktoren, die weit intensiver als Wegbereiter der Drogenwelle fungiert haben. Der bedeutendste Schrittmacher dürfte auch bei uns, ähnlich wie in Nordamerika, der Drogen- und Medikamentenkonsum der älteren Generation sein. Allein in der Bundesrepublik werden jährlich verbraucht (Zahlen von 1984):

- für siebzig Milliarden Mark Alkoholika und Tabakwaren (zum Vergleich: für Schulen und andere kulturelle Zwecke gibt man bei uns rund dreißig Milliarden aus),
- weit über dreißig Millionen Packungen barbiturathaltige Schlafmittel (die unzähligen harmloseren Einschlafhilfen ohne Barbitursäure nicht mitgerechnet),
- zwei Millionen Packungen Aufputschmittel,

- mehr als fünfzig Millionen Packungen Beruhigungsmittel (Tranquilizer wie Valium, Librium und Limbatril),
- dazu noch -zig Millionen Packungen Schmerzmittel,
- alles zusammen rund 1,5 Milliarden Pillen, die von vielleicht zehn Prozent (= 6 Millionen) der erwachsenen Bundesbürger *täglich* eingenommen werden, von unzähligen eher gelegentlich.*

Die Gründe, die gegen diesen ungezügelten und in vielen Fällen auch unnötigen Gebrauch und Mißbrauch dieser Substanzen sprechen, sind vielfältig. Man braucht nur daran zu denken, daß in der Bundesrepublik rund 2,5 Prozent der Gesamtbevölkerung alkoholsüchtig sind (die Dunkelziffer wird mindestens ebenso hoch geschätzt), die eine medizinisch-psychotherapeutische Behandlung benötigen, von den Millionen Fastalkoholikern ganz zu schweigen. Und man sollte auch erinnern, daß bei jedem vierten Verkehrsunfall mit Todesfolge »König Alkohol« die Hand mit im Spiel hat. Von den anderen Mitteln weiß man, daß ihr Dauergebrauch zu schweren Gesundheitsschäden bei Herz, Kreislauf, Leber, Nieren und Gehirn führen kann und daß sie die psychische Verfassung ziemlich aus dem Gleichgewicht bringen.

Noch bedenklicher aber ist, daß die Erwachsenen den Kindern und Jugendlichen mit dem – oft voreiligen – Griff in die Hausbar oder Hausapotheke tagtäglich vorleben, daß man Konflikte im psycho-sozialen Bereich mit einer »Medizin« der einen oder anderen Art »lösen« kann. (Daß es nie eine echte Lösung ist, zeigt ja schon der suchtähnliche Dauermißbrauch.) Nun weiß man, daß der Grund für Schlaflosigkeit, anhaltende Mattigkeit oder nervöse Gespanntheit, die man mit jenen Schlaftabletten, Weckaminen, Tranquilizern oder mit Alkohol und Zigaretten bekämpfen will, durchwegs unbewältigte persönliche Schwierigkeiten sind, und zwar meist solche mit aggressivem Hintergrund. Gerade in der Pubertät hat der Mensch eine Reihe solcher Konflikte zu bewältigen. Hat er aber erst einmal von den Älteren gelernt, diese Probleme von vorneherein biochemisch zu umgehen, also eine Bewältigung gar nicht erst zu probieren, dann befindet er sich bereits auf der abschüssigen Drogenstraße.

(Die Zunahme der Doping-Fälle im modernen Sport, ein trauriges Kapitel für sich, sei hier nur am Rande erwähnt.)

* Die genauere Aufschlüsselung der Medikamentensucht ergibt: fünf Prozent der erwachsenen Bundesbürger (= 2,5 Millionen) nehmen Psychopharmaka, fünf Prozent (= 2,5 Millionen) verwenden Schmerzmittel und drei Prozent (= 1,5 Millionen) Schlafmittel – die drei Kreise überschneiden sich zum Teil.

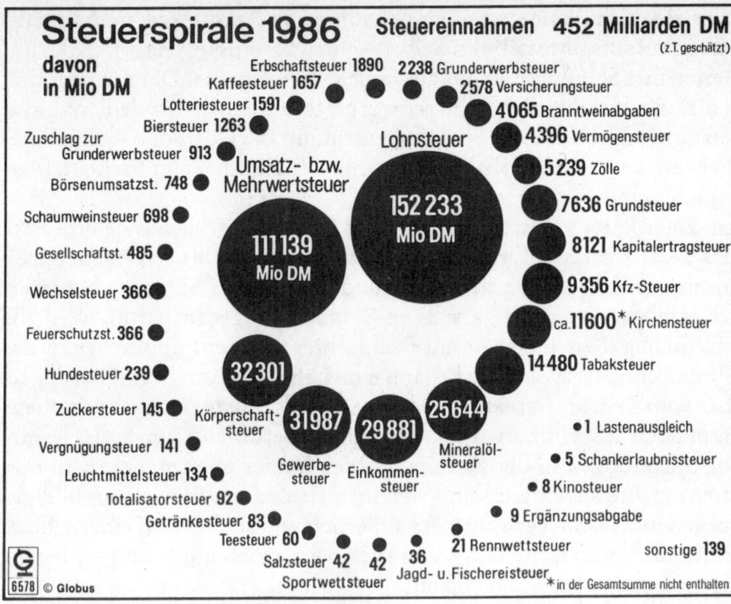

Die Aufschlüsselung der Steuereinnahmen des Jahres 1986 demonstriert, daß der Staat am »Drogenkonsum« seiner Bürger nicht schlecht verdient. Allein die Tabak- und Branntweinmonopolsteuern schlugen mit 19 Milliarden Mark zu Buche (dies entspricht auf makabre Weise exakt dem Betrag, der auf der Ausgabenseite für »Jugend, Familie« angesetzt wurde). Dazu muß man eigentlich noch die Biersteuer, die Kaffeesteuer und einige weitere Steuerarten rechnen, denn Bier hat eine beruhigende Wirkung, Kaffee dagegen eine anregende, wodurch beide leicht zu einer suchtähnlichen Abhängigkeit führen.

Ein Fall aus der Praxis:

Anke*, ein 18jähriges Mädchen, wird von den besorgten Eltern in die Drogenberatung gebracht, weil sie entdeckt haben, daß es Morphinbase spritzt, täglich bis zu fünfmal. Die Untersuchung ergibt folgende Entwicklungsgeschichte der Sucht: Zu Beginn der Pubertät, etwa mit dreizehn, wurde Anke infolge sexueller Wunschträume in der Schule immer schlechter; gleichzeitig tauchte eine sehr aggressiv getönte Rivalität zu einem jüngeren Bruder auf. Je miserabler die Schulnoten wurden, um so stärker drängte der enttäuschte Vater auf Leistung. Das Mädchen schlief schlecht und war demzufolge am Vormittag in der Schule müde und unaufmerksam. Da sie dem Vater zuliebe gerne Besseres geleistet hätte, wurde sie immer verzweifelter. In dieser Situation

* Name und Begleitumstände sind, wie auch in den folgenden Fallschilderungen, verändert worden.

pries eine Schulkameradin ein bekanntes, in Apotheken frei verkäufliches Aufputschmittel. Ein Selbstversuch bestätigte Anke, daß die Tabletten ihre Schulmüdigkeit tatsächlich »beseitigten«. Der medikamentöse Eingriff in ihren ohnehin schwer gestörten Schlaf-Wach-Rhythmus verstärkte ihre Labilität, so daß sie nicht nur die Dosis der »Schnellmacher« erhöhte, sondern bald auch wahllos Tranquilizer und Schlaftabletten schluckte.
Auf einer Party zu ihrem fünfzehnten Geburtstag rauchte sie ihre erste Haschischzigarette. Einige Monate darauf »warf« sie nach einem Krach mit ihrem einige Jahre älteren Freund den ersten LSD-*trip* (den er ihr für »ein paar zukünftige schöne Stunden« gegeben hatte). Weil die schulischen Leistungen immer schlechter wurden, mußte Anke das Gymnasium verlassen. Sie begann eine Lehre als Fotografin, bei der sie aber vom Lehrherrn sexuell bedrängt und als billige Arbeitskraft obendrein noch ausgenützt wurde, während sie beruflich kaum etwas lernte. Die Spannungen in der Familie wurden immer unerträglicher. Immer öfter rauchte sie Haschisch, »weil man sich da so schön warm und geborgen fühlt«. Sie verwahrloste äußerlich und schloß sich einer Clique von ähnlich verzweifelten, wenn auch nach außen hin trotzig-selbständig agierenden Jugendlichen an.
Nach einem bösen Krach mit den Eltern – sie war gerade siebzehn geworden – lief sie von zu Hause weg. In der folgenden Nacht ließ sie sich von einer bereits süchtigen Freundin den ersten »Schuß bauen«, dem weitere Opiatinjektionen folgten. Eine freiwillige ambulante Entziehungskur scheiterte. Ein zweiter Entziehungsversuch in einer Nervenklinik blieb ohne Erfolg, weil Anke gegen ihren Willen vom Vater dort eingeliefert wurde; ebenso ein dritter.
Dieser Fall zeigt deutlich, daß es nicht die einzelnen Medikamente oder Drogen sind, die das Umsteigen etwa von Haschisch auf Heroin bedingen, sondern daß die eigentlichen Ursachen stets in der jeweiligen psycho-sozialen Situation gesucht werden müssen: pubertäre Sexualnot, schulischer Leistungsdruck, Verständnislosigkeit der Eltern, Verführung durch wohlmeinende (meist schlecht informierte) Freunde – und natürlich nicht zuletzt die praktisch unbegrenzte Verfügbarkeit der Rauschdrogen (solange man sie bezahlen kann).
Der letzte Punkt läßt sich durch die derzeit geübte Praktik strenger Grenzkontrollen und härterer Strafen für *dealer* kaum beeinflussen: Haschisch und Opium in Gramm-Mengen werden jedes Jahr von Millionen Gastarbeitern und Reisenden aus Asien, Afrika und den beiden Amerikas unauffällig eingeschmuggelt. Ein wenig Psilocybin, in einem Wassertropfen aufgelöst und auf die Rückseite einer Briefmarke geträufelt, vermag selbst die Gitterstäbe einer geschlossenen psychiatrischen

Abteilung oder eines streng bewachten Gefängnisses unentdeckt zu passieren. Der Inhalt einer Thermosflasche LSD-25 reicht aus, um eine Stadt wie London mit acht Millionen Einwohnern auf eine ungeheure psychedelische »Reise« zu schicken. Und wer vermag schon auf einen Blick, etwa bei einer Grenzkontrolle, weißen Schnupftabak von Heroin- oder Kokainpulver zu unterscheiden?

Noch deutlicher sichtbar wird der verborgene Mechanismus der Drogengewöhnung beim scheinbar so harmlosen Haschen. Die Erwachsenen nehmen an, daß ihre Kinder im Cannabisrausch tolle Halluzinationen suchen oder sich gar sexuell enthemmen wollen (so als hätte sich zum Sexualneid der älteren Generation samt den daraus resultierenden Verboten auch noch eine Art Drogen- oder Rauschneid gesellt). In Wahrheit ist die Motivation der Haschischkonsumenten vielschichtiger und weit weniger durchsichtig. Sie wird erst dann allmählich offenkundig, wenn man mit den Betroffenen viele Stunden intensiv und offen sprechen kann, wie zum Beispiel in einer Psychotherapie. Erfahrene Psychoanalytiker wie Amedeo Limentani haben auf die unerträglichen – und deshalb ins Unbewußte verdrängten – Aggressionen von Kiffern hingewiesen. Andere Gründe hängen mit der speziellen Pharmakologie des Cannabis zusammen, der über hundert Wirkstoffe der unterschiedlichsten Art enthält.

Daß die Jugendlichen so gerne Haschisch nehmen, liegt sicher nicht zuletzt daran, daß die Droge gesetzlich verboten und somit doppelt reizvoll ist. Zum anderen aber produziert sie in geradezu phantastischer Weise die Wirkung all jener Mittel, deren sich die Erwachsenen bedienen, um ihrer seelischen Alltagsmisere zu entrinnen (unter der die junge Generation – vielleicht infolge einer gesteigerten Sensibilität – noch intensiver zu leiden scheint). Aus vielen Tierversuchen und Beobachtungen an berauschten Menschen weiß man nämlich inzwischen, daß Cannabis

- die Empfänglichkeit für Reize der Außenwelt betäuben kann wie der Alkohol,
- gelegentliche Aufputschphasen zeigt wie die Amphetamine,
- das Einschlafen fördern kann wie die Barbiturate.

Am wichtigsten aber könnte ein Effekt sein, den Cannabis mit dem Nikotin und den Tranquilizern zu teilen scheint: Es vermag Ängste und Nervosität sowie innere Spannungen zu mildern. Limentani sagt pointiert, der geschickteste Psychoanalytiker könne sich »nicht mit der angstmildernden Kraft des Marihuana messen«.

Fast wie ein Nebeneffekt nimmt sich da die Halluzinogenwirkung aus, die Cannabis mit Meskalin, Psilocybin und LSD-25 teilt. Trotzdem ist das halluzinatorische, psychedelische Moment von zentraler Bedeutung, denn es hebt innerseelische Gefühle und manchmal auch verschüttete Kindheitserlebnisse aus dem Dunkel des Unbewußten ins Bewußtsein, erfüllt also die so häufig als grau, sinnleer und langweilig empfundene Welt mit buntem Traumleben.

2.5 Die Schuldfrage

Für diese Sinnlosigkeit und Langeweile, die der österreichische Kabarettist Helmut Qualtinger in seinem Chanson »Weil mir so fad is...« so unübertrefflich beschrieben hat, läßt sich eine ganze Reihe von Ursachen nennen. Eine, die man keineswegs unterschätzen darf, ist der lebensfremde Schulunterricht, dargeboten von überforderten Lehrern in viel zu großen Schulklassen. Eine weitere Ursache ist die zunehmende Entfremdung und Kontaktlosigkeit zwischen Eltern und Kindern, die nicht zuletzt durch die moderne Form der bürokratisierten und arbeitsteiligen Berufswelt hervorgerufen wird. Auch die »vaterlose Gesellschaft« (Alexander Mitscherlich) muß man nennen, in der die Kinder den Vater nicht mehr als nahes Vorbild erleben (mit dem man sich vor allem auch handfest-kritisch auseinandersetzen kann), sondern als fernen, abstrakten Arbeitsroboter, der einmal im Monat das zum Leben notwendige Geld mitbringt – und selbst diese noch einigermaßen anschauliche Funktion des Vaters ist im Zeichen des bargeldlosen Zahlungsverkehrs an ein noch abstrakteres Bankkonto abgetreten worden. Sicher trifft auch die Mütter einige Schuld, weil sie – häufig selbst berufstätig – die Kinder in den für die Entstehung der Persönlichkeit so überragend wichtigen ersten Lebensjahren vernachlässigen. Typische Folge dieser Mutterentbehrung ist eine unstillbare »orale Gier«. Deren häufigste Krankheitsfolge sind depressive Zustände, genau jene Zustände also, unter denen viele Hascher, überhaupt viele Drogenabhängige – wenn nicht alle – am meisten leiden. Die Sucht ist die deutlichste Antwort auf orale Frustration in der frühen Kindheit; wobei »oral« hier in einem weiten Sinne gemeint ist, der außer Ernährung und allgemeiner Brutpflege auch die Summe all jener vielen kleinen Aufmerksamkeiten und Zuwendungen der Mutter gegenüber dem Kind umfassen soll, die zusammen die so notwendige »Nestwärme« mit dem daraus resultierenden »Urvertrauen« (Erik H. Erikson) ergeben.
Wie schon erwähnt, fühlt sich ein Drittel der Drogenkonsumenten in der Schule überfordert. Offensichtlich gibt es viele Eltern, die das in unserer Gesellschaft herrschende Leistungsprinzip so sehr zum Fetisch erhoben haben, daß sie von ihren Kindern zuviel verlangen –

von diesen gleichen Kindern, denen sie am Beginn ihrer Entwicklung zuwenig Geborgenheit und Elternliebe geboten haben.
Aggressives Verhalten ist eine der deutlichsten Verhaltensweisen, wenn jemand frustriert wird. Weiterhin kann man annehmen, daß das Maß an Aggressivität um so größer ist, je früher in der kindlichen Entwicklung diese Enttäuschungssituationen erlebt worden sind. Man täuscht sich nur leicht über diesen Sachverhalt, wenn jemand das Gegenteil von aggressiv ist – nämlich depressiv. Wir werden noch sehen (siehe Kap. 4), daß der Depressive seine Enttäuschungen lediglich zu früh, nämlich in den ersten Lebens*monaten*, erlebt hat, daß er angemessenes aggressives Verhalten gar nicht erst entwickeln konnte. Wenn Drogen genommen werden, liegt die eigentliche psychische Störung ja längst vor; das zeigt auch die hohe Zahl der Selbstmordversuche Süchtiger, *bevor* sie mit Drogen in Berührung kamen. Dem Fixer oder Hascher, der seinen Körper oder seine psycho-soziale Existenz systematisch zerstört, ist allerdings selten klar, daß er enorm aggressiv ist – nur richtet er seine unbewußten Aggressionen gegen sich selbst statt gegen die Leute, die diese unbewußten Aggressionen vor vielen Jahren, während seiner Kindheit, durch (wenn auch meist ungewollte) systematische Frustration gezüchtet haben.
Offensichtlich ist das Ausbrechen aus dem *Establishment* und die Flucht beziehungsweise der Rückzug in die Gegenwelt des Drogenrausches ein letztes, nun nicht mehr zu übersehendes Alarmsignal, mit dem der Jugendliche ausdrücken will: »Ihr habt mir bisher nicht aus meiner seelischen Not geholfen – jetzt nehme ich Rauschgift, jetzt endlich *müßt* ihr etwas unternehmen!«
Die Einrichtung von Drogenberatungsstellen in allen größeren Städten der Bundesrepublik war ein Zeichen, daß man endlich etwas gegen die bedrohliche Situation unternimmt. Wenn man weiß, daß die Wartezeiten bei Erziehungsberatungsstellen der üblichen Art ein halbes Jahr, für die Behandlung bei einem Psychotherapeuten mehr als ein ganzes Jahr beträgt, dann kann man sich des Eindrucks nicht erwehren, daß die Jugendlichen sich durch die Drogenberatungseinrichtungen (in denen ja Erziehungsberater und Psychotherapeuten arbeiten) eine Art Nothilfe erzwungen haben, die man ihnen bislang verweigerte. Somit entpuppt sich die Drogenwelle unserer Tage als eine erste, vorwiegend von jungen Menschen erlittene Form, mit ihrer durcheinandergeratenen Innenwelt fertig zu werden.
In den 80er Jahren wurden allerdings viele dieser Einrichtungen reduziert oder gar eingestellt. So gaben 1984 in Berlin 28 Drogenberater und weitere Drogenhelfer die Arbeit auf, wodurch sich das Therapieange-

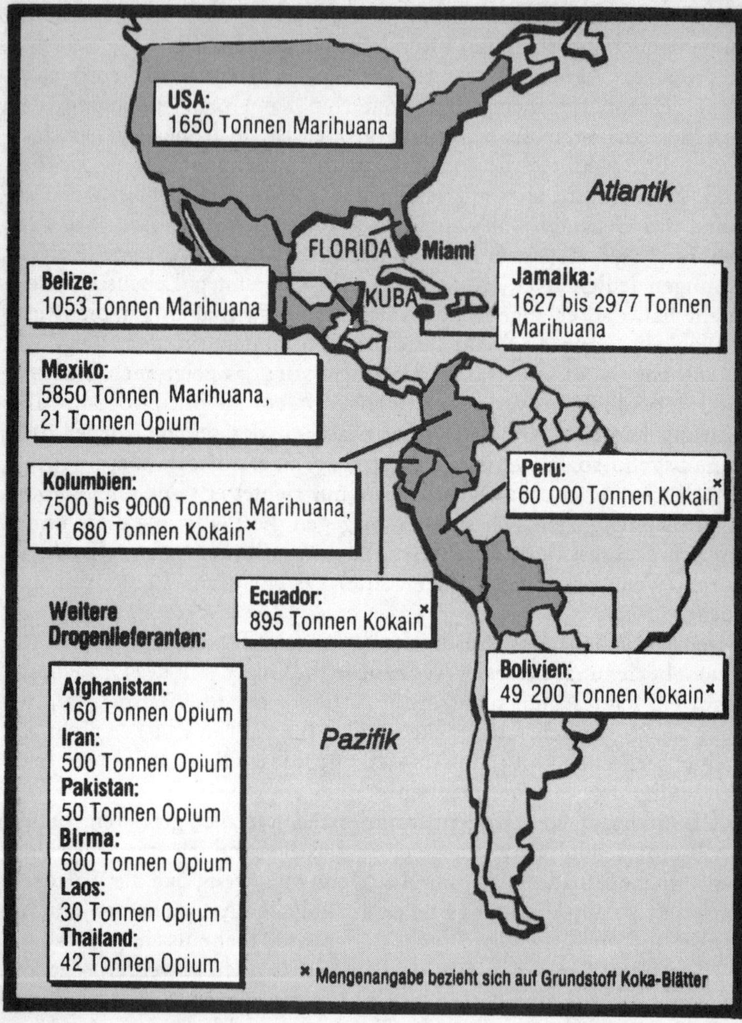

Die Hauptlieferanten für Rauschgift und was sie im vergangenen Jahr produziert haben (aus: »Stern« Nr. 14/85)

bot in der Stadt um mehr als die Hälfte reduzierte. Das Drogenproblem, wir sahen es, bietet dafür jedoch keinerlei Handhabe – ganz im Gegenteil.

Rausch-Folgen

Die Zahlen und Sachverhalte, die in diesem Buch genannt und miteinander in Beziehung gesetzt werden, sind sowohl im Detail wie in ihrer vernetzten Gesamtheit so abenteuerlich, daß es einem den Atem nimmt. Suchtexperten wie Wolfram Keup, Gutachter der »Hauptstelle für die Bekämpfung der Suchtgefahren« in Hamm, sprechen davon, daß jeder der rund 50000 (andere sprechen sogar von 60000) Heroinabhängigen in der BRD die Gesellschaft im Laufe seines Lebens durchschnittlich eine Million Mark kosten wird. Multipliziert, ergibt dies die gigantische Summe von 50 bis 60 Milliarden Mark.

Gibt man jedem Fixer eine Lebenszeit von rund zehn Jahren, so errechnen sich jährliche Belastungen des Steuerzahlers von fünf bis sechs Milliarden. Dies ist aber erst ein Bruchteil des Suchtproblems. Lassen wir einmal die Abhängigen von anderen Drogen (wie Haschisch, Kokain), geschätzt auf eine halbe Million bis 600000, und fünf bis sechs Millionen Tablettensüchtige völlig außer acht (die volkswirtschaftlich ähnlich zu Buche schlagen), sondern betrachten wir nur noch den Problemkreis Alkoholismus: Auch jeder Alkoholiker schädigt nicht nur sich selbst in erheblichem Maße, sondern ebenso die Gemeinschaft (jeder vierte Auto- und Arbeitsunfall ist alkoholbedingt, Alkoholiker sind doppelt so häufig und doppelt so lange wie andere Arbeitnehmer krank) – ebenfalls mit rund einer Million Mark im Laufe seines Trinkerlebens.

Je nach Quelle (nicht zuletzt politisch bedingt) schwanken die Schätzungen zwischen 1,5 und 2,5 Millionen Alkoholkranker in der Bundesrepublik. Multipliziert ergibt dies astronomische Summen zwischen anderthalb und zweieinhalb *Billionen* Mark – denen 1987 lächerliche Einnahmen aus der Branntweinsteuer in Höhe von 4,1 Milliarden gegenüberstehen – buchstäblich nur »Tropfen auf den heißen Stein«. Setzt man die durchschnittliche Lebenserwartung eines Alkoholikers mit zwanzig Jahren an, so ergibt sich eine jährliche Belastung der Gesellschaft mit 75 bis 125 Milliarden Mark.

Alle Süchte zusammengezählt belaufen sich also in der Hochrechnung pro Jahr auf:

	niedrige Schätzung	hohe Schätzung
Alkohol:	75 Milliarden	125 Mrd
Heroin:	5 Mrd	6 Mrd
andere Süchte*:	25 Mrd	30 Mrd
Medikamente**:	200 Mrd	300 Mrd
zusammen	305 Mrd	461 Mrd

Selbst wenn diese Hochrechnungen völlig falsch sein sollten und vielleicht (was absurd ist) nur ein Zehntel davon betragen, so ergibt sich immer noch eine Belastung der Volkswirtschaft von jährlich 30 bis 46 Milliarden Mark. Auch dies käme in der Größenordnung noch an die beiden anderen dicken Brocken der sozialen Belastungen heran:

- den Verteidigungshaushalt (1987: 50,9 Mrd. Mark)
- die Gesamtschätzung für die Folgen der Umweltzerstörung (1986: 103,5 Mrd. Mark, lt. Wicke, »Die ökologischen Milliarden«).

Makaber ist nur, daß eine völlige Sanierung all dieser individuellen wie sozialen Schäden unglaubliche Mengen zusätzlicher Arbeitsloser (Drogenberater, Wissenschaftler, Soldaten...) mit sich bringen würde!

* Diese Zahlen ergeben sich, wenn man die durchschnittliche Lebenserwartung eines von Haschisch, Kokain, LSD etc. Abhängigen einmal vorsichtig, wie beim Alkohol, mit 20 Jahren ansetzt – was eher zu hoch ist.

** 20 Jahre Lebenserwartung, vier bis sechs Millionen geschätzte Gesamtzahl (s. Fußnote S. 50)

3. Körperliche Krankheit – seelische Not

Man schätzt, daß jeder zweite bis dritte Kranke, der heute bei uns einen Arzt aufsucht, an einer psychosomatischen Störung leidet, das heißt eine Krankheit hat, die sich zwar körperlich äußert, jedoch seelisch beeinflußt oder bedingt ist. Die Erscheinungsbilder sind vielfältig. Und trotzdem haben sie eines gemeinsam: Sie sind Resultat einer unbewußten Selbstzerstörung.

Vorweg eine kleine Übung für den Leser. Er möge sich, aus dem Gedächtnis, notieren, wie oft er im vergangenen Jahr krank war, stärkere Erkältungen (auch Schnupfen) und kleinere Unfälle mitgerechnet. Und dann überlege er kurz, wie oft seine Großeltern bettlägerig gewesen sein dürften. Wahrscheinlich wird sich dabei herausstellen, daß man früher wesentlich weniger krank war. Statistisch gesehen sind im Jahresdurchschnitt inzwischen etwa sechs Prozent der westdeutschen Bevölkerung, also zwischen drei und vier Millionen Bundesbürger, an jedem Tag krank; manche Experten sprechen sogar von sieben bis acht Prozent.

Solche Zahlen sind zunächst bedeutungslos, wenn man keinen Maßstab hat, mit dem man sie vergleichen kann (soweit sich derartige statistische Zahlen überhaupt vergleichen lassen). Betrachtet man nun die Patientenzahl von 1920 (zwei Prozent der Bevölkerung waren damals im Durchschnitt krank) oder gar die von 1900 (eineinhalb Prozent), so bekommen sie sofort ein anderes Gewicht.

Was besagt das aber, wenn in unseren Tagen viermal soviel Menschen krank sind als um die Jahrhundertwende?

Einige Gedanken drängen sich dem informierten Zeitgenossen sofort auf. So darf man vermuten, daß sich heute jene Arbeiter und Angestellten, aber auch die inzwischen besser versicherten freiberuflich Tätigen, früher (das heißt rechtzeitiger) und aus Gründen der Vorsicht öfter einmal ins Bett legen als vor siebzig und auch noch vor fünfzig Jahren. Damals war man in diesem Teil der Bevölkerung nämlich kaum vor Arbeitsplatzverlust und Verdienstausfall geschützt. Der arbeitslose Nächste wartete ja nur darauf, daß durch Krankheit ein Arbeitsplatz frei wurde. Damals »riß man sich zusammen«, selbst wenn man es vor Schmerzen kaum aushielt. Es gab sogar eine regelrechte Ideologie, getreu dem seltsamen Motto: »Gelobt sei, was hart macht.« Heute kann

man es sich infolge einer sozialeren Gesetzgebung viel eher leisten, krank zu sein und etwas für die eigene Gesundheit zu tun. Ein neues Heer von mehr als zwei Millionen Arbeitslosen hat hier allerdings in den 80er Jahren schon wieder große Verunsicherung und wohl auch ein entsprechendes »Zusammenreißen« gefördert.
Dazu kommt, daß viele schwächliche Säuglinge dem frühen Tod heute zwar entgehen, dafür aber gesundheitlich sehr anfällig bleiben.
Mag auch sein, daß wir empfindlicher, feinfühliger in einem sehr positiven und notwendigen Sinn geworden sind und lieber schon zum Arzt gehen, wenn der erste Schmerz auftritt – statt, wie früher üblich, die Zähne aufeinanderzubeißen, bis wir zusammenbrechen.
Ganz sicher leben wir inzwischen auch wesentlich ungesünder als unsere

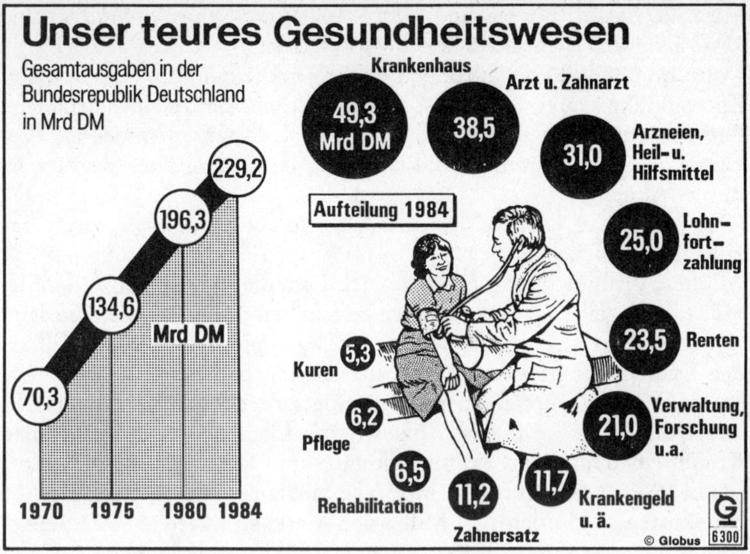

Kranksein kommt teuer. Wie teuer, das zeigt eine Untersuchung des Statistischen Bundesamtes. Danach waren im Jahre 1984 je Bundesbürger (bei 55 Millionen Bundesbürgern) durchschnittlich 4163 DM für Vorbeugung, Behandlung und Krankheitsfolgeleistungen erforderlich – insgesamt 229 Milliarden DM. In dieser Summe sind die Ausgaben der Krankenversicherungen, des Staates, der Arbeitgeber und der privaten Haushalte zusammengefaßt.
1986 wurden von den gesetzlichen Krankenkassen und den Ersatzkassen (in denen rund 90 Prozent der Bevölkerung Mitglieder sind) 108 Milliarden Mark aufgewendet, davon 15 Milliarden für Medikamente. Nimmt man noch die Privatkassen dazu, so wird ein Betrag weit über 200 Milliarden erreicht.

Vorfahren, trotz besserer Medikamente und medizinischer Apparate. Smog, Autoabgase, Flugzeuglärm und all die vielen anderen Übel der Überflußgesellschaft mit ihrer Umweltverschmutzung setzen unserer Gesundheit genauso zu wie der Zigarettenqualm, den auch der Nichtraucher schlucken muß, wenn es irgendwem im Zimmer oder Auto Spaß macht zu rauchen.
Auch eine weithin falsche Ernährung trägt ihren Teil dazu bei – mit überschüssigen Kohlehydraten (der Salzburger Mediziner Wolfgang Lutz propagiert sogar ein »Leben ohne Brot«), zuviel Fett, viel zuviel Kalorien bei relativ wenig Bewegung: dazu Antibiotika im Schlachtvieh, contergan- oder menocilähnliche Medikamente (fast jedes Jahr entdeckt man eine neue dieser »Zeitbomben« à la DDT, die Tausende vernichten kann); dazu Rauschmittel wie Alkohol und die unzähligen Tonnen von Beruhigungstabletten, Abführ- und Aufputschmitteln, die

Herz, Kreislauf, Nieren und Leber sowie das Gehirn angreifen. Die Liste ließe sich leicht noch beliebig fortsetzen.
Dann muß man berücksichtigen, daß Krankheiten mit einer längeren Entwicklungsdauer wie Altersdiabetes, Arteriosklerose und so manche Krebswucherung in unseren Tagen vor allem deswegen immer häufiger zum Vorschein kommen, weil wir zwei Jahrzehnte älter werden als unsere Ahnen.
(Den steigenden Unfallziffern am Arbeitsplatz werden wir uns später zuwenden – siehe Kap. 4.)
All diese Gründe genügen jedoch nicht, um die so beängstigend in die Höhe geschnellten Krankenziffern zu erklären. Eine Tatsache, die dazu führte, daß inzwischen allein in der BRD »mindestens hundert Milliarden Deutsche Mark oder, der Prosperität angepaßt, jeweils ein Viertel bis ein Drittel des gesamten Volksvermögens den Ausgaben für das Gesundheitswesen und den volkswirtschaftlichen Verlusten infolge Krankheit, Unfall und Frühinvalidität zum Opfer fällt« – so F. Hoff schon 1965 in seinem Buch »Moderne Medizin«. Betrugen die Krankheitskosten 1963 noch 12,1 Milliarden Mark, so waren es 1973 bereits 40,8 Milliarden – und 1983 weit über 200 Milliarden Mark!
Wir kommen dem – in meinen Augen – Hauptgrund näher, wenn wir einmal jene Leute ansehen, die kein Unternehmer gerne bei sich hat: die »Krankfeierer«. Der Besitzer eines mittleren Betriebes der Bauindustrie klagte mir einmal sein Leid. »Es ist ganz gut«, meinte er, »daß wir anstelle der Vollbeschäftigung wieder ein paar Prozent Arbeitslose haben, weil dann die Drückeberger, Säufer und Krankfeierer gezwungen sind, aus Angst um ihren Arbeitsplatz wieder etwas fleißiger zu sein.«
Nun kann man nicht leugnen, daß es überall Menschen gibt – man nennt sie gern »asozial« oder etwas moderner auch »soziopathisch« (siehe Kap. 4.6) –, die bewußt nicht arbeiten wollen und trotzdem auf Versorgung durch einen Arbeitgeber oder die Allgemeinheit Anspruch erheben; was sich durch geschicktes Ausnützen der Sozialgesetze ganz gut erreichen läßt. Ich kannte zum Beispiel einen Fixer, der alle paar Wochen den Arbeitsplatz wechselt und es zu einer wahren Meisterschaft gebracht hat, sich dabei ein Maximum an Lohn, Vergünstigungen und Urlaubstagen zu sichern.
Könnte man angesichts solcher Leute, die man gerne in die Nähe von Kriminellen stellt, einen gewissen unternehmerischen Sozialdarwinismus (»Nur der Starke soll überleben«) noch verstehen, so müssen der Psychologe und der Arzt bereits Bedenken anmelden, wenn Menschen wegen ihrer »Faulheit« oder wegen Alkoholismus der unerbittlichen Maschinerie eines Arbeitskampfes mit harten Spielregeln ausgeliefert werden sollen. Beim »Säufer« etwa wird die Verurteilung schon des-

halb sehr problematisch, weil der Alkoholiker im Spätstadium, rein medizinisch gesehen, richtiggehend krank ist. Aber auch im Anfangsstadium seiner Sucht ist er zumindest bereits im psychologischen Sinne geschädigt und in seiner Willensfreiheit beeinträchtigt. In der Regel laboriert er schon Jahre vor dem Trinken an einer neurotischen Depression herum, gegen die dann (häufig nach dem Übertritt von der gemütlicheren Ausbildungszeit ins richtige Berufsleben) der Alkohol wie ein Medikament eingesetzt wird.

Auch zur »Faulheit« – die noch immer vielen Kindern schon während der Schulzeit als diffamierendes und in Form schlechter Zeugnisbemerkungen verewigtes Etikett angeheftet wird – ließe sich so manches sagen. Zum Beispiel, daß man hinter ihr bei näherem Hinsehen aggressive und sexuelle Hemmungen (oft in Form einer larvierten Depression) und andere, den gesunden Leistungswillen beeinträchtigende Kräfte findet.

Sowohl das Vorstadium des Trinkens als auch die »Faulheit« gehen nicht selten einher mit »Nervosität«, jenem ausgesprochen nebulösen Phänomen. Die Mediziner, zu denen vor allem die besorgten Eltern der höheren sozialen Schichten ihre in der Schule versagenden Kinder bringen (die der unterprivilegierten Schichten prügeln sie lediglich und machen sie damit noch gehemmter, also noch »fauler« und »dümmer«), diese Mediziner finden in den seltensten Fällen irgendwelche organischen Störungen, etwa im Hirnstrombild, und sprechen von »vegetativer Dystonie« oder »vegetativer Dysregulation« (früher sagte man dazu »Neurasthenie«). Für gewöhnlich wird ein Tranquilizer oder ein anderes Beruhigungsmittel verschrieben – was in etwa das gleiche bewirkt wie der Alkohol beim Trinker (nur die Euphorie fehlt); sicher eine Erklärung dafür, daß der Tranquilizerkonsum inzwischen konsequenterweise den Alkoholverbrauch überflügelt hat.

Gehört die vegetative Dystonie noch in jenen Grenzbereich, wo Körperliches und Seelisches ineinander verfließen, ohne daß die eigentliche Ursache des Mißbehagens klar ersichtlich wird, so sind die sogenannten psychosomatischen Krankheiten (Psychosomatosen) leichter lokalisierbar, etwa am Herzen, auf der Haut oder im Magen-Darm-Trakt. Es handelt sich dabei um eine lange Liste von Störungen oder gar Schädigungen, die man zu Zeiten einer einseitig materialistisch-positivistischen Medizinphilosophie auf rein körperliche Ursachen zurückführte. Der berühmte deutsche Chirurg Rudolf Virchow (1821–1902) meinte einmal (allerdings ironisch, denn er war vom Gegenteil überzeugt), er hätte bei all seinen Operationen im Inneren des Leibes nie so etwas wie eine »Seele« finden können. Erst seit der Jahrhundertwende, seit Jean Martin Charcot (1825–1893) in der Pariser Salpêtrière seine

Hypnoseversuche durchführte und Sigmund Freud (1856 – 1939) die Psychogenese der Hysterie aufzudecken vermochte, setzt sich, wenn auch unglaublich langsam und zäh, die Erkenntnis durch, daß bei vielen körperlichen Leiden seelische Ursachen beteiligt oder ausschlaggebend sind: unbewältigte Konflikte aus der Kindheit, schlechtes Betriebsklima, Ärger in der Familie – die Liste ist lang.
Ich habe selbst schon erlebt, daß jemand mit 39° Fieber und einer Grippe zu mir kam, um eine therapeutische Sitzung abzusagen – und am Ende der doch absolvierten Stunde fast fieberfrei war, nachdem wir ein aktuelles seelisches Problem, das ihn sehr bedrückte, durchgearbeitet hatten. Ohne diese psychologische Hilfe wäre wahrscheinlich eine richtige Grippe entstanden, die ihn einige Tage ins Bett gezwungen hätte. Man tut sich bei der Beurteilung solcher Geschehnisse leichter, gerade als Laie, wenn man den unseligen Dualismus »hie Leib – da Seele« endlich aufgibt und beide als verschiedene Erscheinungsformen eines unseren Sinnen und unserem Bewußtsein (noch?) nicht zugänglichen Substrats betrachtet, für das wir nicht einmal einen Namen haben. (Mit einem ähnlichen Trick hilft sich der moderne Physiker über die einstmals sehr peinliche »Dualität« des physikalischen Lichtes hinweg, das – je nach Versuchsanordnung – einmal als materielles Teilchen und dann wieder als Lichtquelle beobachtet wird.) Der Leser kann die Künstlichkeit von Leiblichem und Seelischem übrigens mit einem kleinen Versuch selbst feststellen: Wenn man sich einen Finger verbrennt oder das Schienbein irgendwo schmerzhaft anhaut – wo tut es dann weh, und was tut da weh? Ist es der »Körper«? Das »Bewußtsein«? Tatsächlich ist es so, daß der Schmerz zwar an der unmittelbar betroffenen Stelle (Finger, Schienbein) am größten ist – weshalb wir dazu neigen zu sagen, »dort« tue es weh –, daß wir den Schmerz aber auch im »Kopf« gegenwärtig haben, wo wir allgemein den Sitz unseres Bewußtseins annehmen. Und wenn wir uns noch genauer beobachten, müssen wir feststellen, daß wir den Schmerz in Wirklichkeit nicht irgendwo »haben«, sondern daß wir, vor allem im Augenblick der stärksten Wirkung, mit unserem ganzen Körper und unserer ganzen Psyche dieser Schmerz »sind«. Beobachten Sie sich, wenn Sie das nächste Mal zum Zahnarzt gehen!
Doch es soll hier keine Vorlesung über psychosomatische Medizin gehalten werden. Einmal bräuchte man bei einer angemessenen und einigermaßen zuverlässigen Behandlung dieses Themas ein eigenes Buch, und zum anderen verbieten das die vielen noch ungeklärten Fragen, die eine eindeutige und allgemeinverständliche Darstellung derzeit fast unmöglich machen. Was ich in diesem Kapitel versuchen will, ist lediglich zu zeigen, daß auch die Psychosomatosen ein erheblicher Bestandteil

der Innenwelt-Verschmutzung, genauer: eine ihrer Folgen sind. Immerhin sprachen Experten wie Professor Alexander Mitscherlich aus Frankfurt davon, daß dreißig bis achtzig Prozent der Leute, die heute einen praktischen Arzt aufsuchen, weil sie sich körperlich krank fühlen, von unbewußten psychischen Nöten geplagt werden. Warum diese unbewußten Konflikte nicht etwa als Neurose (siehe das folgende Kapitel) empfunden werden, sondern als »rein körperliches Leiden«, ist noch nicht genau bekannt. Wahrscheinlich ist daran nicht wenig die noch immer allgemein verbreitete Vorstellung schuld, daß man zwar alle möglichen körperlichen Gebrechen haben darf, vom Beinbruch bis zur Syphilis, aber möglichst kein seelisches. Auch viele Ärzte unterstützen diese Meinung, weil ihnen ein handfestes somatisches Leiden, dem sie medikamentös oder mit ihren chromglitzernden Apparaten im wahrsten Sinne des Wortes »zu Leibe« rücken können, allemal lieber ist als etwas Seelisches. Einmal sind sie dafür meist nicht oder nur unzureichend ausgebildet, und zum anderen muß man dem seelisch Kranken geduldig und passiv viele (auch psycho-)therapeutische Stunden widmen, die darüber hinaus für ärztliche Standards noch schlecht bezahlt werden. Seelische Faktoren, wenn auch oft nur als Randbedingungen, lassen sich selbst bei der Zuckerkrankheit und manchen Krebsarten nachweisen. Nur so ist es erklärlich, daß ein dem sicheren Tod durch Magenkrebs geweihter Mann wie der englische Weltumsegler Sir Francis Chichester durch eine innere Umstellung (verbunden mit einer entsprechenden Diät) sein Leben um mehr als zehn Jahre verlängerte.

3.1 Ein psychosomatischer Fall

Um die komplizierten Abläufe, die hinter einer Psychosomatose stehen, etwas anschaulicher zu machen, aber auch um die Irrwege eines solchermaßen Leidenden einmal darzustellen, soll ein Fall vorgeführt werden. Lassen wir Herrn X. selbst zu Wort kommen:

»In einem Hamburger Jazzlokal, beim Tanzen mit meiner Freundin, spürte ich zum ersten Mal dieses Brennen und Jucken in meinen Augen. Das war kurz nach dem Abitur. Ich dachte zunächst an eine Bindehautentzündung, die ich mir vielleicht beim Skifahren geholt hatte.

Der erste Augenarzt, den ich aufsuchte, verschrieb mir eine Salbe. Das Zeug verklebte die Augen, schaffte auch kurz Linderung. Aber bald brannte und juckte es erneut. Der nächste Augenspezialist, den ich konsultierte, prüfte zunächst meine Sehtüchtigkeit. Aber ich war weder kurz- noch weitsichtig, noch brauchte ich sonst eine Korrektur durch eine Brille. Seine Tropfen halfen auch momentan – aber sobald

ich sie nicht mehr einträufelte, waren die Beschwerden sofort wieder da, auch nach wochenlanger Anwendung laut Rezept.
Allmählich wurde ich nervös und auch ein wenig mürrisch. Ich stand vor einer wichtigen Zwischenprüfung meiner akademischen Laufbahn, konnte mich aber nur schwer dazu aufraffen, die nötigen Lehrbücher zu lesen, weil meine Augen mir immer wieder zu schaffen machten. Das viele Lesen belastete zusätzlich die Augenmuskulatur, führte zu Sehkrämpfen. Ich wurde zunehmend unruhiger, weil ich glaubte, mein Arbeitspensum nie zu schaffen. Das führte auch dazu, daß ich meine neue Freundin Maureen, nach anfänglich großer Zuneigung, immer unfreundlicher behandelte. Dabei bemühte sie sich sehr um mich, machte mir Augenbäder mit Kamille, las mir sogar aus den Lehrbüchern vor, wenn die Augen vor lauter Reiben wegen des Juckens angeschwollen waren.
Mit Müh und Not schaffte ich die Zwischenprüfung. Dafür entzweite ich mich mit Maureen. Ständig gab es Zank. Jedesmal, wenn ich mich ihr oder anderen gegenüber dumm oder falsch verhielt, entschuldigte ich mich mit meinen Beschwerden – erst Maureen gegenüber, dann auch vor anderen und endlich sogar vor mir selber. Ich steigerte mich in eine richtige Augenkrankheit hinein, um die sich bald alles drehte. Die ganze Umwelt tyrannisierte ich damit, vor allem meine Eltern, bei denen ich damals noch wohnte.
Ein dritter Augenarzt konnte wieder keine körperliche Ursache feststellen. Endlich versuchte ich es in der Augenklinik. Dort inspizierte man mich mit allen Raffinessen und Hilfsinstrumenten. ›Künstliche Tränenflüssigkeit‹ verschrieb mir ein Professor für Ophthalmologie persönlich, als neuestes Heilmittel – vielleicht aber auch nur aus Verlegenheit gegenüber meinem unergründlichen Leiden. Aber die künstlichen Tränen halfen ebensowenig wie vorher Salbe und Tropfen. Statt dessen wurde ich allmählich so lichtempfindlich, daß ich nur noch mit einer dunklen Brille herumlief, selbst bei schlechtem Wetter.
Ein befreundeter Medizinstudent riet mir, es mit einem Internisten zu versuchen. Der kontrollierte meine Blutzusammensetzung und meinen Sauerstoffhaushalt. Aber weder eine versteckte Zuckerkrankheit noch eine Schilddrüsen-Fehlfunktion waren schuld an meinen zunehmend lästiger und hinderlicher werdenden Beschwerden. ›Vegetative Dysregulation‹ lautete seine Verlegenheitsdiagnose. Als ich im Lexikon nachlas, was das bedeutete, wußte ich so wenig wie zuvor: nämlich daß ich ›nervlich überreizt‹ sei.
Meine Mitmenschen konnten das Wort ›Augen‹ schon nicht mehr hören. Ich saß tagelang herum, ohne aufs bevorstehende Schlußexamen zu lernen. Manchmal lief ich mitten aus einem Seminar heraus, weil ich

dieses Gefühl, meine Lider bestünden auf der Innenseite aus Sandpapier, nicht mehr ertrug. Außerdem konnte ich vor lauter innerer Unruhe keine fünf Minuten still sitzen. Es war, als strahle die Augenstörung langsam auf meinen ganzen Körper aus.
Der Neurologe, den ich als nächsten aufsuchte, klopfte mit einem Gummihammer gegen meine Knie, meine Bauchdecke und meine Fußsohlen. ›Ihre Reflexe sind eigentlich völlig in Ordnung‹, war sein Kommentar am Ende der sorgfältigen Überprüfung meines Nervensystems. ›Sie leiden lediglich unter erhöhter Reizbarkeit.‹ Er verordnete Tranquilizer, die mir tatsächlich halfen – solange ich sie einnahm.
›Vergessen Sie mal überhaupt, daß Sie Augen haben‹, riet mir ein freundlicher Psychologe, die nächste Station meiner verzweifelten Suche nach Hilfe. ›Sobald Sie sich nicht mehr damit beschäftigen, verschwinden diese Beschwerden von alleine, das ist sicher rein seelisch bedingt.‹ Er hatte gut raten. Alle Ablenkungsversuche halfen nichts, selbst eine Reise in den Vorderen Orient brachte keine Erleichterung. Mitten im spannendsten Film oder beim Rendezvous mit einem hübschen Mädchen brannten plötzlich die Augen, und Ablenkung oder Verliebtheit waren beim Teufel. Dazu gesellte sich eine ständige Verkrampfung der optischen Muskulatur, die beinahe noch lästiger war.
Mir fehlte wirklich überhaupt nichts. Sieben Experten auf ihrem jeweiligen Fachgebiet hatten das nachgewiesen. Trotzdem fühlte ich mich so elend, daß ich mich immer öfter mit Selbstmordgedanken trug.
Zwei persönliche Katastrophen, die dann rasch hintereinander folgten, gaben mir den Rest. Nach einer unschönen Szene an einer Trambahnhaltestelle verließ mich meine Freundin Inka, so wie mir vorher schon Maureen davongelaufen war. Anschließend fiel ich durchs Examen. Alles Unbehagen, das mit diesen beiden Ereignissen zusammenhing, schien sich auf meine Augen zu konzentrieren, bis ich das Gefühl hatte, statt der Augäpfel zwei glühende Kohlestückchen im Kopf zu tragen.
Wirklich in höchster Not und kurz davor, mich umzubringen, ging ich zu einem Psychoanalytiker. Im Verlauf vieler Sitzungen fanden wir gemeinsam einige Ursachen, die zu meiner Erkrankung beigetragen hatten, allen voran diese:
Als vierjähriges Kind stieß mich ein älteres Mädchen, das auf mich aufpassen sollte, in einen Haufen mit ungelöschtem Kalk. Meine Mutter war gerade beim Einkaufen, und ich lief eine halbe Ewigkeit mit wie Feuer brennenden Augen herum. Sie wurden zwar nicht organisch geschädigt – aber der traumatische Vorgang prägte sich mir unauslöschlich ein.«

Soweit der Bericht von Herrn X. Es soll nun noch ergänzt werden, wie es dazu kam, daß dieses frühkindliche Erlebnis zwanzig Jahre später, nach einer beschwerdefreien Zeit, in Form einer psychosomatischen Erkrankung wieder zutage treten konnte. Neben anderen traumatischen Eindrücken (die sich zu einer langen Kette sogenannter Mikro-Traumen aneinanderfügten) war es wohl vor allem das Gefühl des Vierjährigen, in höchster Not von der Mutter getrennt zu sein. Ähnliche Trennungserlebnisse aus der davorliegenden Zeit kulminierten in dem Kalkunfall und führten zusammen mit ihm zu ständiger – wenn auch völlig unbewußter – »Trennungsangst« und zu einer ungewöhnlich intensiven Bindung an die Mutter, so als sollten weitere traumatische Ereignisse dadurch magisch gebannt werden.

Daß es gerade die Augen waren, die zum somatischen Träger der Beschwerden während des Studiums wurden, hing nicht zuletzt auch damit zusammen, daß hier Kastrationsängste aus der »ödipalen Phase« um das fünfte Lebensjahr herum ihren symbolischen Ausdruck fanden. Nach dem antiken Mythos hat sich Ödipus ja für seine Freveltaten des Vatermordes und des Mutterinzests selbst geblendet!

Solange der Student X. in die Universität ging, lebte er zu Hause bei Vater und Mutter. Je näher der Zeitpunkt des Schlußexamens rückte – und damit das Ende der Geborgenheit bei der Mutter –, um so schlimmer wurden die Augenbeschwerden; auch unbewußter »ödipaler Haß« gegen den Vater trug dazu bei. Dazu gesellte sich noch das, was man »sekundären Krankheitsgewinn« nennt, nämlich eine Reihe von Vorteilen, die ein Leiden für den Patienten (neben den Unannehmlichkeiten) immer auch mit sich bringt, angefangen vom Verwöhnen durch die Pflegepersonen bis hin zur verständnisvollen Verringerung der Anforderungen, welche die Umwelt an ihn stellt. Erst als innerhalb der therapeutischen Beziehung von Analytiker und Patient diese wichtigsten Ursachen allmählich aufgedeckt und bewußt (das heißt auch: erträglich) gemacht wurden, gelang die Befreiung der aus der Kindheit überkommenen, unbewältigten Trennungsängste. Damit verschwand auch das Augenbrennen und -jucken, in dem diese Ängste symbolisch zum Ausdruck gekommen waren. Wie im Leben jedes Menschen gab es daneben natürlich noch etliche andere Probleme, die im Verlauf der Therapie zur Sprache kamen und durchgearbeitet wurden. Die Augenbeschwerden, in denen das psychische Tohuwabohu somatisch zutage trat, faßten die Vielfältigkeit der chaotischen Innenwelt von Herrn X. wie in einem Brennglas zusammen. Damit wird übrigens sichtbar, daß psychosomatische Krankheiten als – wenn auch mißglückter – Versuch einer Selbsthei-

lung, einer Selbst-»Reinigung«, angesichts eines inneren Chaos aufgefaßt werden können.
Bleibt zu ergänzen, daß Herr X. sein Examen im zweiten Anlauf – noch während der Therapie – bestand.

3.2 Krankheit und Aggression

Innenwelt-Verschmutzung wurde weiter vorne (siehe Kap. 1) als subtile Form der Aggression gegen sich selbst und andere beziehungsweise als »verdrängte, vor allem aggressive Impulse« definiert. Wie verhält es sich damit bei den psychosomatischen Krankheiten?
Es mag trivial erscheinen, wenn ich feststelle, daß jede Krankheit etwas Zerstörerisches an sich hat, denn nur ganz wenige ihrer Erscheinungsformen (Fieber, manche harmlosen Infektionen) verlaufen so unproblematisch, daß sie keine bleibenden Strukturveränderungen im Körpergewebe oder den Ausfall bestimmter Organ- oder Nervenfunktionen hinterlassen. So kann etwa eine Mittelohreiterung das Trommelfell zerstören, eine Gelbsucht die Leber schädigen, eine Meningitis die Hirnhaut so angreifen, daß nachhaltige Ausfallerscheinungen zurückbleiben. Das Triviale meiner These tritt bereits in den Hintergrund, wenn ich spezifiziere: »Jede Krankheit hat auch den Charakter einer Selbstzerstörung.«
Jeder medizinisch einigermaßen Geschulte wird sofort einwenden: »Das ist Unsinn. Wenn zum Beispiel Grippeviren eine fiebrige Infektion hervorrufen oder unser Nachbar seinen Schnupfen auf uns überträgt, so handelt es sich dabei keineswegs um Selbstaggression – also einen willentlichen seelischen Akt –, sondern um etwas rein Somatisches. Noch absurder erscheint diese These, sobald wir vererbte Krankheiten wie die Schizophrenie, oder wenn wir den Krebs (wahrscheinlich eine Virusinfektion) oder einen Autounfall betrachten.«
Den Autounfall wollen wir noch einen Augenblick zurückstellen (siehe Kap. 4.52), desgleichen die Viruskrankheit Krebs und die »vererbten« Schizophrenien. Bleiben wir im Bereich der Infektionskrankheiten. Warum werden eigentlich in einer Schulklasse nicht alle Schüler von den herumschwirrenden Bazillenwolken angesteckt, sondern nur der eine oder andere, wenn Husten, Schnupfen oder Katarrh eingeschleppt werden? Warum sind einige Menschen besonders anfällig und fangen beim leisesten Windzug an zu niesen, während andere stundenlang mit nassen Füßen im Schnee herumstapfen und sich anschließend höchstens kräftig schneuzen müssen? (Von tibetanischen Mönchen wird sogar glaubhaft berichtet, daß sie sich bei Eiseskälte eine Nacht lang splitternackt ins Freie setzen und – allein durch geistig-seelische

Konzentration – ein nasses Tuch nach dem anderen mit der Wärme ihres Körpers trocknen!) Ein amerikanischer Forscher, Professor Merl M. Jackel von der New Yorker Staatsuniversität, kam aufgrund jahrelanger Reihenuntersuchungen zu dem Schluß, daß nahezu neunzig Prozent der Schnupfenfälle, die er beobachtete, eine Folge depressiver Verstimmungen, also einer in hohem Maße seelischen Ursache waren. Wir werden noch sehen, was wiederum die Ursachen solcher Verstimmungen sind – vorweggenommen sei lediglich, daß es sich nicht selten um unverarbeitete, gewissermaßen gegen den eigenen Körper gerichtete Aggressionen handelt, die man aus dem Bewußtsein verbannt hat. (Die Analogie zum Drogenmißbrauch liegt auf der Hand – siehe Kap. 3 und Kap. 4.8.) Natürlich ist es nie die Verstimmung allein, die den Schnupfen kausal bedingt. Dazu bedarf es immer noch der Viren. Die Verstimmung schafft jedoch eine Art Schwächung der körpereigenen Infektionsabwehr und erleichtert damit die Erkrankung. Schnupfen kommt bei nahezu jedermann regelmäßig vor, so daß der Leser beim nächsten »Anfall« selbst nachprüfen kann, wieweit er tatsächlich aggressive (oder depressive) Impulse unterdrückt...

Noch besser erforscht sind die psychosomatischen Zusammenhänge bei zwei anderen Erkrankungen, der Atherosklerose und dem Magengeschwür.

Mit 65 Jahren werden 68 Prozent, mit 80 Jahren schon 95 Prozent mancher Bevölkerungsgruppen von Atherosklerose heimgesucht. Bei ihrer Entstehung wirkt eine Vielzahl von Ursachen zusammen, darunter auch seelische Reize, die sogenannten Stressoren. Rattenversuche haben deutlich gezeigt, daß Streß auch Ulcera (zum Beispiel Magengeschwüre) und andere Psychosomatosen hervorzurufen vermag. Begibt man sich von der den materiellen Außenaspekt betonenden Laboratoriumssituation in das psychotherapeutische Sprechzimmer, so erhellt sich der seelische Hintergrund noch mehr:

In den USA zum Beispiel nehmen Magen- und Zwölffingerdarmgeschwüre bereits bei Kindern und Jugendlichen enorm zu, vor allem bei den Knaben der obersten sozio-ökonomischen Schicht. Harry A. Schultz von der New Yorker Staatsuniversität entnahm den Krankenberichten von 22 Hospitälern aus dem Zeitraum von 1946 bis 1961, daß diese spezielle Erkrankung sich während jenes Zeitraums *versiebenfacht* hat! Unter den typischen Störquellen, aus denen eine Art Dauerstreß resultieren kann, fand Schultz Eheschwierigkeiten und gegensätzliche religiöse Ansichten der Eltern. Der Mediziner folgert daraus, daß die psychischen Schäden der jungen Patienten, in erster Linie wohl verdrängte Aggressionen gegen die Eltern, der somatischen Ausformung der Geschwüre vorausgingen.

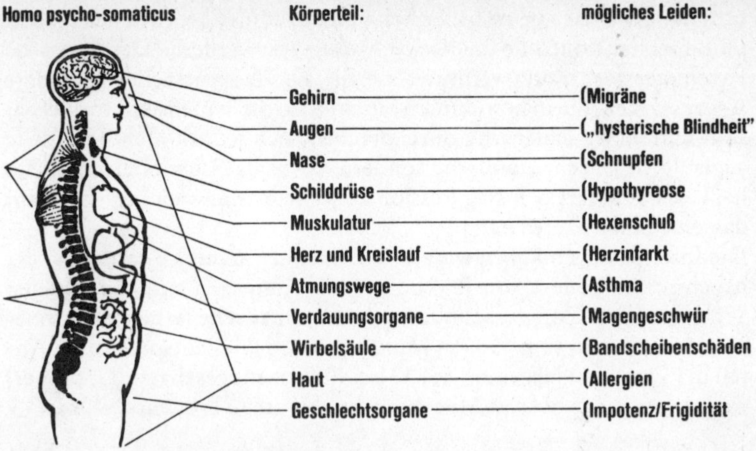

Es gibt kaum einen Körperteil, der nicht durch ein seelisch (mit)bedingtes Leiden befallen werden könnte: Von den zweitausend bekannten Krankheitsbildern weiß man nur bei jedem vierten um den somatischen Ursprung.

Bei den Erwachsenen sieht die Situation noch komplizierter aus, schon aufgrund der längeren Lebens- und oft auch Leidensgeschichte. Aber auch bei diesen älteren Patienten mit Ulcera findet man typische Psychogenesen. So stellte der Freiburger Diplompsychologe Hans Günther Arnds mit seinen Mitarbeitern fest, daß Kranke mit *Colitis ulcerosa* (Dickdarmgeschwür) besonders häufig Störungen in ihrer frühkindlichen Entwicklung zu verzeichnen haben, im Erleben und Verhalten fehlentwickelt sind und vor allem psycho-soziale Konflikte nicht lösen beziehungsweise psychisch »verdauen« können. Solche Patienten reagieren mit einer Colitis, sobald sie seelischen Anforderungen nicht mehr gewachsen sind. Der Darm reagiert offenbar auf psychische Einflüsse besonders feinfühlig (erfahrene Kinderärzte fragen deshalb die Eltern von Kindern mit Verstopfung oder Durchfall stets nach ungewöhnlichen Vorfällen im Leben des kleinen Patienten – besonders angsterregende Situationen schlagen sich offenbar wortwörtlich auf den Magen). Aber auch andere Körperregionen zeigen somatische Veränderungen infolge psychischer Überlastung, allen voran der Kreislauf, die Haut und andere »weiche« Zonen. Unser *Homo psycho-somaticus* (siehe Abb. oben) zeigt nun jedoch, daß auch im Bereich der Muskulatur und selbst in der ausgesprochen »harten« Region der Wirbelsäule seelische Störungen ihren körperlichen Ausdruck finden. Andere »funktionelle Symptome«, wie man diese Erscheinungen auch nennt, lassen sich schlechter einer festumrissenen Zone oder einem Organ zu-

ordnen, etwa das »neurotische Schwindelgefühl«, bei dem der Patient plötzlich die Kontrolle über seine Muskulatur verliert. (Der spanische Psychiater José Rallo vermutet hierfür als Hauptursache verdrängte Aggressionen, die in bestimmten Situationen nicht mehr kontrollierbar sind und daher schlagartig durchbrechen, sich jedoch nicht feindselig gegen Mitmenschen äußern, sondern eben als Schwindelanfall, das heißt als eine Art Selbstaggression bzw. Selbstschwächung – was auf dasselbe hinauslaufen kann.)
Die Internisten sind übrigens zurückhaltender in ihrer Beurteilung der psychischen Genese von Psychosomatik, vermuten sie auch seltener. Während eines Kongresses über »psychosomatische Aspekte der inneren Medizin« im Juni 1986 in München wurde der entsprechende Anteil der Patienten insgesamt auf 30 bis 40 Prozent geschätzt (Graupner) – man vergleiche hiermit Mitscherlichs »bis zu 80 Prozent«!

3.3 Homo psycho-somaticus

Die folgende Aufzählung ist keinesfalls vollständig und gibt auch keine erschöpfende Auskunft über die Psychosomatosen, sie will lediglich einen kursorischen Überblick geben. Geht man von den einzelnen Leibesregionen aus, so lassen sich diese Leiden ungefähr so unterteilen:

3.31 Der Kopf

Augen. Ein vergleichsweise seltenes, wenn auftretend, aber sehr beeindruckendes Phänomen ist die »hysterische Blindheit«. Man findet sie heute nur noch bei manchen einfachen Leuten, die einem psycho-sozialen Konflikt buchstäblich nicht »ins Auge sehen« können. – Weit weniger bekannt dürfte sein, daß bei der Entstehung des Glaukoms *(Grüner Star)* seelische Erregung und Streß eine Rolle spielen. Der Berliner Augenspezialist Professor K. Vogelsang spricht sogar davon, daß die krankhafte Steigerung des Augeninnendrucks beim Glaukom bis zu einem Drittel seelischen Ursprungs ist. – Auch die enorme Zunahme der Sehschwäche in den hochtechnisierten Ländern dürfte zum großen Teil psychisch (mit)bedingt sein – allein in der Bundesrepublik tragen inzwischen 45 Prozent aller erwachsenen Bürger eine Brille, von den Frauen sogar jede zweite.
Gehirn. Hier wäre die Migräne zu nennen, ein in verschiedenen Formen auftretendes, sehr häufiges Krampfleiden. Konstitutionelle Bedingungen, etwa Gefäßmißbildungen, dürfen natürlich nicht außer acht

gelassen werden, wie man ja bei all diesen Krankheiten im leiblich-seelischen Grenzbereich das Somatische nicht unterschlagen darf. Doch der psychische Faktor (besser: die Summe der verschiedenen psychischen Faktoren) darf gleichfalls nicht unterbewertet werden. Gelegentlich findet man in der Fachliteratur die Erklärung, Migräne sei der verinnerlichte Ausdruck einer anders nicht zu entladenden Aggression – gewissermaßen ein verdrängter Wutanfall –. Der bekannte amerikanische Psychotherapeut Professor Karl Menninger hat sogar der Epilepsie, jenem noch viel ausgeprägteren Krampfleiden im Hirnbereich, psychische Begleitursachen zugeschrieben. Dafür spricht nicht zuletzt die Tatsache, daß in Einzelfällen Heilerfolge mittels Psychotherapie erzielt werden konnten.

Nase. Der Schnupfen wird in der mir bekannten psychosomatischen Literatur nirgends aufgeführt – vielleicht weil er so häufig ist, daß man ihn gar nicht mehr als richtiggehende Erkrankung wahrnimmt? Wenn jedenfalls stimmt, was Professor Jackel über den depressiven Hintergrund so vieler Schnupfen herausfand und was eigene Beobachtungen bestätigen, so scheint es berechtigt, dieses weitverbreitete Übel ebenfalls anzuführen.

Ohren. Auch hierzu konnte ich in der Fachliteratur keine Angaben finden. Immerhin darf man annehmen, daß – analog zur hysterischen Blindheit – auch eine »hysterische Taubheit« oder zumindest Schwerhörigkeit vorkommt, nämlich immer dann, wenn Menschen sich aus unbewußten Gründen von ihrer Umwelt akustisch abkapseln.

3.32 Der Hals und der Rumpf

Atmungswege. Eine Angina, insbesondere in Form der Mandelentzündung (wenn sie nicht gerade eine Begleiterscheinung von Scharlach oder Lues ist), läßt sich in typischen Streß-Situationen beobachten, so bei Studenten im Examen oder bei Kindern vor einer Reise. – *Asthma bronchiale* ist eines der klassischen Leiden der Psychosomatik. Allein in Deutschland gibt es etwa 400000 Asthmatiker. Es läßt sich nachweisen, daß in vielen Fällen konfliktbeladene Familienbeziehungen, bei Kindern vor allem eine »überbeschützende« Mutter, im Spiel sind. Eine Kombination von autogenem Training und Atemtherapie hat selbst bei als hoffnungslos betrachteten Fällen schon erstaunliche Ergebnisse gebracht. – Bei Lungentuberkulose lassen sich, teils sehr intensive, psychische Komponenten beobachten (Thomas Mann hat sie im »Zauberberg« meisterhaft beschrieben), die zumindest die unbewußte »Bereitschaft«, eine Tbc auszubrüten, vorbereiten oder ver-

stärken. – Seit man über die enge Korrelation von Lungenkrebs und Zigarettenrauchen besser Bescheid weiß, könnte man fast auch das Bronchialkarzinom unter die Psychosomatosen einreihen – ist doch die Nikotinsucht wie jede andere Sucht Ausdruck starker oraler Wünsche beziehungsweise Frustrationen, mithin Folge einer seelischen Mangelsituation (siehe Kap. 2 und 4.8).
Zähne. Zahnärzte, die ihre Patienten auch mal erzählen lassen, wissen, daß so mancher Zahnschaden und -schmerz seelische Ursachen hat. Nächtliches Zähneknirschen ist ein deutlich aggressives Symptom, das auf Dauer zu schweren Veränderungen des Gebisses führen kann. Selbst Paradontose wird zum Teil auf Spannungszustände mit seelischem Hintergrund zurückgeführt.

Die Verdauungsorgane. Magen- und Zwölffingerdarmgeschwür wurden bereits erwähnt. Mit der Nahrungsaufnahme ebenfalls verbunden ist der *Globus hystericus*, eine bestimmte Form von Schluckbeschwerden auf psychischer Basis. Er kommt heutzutage ziemlich selten vor. Professor Thure von Uexküll berichtet in seinen »Grundfragen der psychosomatischen Medizin« von solchen Patienten, die wegen unerklärlicher Druck- und Würgegefühle im Hals von einem Chirurgen zum anderen reisen, bis sie endlich einen finden, der eine Strumektomie (Kropfoperation) vornimmt – in der fälschlichen, vom Patienten noch geförderten Annahme, es handle sich um eine Erkrankung der Schilddrüse. – Extremer Ekel vor bestimmten Speisen oder Brechreiz als Ausdruck seelischen Unbehagens (auch als unbewußte aggressive Abwehr bestimmter Bezugspersonen) findet sich im klassischen Fall der »Anna O.«, die bereits Sigmund Freud beschäftigte und viel zu seinen Vorstellungen über Hysterie beitrug (wenn sie auch nicht seine eigene Patientin war, sondern die seines Freundes und Kollegen Dr. Josef Breuer). Anna O. erinnerte sich beispielsweise in der Hypnose daran, daß sie als Kind einmal voller Ekel den Hund ihrer ungeliebten Gouvernante aus einem Glas Wasser saufen sah. Das Erlebnis verknüpfte sich offenbar mit aggressiven Gefühlen gegen die Gouvernante, die nie richtig verarbeitet wurden, so daß Anna O. noch als junge Frau jedesmal enorme Ekelgefühle beim Trinken hatte. Erst als sie sich des traumatischen Erlebnisses in der hypnotischen Trance erinnerte und es damit verarbeitete, war sie wieder in der Lage, normal zu trinken.
Ein Spezialkapitel sind Pubertätsmagersucht und -fettsucht. Die *Adipositas* (Fettsucht) ist inzwischen auch bei den Erwachsenen der Wohlstandsgesellschaft weit verbreitet. Nicht zuletzt der umgangssprachliche Ausdruck »Kummerspeck« weist darauf hin, daß hier seelische Ursachen mitbeteiligt sind. – Zu erwähnen sind noch die *Ga-*

stritis, die *Diarrhöe* (Durchfall) und ihr Gegenteil, die *Obstipation* (hartnäckige Verstopfung) sowie die Magenspasmen und der *Meteorismus* (letzterer mitbedingt durch eine Art seelischen »Hinunterschlukken-Müssens« von Ärger usw., was zu Völlegefühl, Blähungen, schließlich unklaren Bauchschmerzen führt).

Herz und Kreislauf. Angina pectoris, viele Herzinfarkte, die sogenannten funktionellen Herzsyndrome (»Herzneurose«, auch so mancher »Herzmuskelschaden«) sind sicher psychosomatischer Natur. – Blutdruckschwankungen (Hypertonie, Hypotonie) werden vor allem im ausführlichen lebensgeschichtlichen Kontext als Ausdruck verdrängter seelischer Spannungen verständlich: Hierüber hat der Schweizer Psychiater Professor Medard Boss 1954 erstaunliches Material veröffentlicht. – Auch periphere Durchblutungsstörungen, wie extremes Erröten oder Erblassen, lassen sich gut als Ausdruck psychischer Zustände wie Wut oder Angst verstehen.
»Vor allem ein ständiger Kampf des Patienten gegen seine aggressiven Gefühle, verbunden mit Schwierigkeiten, sich im Leben und anderen gegenüber zu behaupten, lösen einen chronischen Spannungszustand aus, der vom Ansteigen des Blutdrucks begleitet ist«, heißt es in einem Bericht über den Einsatz von Gruppentherapie bei Bluthochdruck (Reiter-Theil 1986).
Welche Bedeutung diese Krankheitsformen haben, geht bereits aus der Tatsache hervor, daß Herz- und Kreislaufleiden, vor allem Erkrankungen der Herzkranzgefäße und des Herzmuskels, Todesursache Nummer eins in der Bundesrepublik sind und daß aufgrund dieser Leiden jährlich rund 70000 bis 80000 Arbeiter und 20000 Angestellte beiderlei Geschlechts vorzeitig Ruhegelder aus ihrer gesetzlichen Rentenversicherung beantragen müssen und auch erhalten!

Muskulatur. Hier kann man zunächst den Rheumatismus anführen, außerdem viele Fälle von Ischias und Hexenschuß. Der Hamburger Arzt Albert Cramer weist darauf hin, daß die Muskeln des Rumpfes und des Schultergürtels ja nicht nur zum Arbeiten dienen, sondern auch – und manchmal ausschließlich – in Form von Gesten, Gebärden und Haltungen die verschiedensten Gefühle ausdrücken. Wenn extreme Emotionen (Abwehr, Unterwerfung, ängstliches Sich-Ducken) zu chronischer Versteifung der Muskulatur führen, kann daraus eine Reihe von pseudorheumatischen Beschwerden entstehen. – Auch die »hysterische Lähmung« von Armen und Beinen, so manche »Sehnenscheidenentzündung« und die schon erwähnten neurotischen Schwindelanfälle gehören hierher.

Wirbelsäule. Bandscheibenschäden und das sogenannte Zervikalsyndrom scheinen in gewissen Fällen auch Folge unbewußter Konflikte zu sein. Dies wird verständlich, wenn man sich klarmacht, daß seelische Abwehrhaltungen ja nicht selten auch körperlichen Ausdruck finden (siehe *Muskulatur*), was man bei so mancher »schlechten Haltung« von Schülern annehmen muß. Wenn eine solche ins Somatische übergegangene Abwehr chronisch wird, passen sich selbst die Knorpel der Wirbelsäule allmählich der Veränderung an, was im Laufe der Zeit zu schmerzhaften Dauerschäden führt.
Auch Gelenkschäden können übrigens seelische Mit-Ursachen haben!

Innersekretorische Drüsen. Die vielleicht bekannteste Drüse, die empfindlich auf seelische Störungen reagiert, ist die Schilddrüse. *Hyper-* und *Hypothyreose*, also Über- beziehungsweise Unterfunktion dieses wichtigen Organs, sind die beiden auffälligsten Erscheinungsformen. Man kann ihnen – solange das komplizierte hormonale Gleichgewicht des Körpers nicht schon anhaltend gestört ist – auch durch psychotherapeutische Behandlung ganz gut beikommen. – Diabetiker wissen genau, daß sie sich möglichst wenig aufregen sollen, weil jeder seelische Schock ihren durch Insulin und spezielle Diät mühsam geregelten Zukkerhaushalt erneut durcheinanderbringt. Versuche mit autogenem Training, Hypnose und Psychoanalyse lassen vermuten, daß auch bei der Genese dieser Krankheit bestimmte psycho-soziale Konstellationen mitbeteiligt sind. Man kennt ganz gut einige der Faktoren, die die Entstehung einer Zuckerkrankheit begünstigen, unter anderem Übergewicht. (Japanische Beobachter verzeichneten zum Beispiel ein deutliches Zurückgehen der Zahl der Diabetiker während der Nahrungsmittelknappheit im Zweiten Weltkrieg.) Übergewicht ist jedoch, wie wir schon gesehen haben, nicht selten das Ergebnis einer seelischen Mangelsituation während der Kindheit. Ähnliches läßt sich für andere Ursachen des Diabetes zeigen.
Gelangt man beim Diabetes nur auf Umwegen an seelische Wurzeln, so liegen die Störungen im Bereich der Geschlechtsdrüsen weit offener zutage. Unter anderem hat man Menstruationsbeschwerden, übrigens ähnlich wie die Pubertätsmagersucht, als unbewußte Weigerung der Betroffenen gedeutet, die Rolle der Frau zu akzeptieren. Für diese Deutung spricht sehr, daß das Nachreifen im geschlechtlichen Bereich, wie man es durch eine Psychotherapie erzielen kann, auch Menstruationsbeschwerden aufzulösen vermag. Gelegentlich normalisiert sich die Monatsregel sogar schon nach einem einzigen offenen Gespräch mit einem verständnisvollen Arzt oder Psychologen, das die der Störung

zugrundeliegenden sexuellen Ängste und Schuldgefühle berührt, beruhigt und klarstellen hilft.

Geschlechtsorgane. Impotenz des Mannes und Frigidität der Frau sind geradezu klassische Symptome mit psychischer Genese. (Wahrscheinlich sind heutigentages auch viele Männer im sexuellen Bereich so gefühlsgehemmt, daß man sie ebenfalls als frigide bezeichnen muß.) Gewöhnlich werden sie als neurotische Störungen betrachtet (siehe Kap. 4.1) – da jedoch kaum irgendwo im komplizierten Wechselspiel von Psyche und Soma das Umschlagen von Impulsen aus dem einen Bereich in den anderen so deutlich zu beobachten ist, sollen Impotenz und Frigidität bereits hier aufgeführt werden. Eine Erektion bei einem körperlich gesunden Mann, die aufgrund plötzlich auftauchender unbewußter Kastrationsängste erschlafft, ist ohne Zweifel die somatische Folge einer seelischen Ursache. Das gleiche kann man von der Unempfindlichkeit (oft auch: Überempfindlichkeit, die jede sexuelle Erregung schmerzhaft werden läßt, weshalb die Frau lieber gleich »unempfindlich« wird) der Klitoris und der Vagina sagen, wo ebenfalls körperlich reagiert wird, obwohl vor allem Seelisches ausgedrückt werden soll. Das wird vielleicht am deutlichsten sichtbar beim Scheidenkrampf, der oft mit Frigidität verbunden ist. – Selbst Zeugungs-»Unfähigkeit« kann seelische Komponenten aufweisen, vor allem bei Frauen. Wohl jeder Psychotherapeut mit einiger Erfahrung kennt die eine oder andere junge Frau, die jahrelang vergeblich schwanger zu werden versuchte und die unmittelbar nach Beginn einer Therapie (weil innere Abwehrhaltungen gegen eine Schwangerschaft gelockert wurden) empfing.

3.33 Die Haut

Allergien, Furunkel, Ekzeme und (Pubertäts-)Akne sind ebenfalls in hohem Maße psychosomatischer Natur. Die Professoren Hellmuth Kleinsorge und Gerhard Klumbies konnten nachweisen, daß sich allergische Reaktionen wie der Heuschnupfen durch Hypnose unterdrükken oder abkürzen lassen. Vermutlich beeinträchtigen bei einer Allergie unbewußte Konflikte die Antigenkörperabwehr. Leider wird von den Ärzten manchmal nicht darauf geachtet, unter welchen Umständen eine derartige Hautstörung auftritt. Sie läßt sich ja nur dann auf psychische Faktoren zurückführen und somit seelenärztlich behandeln, wenn man auf solche Faktoren achtet. Dies ist in der Regel nur möglich, wenn der Patient (wegen anderer Beschwerden) ohnehin in psychotherapeutischer Behandlung ist und ihn mehr oder weniger zufällig während dieser Zeit beispielsweise gerade ein Ekzem plagt, dessen Entstehung man dann auf bestimmte Konflikte zurückführen kann. Außerdem ist eigentlich nur der Psychotherapeut, kaum jemals der Hausarzt, darauf trainiert, so irrelevant erscheinende körperliche Symptome noch ins Gespräch mit einzubeziehen. (So manche Blinddarmentzündung wurde dadurch wahrscheinlich schon im Entstehungsstadium gebremst.)

3.4 Viele Wirkungen – wenige Ursachen

Unsere Aufzählung der Psychosomatosen ist keineswegs erschöpfend. Das Bettnässen, die Dyskinesien der Gallenwege, das Hyperventilationssyndrom, der Pruritus, Warzen (sie können tatsächlich »besprochen« werden!), so manches plötzlich auftretende Fieber, Nierenversagen, der »Schiefhals« konnten nicht angeführt werden – aber es genügt ja, wenn einige ausgewählte Beispiele genannt wurden, um klarzustellen, daß die Innenwelt-Verschmutzung sich ganz konkret auch in unserem Körper niederschlägt.

Der Pariser Hypnose-Facharzt Professor Jean Lassner erklärte auf dem Internationalen Kongreß für Hypnose und psychosomatische Medizin in Mainz, daß weit über die Hälfte seiner Patienten wegen psychosomatischer Symptome zu ihm kämen. Die Referate seiner Kollegen zeigten, wie viele »körperliche« Leiden durch das psycho-soziale Medium Hypnose heilbar oder zumindest zu bessern sind. Ähnliches gilt für andere psychotherapeutische Methoden wie autogenes Training und vor allem die Psychotherapie. (Wenn richtig angewendet, kann auch Yoga geradezu erstaunliche Heilwirkungen im psychosomatischen Bereich erzielen.)

Selbst bei Krebs mehren sich die Anzeichen, daß die Psyche bei dieser doch zunächst so rein somatisch aussehenden Zellkrankheit nicht unbeteiligt ist. So hat der dänisch-amerikanische Psychiater Claus B. Bahnson festgestellt, daß der Krebskranke zeit seines Lebens seine Gefühle unterdrückt. Er »erscheint kühl, realistisch und erkennt Autorität und Konventionen an. Meist hat er in seiner Kindheit wenig Elternliebe erfahren: Die Mutter war streng und geizte mit Lob. Der Vater bot keinen Schutz und stellte keine Anforderungen.« Auf diese Weise, meint Bahnson, werde das potentielle Krebsopfer in eine emotionale Einsamkeit getrieben. Es fehle ihm die Möglichkeit, seine Gefühle nach außen, gegenüber Mitmenschen, abzuleiten. Statt dessen aktiviere er gegen seine grundlegenden Bedürfnisse nach Kontakt starke unbewußte Abwehrmechanismen wie Verneinung und Verdrängung. Die

Folge: ein nach außen hin beherrscht wirkender Mensch, der jedoch mit einem entgleisten und zunehmend unharmonischeren Hormonhaushalt lebt, was die Krebsbildung fördert.
Es sei noch einmal betont, daß »psychosomatisch« – auch im Falle von Krebs – nie heißt: Rein seelische Ursachen rufen eine Krankheit hervor. Je nach Art des Leidens spielt jedoch das Psychische eine mehr oder weniger wichtige Rolle als Vorbereiter, Auslöser oder steuerndes Element der zerstörerischen körperlichen Abläufe. Es liegt allerdings auf der Hand, daß das Ausmaß des »seelischen Durcheinanders« maßgeblich den leiblichen Bereich beeinflußt.
Nicht nur die Krankenberichte moderner Psychotherapeuten sind voll von Liebeskummer und unterdrücktem Haß, der die Patienten körperlich erkranken ließ – Märchensammlungen und Sagenzyklen wie »Tausendundeine Nacht« bringen eine Fülle solcher Beispiele; und aus beiden Bereichen kennen wir auch die Kunde von den erstaunlichsten »Wunder«-Heilungen, wenn es gelang, die verdrängten Gefühle zu lösen, die Innenwelt zu reinigen und neu zu ordnen. Im Grunde war die Medizin immer schon »psychosomatische Medizin«, das heißt, sie bediente sich einer Betrachtungsweise, die seelische *und* körperliche Faktoren einschloß. Man findet diese Philosophie bereits bei den griechischen Ärzten der Antike und in der arjuvedischen Medizin des indischen Altertums, bei den Schamanen Sibiriens wie bei den afrikanischen und südamerikanischen Medizinmännern. Nach dem Siegeszug der Naturwissenschaften geriet die seelische Seite vieler Krankheiten in den letzten vier Jahrhunderten regelrecht in Vergessenheit – diese Tatsache mag nicht wenig dazu beigetragen haben, daß sich sowohl die Ärzte wie die Patienten immer weniger Mühe gaben, in ihrem Inneren nach möglichen Krankheitsursachen zu forschen, was die Innenwelt-Verschmutzung nicht wenig gefördert hat.
Einige Ärzte wie Carl G. Carus (1789–1869) erinnerten in der Romantik (die ja die menschliche Innenwelt neu entdeckte) wieder daran, daß es nicht genüge, den kranken Leib zu untersuchen und zu behandeln. Sie konnten sich jedoch nur wenig Gehör verschaffen – zu stark war der Einfluß ihrer materialistischen Kollegen, die im Menschen lediglich eine besonders komplizierte Maschine sahen, ohne Seele und damit auch ohne unbewußte Konflikte, die auf einen »Maschinen«-Körper einwirken könnten.
Sigmund Freud blieb es vorbehalten, am Beispiel der hysterischen Körperveränderungen nachzuweisen, wie sehr das seelische Geschehen den Körper zu abnormen Reaktionen veranlaßt. Historisch gesehen war es allerdings ein Außenseiter unter Freuds Schülern, Georg Groddeck, der die Erkenntnisse der Psychoanalyse über die Ursache neurotischer

Störungen auf den Bereich der übrigen Medizin übertrug. Wenn er oft auch sehr abenteuerliche Hypothesen konstruierte (»Fieber ist eine auf den ganzen Körper verschobene Erektion«), so gab er doch insgesamt sehr wichtige Denkanstöße und wies vor allem mit Nachdruck – wieder – darauf hin, wie eng Psyche und Soma miteinander verkoppelt sind.
Der wohl noch immer bedeutendste Theoretiker der psychosomatischen Medizin ist der in den USA lebende Professor Franz Alexander, der das klassische Lehrbuch dieses inzwischen so wichtigen Zweiges der Medizin verfaßt hat. In seinem Chicagoer Institut leitete er sorgfältige Studien über die komplizierten Zusammenhänge zwischen Lebensgeschichte und einem später ausbrechenden psychosomatischen Leiden. Thure von Uexküll berichtet bewundernd, als Beispiel für die Treffsicherheit von Alexanders Methode, wie jener einmal allein aus der Biographie einer jungen Negerin (die er zuvor noch nie gesehen hatte) deren Basedowsche Krankheit diagnostizierte.
Im Gegensatz zu Flanders Dunbar, seiner Vorläuferin, die etwas schematisch bestimmten Krankheitsformen bestimmte Charaktertypen zuzuordnen suchte (Herzinfarkt-Patienten »sind zielbewußte und strebsame Persönlichkeiten, die sich besonders durch Beharrlichkeit auszeichnen... Ihr Leben ist ausgerichtet auf Leistung und Erfolg«), geht Alexander von einem mehrdimensionalen Ansatz aus. Er unterscheidet deutlicher zwischen einem Konversionssymptom (zum Beispiel gelegentliche Magenschmerzen nach Aufregungen) und einer vegetativen Neurose, die zu einer echten Organkrankheit (zum Beispiel Magengeschwür als Folge von Dauerstreß) führt:
»Ein Konversionssymptom ist ein symbolischer Ausdruck eines emotional geladenen psychischen Inhalts: Es ist der Versuch, die emotionale Spannung zu entladen. Es spielt sich daher in den willkürlichen neuro-muskulären oder den sensorisch-perzeptiven Systemen ab, deren primäre Funktion es ist, emotionale Spannung auszudrücken und abzuführen. Eine vegetative Neurose bedeutet nicht einen Versuch, eine Emotion zum Ausdruck zu bringen, sondern ist die physiologische Reaktion der vegetativen Organe auf anhaltende oder periodisch wiederkehrende emotionale Zustände.«
Von daher kann man verstehen, daß ein Konversionssymptom mit weniger therapeutischem Aufwand, zum Beispiel einigen klärenden und verständnisvollen tiefenpsychologischen Gesprächen, behandelt werden kann; wohingegen die schwereren Formen, etwa eine ausgeprägte Organneurose, psychotherapeutisch weit mühsamer angehbar sind. Der zeitliche Ablauf sieht so aus: Jemand erkrankt an einer chronischen oder zu intensiv wirkenden vegetativen Neurose, aus der sich eine sogenannte Organneurose entwickelt. Durch zunehmende Verlagerung

des ursprünglich mehr psychisch betonten Leidens in den körperlichen Bereich entsteht eine »psychogene organische Störung«, bis im Endstadium die »chronische funktionale Störung zu Gewebsveränderungen und zu einer irreversiblen organischen Krankheit« führt.
Es ist also nicht so, wie man immer wieder sehr vereinfacht liest, daß jemand ein Magengeschwür bekommt, weil er sich im Büro oder zu Hause zu viel ärgern muß, sondern die Krankheit entwickelt sich ganz allmählich über verschiedene Schweregrade vom psycho-sozialen Reaktionsschema *»Ärger im Büro führt zu vermehrter Absonderung von Magensäure«* bis hin zum rein körperlichen Geschwür, das nur noch durch eine Operation entfernt werden kann (wenn man nicht vorher bereits mit unblutigen Maßnahmen wie einer Psychotherapie die Eskalation in die rein körperliche Krankheit bremst).
Welche Rolle seelische Momente bei der Entstehung von Krankheiten spielen, zeigt eine merkwürdige Tatsache, auf die der Hamburger Medizinprofessor Arthur Jores hingewiesen hat: Von etwa 350 Leiden im Bereich der Inneren Medizin kennt man nur bei rund siebzig, also bei zwanzig Prozent, eine rein körperliche Ursache. Von den zweitausend bekannten Krankheitsbildern der Gesamtmedizin weiß man nur bei jedem vierten um einen spezifischen somatischen Ursprung!

Körpersprache

Der Volksmund weiß schon lange über die Zusammenhänge von seelischen Ursachen und körperlichen Veränderungen (aus denen, wenn sie chronisch werden, körperliche Krankheiten entstehen können). Hier einige der Redewendungen, geordnet von »oben« (Kopf) nach »unten« und von »außen« (Haut) nach »innen«:

Allgemein gilt: »Was kränkt, macht krank.«
Vor Gram gebeugt.
Einen »breiten Buckel« haben.
Starr vor Schreck sein.
Ein »dickes Fell« haben.
Bleich wie ein Lei(che)ntuch.
Das ist zum Aus-der-Haut-Fahren.
Verschnupft sein.
Mir bleibt die Luft weg.
Zähne zusammenbeißen.
Etwas ist zum Kotzen.
Das ist schwer zu schlucken, ›zu verdauen‹.

Jemand nicht riechen können.
Mir zerreißt es das Herz.
Da bleibt mir das Herz stehen.
Mir zieht es den Magen zusammen.
Sauer werden (wegen zuviel Magensäure).
Das geht mir an die Nieren.
Von Wut zerfressen werden (Krebs).
Die Galle läuft über.
Eine Laus läuft über die Leber.
Mit der Blase ›ins Bett‹ weinen.
Mir ist »beschissen« zumute.

3.5 Die Rolle des Ich bei der Erkrankung

Kataloge jener Störungen in der seelischen Entwicklung, die Psychosomatosen begünstigen beziehungsweise mitverursachen, lassen eine Gemeinsamkeit erkennen: Stets weicht der Patient in wichtigen Persönlichkeitszügen vom Idealbild des seelisch gesunden Menschen ab. Das zeigen deutlich die Fallstudien, wie sie etwa regelmäßig in den Fachzeitschriften abgedruckt werden. Vor allem Franz Alexander und seine Schüler haben solche Zusammenhänge erkundet. Sie fanden beispielsweise bei Bluthochdruck, einem weitverbreiteten modernen Leiden, einen »Konflikt zwischen passiv-abhängigen oder femininen Tendenzen und kompensatorischen aggressiv-feindseligen Antrieben«, während Kranke mit Magengeschwüren nicht selten darunter leiden, daß man ihnen ständig die Erfüllung übergroßer (und damit eigentlich unerfüllbarer) Wünsche verweigert.

Zum besseren Verständnis sei an dieser Stelle ein kleiner theoretischer Exkurs erlaubt. Unsere Persönlichkeit besteht, psychoanalytisch gesprochen, aus mehreren Bereichen, den »seelischen Instanzen«, wie Freud sagte: Es, Ich und Über-Ich.

Unter dem *Es* versteht man die angeborene biologische Substanz, deren triebhafte Erscheinungsformen (Sexualität, Aggressivität) wir im Laufe unserer Entwicklung als Gattung wie als Einzelwesen mühsam zu beherrschen lernten. Man kann diese Instanz in etwa gleichsetzen mit dem Unbewußten (das allerdings auch noch verborgene Teile des Ich und des Über-Ich enthält).

Das *Über-Ich* ist eine relativ späte Erwerbung. Grob gesagt ist es die Summe der verinnerlichten moralischen und sozio-kulturellen Vorbilder, vor allem der Eltern, und entsteht in den ersten Lebensjahren. Es

signalisiert das Ende der »ödipalen Phase« und stellt gleichzeitig – bei gesunder Entwicklung – die Überwindung der intensiven sexuellen Gefühle gegenüber dem gegengeschlechtlichen Elternteil und der ebenso intensiven Haß- und Rivalitätsgefühle gegenüber dem gleichgeschlechtlichen Elternteil dar. Das Über-Ich ist gewissermaßen die Gesamtheit der, meist unausgesprochenen, gesellschaftlichen Regeln, die unser tagtägliches Verhalten bestimmen. Man kann es ungefähr dem »Gewissen« der Theologen und Philosophen gleichsetzen.
Das *Ich* schließlich dient als Instrument der Triebbeherrschung. Seine Funktionen sind – soweit sie bewußt ablaufen – das Denken, die Wahrnehmung, das Gedächtnis, die Steuerung der Muskulatur, Willensstärke und dergleichen. Als ein gewisses Maß der Ich-Stärke kann man die Intelligenzhöhe betrachten. Heinz Hartmann, der bekannteste Ich-Theoretiker der Psychoanalyse, schreibt dem Ich außerdem noch die wichtige Aufgabe zu, die Anpassung des Individuums an seine Umwelt (und seine Innenwelt, im übertragenen Sinne) zu steuern.
Geht man von dieser Definition aus, so kann man sagen, daß dem psychosomatisch Kranken diese Anpassung aufgrund seiner konfliktreichen Kindheit nicht recht gelingt – sonst würde er ja, im Gegensatz zu anderen Menschen in vergleichbaren Situationen, nicht unter Streß erkranken. Etwas überspitzt formuliert kann man auch sagen, er habe ein »defektes Ich«. Diese Bezeichnung ist rein beschreibend, auf keinen Fall wertend zu verstehen. Außerdem muß man hinzufügen, daß dieser Streß keine unzumutbaren Dimensionen annehmen darf, wie in den Konzentrationslagern des Dritten Reiches, wo nachweislich auch seelisch gesunde und stabile Menschen zermürbt und zerbrochen wurden und noch viele Jahre nach ihrer Befreiung unter Ich-Störungen litten.
Kommen wir noch einmal auf eines der oben genannten Beispiele der Alexanderschen Schule zurück: Wenn jemand eine Hypertonie (Bluthochdruck) entwickelt, weil er ständig unter dem innerseelischen Konflikt zwischen passiv-abhängigen und aggressiv-feindseligen Impulsen leidet, das heißt, wenn er nie sein Ich dergestalt entwickeln konnte, daß es solche Konflikte zu lösen imstande ist (beziehungsweise gelernt hat, solchen Konflikten auszuweichen), dann ist sein Ich, sein psychisches Anpassungsorgan, »fehlerhaft«. Der Berliner Analytiker Günter Ammon spricht sogar von einem »Loch im Ich« des Psychosomatikers. Für die Richtigkeit dieser Hypothese vom »defekten Ich« spricht die Möglichkeit, sowohl durch Hypnose wie durch Psychoanalyse, aber auch durch autogenes Training und Yoga solche Defekte zu heilen oder zumindest zu bessern. Alle vier Methoden (es gibt noch andere) erstreben eine Ich-Heilung durch Ich-Stärkung:

- das autogene Training durch formelhafte Vorsatzbildung und abgestufte Entspannung (welche die natürliche Selbstheilungskapazität des Körpers besser zum Zuge kommen läßt);

- die Hypnose durch unbewußte »Übernahme« des stärkeren Ich des Hypnotiseurs und ebenfalls durch eine tiefe Entspannung;
- die Psychoanalyse durch das geduldige Einüben zwischenmenschlicher Kommunikation, die bessere Einsicht in Triebängste, irreale Schuldgefühle und die neurotische Abwehr natürlicher sexueller und aggressiver Triebwünsche;
- der Yoga durch Aufbau einer besseren und vor allem harmonischeren Kontrolle über Körper und Psyche und ebenfalls durch tiefe Entspannung.

Nur mit einem heilen und starken Ich vermag das Individuum die unzähligen Konfliktsituationen des Alltags zu bewältigen, ohne sich zu überfordern oder allzusehr auszuweichen. Sobald das Ich defekt ist, reagiert es unangepaßt und wirklichkeitsfremd – oder es geht unter. Die Psychosomatosen kann man als einen mißglückten Versuch auffassen, den das defekte Ich *im körperlichen Bereich* unternimmt, um doch noch zu einer Art Kompromiß zwischen den Anforderungen der Realität und der eigenen Schwäche und Fehlerhaftigkeit zu kommen; um doch noch eine Lösung zu finden, die nicht so katastrophal ist wie die Vernichtung in Form von Selbstmord (siehe Kap. 4.53) oder Psychose (siehe Kap. 4.2). Eine körperliche Krankheit verschafft oft Schonung und ist vor allem bei den Mitmenschen als legitimes Mittel des Rückzugs aus einer überfordernden Umwelt anerkannt – im Gegensatz zu den noch immer als diskriminierend geltenden Neurosen (siehe Kap. 4.1). Jeder von uns wählt, mehr oder weniger unbewußt, immer wieder einmal diese Möglichkeit der Selbstschonung und Regeneration, wenn es ihm zuviel wird, und wagt sich nach einigen Tagen erholt und gestärkt in die fordernde Realität der Arbeit und der sozialen Kontakte zurück. Andere Menschen, die wir dann psychosomatisch krank nennen, haben nicht diese Elastizität der Konstitution und diese Ich-Stärke. Wie es dazu kommen kann, sahen wir in der Fallstudie des Herrn X. mit seinen Augenbeschwerden. Warum solche Leute gerade eine Psychosomatose als Ausdruck ihrer gestörten Innenwelt bevorzugen, läßt sich beim heutigen Stand der Wissenschaft noch nicht genau sagen. Eine solche Abgrenzung ist schon deshalb schwierig, weil man ja in der Regel nicht nur »psychosomatisch krank« oder nur »neurotisch« oder nur »süchtig« oder nur »psychotisch« wird, sondern – mehr oder minder stark dosiert – in wechselnde Mischungen dieser Zustände ausweicht, wenn man unter der Last des Alltags zusammenbricht.

Es war, glaube ich, Franz Alexander, der darauf hingewiesen hat, daß der (vorwiegend) psychosomatische Kranke dazu neigt, in körperliche

Reaktionen zu fliehen, weil er geistig nicht so differenziert ist, um sich mit einer Neurose zufriedenzugeben, daß er aber andererseits noch nicht so ich-schwach ist, um schizophren zu werden, einem Suchtmittel zu verfallen oder sich umzubringen. In letzter Konsequenz dürfte diese Hypothese wohl nur auf sehr »reine« Ausprägungen von Psychosomatose zutreffen, wie man sie ja wirklich meist nur bei seelisch einfacher strukturierten Menschen antrifft.

Zum Trost für alle Menschen, die sich mehr oder minder entfernt vom utopischen Ideal eines »gesunden Menschen« fühlen, sei angemerkt, daß es im Innern vieler scheinbar bestens ans Leben angepaßter »freundlicher« Menschen oft ganz anders aussieht. Unsere gute Literatur lebt von der Demaskierung und (unfreiwilligen) Selbstentlarvung dieser Biedermänner und -frauen ebenso wie die Massenmedien und die Gerichte. Im Dritten Reich zeigten sie sich besonders gerne – und freiwillig.

Weit gesünder erscheint mir dagegen, in einem umfassenderen Sinne, der sensible und kreative Mensch – der in unserer wenig sensiblen Kultur freilich einen hohen Preis für seine Sensibilität und Kreativität bezahlen muß – oft einen zu hohen.

Es sei abschließend noch angemerkt, daß Krankheiten nicht nur körperliche und seelische Ursachen haben, sondern auch kulturelle und gesellschaftliche. Wer sich darüber eingehender informieren will, dem seien fünf Bücher empfohlen. »Die großen Epidemien«, von William H. McNeill (Bastei, TB Nr. 64060), beschreibt die Auswirkungen der großen Seuchen auf Völker und Staaten in der Geschichte der Menschheit. Noch nicht enthalten ist hier, obgleich das Buch erst 1976 geschrieben wurde (deutsche Ausgabe: 1983), die vielleicht bedrohlichste Epidemie, welche die Erde je heimgesucht hat: AIDS.

Mit dieser neuesten Geißel der Menschheit beschäftigen sich inzwischen eine Reihe von Büchern. Erwähnt sei nur eines, das sich speziell mit den psychosozialen Folgen (aus denen man auch viel auf psychosoziale Mitursachen schließen kann) befaßt: »Aids – Was eine Krankheit verändert«, herausgegeben 1986 von S. R. Dunde (Fischer TB Nr. 4224).

»Was uns krank macht« von Richard Totman (Beck's Schwarze Reihe, Band 258, München 1982) beschreibt vor allem die sozialen Ursachen des Krankseins allgemein und bringt auch eine Fülle interessanten Materials zur Psychosomatik.

Edgar Heims »Krankheit als Krise und Chance« (Kreuz Verlag, 1980) beschreibt ebenfalls die kulturellen und sozialen Bedingungen des Krankseins und bringt darüber hinaus viele anregende Gedanken zu Fragen der »Gesundheit als Norm« und der »Krankheit als schöpferische Krise«.

Ronald Grossarth-Maticek schließlich stellt in »Krankheit als Biographie« (Kiepenheuer & Witsch, 1978) ein vielbeachtetes, empirisch erschlossenes medizinsoziologisches Modell der Entstehung und Therapie der Krebserkrankung vor.

4. Der einzelne und seine Eigenheiten

Die Zahl der seelischen Störungen ist riesengroß, und alles deutet darauf hin, daß sie weiter zunimmt. Nach neuen amerikanischen Studien leidet bereits jeder zweite in den zivilisatorischen Ballungszentren darunter. Man findet diese Leiden in geringerem Umfang bei den einfachen Stammeskulturen Schwarzafrikas genauso wie in den hochtechnisierten Industriestaaten, unter kleinen Kindern ebenso wie unter Greisen und bei jeder dazwischenliegenden Altersstufe. Außer den bereits länger bekannten Neurosen, Psychosen und Perversionen entpuppen sich inzwischen weitere Formkreise, etwa die Kriminalität, ebenfalls als mißglückte Versuche der Betroffenen, mit unbewußten Aggressionen fertig zu werden.

Wir wollen uns nun einem Gebiet zuwenden, das noch schwieriger zu beobachten ist als Drogenabhängigkeit beziehungsweise psychosomatische Krankheiten.

Neurosen wie die Hysterie, »Geisteskrankheiten« wie die Schizophrenie und eine lange Reihe anderer seelischer Störungen entfalten sich auch vor den Augen des Fachmanns, der mehr als nur flüchtige Zufallskontakte mit seinen Mitmenschen hat, zunächst als breites Spektrum von Verhaltens-, Gefühls-, Wahrnehmungs- und Denkveränderungen, die wenig miteinander gemeinsam zu haben scheinen. Der Laie kann sich noch schwerer ein Urteil bilden, weil diese Störungen nur in gelegentlichen Fällen offen zutage treten – etwa bei einem Wahnkranken in Form absonderlicher Reden und Handlungen. Meistens bleibt die Veränderung unter einer Maske sozialer Anpassung verborgen. Nur der Betroffene selbst weiß, worunter er leidet und wie sehr er leidet – und manche Psychotiker, die völlig in ihren Wahn eingesponnen sind, scheinen nicht einmal dies zu wissen.

Ich habe in der Überschrift dieses Kapitels von »Eigenheiten« gesprochen, weil Schrullen, Ticks, merkwürdige Gewohnheiten, manierierte Sprache und typische Idiosynkrasien meist das einzige sind, was die Mitmenschen beim seelisch Gestörten feststellen. Er gilt dann als Sonderling, Eigenbrötler, Spinner und dergleichen – ohne daß man ahnt, daß es sich bei diesen »Eigenheiten« oft nur um die sichtbare Oberfläche einer Innenwelt handelt, die in Wahrheit in ihren tieferen Regionen beträchtlich gestört ist.

Alle die im folgenden beschriebenen Probleme haben keineswegs nur negative Aspekte, wie vor allem die Betroffenen selber leicht meinen. Es gab schon immer einsichtige Menschen, die solche seelischen Leiden auch als Chance, ja als »Aufgabe« verstanden, die es zu meistern gilt. Dies ist auch die Auffassung vieler Psychotherapeuten – andernfalls wäre ihre therapeutische Arbeit grundsätzlich zum Scheitern verurteilt, denn »heilen« läßt sich eine Neurose oder eine der anderen Störungen, im üblichen Verständnis von »Krankheit heilen«, nicht. Der therapeutische Prozeß hat viel mehr zum Inhalt die wachsende Einsicht in die Ursachen der Störung – vor allem jedoch das Annehmen der Störung und dann auch die Übernahme der Verantwortung für die Störung als Bestandteil des eigenen Lebens.

Erstaunlicherweise verschwinden gerade die quälendsten Symptome auf beinahe zauberische Weise, sobald man nicht mehr anderen die Schuld dafür zuweist (auch wenn sie ursprünglich die Schuldigen gewesen sein mögen: zum Beispiel »schlechte« Eltern), sondern die Verantwortung nicht nur für das Leiden, sondern auch – paradoxerweise – für seine Ursache selbst übernimmt.

Wenn ich diese »positiven« Aspekte nicht eingehender behandle, so zum einen deshalb, weil jede Einführung in die Neurosenlehre oder in die allgemeine Tiefenpsychologie ihnen spezielle Kapitel widmet; zum anderen deshalb, weil es mir in diesem Buch vor allem um die »negativen« Aspekte geht und ihre nicht zuletzt auch ökonomische Bedeutung für die Gesellschaft.

Aus anderen Gründen gehe ich nicht auf die narzißtischen Aspekte der beschriebenen Störungen ein, und wenn ja, so nur am Rande. Der »Narzißmus«, bzw. die sich mit ihm befassende »Psychologie des Selbst« hat sich seit den 60er Jahren zu einem Forschungsgebiet mit großer eigener Dynamik entwickelt, so daß es den Rahmen dieses Buches (auch in seiner Überarbeitung) völlig sprengen würde, wenn ich in diese Thematik tiefer eindränge.

(Wer »Fachchinesisch«, in diesem Falle psychoanalytisches, nicht scheut, wird mit großem Gewinn die Bücher von Heinz Kohut über den »Narzißmus« lesen, die alle im Suhrkamp-Verlag erschienen sind.)

In der Regel erfährt nur der Psychotherapeut, an den sich so ein Kranker hilfesuchend wendet, was da in der Tiefe verborgen ist. Und er erfährt es nur, weil er in vielen Stunden geduldig zuzuhören weiß, ohne die ihm offenbarten Eigenarten des Gegenübers vorschnell zu verurteilen oder sie schematisch in irgendwelche nichtssagenden »Schubladen« einzuordnen.

Auch heute noch pflegen Schüler, Eltern und Kollegen einen Studienrat, der jeden Druckfehler in der Zeitung mit Rotstift korrigieren *muß*,

als »schrulliges Original« zu verspotten. Der Psychologe oder Arzt, an den dieser Lehrer sich dann irgendwann wegen einer ganz anderen Angelegenheit (vielleicht eines Magengeschwürs) wendet, entdeckt dann unter Umständen hinter diesem Suchen nach Druckfehlern ein typisch zwangsneurotisches Abwehrverhalten, mit dem starke Ängste vor unbewußten Triebimpulsen beschwichtigt werden sollen.
Die Literatur ist voll von solchen Charakteren aus dem pädagogischen Bereich – Heinrich Manns »Professor Unrat« (in der Filmversion »Der blaue Engel« wird er von Marlene Dietrich verführt) und die Pauker der Spoerlschen »Feuerzangenbowle« sind wohl die bekanntesten.
Aber auch andere Berufsgruppen haben Mitglieder mit ausgeprägten »Eigenheiten« aufzuweisen, die aus dem Rahmen des Normalen herausfallen. Psychologiestudenten in den ersten Semestern sind davon nicht selten verwirrt, bis sie endlich begreifen, daß es dieses »Normale« gar nicht gibt – daß das Absonderliche eigentlich die Regel ist. Schon Sigmund Freud hat die breite Skala derartiger Verhaltensabweichungen beschrieben (nachdem bereits vor ihm Schriftsteller wie Dostojewskij und Balzac großartige »Vorarbeit« geleistet hatten) und betont, daß die Verschiebung vom Unauffälligen zum Krankhaften, vom Normalen zum Abnormen leicht vonstatten geht. Er sagt deshalb von den Neurosen:
»Sie sind durch fließende Übergänge mit der sogenannten Norm verbunden, und andererseits gibt es kaum einen als normal anerkannten Zustand, in dem nicht Andeutungen neurotischer Züge nachweisbar wären.«
Und wer würde den erfolgreichen Manager oder Arzt, der jede Woche sechzig, siebzig Stunden in seiner Firma tätig ist oder sich für seine Patienten aufopfert, für das halten, was er in Wirklichkeit ist: ein »Arbeits-Neurotiker« (die Amerikaner sagen treffender: »workoholic«, weil es sich in der Tat um ein suchtähnliches Zwangsverhalten wie beim Alkoholismus handelt). Aber ohne das willige Heer dieser Roboter würde das uns vertraute Sozialsystem rasch zusammenbrechen.
Arbeits-Neurotiker sind unfähig, Ruhe zu ertragen, Mußestunden auszuhalten; sie fühlen sich ausgesprochen unwohl, wenn sie (welch treffendes Wort!) »un-tätig« sein müssen, und auch Urlaub wird nicht selten nur als eine Art »Auftanken« betrachtet – oder als »Opfer« für die Familie.
Daß »nicht tätig sein«, daß Muße auch etwas Positives ist, ja daß sie die Quelle jeder echten Kreativität ist, wird noch kaum gesehen. Ein eben erschienenes Buch karikiert dies – vermutlich unfreiwillig – schon im Titel: »Eine Minute für mich«. Geködert wird der Käufer – und da hat man in der Tat die Manager und die anderen workoholics im Visier –

mit dem Slogan: »Fit für den Job«! In der Inhaltsangabe heißt es dann entlarvend:
»Die wichtigste Beziehung Ihres Lebens ist die Beziehung zu... Ihnen selbst. Eine Minute für mich – darin beruht das Geheimnis eines erfüllten, gesunden, produktiven Lebens...«
Welch ein Unsinn! Unter fünf Minuten geschieht in einer meditativen Pause (Augen geschlossen, keinerlei Ablenkung, größtmögliche Stille) allenfalls eine gewisse Erholung, von der aus dann eine allmähliche Beziehung zum eigenen Selbst wachsen könnte. Aber bitte: eine Minute ist wahrscheinlich schon ein großer Schritt für den Gehetzten, der sich bis dahin nicht einmal das gönnte.

Beschränkte sich Freud noch in erster Linie auf die Erforschung und Behandlung von Neurosen und ihren schon eher »pathologischen« (sprich als un-normal eingestuften) Pendants der Perversionen, so zeigten seine Schüler bald, daß es fließende Übergänge auch zwischen den Neurosen und Psychosen gibt, daß man sich sogar in letztere einfühlen kann, daß man sie interpretieren (und in etwa zehn Prozent der Fälle auch behandeln) kann, so wie die milderen neurotischen Persönlichkeitsveränderungen.
Zwischen Neurosen und Psychosen gibt es außerdem ein breites Grenzgebiet, zu dem man beispielsweise viele der jugendlichen Drogenkonsumenten unserer Tage zählen kann. Die moderne Psychopathologie muß sich mit diesen *Borderline*-Fällen (*border* = Grenze) in zunehmendem Maße auseinandersetzen, weil ihre Zahl stark zunimmt. Eine vierte Variante sind die »schweren narzißtischen Persönlichkeitsstörungen«, die man vom Ausmaß der Störung und von der Schwierigkeit der Behandlung her irgendwo zwischen den *Borderline*-Fällen und den Neurosen einordnen kann.
Auch zwischen dem »seelisch Gesunden« (falls dieser nicht überhaupt einfach ein idealisierter Grenzwert ist) und dem Neurotiker gibt es natürlich ein breites Zwischengebiet menschlicher Spielarten. Diese sollen uns jedoch nicht weiter beschäftigen, weil bei ihnen das Gestörtsein noch nicht so sehr im Vordergrund steht wie bei den gravierenden Formen. Wenden wir uns statt dessen den einzelnen Hauptgruppen jener ausgeprägteren »Eigenheiten« zu und untersuchen wir, wie sie entstehen. Von vorneherein sei betont, daß uns dabei nicht kurzfristige (passagere) Störungen interessieren sollten, sondern jene chronischen Störungen, die zu einer echten Veränderung oder gar Verbiegung des Charakters führen und die infolge ihrer destruktiven Impulse die Mitwelt oft empfindlich beeinträchtigen.
Der nordamerikanische Psychiater Leo Srole mußte bei einer Studie in

Spektrum der psychischen Störungen

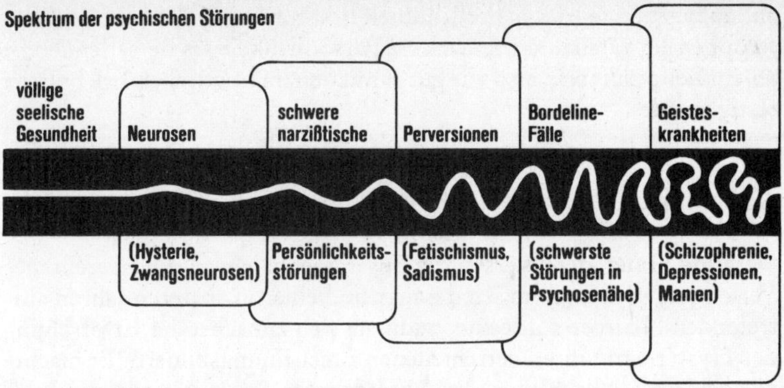

Vom Idealzustand völliger seelischer Gesundheit bis hin zu den Geisteskrankheiten reicht die bunte Vielfalt der möglichen psychischen Zustände. Je stärker die unbewußten Aggressionen sind – und je schwächer das Ich ist –, um so weiter rechts im Spektrum wird man die daraus resultierende Störung finden. Ob es so etwas wie »völlige seelische Gesundheit« gibt, ja überhaupt geben kann, sei dahingestellt.

Manhattan bestürzt feststellen, daß von den Bewohnern dieses New Yorker Stadtteils bestenfalls zwanzig Prozent als seelisch gesund gelten können, während die übrigen vier Fünftel (!) mehr oder minder stark psychische Störungen zeigen. Beobachtungen, auf die in Kapitel 7 noch ausführlicher eingegangen wird, lassen vermuten, daß andere Regionen des Erdballs bald ähnlich alarmierende Verhältnisse zeigen werden.

4.1 Neurosen

Als Neurosen bezeichnet man zahlreiche seelisch bedingte Leiden, die vor allem durch eine falsche Einstellung des Patienten zu sich selbst und zu seinen Mitmenschen gekennzeichnet sind. Im Gegensatz zu den massiveren Störungen, wie sie etwa beim Geisteskranken auftreten (siehe Kap. 4.2), vermag der Neurotiker jedoch aufgrund seines stärkeren Ich oft erstaunlich lange Zeit im Berufsleben und in der Familie zu »funktionieren«, ehe er therapeutischen Rat suchen muß. Wahrscheinlich geht die überwiegende Mehrheit nie zu einem Therapeuten, sondern »nimmt sich zusammen« und leidet weiter, meist mit Hilfe von Beruhigungstabletten, Nikotin und Alkohol, die allesamt die den neurotischen Störungen zugrundeliegenden Triebimpulse und Konfliktspannungen dämpfen.
Welche Art der Neurose jemandem zufällt, scheint vor allem davon

abzuhängen, wie früh in der Kindheit bestimmte psycho-soziale Katastrophen eintraten und wie stark die Persönlichkeit des Betreffenden zu jenem Zeitpunkt war, also wie gut er mit den traumatischen Erlebnissen fertig wurde.

4.11 Hysterie

Sigmund Freud, der als erster die Zusammenhänge zwischen seelischer Verletzung (Trauma) im Kindesalter und einer in späteren Jahren auftretenden Neurose aufdeckte, widmete sich zunächst der Erforschung der Hysterie mit ihren verschiedenen Erscheinungsbildern. Er machte die geniale Beobachtung, daß unterdrückte Sexualität eine wichtige Rolle bei der Entwicklung dieser Krankheit spielt. Nicht zuletzt seiner Aufklärung dürfte es zu verdanken sein, daß heute kaum mehr eine ausgeprägte Hysterie zu finden ist – war doch vor Bekanntwerden von Freuds Entdeckung eine typische Erscheinungsform dieses Leidens beispielsweise bei (sexuell unbefriedigten) Frauen der bogenförmig aufgewölbte Körper *(arc de cercle)*, mit dem unbewußte Wünsche, koitiert zu werden, symbolisch ausgedrückt wurden. Eine Frau, die um diese Zusammenhänge weiß, wird schwerlich noch einen *arc de cercle* produzieren können.

Da viele der sogenannten Konversionssymptome (hysterische Lähmung, Blindheit usw.) heute zu den Psychosomatosen gezählt werden (siehe Kap. 3), sollen hier lediglich einige Züge des allen solchen Störungen zugrundeliegenden Charakters erwähnt werden, wie sie der Münchner Psychotherapeut Fritz Riemann in »Grundformen der Angst« schildert:

»Versuchen wir … eine ansteigende Linie hysterischer Verhaltensweisen, hysterischer Persönlichkeitsentwicklungen aufzuzeigen von noch normal zu nennenden Formen bis zu schweren hysterischen Erscheinungsbildern, so sähe diese etwa so aus: narzißtisches Bedürfnis, immer und überall im Mittelpunkt zu sein – überwertiger Geltungsdrang – Kontaktsucht – hysterische Verlogenheit aller Grade – ewige Backfische und Jünglinge – Demivierges – Dirne und Don Juan – schwere hysterische Erscheinungsbilder mit den zugehörigen körperlichen Erkrankungen.«

Als Entstehungszeit solcher Störungen wird vor allem das vierte und fünfte Lebensjahr angesehen. In jener Phase steht das Kind in einer intensiven, sehr erotisch beziehungsweise aggressiv getönten Auseinandersetzung mit den Eltern: Der Junge begehrt die Mutter und lehnt den Vater als Rivalen, manchmal ausgesprochen haßerfüllt, ab; das

Mädchen liebt entsprechend den Vater heiß und innig und lehnt die Mutter ab (ödipale Phase, Ödipuskomplex).
Sah Freud in den Anfängen seiner Forschertätigkeit vor allem die sexuelle Komponente dieser kindlichen Konfliktsituation als Quelle der späteren neurotischen Störung »Hysterie«, so erkennt man heute – wie Freud selbst in späteren Jahren –, daß die Aggressionen gegen den gleichgeschlechtlichen Elternteil das eigentliche Problem sind. Denn die »Libido«, also das Menschen-Verbindende, wird zwar durch seelische Fehlentwicklung unter Umständen gehemmt und verzerrt – sie kann jedoch relativ leicht wieder zum »Fließen« gebracht werden. Die Zerstörungskräfte hingegen müssen in mühseliger Arbeit gebändigt und kontrollierbar gemacht werden. Wo es dem gleichgeschlechtlichen Elternteil nicht gelingt, die Haßgefühle der ödipalen Phase des Kindes zu neutralisieren, nämlich durch einfühlendes und liebevolles Annehmen der kindlichen Aggression, da beginnen diese im Unbewußten zu wuchern, da beginnt die Innenwelt-Verschmutzung.
Das Kind muß die Wut- und Haßimpulse unterdrücken (verdrängen), denn es ist ja körperlich stets dem Erwachsenen unterlegen und kann sie deshalb kaum aktiv in der Umwelt äußern. Außerdem wird in der Regel selbst der abgelehnte Elternteil gleichzeitig immer auch geliebt. Der Psychoanalytiker nennt diese zwiespältige Art zu fühlen »Ambivalenz«. Die Verdrängung der zerstörerischen Wünsche und Phantasien gelingt geraume Zeit. Spätestens in der Pubertät, wenn das Triebleben erneut mit Macht zur Wahrnehmung und Verwirklichung drängt, werden die alten ödipalen Vorstellungen wieder bewußtseinsnah. Auch dann sind die Aggressionen ein weit größeres Problem als die Sexualität, nicht zuletzt deshalb, weil die inzwischen erlangte körperliche Reife eine Gewaltanwendung erleichtert. Während jedoch zum Beispiel der Kriminelle seinen aggressiven Impulsen, auf Kosten seiner Mitmenschen, nachgibt, ist der Hysteriker seelisch immerhin noch so stark, daß er die Haßgefühle erneut verdrängt. Ist der Anpassungsvorgang gelungen, so erscheinen die aggressiven Kräfte nur noch in Form der vorwiegend selbstzerstörerischen neurotisch-hysterischen Symptome beziehungsweise als »hysterischer Charakter«.
Im Gegensatz zu den anderen Spielarten der Neurose versteht es der Hysteriker immerhin, seine unbewußten Aggressionen weitgehend mit Libido zu »verpacken«, so daß sie für die Mitwelt – wie für ihn selbst – noch einigermaßen erträglich sind. Bei so manchem Filmstar werden solche hysterischen »Allüren« dann sogar zu einer Art Berufsmerkmal, das die Massenmedien mit Klatsch versorgt und so eine ganze Industrie am Leben erhält.

Sind die beiden Triebkomponenten Aggression und Sexualität (Libido) bei der Hysterie noch weitgehend miteinander vermischt, so ist die »Triebentmischung« (so nannte es Freud) bei den folgenden Neurosenformen mehr oder minder weit fortgeschritten; entsprechend schwächer ist das Ich bei den Erkrankten.

4.12 Zwangsneurose

Riemann hat für diese Krankheit einen Merkmalskatalog aufgestellt, der sie als das genaue Gegenstück der Hysterie zeigt. Er beginnt beim – als normale Variante geltenden – sachlichen und pflichttreuen Menschen. Dann leitet er über zu immer zwanghafteren Charakteren wie dem Pedanten, dem Nörgler, dem Zweifler und ewigen Zauderer. Der Streber, Kriecher, »Radfahrer«, Tyrann, Despot und endlich die ausgeprägt Zwangskranken verschiedener Intensität vervollständigen das Spektrum, an dessen abnormem Extrem die völlige Erstarrung des geistig-seelischen Lebens steht.
Riemanns Aufstellung wirkt etwas akademisch, hat aber den Vorzug, daß auch der Nichtfachmann sich in etwa ein Bild der verschiedenen Schweregrade des Zwanghaften machen kann.
Die Wurzel der Zwangsneurose wird in Störungen der kindlichen Entwicklung während des zweiten und dritten Lebensjahres gesehen, die eng mit der Sauberkeitserziehung verbunden sind (daher auch »anale Phase« genannt, von *anus* = After). Ordnungssinn, Sauberkeit, aber auch das Interesse an Geldsachen haben hier ihren Ursprung. Außerdem bilden sich in dieser Phase solche grundlegenden Reaktionsweisen wie Ekel und Schamgefühl aus, die der Säugling ja noch nicht kennt. Zentraler als in der ödipalen Phase geht es in der analen Phase um die Beherrschung der infantilen Aggressivität. Vor allem Freuds Schüler Karl Abraham hat sorgfältig die Bedingungen studiert, die es dem Kind ermöglichen, seine Zerstörungskräfte gegenüber den Eltern zu kontrollieren, die ihm während dieser Entwicklungsperiode zunehmend Einschränkungen auferlegen müssen – was natürlich Frustrationen mit sich bringt, die ja die Hauptquelle von Aggressionen zu sein scheinen. Abraham hat auch den »analen Charakter« beschrieben, der vor allem durch die Trias Geiz, Pedanterie und extremen Reinlichkeitssinn ausgezeichnet ist und aus dem als Extremform die Zwangsneurose mit ihren von Bazillenfurcht, Waschzwängen und Ordnungsfanatismus bestimmten Ritualen erwächst.
Der normale Mensch kann sich kaum eine Vorstellung davon machen, wie quälend das Leben eines Zwangskranken verläuft, der sich viel-

leicht hundertmal am Tag die Hände waschen muß, weil er ständig in panischer Angst vor Ansteckung und Verunreinigung lebt.
Der amerikanische Multimillionär Howard Hughes darf als exzentrisches Beispiel eines solchen Menschen gelten, der infolge seiner Zwangsstruktur von derartiger Bazillenfurcht gepeinigt wird, daß sich ihm niemand außer seinen engsten Vertrauten nähern darf; immerhin konnte er wenigstens den »Geld-Aspekt« seiner Krankheit in enormen finanziellen Erfolg ummünzen. Hughes ist aber auch ein gutes Beispiel dafür, daß neurotische Charakterformen kaum jemals in Reinkultur auftreten, sondern meist mit hysterischen, depressiven oder schizoiden Zügen vermischt sind – man denke nur an seine Eskapaden mit Filmstars oder seine Abenteuer als Flieger sowie seine keineswegs »zwanghaft« aussehenden finanziellen Hasardspiele während seiner Zeit als Präsident der Fluggesellschaft TWA, die er durch seinen Leichtsinn fast ruiniert hätte.
Die Psychoanalytiker verstehen das zwanghafte Gebaren ganz allgemein als eine umfassende, natürlich weitgehend unbewußte Abwehr von starken Haßgefühlen, während man sexuellen Problemen noch mehr eine sekundäre Rolle einräumt als bei der Hysterie.
Eine gute Illustration des zwanghaften Charakters ist der Shylock im »Kaufmann von Venedig«. Durch das Gebaren des Kaufmanns vor Gericht macht Shakespeare mit großartigem Gespür für menschliche Schicksale klar, wieviel Aggressivität hinter der Maske der Zwanghaftigkeit verborgen ist – und welcher Umstände es bedarf, daß die Haßimpulse die seelische Abwehr durchbrechen. Von seinen (eher »hysterischen«) Widersachern bis aufs Blut gepeinigt, versteigt sich Shylock in völliger Verkennung der Realität zu der monströsen Forderung, man möge seinem säumigen Schuldner das Herz aus dem Leib schneiden: Der geizige Pedant, dessen eigene »Herzlichkeit« lange vorher schon zerstört worden ist, kann aufgrund seiner zwanghaften Struktur dem Widersacher nicht mehr die durch das Herz symbolisierte Lebendigkeit und Unbekümmertheit gönnen. (Gegenüber dieser tiefenpsychologischen Komponente dürfte das Antisemitismusproblem in dem Drama eine eher untergeordnete Rolle spielen.)

4.13 Depressive Neurose

Krankheiten dieses umfangreichen Formkreises nehmen stark zu. Man findet depressive Verstimmungen an der Wurzel jeder Alkohol- und Rauschgiftsucht, bei Tablettenmißbrauch und *Borderline*-Fällen. Als Ursache nimmt man Mangelsituationen an, die das Kind im ersten Lebensjahr erfährt. Die englische Psychoanalytikerin Melanie Klein meinte sogar, daß jeder Mensch etwa um die Zeit seines sechsten Lebensmonats herum eine »depressive Phase« durchläuft, von deren Bewältigung es abhängt, ob wir im späteren Leben mehr oder minder unter Depressionen leiden. Es scheint vor allem darauf anzukommen, ob die Mutter sich während jener Phase genügend um das Kind kümmern kann oder ob der Säugling in dieser Hinsicht ein Defizit hat.

Zu Mangelsituationen dieser Art kann die Berufstätigkeit der Mütter beitragen (in der BRD betrifft das nahezu jede zweite Mutter!), unterstützt von dem Unvermögen junger Mütter, ihren Kindern die nötige Geduld, Zärtlichkeit und ausreichende Einfühlungsfähigkeit entgegenzubringen (was man wiederum häufig auf depressive Störungen schon bei diesen Müttern zurückführen kann).

Genauso schwerwiegend ist aber die Rolle, die ein »nicht vorhandener« Vater bei der Entwicklung einer Depression spielt, sei es, daß er körperlich abwesend ist, sei es, daß er seelisch nicht genügend präsent ist.

Im Kindesalter sind Depressionen schwer zu erkennen – die kleinen Patienten verarbeiten diese Verstimmungen vorwiegend körperlich, das heißt, sie werden Opfer irgendeiner Infektion oder »weinen durch die Blase« (wie ein namhafter Psychiater das Symptom »Bettnässen« einmal sehr sinnvoll interpretierte) oder werden sonstwie hilfebedürftig, versagen in der Schule, leiden unter unerklärlichen Ängsten oder verursachen einen selbstschädigenden Unfall nach dem anderen.

Die eigentliche depressive Neurose wird erst beim Jugendlichen oder Erwachsenen sichtbar, in erster Linie in Form lang anhaltender Zustände von unsäglicher Langeweile, Schwunglosigkeit, Niedergeschlagenheit, als Gefühl der Sinnlosigkeit, als Existenzangst, Freudlosigkeit – Zustände, die sich dann gelegentlich in der psychotischen Depression zu Verarmungswahn und dergleichen Extremen steigern können. Mangelsituationen in der Mutter-Kind-Beziehung führen bereits im Säuglingsalter zu charakteristischen Reaktionen: Das Kind schreit zunächst, äußert seine Frustration also in hilfesuchender und zugleich aggressiv-vorwurfsvoller Form. Diese »Wutanfälle« gehen allmählich über in Akte der Selbstschädigung (mit dem Kopf gegen das Gitterbettchen stoßen, um sich schlagen) und werden irgendwann abgelöst von Apathie und einem deutlichen Nachlassen des Lebenswillens. Endlich können schwere Krankheiten und sogar der Tod eintreten, wenn man nicht die Gefahr erkennt und die Mutter oder eine die Mutter ersetzende Bezugsperson herbeiholt, welche das emotionale Defizit rechtzeitig ausgleicht. Man nennt diesen Verfall des Kindes »psychischer Hospitalismus«. Er ist typisch für die meisten Waisenhäuser; hier müssen zu viele Kinder sich eine Ersatzmutter aus dem Pflegepersonal teilen. Er hat aber seit geraumer Zeit in erschrekkendem Umfang – wenn meist auch nicht so deutlich ausgeprägt – auf all jene Familien übergegriffen, in denen die Eltern zuwenig Zeit für ihre Kinder aufbringen.

Bei der Entstehung des psychischen Hospitalismus kann man deutlich die Rolle der Aggressivität verfolgen, vor allem, wie sie allmählich ihre Richtung ändert. Zuerst richtet der Säugling sie, durchaus sinnvoll, nach außen, um eine Änderung des Mangelzustands durch Protest zu erzwingen. Gelingt dies nicht, so wird (natürlich völlig unbewußt) die zerstörerische Wut gegen den eigenen Körper gerichtet, der Protest also eigentlich noch verstärkt. Auch beim jugendlichen und erwachsenen Depressiven sind die Zerstörungskräfte in der Regel ganz im Unbewußten wirksam, und es bedarf langer, geduldiger Arbeit eines Psychotherapeuten, um das Selbstzerstörerische einer Depression dem Patienten sichtbar, dann erträglich und endlich verarbeitbar zu machen. Es war Freud, der erkannte, daß die Melancholie (so nannte man die Depression früher) im Grunde durch Aggressionen entsteht, die sich gegen die eigene Person wenden. In seiner grundlegenden Arbeit »Trauer und Melancholie« (1916) zeigte er außerdem, daß die normale Trauerreaktion, die wir beim Verlust eines geliebten Objektes zeigen, eng mit depressiven Reaktionen zusammenhängt, also eine Art aggressiven Protests gegen die verlorene Person oder Sache ist, der jedoch – weil man sie eben geliebt hat – ganz auf einen selbst gewendet wird. Der neurotisch Depressive schädigt jedoch nicht nur sich selbst, auf dem Umweg über eine Drogensucht oder Selbsttötungstendenzen; häufig tyrannisiert er auch seine Umwelt, wird also gewissermaßen auf Umwegen doch noch einen Teil seiner verdrängten Aggressionen los. Letzteres erklärt, warum der seelisch Gesunde in der Nähe von depressiv gestimmten Menschen bald selbst deprimiert wird – so als übernähme er gewissermaßen von Unbewußtem zu Unbewußtem die Aggressionen des andern – wenn er nicht offen aggressiv wird. Vermag der sozial angepaßte, kontrolliert-depressive Mensch in bestimmten Berufen auf dem Dienstleistungssektor (Krankenschwester, Sozialarbeiter, Psychologe) gerade aufgrund seiner seelischen Struktur gute Arbeit zu leisten, so wird der neurotische Melancholiker infolge des depressiven Einschlags leicht zum Tyrannen seiner Umgebung: Diese versteckte Aggressivität reicht vom lamentierenden Pessimisten bis hin zum völlig verzweifelten ewigen »Pechvogel«, der einen Selbstmordversuch nach dem anderen androht oder gar durchführt und der damit seine Umwelt ständig unter moralischen Druck setzt. Schon aus der zeitlich früheren Entstehungsphase der depressiven Schädigung wird verständlich, warum diese Neurosenform schwieriger zu behandelt ist als eine Hysterie oder eine Zwangsneurose. Einmal ist der Säugling durch seelische Traumen leichter und nachhaltiger verletzbar als das dreijährige oder fünfjährige Kind; zum anderen ist das Maß der verdrängten Aggressionen größer; und endlich kann sich das so früh geschädigte Ich noch weniger zu einem machtvollen »Anpassungsorgan« entwickeln. Deutlich ist auch der Unterschied in der Fähigkeit des Geschädigten, mit der Außenwelt fertig zu werden:

- der Hysteriker bezieht, wenngleich auf typisch neurotische Weise, seine Mitmenschen kräftig in sein Leben mit ein;
- der Zwangsneurotiker verkehrt mit seiner Umwelt schon viel formalisierter und gefühlsgehemmter;
- der Depressive endlich hat sich bereits in hohem Maße in seine eigene Innenwelt zurückgezogen und verkehrt mit den anderen nur noch auf sehr subtile, eher indirekte Weise.

4.14 Schizoidie

Der Schizoide, von dem nun die Rede sein soll, hat diese fortschreitende Abkehr von der Außenwelt noch stärker vollzogen. Seine Entwicklung wurde, nach Ansicht von erfahrenen Beobachtern wie Melanie Klein, bereits während des dritten Lebensmonats so nachhaltig gestört, daß er nie einen guten Kontakt zu seinen Mitmenschen aufbauen konnte. Entsprechend schwach ist sein Ich ausgeprägt. Was ihm an realen Vorstellungen über die Außenwelt und an lebendigen Beziehungen zu ihr fehlt, versucht er durch vermehrte »Innenschau« auszugleichen.

Wenn man sich das Ausmaß an verdrängter Aggressivität vorstellt, unter dem schon ein Zwanghafter oder ein Depressiver leidet, so wird es nicht verwundern, daß der Schizoide noch viel stärker von Wut- und Haßgefühlen geplagt wird, die er aber, wegen des schwachen Kontakts zur Außenwelt, noch weniger äußern kann als beispielsweise der Depressive.

Der seelisch Gesunde hat in Gegenwart von Schizoiden manchmal das störende und eigentlich auch beängstigende Gefühl, als säße der andere unter einer Art Glasglocke, die alle gefühlsmäßigen Kontakte dämpft. Dieser Mangel kann durch Intelligenz ganz gut neutralisiert sein, weshalb es dem Schizoiden – im Gegensatz zum noch viel mehr gestörten Schizophrenen – immer noch gelingt, mit sich selbst und der Außenwelt zurechtzukommen.

Allerdings kann man sich vorstellen, daß es manchmal nur einer Häufung psycho-sozialer Konflikte bedarf, damit die mühsam gebändigte

Abwehr der frühkindlichen Frustrationen und Aggressionen zusammenbricht. Der Verlust der Mutter, ein LSD-Trip oder ein verpfuschtes Examen kann der Auslöser sein, der den Schizoiden zum *Borderline*-Fall oder gar zum Schizophrenen werden läßt.

4.15 Andere Neurosenformen

Eigentlich müßte man außer den vier geschilderten Neurosenstrukturen noch andere Formen behandeln. So sind etwa die Neurosen von Kindern und Jugendlichen (unter denen inzwischen etwa jedes fünfte Kind leidet), ein umfangreiches Gebiet für sich. Da es in diesem Buch jedoch nicht um Vollständigkeit, sondern um exemplarische Behandlung geht, sollen sie ebenso wie die Charakterneurosen, Sexualneurosen und Angstneurosen nicht weiter im Detail dargestellt werden.
Es sei nur noch darauf hingewiesen, daß zum Beispiel die Kinderneurosen einmal mehr beweisen, daß die Innenwelt-Verschmutzung durch verdrängte beziehungsweise fehlgesteuerte Aggressionen und die damit verbundenen »falschen Gefühle« stets eine lange Vorgeschichte hat. Denn dem erwachsenen Neurotiker geht zeitlich ein Kind-Neurotiker voraus – nur erkennt man die frühe Störung häufig nicht (oder will sie nicht wahrhaben).

4.2 Psychosen

Jesse Watkins, ein bekannter englischer Bildhauer, durchlebte 1937 zehn Tage, die er nie mehr vergaß.
Er hatte wochenlang schwer gearbeitet, fühlte sich jedoch geistig und körperlich gesund. Dann wurde er von einem Hund gebissen und mußte, weil die Wunde nicht zuheilte, ein Krankenhaus aufsuchen. Für die kleine Operation, die nötig war, gab man ihm die erste Vollnarkose seines Lebens. Anschließend fuhr er mit dem Omnibus nach Hause. Er setzte sich bequem in seinen Sessel. Sein sieben Jahre alter Sohn trat ins Zimmer. Watkins betrachtete ihn nachdenklich – und sah ihn plötzlich auf eine neue und fremdartige Weise, irgendwie »unentfernt« vor sich. Dann ging es los:
»... plötzlich sah ich auf die Uhr, und das Radio war an, und dann spielte die Musik – hm – irgend etwas Bekanntes. Es basierte auf dem Rhythmus einer Trambahn. Taa-ta-ta-taa – irgend etwas wie Ravels sich wiederholende Melodie. Und dann, als das passierte, hatte ich plötzlich das Gefühl, als ob die Zeit rückwärts lief, dieses außerordentliche Gefühl von –

äh – das war das größte Gefühl, was ich in dem Moment hatte, daß die Zeit rückwärts lief... Ich fühlte mich unruhig, weil ich plötzlich das Gefühl hatte, als ob ich mich irgendwo auf einer Art Förderband bewegte – unfähig, etwas dagegen zu tun, als wenn ich dahinglitte und hinunterrutschte, eine – Schütte sozusagen, und – äh – unfähig, anzuhalten. Und – hm – das gab mir fast ein Gefühl der Panik – ich erinnere mich, daß ich in das andere Zimmer ging, um zu sehen, wo ich war, um mein eigenes Gesicht zu betrachten, und es gab keinen Spiegel in diesem Zimmer. Ich ging in das andere Zimmer und sah in den Spiegel; ich sah irgendwie fremd aus...« (Aus einem Tonbandprotokoll).

Hinter der Bezeichnung »Psychose« verbirgt sich eine Fülle der unterschiedlichsten Erscheinungsbilder und Ursachen. Den zitierten Fall beschreibt der englische Psychiater Ronald D. Laing in seinem Buch »Phänomenologie der Erfahrung«. Wahrscheinlich handelte es sich bei der Persönlichkeitsveränderung des Bildhauers Watkins um einen »schizophrenen Schub«, das heißt, den plötzlichen Ausbruch der Geisteskrankheit Schizophrenie.*

Es ist stets erschreckend, eine so plötzliche Umwandlung oder gar den stetigen geistigen Verfall eines Menschen mitzuerleben. Bewegungen, die vorher vertraut waren, können vom Kranken mit einem Mal voller Mißtrauen beobachtet werden. Auf unverfängliche Situationen mag er mit panischer Angst oder – vielleicht aufgrund paranoider Wahnvorstellungen – mit objektiv unbegründeter Wut und mit Haß reagieren. Wie ist das möglich?

Die menschliche Persönlichkeit ist ein verhältnismäßig stabiles Gebilde. Sie entsteht im Laufe unseres Lebens aus dem komplexen Wechselspiel von ererbten Fähigkeiten und Milieueinflüssen (Elternhaus, Schule, Arbeitswelt, Freunde). Einige wenige Grundkomponenten wie die wahrscheinlich angeborene Intelligenzkapazität (aus der durch Training die tatsächliche Intelligenz erwächst) und die Vitalität bilden den Wurzelboden für eine Gruppe anderer Eigenschaften, die – schon wegen ihrer zeitlich verschobenen Entstehung – Veränderungen unterworfen sind (Interessen, Begabungen, Willensstärke, Stimmungen). Es überrascht uns deshalb weniger, wenn jemand seine Zigarettenmarke wechselt oder anfängt, Hüte zu tragen, obwohl er Hüte vorher nicht ausstehen konnte.

Wird jedoch ein bislang fröhlicher Mensch über Nacht schwermütig, oder beginnt der freundliche Nachbar von nebenan uns plötzlich un-

* Laing gelang, durch geduldiges Einfühlen, den Bildhauer aus seinem »Schub« wieder herauszuholen.

flätig zu beschimpfen und frei erfundene Schauergeschichten über uns zu verbreiten, werden wir stutzig.
Gewiß, solche Stimmungswechsel unterlaufen jedem einmal. Aber der einigermaßen gesunde Mensch und selbst der neurotische Kranke wird damit fertig und findet hinterher seine seelische Ausgangslage wieder, schlüpft gewissermaßen wieder in seine alte Persönlichkeit.
Beim Neurotiker beobachtet man, etwa im Rahmen einer Psychotherapie, einen dauernden Kampf gegen andrängende unbewußte Phantasien. Dieser Kampf wird aber in der Regel vom Ich gewonnen – wenn auch um den Preis des neurotischen Symptoms (Waschzwang, nervöser Tick, Magengeschwür usw.). Der Geisteskranke hingegen hat eine zu schwache Persönlichkeit. Er unterliegt immer wieder seinem Unbewußten. Deshalb versucht er, wenigstens durch ein festgefügtes Wahngebilde einen Teil seines alten Ich zu retten. Denn der Wahn bringt die unbewußten Phantasien seiner chaotischen Innenwelt wenigstens noch in irgendeinen, wenn auch sehr verzerrten Zusammenhang mit der Außenwelt. Der Gesunde fühlt sich freilich nur sehr schwer in eine solche »verrückte« Welt ein, vor allem, wenn die Zerstörung der Persönlichkeit des anderen schon zu weit fortgeschritten ist. (Zu dieser Zerstörung kann auch der langjährige Aufenthalt in einer Irrenanstalt beitragen, der nicht selten dem ursprünglichen Leiden noch eine Art »psychischen Hospitalismus« hinzufügt.) Je nach Art des Wahnsystems beziehungsweise der Persönlichkeitsveränderung unterscheidet man mehrere Formkreise psychotischer Erkrankung. Die wichtigsten sind die Schizophrenien, die (psychotischen) Depressionen und die Manien. Depression und Manie können bei ein und demselben Patienten auch abwechselnd auftreten; man spricht dann von »manisch-depressivem Irresein«.

4.21 Schizophrenien

Jeder hundertste Mensch wird im Laufe seines Lebens zum Opfer dieser Krankheit, unabhängig davon, in welcher Kultur und Gesellschaftsform er lebt (die Umgebung beeinflußt lediglich den Inhalt der Wahnvorstellungen). Wohl die bekannteste Ausprägung der Schizophrenie ist die *Paranoia*, der »Verfolgungswahn«. Der Patient fühlt sich dabei von geheimnisvollen Mächten überwacht. Man bedroht ihn – wie er in seiner irrsinnigen Verkennung der Realität meint – mit Todesstrahlen, oder versucht, ihn telepathisch zu beeinflussen. Von den verschiedenen Erklärungsversuchen, wie es zu solchen bizarren Ideen kommt, leuchtet am ehesten noch die der Psychoanalytiker ein: Demnach sind diese »fremden Mächte«, von denen sich der Paranoiker verfolgt fühlt, in

Wirklichkeit seine eigenen unbewußten Aggressionen. Er »projiziert« diese nach draußen, auf andere Menschen oder unbelebte Objekte, weil sein schwaches Ich nicht mit ihnen fertig wird. Allerdings ist meist auch die Umwelt des Erkrankenden, vor allem seine Familie und sein Arbeitsplatz, hochgradig krankmachend.

Beim *katatonen Stupor* hat der Kranke jeden Kontakt zur Umwelt verloren. Wie ein lebender Leichnam dämmert er vor sich hin. Es handelt sich um einen seelischen und körperlichen Erstarrungszustand, bei dem der Betroffene auf Umweltreize nicht mehr reagiert. Man kann sich diesen Stupor als einen extrem gesteigerten *körperlichen* Ausdruck der Aggressionsabwehr vorstellen, der beim Zwangsneurotiker noch auf die mildere Form der intellektuellen und emotionalen Erstarrung beschränkt ist.

Die *Katalepsie* ist eine Sonderform des Stupor, bei der man den Kranken wie eine Gliederpuppe in jede nur erdenkliche Stellung bringen kann, die er – ohne Widerstand – stundenlang beibehalten kann. Diese Leute gehören deshalb zum beliebtesten Demonstrationsobjekt bei psychiatrischen Vorlesungen.

Bei der *katatonen Erregung* schließlich tritt plötzlich ein ungeordneter Erregungssturm auf, der für den Kranken selbst, aber auch für Umstehende gefährlich werden kann. Nicht selten denkt der Laie an dieses Erscheinungsbild, wenn er über Geisteskranke spricht. Es sei deshalb an dieser Stelle kurz angemerkt, daß die allgemein verbreitete Vorstellung, Geisteskranke seien gleichzusetzen mit Gewaltverbrechern, völlig absurd ist. Nach einer Untersuchung des Sozialwissenschaftlers Martin Jaeckel und des Psychiaters Professor Stefan Wieser, beide Bremen, hält lediglich ein Sechstel der von ihnen Interviewten diese Patientengruppe für ungefährlich. Ansonsten »dominiert die Vorstellung von physischer Gewalttätigkeit, vom randalierenden und um sich schlagenden Tobsüchtigen, dessen Anfälle – und das ist das Entscheidende – unvermittelt und scheinbar grund- und sinnlos kommen und gehen«. Die Wahrheit ist, daß Psychotiker nicht mehr Aggressionsdelikte verüben als der gesunde Normalbürger, sondern deutlich weniger. Angesichts der stark herabgesetzten Realitätskontrolle von Geisteskranken ist dies eine Überraschung – falls die unbewußte Aggressivität dieser Patientengruppe so groß ist, wie unsere Beobachtungen nahelegen. Die Erklärung, die auf der Hand liegt und die sich zudem mit den Erfahrungen aus der seelenärztlichen Behandlung deckt, sieht so aus: Geisteskranke sind zwar aufgrund ihrer problematischen Kindheit aggressionsgeladener als andere Menschen (die Neurotiker eingeschlossen), sie unterdrücken diese Haßimpulse aber stärker, können dieses Übermaß an Aggressivität nicht verarbeiten und fliehen in ihrer Not in die illusionäre Welt des Wahnsinns. Dieser Prozeß kann sich über Jahrzehnte hinziehen und ist der bewußten Kontrolle des Kranken völlig entzogen. Allerdings gibt es immer wieder Ausnahmen; geniale und schöpferische Menschen wie beispielsweise der Dichter Friedrich Hölderlin (1770–1843) oder der Maler Vincent van Gogh (1853–1890) vermochten die psychotische Persönlichkeitsveränderung geraume Zeit künstlerisch zu verarbeiten, ehe sie am Ende doch noch von der Psychose überwältigt wurden.

4.22 Depressionen und Manien

Die zweite große Gruppe der Geisteskrankheiten sind die Depressionen. Auch sie kommen bei etwa einem Prozent der Bevölkerung vor, nur nimmt diese Zahl, anders als bei den Schizophrenien, ständig zu. Der depressive Zustand, bei dem der Kranke in tiefster Verzweiflung lebt, kann gelegentlich von sogenannten manischen Phasen abgelöst werden. Der Patient ist dann exaltiert und super-optimistisch, er wirkt euphorisch wie ein von Drogen Berauschter. Beide Zustände, der depressive wie der manische, treten häufig ohne sichtbaren äußeren Anlaß auf, weshalb man lange Zeit annahm, daß es sich um ein rein körperlich verursachtes Leiden handle. Die Erfahrungen im Umgang mit neurotisch Depressiven haben jedoch auch die Einsicht in die inneren Bedingungen der psychotischen Depression gefördert, und es gilt heute als Kunstfehler, wenn der behandelnde Psychiater nicht nach möglichen traumatischen Erlebnissen in der Kindheit und in späteren Jahren sucht, die ihm einen therapeutischen Zugang zum Unbewußten des Kranken ermöglichen.

Der Engländer John Custance beschreibt in seinem autobiographischen Bericht »Weisheit und Wahn«, wie er während mehrerer Jahre Opfer des manisch-depressiven Irreseins war und dabei wahre Himmel- und Höllenfahrten durchmachte, in denen Visionen der Seligkeit mit solchen des Grauens abwechselten.

Dabei erlebte er Allmachtsphantasien, in denen er mit gewaltiger, das gesamte Weltall durchdringender Zauberkraft begabt schien. »Ich kann aus eigener Erfahrung bezeugen«, sagt der wieder genesene Custance über diesen manischen Zustand, »daß das tatsächlich Gefühle sind, die mit den Größenwahnvorstellungen zusammengehen, die in Irrenanstalten so häufig sind. Das Gefühl, sich in völliger Harmonie mit der Urmaterie des Universums zu befinden, kann derart überwältigend werden, daß es für den Betroffenen ganz natürlich ist, zu verkünden, er sei Christus oder der Herrgott...«

Aus den himmlischen Höhen erfolgt dann in der depressiven Phase der Sturz in finsterste Verzweiflung: »Ein zerdrücktes Kissen ist etwas ganz Gewöhnliches, nicht wahr? Man sieht es und vergißt es; ebenso wie einen Waschlappen oder ein Frottiertuch am Boden oder die Falten an der Seite des Bettes. Doch sie können die furchtbarsten Schreckgestalten für jemanden annehmen, der von Furcht besessen ist. Nach und nach sah ich solche Formen, bis ich schließlich, wo ich auch hinblickte, nur Teufel sah, die darauf warteten, mich zu quälen... ein Prozeß ewiger, immer stärkerer Folter.«
Nur am Rande sei angemerkt, daß solche Zustände von Depression oder Manie – oft ebenfalls in dem typischen Wechsel, wie Custance ihn erlebt hat – auch dem Haschischraucher und noch intensiver dem LSD-Schlucker im Drogendelirium widerfahren. Deshalb wurde der Halluzinogenrausch immer wieder als »künstliche Psychose« bezeichnet.
Ob die psychotische Depression wirklich nur eine ins Extrem gesteigerte neurotische Depression ist, also vor allem eine Folge verdrängter Aggressionen, kann beim heutigen Stand der Wissenschaft noch nicht hundertprozentig entschieden werden. Sicher sind auch biochemische Faktoren beteiligt, vor allem wohl ein Defizit an Katecholaminen (zu denen beispielsweise das Adrenalin gehört), aber niemand weiß bisher, ob dieser biochemische Faktor nicht seinerseits eine Folge umfassender psychosomatischer Prozesse ist, an deren Anfang frühkindliche Frustrationen und Aggressionen stehen (siehe Melanie Kleins Hypothese einer »depressiven Position« im sechsten Lebensmonat, in Kap. 4.13). Für letzteres spricht deutlich das tragische Endresultat vieler psychotischer Depressionen: der Selbstmord. Er ist die gegen einen selbst gewendete Aggression par excellence.

4.23 Autismus

Hauptkennzeichen dieser Störung ist, daß sie schon im frühen Kindesalter auftritt und der Patient wie abgekapselt von der übrigen Umwelt wirkt. Bruno Bettelheim, ein amerikanischer Psychoanalytiker und Spezialist für solche Fälle, hat ein Buch mit dem bezeichnenden Titel »Die leere Festung« geschrieben, in dem er auf das emotionale Vakuum im Innern solcher Kranker hinweist.
Die Zahl dieser psychoseähnlichen Fälle scheint deutlich anzusteigen. Allein in der Bundesrepublik schätzt man die Zahl ihrer jungen Opfer auf etwa 6000. Sie gelten als Sondergruppe der geistig Behinderten und stammen offenbar vorwiegend aus Familien mit einem sehr intellektuellen, gefühlsmäßig »unterkühlten« Klima.

Virginia Axline hat in ihrem bekannten Buch »Dibs« eine von ihr durchgeführte Psychotherapie mit einem fünfjährigen autistischen Jungen nacherzählt – auch in Dibs' Fall waren Vater wie Mutter ausgesprochen rationalistische, gefühlsgehemmte Menschen, deren unbewußte Abwehr jeglicher emotionalen Zuwendung und Zärtlichkeit den Knaben in die autistische Abkapselung trieb.
Bettelheim beschreibt einen anderen kleinen Jungen, Joey, der sich für einen Roboter hielt und ein merkwürdiges Ritual entwickelte, bei dem er sich immer wieder symbolisch mit elektrischem Strom aus einer Steckdose »auflud«, gewissermaßen um mit der reinen Energie ein emotionales Defizit auszugleichen.
Anders als die Opfer des psychischen Hospitalismus, die bereits in den ersten Lebensmonaten schwere psychische Schäden davontragen, scheinen die autistischen Kinder meist recht gut zu gedeihen; manchmal sind sie ihren Altersgenossen in der Entwicklung sogar voraus. Aber in der Zeit um das Ende des ersten Lebensjahres, wenn sich allmählich die kindliche Persönlichkeit zu formen beginnt und der vorher symbioseähnliche Kontakt zur Mutter lockert, schließen diese Kinder sich immer stärker von der Familie ab. Sie leben wie hinter imaginären Glaswänden und behandeln ihre Eltern und Geschwister wie durchsichtige, tote Gegenstände. Eine Mutter sagte von ihrem inzwischen vierzehnjährigen autistischen Sohn, er befände sich »wie auf einem fremden Planeten, dessen Einwohner keine Verständigungsmöglichkeiten anzubieten haben«.
Außer der typisch verzögerten psycho-sozialen Entwicklung und der extremen Kontaktstörung fällt noch auf, daß diese Kinder, im Gegensatz zu ihren gesunden Altersgenossen, ihre Umwelt in hohem Maße angsterfüllt erleben; deshalb scheuen sie jeden Körperkontakt und jede Zärtlichkeit.
Britische Untersuchungen haben ergeben, daß von 10000 Kindern vier autistisch gestört sind. Eine Zahl, die auf den ersten Blick gering erscheint, die aber an Gewicht gewinnt, wenn man sich klarmacht, daß es sich vorwiegend um besonders begabte und intelligente Kinder aus »gutem« Elternhaus handelt. Wie bei den oben behandelten neurotischen und psychotischen Störungen darf man auch beim Autismus annehmen, daß sich hinter der scheinbaren Gefühlsarmut, den gestörten Bewegungsabläufen und der extremen Ichbezogenheit eine chaotische Innenwelt voller Aggressionen verbirgt – die verständliche Reaktion auf mangelnde Elternliebe und Nestwärme.
Wer sich speziell für die Aggressionsproblematik dieser Krankheit interessiert, dem sei neben dem aufschlußreichen Buch von Bettelheim noch der Aufsatz »Das Raum-Kind« von Rudolph Ekstein und Doro-

thy Wright empfohlen. Darin wird die konfliktbeladene Innenwelt des kleinen Tommy geschildert, der sich einbildete, ein Fünf-Sterne-General auf einem fernen Planeten zu sein. In dieser martialischen Rolle kommandierte er ungezählte imaginäre Raumschiffe mit den fürchterlichsten Waffensystemen und zog aus, die Welt zu vernichten. Im Verlauf einer langwierigen Therapie gelang es Dorothy Wright, dieses ausgeprägte, schizophrenieähnliche Wahnsystem abzubauen und Tommys mörderische Zerstörungswünsche gegen seine Eltern (dies steckte vor allem hinter den ins Weltall projizierten Phantasien) allmählich unter Kontrolle zu bringen.

4.3 Borderline-Fälle

Als Sigmund Freud Ende des vergangenen Jahrhunderts seine psychotherapeutische Behandlungstechnik entwickelte, hatte er es zunächst mit Neurotikern zu tun, also mit Leuten, die zwar seelisch gestört waren, die aber dennoch über eine einigermaßen intakte Persönlichkeit, über ein relativ starkes Ich verfügten. Freud traf jedoch immer wieder auf Patienten, die zwar noch nicht psychotisch waren (wofür seine Technik ohnehin nicht geeignet war), die aber mit der klassischen Form der Psychoanalyse ebenfalls nicht behandelt werden konnten. Er nannte sie »narzißtische Neurosen«, weil diese Kranken – wie der Jüngling Narziß in der griechischen Mythologie – ihre Aufmerksamkeit in hohem Maße sich selbst und nur geringfügig ihrer Umwelt zuwandten. Bei näherem Hinsehen, das heißt im Verlauf vielstündiger Analysestunden, fand er bei diesem Patiententyp starke aggressive Tendenzen, die die sexuelle Problematik dieser Leute weit in den Schatten stellten. Immer mehr stieß Freud im Verfolg dieser Studien auf das enorme zerstörerische Potential, das jeder Mensch – vielleicht von Geburt an? – in sich trägt, bis Freud schließlich in seinen theoretischen Schriften diesen »Todestrieb« als gleichrangig neben den lebenserhaltenden Sexualtrieb stellte.
Der Grund, weshalb der eine Mensch seelisch gesund bleibt, der zweite neurotisch und ein dritter *borderline* oder gar psychotisch wird, wurde vor allem von Freuds Schülern Karl Abraham, Sandor Ferenczi, Melanie Klein und Michael Balint genauer untersucht. Sie fanden heraus, daß die seelischen Verletzungen bei *Borderline*-Fällen zu einem früheren Zeitpunkt vorfallen als bei den Neurosen. Während bei den Neurotikern vor allem die Konflikte mit dem Vater des Patienten eine ausschlaggebende Rolle spielen, sieht es so aus, als ob bei den *Borderline*-Fällen Konflikte mit dem anderen Elternteil, der Mutter, im Vordergrund stehen.

Freud selbst hat solche schwer beeinträchtigten Grenzfälle in der Regel nicht behandelt. Wir wissen jedoch aufgrund neuer Veröffentlichungen, daß sein berühmtester Fall, der »Wolfsmann«, den Schöpfer der Psychoanalyse nicht nur wegen einer Kindheitsneurose aufsuchte (von der er auch geheilt wurde); dieser geplagte russische Fürst war zusätzlich auch in hohem Maße narzißtisch gestört, und dabei versagte Freuds Hilfe ziemlich. Das ist kein Wunder, denn die spezielle Behandlungstechnik für *Borderline*-Fälle wurde erst in unseren Tagen entwikkelt und ist noch immer unvollkommen.
Man nennt diese massiven Persönlichkeitsveränderungen deshalb *borderline* (von engl. *border* = Grenze), weil man sie im Grenzgebiet zwischen den weniger kranken Neurotikern und den stärker gestörten Psychotikern einstuft. Viele Süchtige werden zu diesem Typ gezählt, auch die »gemütsarmen Psychopathen«, viele Kriminelle, Prostituierte und sicher auch viele Leute mit schweren Perversionen. Wie man sieht, handelt es sich um ein buntes Gemisch von Fehlhaltungen und Entwicklungsstörungen, für die ein einheitliches Grundkonzept schwer zu finden ist.
Gemeinsam scheint all diesen kranken Personen lediglich zu sein, daß sie eine nur gering entwickelte Persönlichkeit haben, bei der infantiles Verhalten und Denken bei weitem überwiegen. Der technische Ausdruck der Psychoanalytiker für dieses Charaktermerkmal lautet »Ich-Schwäche«. Nur wenn es gelingt, ein solch schwach ausgebildetes Ich im Verlauf der Behandlung nachzuentwickeln, ist Besserung oder gar Heilung möglich.
In einer grundlegenden Arbeit über die *Borderline*-Persönlichkeit unterschied der amerikanische Psychiater Otto Kernberg 1967 folgende Erscheinungsformen und Leitsymptome:
a) Patienten, die vor allem unter diffusen, chronischen Angstzuständen leiden, welche aber nicht unter die klassische Rubrik der Phobien wie etwa Platzangst fallen und dementsprechend schwer zu behandeln sind.
b) Neurosen mit ganzen Symptomgruppen *(polysymptomatic neurosis)*, die weit schlechter zu behandeln sind als etwa eine ausgeprägte hysterische Lähmung mit ihrer klar umrissenen Symptomatik; denn diese *Borderline*-Fälle benützen unter Umständen das (unbewußte) Wechseln von einem Symptom zum anderen als ein zusätzliches Symptom von gewissermaßen zweiter Ordnung.
c) Kranke mit perversen Neigungen, die jedoch nicht auf eine bestimmte Praktik (Schuhfetischismus oder ähnliches) festgelegt sind, sondern abwechselnd die eine oder die andere Perversion bevorzugen, was die Behandlung sehr erschwert.

d) Verhaltensweisen, die einer echten Psychose nahe verwandt sind, ohne daß bereits eine echte Geisteskrankheit vorliegt; ein Beispiel wäre ein Verfolgungswahn milder Ausprägung, der den Kranken noch nicht in Konflikte mit seiner Umwelt bringt, unter dem er selbst jedoch deutlich leidet.
e) Suchtverhalten und bestimmte Neurosenformen, wobei das Hauptsymptom eine Art Austoben von unbewußten Impulsen ist (Kleptomanie, Aggressionsdelikte).
f) Charakterstörungen leichterer Ausprägung wie Neigung zu Exhibitionismus (aber nicht Exhibitionismus in ausgeprägter Form) und dergleichen.

Laut Kernberg ist noch keines dieser Symptome für sich allein als Hinweis auf eine *Borderline*-Persönlichkeit anzusehen. Aber sobald zwei oder drei dieser Anzeichen zusammen auftreten, darf vermutet werden, daß ein *Borderline*-Fall vorliegt.
Ich bin auf diese Gruppe seelischer Fehlentwicklungen deshalb so ausführlich eingegangen, weil ihre Kenntnis bisher vorwiegend auf Fachkreise beschränkt war und weil sich eine rapide Vermehrung dieser Fälle beobachten läßt. Erschreckend viele der in Kapitel 2 erwähnten Drogenkonsumenten muß man dieser Kategorie zuzählen, aber auch eine große Zahl Jugendlicher mit Lern- und Leistungstörungen in Schule und Berufsausbildung. Dieser umfangreichen neuen Patientengruppe steht eine lächerlich geringe Zahl von Fachleuten gegenüber, die etwas von der Behandlung solcher *Borderline*-Fälle verstehen, selbst wenn sie mit Neurotikern ganz gut zurechtkommen.
Für unser Generalthema spielen diese Patienten auch deshalb eine wichtige Rolle, weil gerade ihr vielschichtiges, ständig wechselndes Erscheinungsbild, das zwischen neurotischem und psychotischem Verhalten hin und her pendelt, so typisch für das ist, was ich Innenwelt-Verschmutzung nenne, noch weit typischer jedenfalls als die traditionellen Formen der Neurosen und der Psychosen mit ihren einigermaßen klaren Erscheinungsbildern.
Wo so viel Aggressivität zu mildern und zu bändigen ist, wie man sie an den Wurzeln der *Borderline*-Störungen vermutet, hilft nur ein einziges Mittel auf lange Sicht: ein Maximum an verständnisvoller Zuwendung. Alle diese Patienten leiden unter einem entsetzlichen Liebesmangel, und zwar seit ihren frühesten Lebenstagen. Der große ungarisch-englische Psychoanalytiker Michael Balint sprach von einer »Grundstörung« *(basic fault)*, die man bei diesen Menschen heilen müsse. Er meinte damit eine Störung im Innersten des Kranken, in einer seelischen Schicht, die der eigentliche Träger der Persönlichkeit ist. Es handelt sich dabei nicht

um das *Es*, jenen Tummelplatz der unbewußten Triebwünsche, das Freud als den Gegenpol des Bewußtseins betrachtete, sondern vielmehr um eine geistige Grundstruktur, die letzten Endes die Wurzel aller schöpferischen Kräfte im Seelenleben ist: das Selbst.

4.4 Narzißtische Persönlichkeitsstörungen

Inzwischen hat man entdeckt, daß das Spektrum der seelischen Leiden noch vielfältiger ist, daß man noch besser differenzieren muß. Dr. Heinz Kohut, ein in Chicago wirkender Wiener Psychoanalytiker, hat sich in bahnbrechenden Studien mit einem Patiententyp beschäftigt, den er in Anlehnung an Freudsche Überlegungen »narzißtische Persönlichkeit« nennt. Dem entsprechenden Leiden (genauer: der Gruppe dieser Leiden) gab er die Bezeichnung (»schwere) narzißtische Persönlichkeitsstörung«. Nach seinen eigenen Worten handelt es sich dabei um psycho-soziale Leiden, die den leichten Psychosen und den *Borderline*-Fällen verwandt sind, die jedoch nicht so schwer ausfallen. Ihre Behandlung macht inzwischen schätzungsweise die Hälfte der heutigen psychoanalytischen Praxis aus.

Was heißt »narzißtisch«? Freud hat die Vorstellung entwickelt, daß der Mensch von Geburt an die Objekte (das sind lebende oder tote Dinge) seiner Umwelt mit Libido, also seelischer Energie sexueller Herkunft, besetzt: indem er ihnen zum Beispeil seine Aufmerksamkeit zuwendet. Das Gegenstück zu dieser *Objekt*-Libido ist die narzißtische oder *Selbst*-Libido. Der Ausdruck ist durchaus wörtlich zu verstehen: Das *Selbst* ist die Gesamtheit dessen, was ein Mensch darstellt, also sein Körper plus seine seelisch-geistigen Eigenschaften. Kohut definiert: Narzißmus ist die libidinöse Besetzung des Selbst.

Das Selbst ist nicht von Anfang an fertig vorhanden, sondern durchläuft – wie der Körper – eine lange Entwicklung. Nach der Theorie ist da zunächst ein Stadium des »Autoerotismus«, in dem der Neugeborene seine gesamte Libido dem eigenen Körper zuwendet. Dann wird allmählich der Kontakt zu den Eltern, vor allem zur Mutter, immer intensiver. Nach und nach wird dadurch zunächst die mütterliche Bezugsperson zu einer Selbst-Repräsentanz für den Säugling, das heißt, sie ersetzt alle Funktionen, die der reife Mensch selbständig ausübt, von außen her: Das kleine Kind kann sich ja noch nicht selbst versorgen, sondern bedarf lange Jahre dieser Hilfe durch andere. Entsprechend den seelischen wie körperlichen Größenunterschieden erlebt der Säugling offenbar die Eltern als überlegene, riesenhafte, gottähnliche Gestalten: Er »idealisiert« sie, wie Kohut das nennt.

Eine ähnliche psychische Struktur entsteht im Kind selbst, indem es sich allmählich mit diesen *idealisierten Eltern-Imagos* identifiziert. Kohut nennt sie das »Größen-Selbst« (auch: grandioses Selbst). Über diese grandiose und exhibitionistische Form des Selbst schreibt er 1973 in seinem Buch »Narzißmus«: »Die Bezeichnungen ›grandios‹ und ›exhibitionistisch‹ beziehen sich auf ein breites Spektrum von Erscheinungen, das sich von der egozentrischen Einstellung des Kindes mit seiner ungehemmten Lust an der Bewunderung und von den groben Wahnvorstellungen des Paranoikers und den grob-sexuellen Handlungen des erwachsenen Perversen bis zu den Aspekten der subtilsten, hochgradig zielgehemmten und nichterotischen Befriedigung Erwachsener über sich selbst, ihre Wirkung und ihre Leistung erstreckt.«

Narzißmus ist keineswegs als solcher schon etwas Negatives, im Gegenteil: Gerade durch einen Mangel an »narzißtischer Zufuhr« von seiten der Eltern werden wir »narzißtisch gestört«! Wie sieht so eine Störung aus?

Das vielleicht beste Beispiel, jedem verständlich, ist die Freisetzung von Größenphantasien durch Alkohol und andere Rauschdrogen. Schon der Autofahrer, der sich beschwipst hinter das Steuer seines Wagens setzt und in Verkennung der tatsächlichen Situation meint, er könne jetzt besser fahren als im nüchternen Zustand, wird beherrscht von seinem Größen-Selbst – also von einer sehr infantilen psychischen Struktur. In meinem Buch »Der falsche Weg zum Selbst« habe ich anhand der Lebensgeschichte des Haschischrauchers *Ulysses* ausführlich dargestellt, wie es dazu kommt, daß solche archaischen, grandiosen Phantasien infolge Rauschmittelkonsums einen Menschen allmählich zerstören. Kohut verweist auf das große Problem, daß zwar immer mehr Menschen an diesen narzißtischen Störungen leiden (die gekennzeichnet sind durch intensive Gefühle der Sinnlosigkeit, Langeweile und inneren Leere) – daß aber die Behandlung solcher Patienten sehr schwierig ist und dem Therapeuten ein enormes Maß an Geduld und Einfühlungsvermögen (Empathie) abverlangt. Diese Therapien dauern in vielen Fällen wesentlich länger als die Behandlung von Neurosen. Das Hauptproblem besteht darin, daß die narzißtischen Patienten den Therapeuten in Konflikte mit seinem eigenen Größen-Selbst bringen können, denn sie tragen ihm – zum Teil sehr unverhüllt – grenzenlose Allmachtsphantasien und dann wieder auch starke Haßgefühle zu, die durch fürchterliche Vernichtungsängste und Minderwertigkeitsgefühle abgelöst werden können, ganz nach dem Motto: »Himmelhoch jauchzend – zu Tode betrübt.« So mancher Therapeut ist »mit seinem eigenen grandiosen Selbst noch nicht ins reine gekommen«, meint Kohut, und reagiert deshalb auf entsprechende Phantasien und Träume seiner Patienten unter Umständen distanziert, ja – von ihm selbst unbemerkt – ausgesprochen abweisend und feindselig. Wie man sich vorstellen kann, belastet dies die Behandlung der sensiblen, überempfindlichen Kranken ganz enorm.

Ein Beispiel: Eine junge Studentin begibt sich in Psychotherapie, weil sie Orgasmusschwierigkeiten hat. Im Laufe der Behandlung kristallisiert sich als ein wichtiger frühkindlicher Konflikt heraus, daß ihr Vater sie immer ablehnte, weil er sich eigentlich einen Sohn gewünscht hatte. Die Ablehnung wurde zum Teil vom Vater sehr offen geäußert, durch Beleidigungen und sogar durch Schläge, was in dem kleinen Mädchen einen ungeheuerlichen Haß gegen ihn schürte; dieser Haß weitete sich zu einer Art unbewußtem Wahnsystem aus, das nach und nach alle Männer einschloß. Einige der beeindruckenden Phantasien, in denen gewissermaßen ihr grandioses Selbst zutage trat, brachte sie in Form von utopischen Märchen zu Papier, worin regelmäßig alle Männer durch schreckliche weltweite Seuchen vernichtet wurden, bis nur noch die Frauen die Erde bewohnten. Bezeichnenderweise machten – in einer der Geschichten – die Frauen eine biologische Entdekkung, mit deren Hilfe sie sich durch Jungfernzeugung auch ohne Hilfe der Männer vermehren konnten. Die Männer hingegen starben durch eine Art Krebswucherung, die zuerst ihre Genitalien zerstörte. In einem ihrer Träume, die ähnliche Inhalte hatten, wanderten alle Frauen unter ihrer Führung von der Erde zu einem fernen Planeten aus; anschließend wurde die Erde mit sämtlichen auf ihr zurückgebliebenen Männern durch eine gewaltige Atomexplosion in Stücke gesprengt. Sie selbst sah von einem Raumschiff aus dem Schauspiel zu.

Kein Wunder, daß sie Orgasmusschwierigkeiten hatte, wenn sie allen Männern gegenüber unbewußt so feindselig eingestellt war!

Zu jenem Zeitpunkt, als dieser Männerhaß die Therapie deutlich zu beherrschen begann, wurde die behandelnde Therapeutin überraschend schwer krank. Auch nach ihrer Genesung ergaben sich immer wieder neue Hindernisse, die endlich zu einem Abbruch der Behandlung führten. Die eigentliche Ursache lag darin begründet, daß die Therapeutin ähnliche persönliche Probleme mit Männern hatte wie ihre Patientin, die im Verlauf ihrer eigenen Ausbildungs-Analyse (Lehranalyse) zwar berührt worden waren, die jedoch nie richtig durchgearbeitet wurden. Als die Studentin sie nun Stunde um Stunde mit ähnlichem Konfliktmaterial von so ausgeprägter Sprengkraft (im wahrsten Sinne des Wortes) konfrontierte, brach die eigene seelische

Abwehr der Ärztin zusammen. Erst als sie in einer zweiten Lehranalyse den Problemen auf den Grund ging, konnte sie ihr eigenes »grandioses Selbst« besser in den Griff bekommen.

Die deutliche zahlenmäßige Zunahme von Patienten dieses narzißtischen Typs ist einer der gewichtigsten Gründe, weshalb sowohl die Behandlungen als auch die Lehr-(Ausbildungs-)Analysen der Therapeuten selbst in den vergangenen Jahrzehnten nahezu zehnmal länger wurden als in der Pionierzeit der Psychoanalyse: Freud kam in vielen Fällen mit etwa fünfzig Stunden aus, während fünfhundert, sechshundert therapeutische Sitzungen heutigentags keine Seltenheit sind. Wer einmal nachlesen will, wie es bei einer solchen Behandlung zugeht, dem sei Hermann Argelanders Studie »Der Flieger« empfohlen. Gewissermaßen das Gegenstück dazu, geschrieben aus der Sicht eines ehemaligen Patienten, ist Tilmann Mosers »Lehrjahre auf der Couch«. Moser arbeitet inzwischen selbst als Psychoanalytiker und hat in seinem – allerdings sehr zwiespältige Gefühle auslösenden – Erfahrungsbericht sozusagen seinen Werdegang als narzißtisch Gestörter festgehalten, nicht zuletzt, um zukünftigen Patienten Hoffnung zu machen und den Gesunden das Verständnis zu erleichtern.
Abschließend könnte man sagen, daß die schweren narzißtischen Persönlichkeitsstörungen, genau wie die meisten *Borderline*-Fälle, gewissermaßen das Produkt einer gerade noch glückenden Bändigung der Innenwelt-Verschmutzung sind. In der Regel ist jedoch der Preis, der dafür gezahlt werden muß, sehr hoch. Denn anders als der Neurotiker und auch der psychosomatisch Erkrankte stehen diese schwereren Fälle immer in großer Gefahr, noch mehr Teile ihrer ohnehin schon lädierten Persönlichkeit aufgeben zu müssen. Neurose wie Psychosomatose erlauben ihren Opfern immer noch – wenn auch meist mit gebremster Kraft –, zu arbeiten und mitmenschliche Kontakte zu pflegen; der *Borderline*-Patient wie der Kranke mit schweren narzißtischen Störungen hingegen steht wegen seiner Willensschwäche, seiner dauernden Niedergeschlagenheit und am meisten wegen des anhaltenden Gefühls der Sinnlosigkeit seines Daseins ständig am Rande der psychischen Existenz.
Die Trennwand, die ihn vor der Psychose bewahrt, ist schon papierdünn, und nicht zuletzt die Ahnung dieses Sachverhalts absorbiert viel von den seelischen Kräften, die der Gesündere ungehindert zur Bewältigung der Außenwelt einsetzen kann.

4.5 Selbstzerstörung

Unter dem Leitbegriff »Selbstzerstörung« (Auto-Aggression) sollen einige Formen seelischer Fehlsteuerung behandelt werden, die bei oberflächlichem Hinsehen zunächst wenig miteinander zu tun haben: Autozusammenstöße und andere Unfälle, viele der sogenannten Fehlhandlungen, endlich Selbstmord. Es ist eine Trivialität, wenn man feststellt, daß ein Akt der Selbstzerstörung vorliegt, wenn jemand sich umbringt. Wir werden jedoch sehen, daß Auto-Aggression auch bei einer gewaltigen Zahl von Unfällen im Spiel ist und daß so manche Ungeschicklichkeit, die noch nicht unbedingt in einem bedrohlichen Unfall endet, auf eine kräftige Portion selbstzerstörerischer Kräfte schließen läßt. Als Beispiel für die letztgenannte Kategorie sei eine Episode aus dem Leben einer jungen Sekretärin berichtet:

Nach der ersten gemeinsamen Nacht mit ihrem neuen Freund richtete sie in dessen Zimmer den Frühstückstisch her. Als sie das kochendheiße Wasser in die Tassen mit dem Kaffeepulver goß, stellte sie sich – anders als sonst – so ungeschickt an, daß sie sich die linke Hand verbrühte; es war dies die Hand, mit der sie gerade die Tasse ihres Freundes hielt. Sie lief ins Bad, um die schmerzenden Finger unter den kalten Wasserstrahl zu halten – und stieß dabei mit der Stirn kräftig an das über dem Waschbecken angebrachte Schränkchen. In ihrer zunehmenden Verwirrung drehte sie statt des Kaltwasserhahns den kurz vorher benützten Heißwasserhahn auf, aus dem kochendes Boilerwasser spritzte und ihr zusätzlich das linke Handgelenk verbrühte. Den Tränen nahe, rannte sie zu ihrem Freund zurück, übersah dabei das Telefonkabel auf dem Boden, riß den Apparat vom Tisch und schlug selbst der Länge nach ins Zimmer; dabei verstauchte sie sich noch den Fuß. Dieses Mädchen war weder schwer neurotisch, noch kann man sie zu jenen Pechvögeln zählen, die wie magnetisch Unfälle anziehen. Als sie mit ihrem Freund, einem angehenden Psychotherapeuten, ihr vielfältiges Mißgeschick besprach, stellte sich vielmehr heraus, daß eine komplizierte unbewußte Motivgruppe diese selbstaggressiven »Fehlhandlungen« ausgelöst hatte:

- Zum einen machte sie sich heimlich große Vorwürfe, weil diese erste ernsthaftere Bindung an einen Mann sie nachdrücklich von ihrer Familie wegführte, vor allem von ihrem Vater, an den sie sehr gebunden war; die kleinen Unfälle waren also etwas Ähnliches wie eine Selbstbestrafung für die »Untreue« gegenüber dem Elternhaus.
- Zum anderen waren sie aber auch Ausdruck von unbewußten Aggressionen gegen den Freund, dessen Verführungsversuchen sie –

wie sie meinte – vorschnell nachgegeben hatte. Da sie den Mann jedoch gleichzeitig liebte, blieb ihr nichts anderes übrig, als die Aggressionen gegen sich selbst abzuleiten.

- Endlich bestrafte sie sich gleichzeitig auch für die genossene sexuelle Befriedigung, die sich immer noch schlecht mit ihrer strengen puritanischen Erziehung vertrug.

Was im geschilderten Beispiel noch relativ harmlos aussieht, wächst sich im Leben des »Unfällers« (siehe Kap. 4.52) immer wieder zu kleineren oder größeren Katastrophen aus.

4.51 Fehlhandlungen

Eine der gräßlichsten Katastrophen, die je in Friedenszeiten von einem einzelnen Menschen verursacht wurde, war das Eisenbahnunglück, bei dem im Oktober 1972 in Mexiko ein überfüllter Pilgerzug entgleiste. Zweihundert Tote und mehr als tausend Verletzte wurden aus den zerschmetterten Waggons geborgen. Die Nachforschungen ergaben, daß der Zug »wie ein wildes Tier« mit 120 Stundenkilometern eine Gefällstrecke hinuntergedonnert war, doppelt so schnell als zulässig. Die Bremsen waren in Ordnung – aber der Lokführer hatte, wie sich bei einer Blutprobe herausstellte, vor dem Unglück Alkohol getrunken. Wir wissen nicht, wieviel er trank; jedenfalls muß es eine gehörige Menge gewesen sein, sonst hätte er nicht die Kontrolle über seinen Zug verloren.

Aus dem Bereich des Straßenverkehrs wissen wir, daß der Alkohol für fast jeden vierten Verkehrstoten direkt verantwortlich ist. Das heißt, genaugenommen ist natürlich nicht der Alkohol verantwortlich, sondern der Trinker. Ein nicht exakt zu bestimmender, aber sicher sehr hoher Prozentsatz der Alkoholkonsumenten trinkt jedoch aus Gründen, die mittelbar Ausdruck selbstaggressiver Tendenzen sind:

- Da sind einmal die Depressionen, unter denen viele Trinker leiden (auch wenn sie noch nicht regelrecht süchtig sind). Wir haben weiter oben (siehe Kap. 4.13 und Kap. 4.22) gesehen, welches Maß an Selbstzerstörung hinter Depressionen verborgen ist. Hierzu paßt auch die Beobachtung, die Versicherungsexperten immer wieder machen, daß nämlich etwa jeder siebte Unfalltote ganz bewußt den tödlichen Unfall herbeiführte.
- Zum anderen darf man hinter manchem »Gläschen zuviel« den ersten verhängnisvollen Schritt zu einer Flucht aus der bedrückenden Realität des Alltags vermuten. Diese Flucht in die Betäubung hat bereits etwas Selbstmörderisches an sich, denn es ist nun einmal gefährlicher, angeheitert oder gar betrunken zu chauffieren als nüchtern, und wer

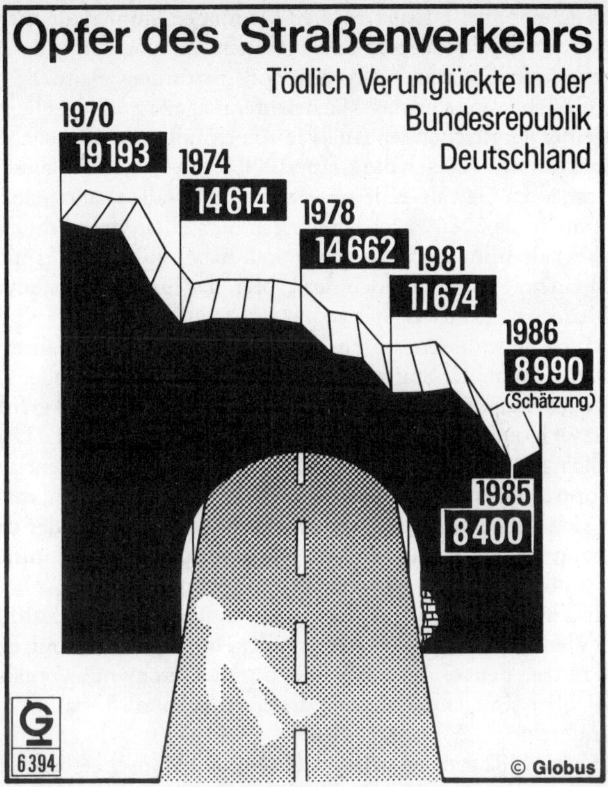

Die Verkehrsopfer, in vielen Fällen die Leidtragenden unbewußter Fehlhandlungen, haben in den Industrienationen längst den Platz der Kriegsopfer früherer Jahrzehnte eingenommen: Die Straße wird zum modernen Schlachtfeld.

dieses Risiko eingeht, überläßt damit den unbewußten Aggressionen (die jeder Mensch in sich trägt) allzu bereitwillig die Kontrolle.

Nun endet nicht jede Sauftour an einem Baum, und nicht jeder Verkehrsunfall verläuft tödlich. Doch es gab im Jahr 1973 in der Bundesrepublik 1,4 Millionen Straßenverkehrsunfälle mit 16500 Todesopfern und 488000 Verletzten, die zusammen rund zehn Milliarden Mark Schaden (Bagatellschäden nicht berücksichtigt) verursachten (zum Vergleich: 1986 kosteten die Verkehrsunfälle schon 45 Milliarden Mark)! Es ist sicherlich nicht unwichtig, daß bei den Verletzungen Beschädigungen des Kopfes an der Spitze stehen. Nach Angaben des Konstanzer Neurologen Friedrich Schmiedes gehört dazu rund die Hälfte der hirngeschädigten Kinder in der Bundesrepublik.

Der Münchner Jurist Ernst Müller-Meiningen sprach angesichts der Tatsache, daß in Westdeutschland auf einen einzigen Ermordeten dreißig Verkehrstote kommen, vom »Mordinstrument Auto«. Gerhard Mauz, Gerichtsreporter des Nachrichtenmagazins »Spiegel«, schrieb 1971 in einer vergleichenden Analyse von Unfall- und Kriminalstatistik sogar sarkastisch: »Gegen die knapp 1000 Menschen, die in diesem Jahr dem guten alten Gewaltverbrechen zum Opfer fallen, sind jedoch endlich die mehr als 20000 Menschenleben zu stellen, die in diesem Jahr einem Verhalten ihr Ende zu verdanken haben dürften, das nur gelegentlich einem Mitverschulden der Opfer, das meistens der unverhohlenen Mordlust vorzuwerfen ist.«

Die Statistik gibt diesem bösen Vorwurf gegen die Autofahrer recht: Demnach steht an der Spitze der Unfallursachen mit Personenschaden zu schnelles Fahren (98 600 Unfälle), mit großem Abstand gefolgt von Vorfahrtverletzungen (59800) und Alkoholeinfluß (50100). Daß auch die Fußgänger eine erhebliche Unfallquelle sind (65800), entlastet die Autofahrer nicht im mindesten von ihrer Verantwortung, vor allem, weil es sich bei diesen Fußgängern überwiegend um Kinder und alte Leute handelt, denen man mit besonderer Rücksicht und Umsicht begegnen müßte.

Zwar sind in den 80er Jahren die Unfälle, auch die mit Todesfolge, um fast ein Viertel zurückgegangen (vor allem durch die Senkung der Promille-Grenze, den Gurtzwang und durch Geschwindigkeitsbegrenzungen), aber sinngemäß hat sich die erschreckende Situation nur wenig geändert.

Von 1953 bis 1982 starben in der BRD 440000 Menschen bei Verkehrsunfällen – das ist ungefähr die Zahl der Opfer, die der Vietnamkrieg forderte. Die Zahl der (teils schwer) Verletzten ist noch viel höher.

Jede der angeführten falschen Verhaltensweisen gilt im juristischen Sinne als »fahrlässig« – bei näherem Hinsehen wird freilich in einer beängstigenden Zahl der Fälle jener von Mauz und Müller-Meiningen ausgesprochene Vorwurf der »Vorsätzlichkeit« offenbar.

Aber was sind die Hintergründe solcher Verantwortungslosigkeit auf breitester Ebene? Der Münchner Psychiater Professor Max Mikorey nennt den mit seinem Auto verwachsenen Menschen ein wahres Monstrum: »Während nämlich die Prothese des Automobils die Motorik des Menschen potenziert, behalten seine Sinnesorgane ihre natürliche Trägheit, so daß Motorik und Optik des zentaurischen Mischwesens ›Automobilmensch‹ auseinanderfallen.« Professor Udo Undeutsch, Psychologe in Köln, analysierte die psychologischen Ursachen von 1089 Verstößen gegen die Straßenverkehrsordnung. Demnach waren bei diesem »zentaurischen Mischwesen« in:

- 61 Prozent der Fälle charakterliche Gründe Hauptursache für einen Unfall (zum Beispiel Sorglosigkeit, Leichtsinn, Rücksichtslosigkeit, Bequemlichkeit usw.);
- 30 Prozent psychische Gründe (zum Beispiel Unaufmerksamkeit, Unkenntnis der Verkehrsregeln, Gedankenlosigkeit, Trunkenheit usw.);
- 5 Prozent andere persönliche Gründe (zum Beispiel Eile, andere Beschäftigung während des Steuerns wie Essen, Rauchen, Ablenkung durch Radiohören usw.).

Man muß also etwas differenzieren, ehe man das Pauschalurteil vom »Mörder am Steuer« fällt. Trotzdem stimmt die Aussage eines Hamburger Verkehrsrichters bedenklich, der aus intimer Kenntnis der Sachlage schätzt, daß »zwanzig Prozent der deutschen Autofahrer Gangster sind«. Nachdem zur Zeit in der Bundesrepublik mehr als 30 Millionen Kraftfahrzeuge zugelassen sind, ergäbe das eine horrende Zahl von »Gangstern«!

Offene Aggression von Autofahrern kann man täglich beobachten:

- Im September 1972 fuhr in Wuppertal ein lebensmüder Autofahrer in eine Gruppe von Fußgängern und verletzte sieben Menschen schwer. Wie der Betrunkene anschließend erklärte, habe er sein Auto bewußt als Waffe benutzt, um sich selbst umzubringen, ohne Rücksicht auf Verletzte.
- Ein Kölner Metzgergeselle schlug einem Fußgänger den Schädel ein, weil dieser ihn auf seine falsch eingestellten Scheinwerfer aufmerksam machte.
- Ein Münchner Berufskraftfahrer ohrfeigte einen anderen Verkehrsteilnehmer und bedrohte ihn mit dem Wagenheber, um ihm bessere Verkehrsmanieren beizubringen: »A sauberne Schelln is besser wia fünf Mark!«

Der Katalog ließe sich beliebig verlängern. Es handelt sich jedoch nur um die sichtbaren Spitzen eines noch weit gewaltigeren, unsichtbar bleibenden »Eisberges« von Rowdytum und Verkehrsaggression – ich erinnere nur an den (gegen die Fußgänger sich auswirkenden) Vandalismus des Gehsteigparkens. Nur sind bei der Mehrzahl die Motive nicht so offenkundig, die Reaktionen der Betroffenen nicht so präzise nachzuzeichnen. Bei ihnen kann meist auch nicht mehr mit der Liste von psychologischen Unfallursachen operiert werden, wie Udo Undeutsch sie vorlegte – handelt es sich doch bei einem überwiegenden Teil des falschen Verhaltens im Straßenverkehr um Fehlhandlungen mit *unbewußter* Motivation. Diese läßt sich jedoch mit dem rationalen Instrumentarium des Unfallforschers (Fragebogen, Unfallprotokoll, Interviews) überhaupt nicht erfassen. Immerhin bemerkte der Wiener Verhaltensforscher Professor Otto König angesichts der überall zutage tretenden Aggression im Straßenverkehr, daß »die schlummernden Jagdtriebe des Steinzeitmenschen im Auto wiedergeweckt« würden, das heißt, daß die permanente Streß-Überforderung des Verkehrsgetriebes den Autofahrer in entwicklungsgeschichtlich ältere, primitivere Verhaltensmuster zurückzwingt, von denen wir uns längst befreit glaubten:

- Drohgebärden (Lichthupe, Signalhorn),
- Imponiergehabe (aufwendige Karosserien, überflüssige Zierleisten und Scheinwerferbatterien),
- einschüchterndes »Gebrüll« (überzüchtete, laut aufheulende Motoren),
- Leerlaufhandlungen (machtvolles Wegspurten an der Ampel, das vor der nächsten Ampel ebenso kraftvoll heruntergebremst werden muß).

Eigentlich ist es ein Wunder, daß nicht noch zehnmal mehr Unfälle passieren, als wir ohnehin zu beklagen haben; kommt doch auf jeden tatsächlichen Unfall eine nicht schätzbare Zahl von Beinahe-Unfällen. Man kann diese Krisensituationen auf einer vielbefahrenen Großstadtstraße fast jede Minute beobachten – bei den anderen Fahrern und wohl auch bei sich selbst.

Abschließend sei noch eine gern ignorierte Form von »Aggression« angeführt, die auch auf das Konto des Autoverkehrs geht: durch Straßen und die Belastung der an sie grenzenden Umwelt sind in der BRD 20000 qkm geschädigt – das ist ein Zwölftel der bundesdeutschen Lebensfläche! 420 Milliarden Kubikmeter hochgiftiger Abgase werden außerdem von den Autofahrern jährlich produziert.

4.52 Die »Unfäller«

Studiert man die Statistiken, so fällt auf, daß ein erstaunlich kleiner Prozentsatz der Verkehrsteilnehmer einen unmäßig hohen Anteil der Unfälle verursacht. Daraus hat man, vor allem in tiefenpsychologischen Kreisen, geschlossen, daß es einen bestimmten Menschentyp gibt, der gewissermaßen wie ein Magnet Unfälle auf sich zieht. Die Statistiker haben sich dagegen gewehrt, daß man ihre Zahlen so interpretiert; nach ihrer Auffassung vom Zufall muß es – nach den Gesetzen der Wahrscheinlichkeit – einfach solche Leute geben, die mehr, und andere, die weniger Zusammenstöße verursachen. Forscher wie der Züricher Psychiater Professor Medard Boss und die amerikanische Psychologin Flanders Dunbar kommen allerdings zu einer ganz anderen Auffassung. Demnach gibt es sehr wohl Menschen, die starke seelische

Anspannungen mit Vorliebe auf dem Weg über Unfälle entladen. In seiner »Einführung in die psychosomatische Medizin« gibt Boss eine Reihe sehr eindrucksvoller Beispiele für diese These. Er kommt im Verlauf seiner Analysen zu dem Schluß: »Offenbar gibt es also Pechvögel, die man nicht anders als unfallanfällig bezeichnen kann.«
Es überrascht dann nicht mehr, daß beispielsweise die Gesamtunfallziffer bei zweitausend Lastwagenchauffeuren von vier großen US-Firmen um achtzig Prozent (!) sank, nachdem man jene fünf Prozent der Kraftfahrer mit den höchsten individuellen Unfallraten ausgeschaltet hatte. Großangelegte Studien führender amerikanischer Versicherungsgesellschaften weisen in dieselbe Richtung. So untersuchte man 64 verschiedene Berufsgruppen daraufhin, ob sie mehr gute oder mehr schlechte Autofahrer stellten; den Maßstab lieferte die Unfallhäufigkeit. Das Ergbnis war eindeutig: Zu den sichersten Fahrern gehören Personen im Ruhestand, während die Gruppe der Arbeitslosen am gefährdetsten ist. Der Schluß, daß Selbstsicherheit und innere Ruhe bei der Fahrtüchtigkeit eine tragende Rolle spielen – wie ja auch Boss und Dunbar meinen –, liegt nahe. Man darf annehmen, daß ein Arbeitsloser größere Sorgen und mehr innere Spannungen hat, daß er weniger ausgeglichen und daher unvorsichtiger ist als ein Pensionär. Ich denke dabei an einige junge Leute aus meiner Praxis, die in den Schul- und Semesterferien Gelegenheitsarbeiten annahmen. Aufgrund ihrer unbewußten Konflikte und ihrer nervösen Unruhe (sprich: Ängstlichkeit, gemischt mit aggressiver Gespanntheit) kamen sie öfter zu spät zur Arbeit, machten vermeidbare Fehler und legten sich immer wieder mit ihren Vorgesetzten und Arbeitskollegen an. Wenn sie dann irgendwann hinausgeworfen wurden, fragte ich danach, ob ihnen der Rausschmiß nichts ausgemacht habe. In allen Fällen lautete die prompte Antwort, das sei gar kein Problem gewesen, man fände ja gleich wieder einen Job... Es stellte sich aber heraus, daß sie gekränkt waren – und daß sie in jenen Tagen besonders aggressiv und leichtsinnig Auto fuhren!
Auch Franz Alexander, der Pionier der psychosomatischen Medizin, weist auf die dominierende Rolle der unbewußten Motivation beim Unfallgeschehen hin; desgleichen Alexander Mitscherlich, der in seinem Buch »Krankheit als Konflikt« solche Fälle untersucht hat.
(Wenn ich die »Unfäller-Persönlichkeit« erst in diesem Kapitel behandle – und nicht im vorhergehenden, bei den Psychosomatosen –, so liegt dies daran, daß unter dem Gesichtspunkt der Selbstbeschädigung psychodynamische Faktoren berücksichtigt werden müssen, denen zufolge Unfälle eher in der Nähe der Selbsttötung als der psychosomatischen Krankheit stehen.)
Unfälle gibt es natürlich nicht nur auf den Straßen, wenngleich sie sich

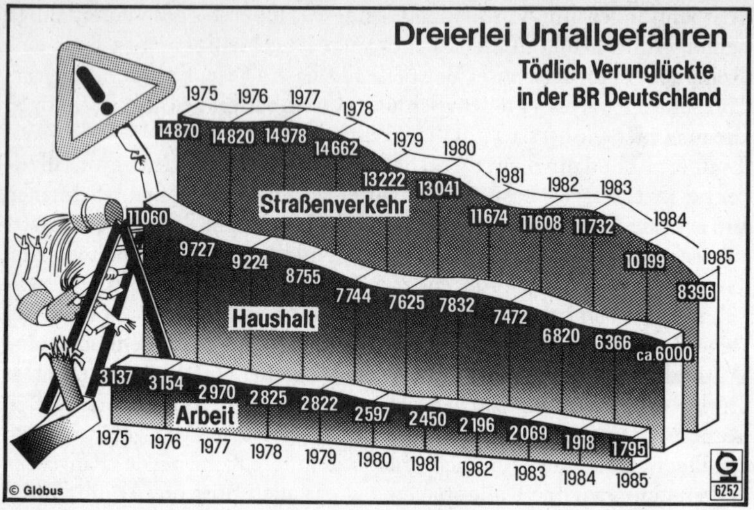

1970 wurden 5,4 Milliarden Mark an die Opfer von Arbeitsunfällen ausbezahlt, 1973 waren es 5,9 Milliarden Mark. Dazu kommen noch Verkehrs- und Haushaltsunfälle. Gar nicht zu berechnen sind die seelischen Folgelasten, die den Verunglückten entstehen. Allerdings muß man in vielen Fällen annehmen, daß der körperlichen Verkrüppelung durch den Unfall eine seelische vorausgegangen ist: Viele Arbeitsunfälle sind Ausdruck unbewußter Selbstzerstörungstendenzen.

dort am stärksten häufen. Von etwa 37000 *tödlichen* Unfällen jeglicher Art im Jahr 1972 entfielen auf

- Verkehrsunfälle 18500,
- Unfälle in Haushalt und Freizeit 15100,
- Unfälle am Arbeitsplatz 4100.

Für das Jahr 1972 errechnete man bereits 2,2 Millionen mehr oder weniger schwere Unglücksfälle am Arbeitsplatz. Entsprechend hoch sind die Rentenansprüche: Hierdurch wurden 5,2 Milliarden Mark fällig; ein Betrag, der sogar auf zwölf Milliarden steigt, wenn die Folgeschäden berücksichtigt werden.

Manchmal, so betonen die Experten, versagt sicher die Technik. Weitaus häufiger sind solche Unfälle eine Folge menschlichen Versagens oder falschen Reagierens – also Fehlhandlungen im oben geschilderten Sinne.

Besonders bedrückend ist daher die Beobachtung, daß die Zahl der Unglücksfälle jeglicher Art noch ständig ansteigt – Anzeichen für eine Zunahme der unbewußten (Selbst-)Aggressivität?

Eine Analyse der Haushaltsunfälle liest sich wie der Bericht aus einer mittelalterlichen Folterkammer: Stürze führen die Todesfälle an (82,9

Prozent); erstickt sind 6,5 Prozent, durch Feuer oder Explosionen kamen 2,9 Prozent um, durch Verbrühen und Verätzen oder elektrische Stromstöße je ein Prozent; 1,4 Prozent starben durch Gas, die restlichen 4,3 Prozent durch Giftunfälle und ähnliches.
Zum besseren Verständnis der psychischen Dynamik solcher Unfälle sei noch die Charakterisierung wiedergegeben, die Flanders Dunbar aus großen Reihenuntersuchungen gewann:
Zu Unfällen neigende Menschen führen wesentlich seltener als der Durchschnitt ihre Schul- und Berufsausbildung zu Ende; immer wieder beginnen sie statt dessen etwas Neues. Auch Arbeitsstellen wechseln sie öfter; ihre Leistungen sind ungleichmäßig, was zu einem entsprechenden Auf und Ab der Einkünfte führt. Sehr sprunghaft sind auch ihre mitmenschlichen Kontakte: Bereits als Kinder neigen sie dazu, bei Konflikten mit den Eltern von zu Hause wegzulaufen oder durchzubrennen. Analog dazu kündigen sie im späteren Leben rasch und unüberlegt bei beruflichen Auseinandersetzungen mit Vorgesetzten. Genauso verhalten sie sich bei Ehekonflikten – die Zahl der Ehescheidungen liegt bei den »Unfällern« dementsprechend ausgeprägt über dem Durchschnitt.
Obwohl die Analyse eine Fülle von unbewußten Motiven zutage fördert, die neben dem Selbstzerstörerischen stets auch ein gerüttelt Maß an Aggression gegen die Umwelt zeigen, dominiert dennoch das Moment der Auto-Aggression. Das aber rückt den Unfall in bedenkliche Nähe zum Selbstmord.
Ganz deutlich spricht dafür auch das Ergebnis einer Forschungsarbeit der Mediziner Alex D. Pokorny, James P. Smith und John R. Finch vom Baylor College of Medicine im texanischen Houston: Demnach war die Hälfte der von ihnen nachträglich überprüften Lebensläufe von Unfalltoten so beschaffen, daß man jeden zweiten dieser verunglückten Fahrer als depressiv und beziehungsweise oder suizidal (selbstmordgefährdet) bezeichnen mußte. Bei fünfzehn Prozent stand eindeutig fest, daß sie den Tod am Steuer bewußt gesucht hatten.
Die Verkehrswacht vermutet, daß die Hälfte aller Unfälle durch betrunkene Fahrer verursacht wird; aber es wird nur etwa jede 200. Autofahrt unter Alkoholeinfluß überhaupt entdeckt – meist eben durch einen Unfall. Wenn es »gut« gegangen ist, brüstet sich der »brave Bürger« dieser Tatsache oft sogar noch.
Der Berliner Psychotherapeut und Selbstmordforscher Klaus Thomas sagte im November 1974 in einem Interview der »ADAC-Motorwelt«: »Es ist überaus schwierig, Selbsttötungen mit dem Auto eindeutig als unmittelbare Selbstmorde zu erkennen – schon weil die Todesfahrer nicht selten unter Alkoholeinfluß stehen und die Polizei dann automa-

tisch auf einen Trunkenheitsunfall schließt. Erst im August 1974 hat eine Konferenz der Weltgesundheitsorganisation in Luxemburg vorgeschlagen, den verbreiteten hohen Alkoholgenuß wegen der fließenden Übergänge zum Selbstmord als ›Parasuizid‹ zu bezeichnen. Eine große deutsche Lebensversicherung schätzt ein mögliches Maximum von 700 Autoselbstmorden im Jahr – das wäre immerhin fast jeder 12. tödlich verunglückte Autofahrer!...
Ich selbst erinnere mich im Augenblick an sieben Beispiele der letzten Jahre aus meiner Praxis. Beispielsweise an einen Familienvater mit vier Kindern. Er war im allerletzten Moment vor der Tat zurückgeschreckt, die er sich schon in allen Einzelheiten zurechtgelegt hatte: Er hatte sich eine Kurve mit einer Mauer dahinter gesucht, in die er bei Glatteis hineinfahren wollte.«

4.53 Selbstmord

Der Dreißigjährige ging in die Toilette des Amtsgerichts Essen-Borbeck, übergoß sich mit Benzin und zündete sich an. Die Räume des Justizgebäudes wurden durch die anschließende Benzingas-Explosion erheblich geschädigt. Der Mann selbst verbrannte bis zur Unkenntlichkeit.

Dieser Fall ereignete sich im Oktober 1969, während eines Zivilverfahrens, in dem der spätere Selbstmörder sich wegen der Beschädigung einer Telefonzelle verantworten sollte. Niemand schenkte seinen Unschuldsbeteuerungen Glauben. Den Freitod hatte er seinem Rechtsanwalt mit klaren Worten angekündigt: »Jetzt mache ich Schluß. Die glauben mir nicht. Ich zünde mich und das Haus an.«
Selbstmord – genauer: Selbsttötung – ist ein spezifisch menschliches Phänomen, ein Merkmal der *conditio humana.* Die Zunahme der Selbstverbrennungen zeigt, daß dieses Phänomen so menschlich ist, daß es sogar von ausgesprochenen Moden beeinflußt wird. Die erste spektakuläre Selbstverbrennung der neueren Geschichte beging 1963 der vietnamesische Buddhisten-Mönch Quang-Duc, der damit gegen die Unterdrückung seiner Glaubensgenossen durch den katholischen Diktator Diem protestierte. Das zweite wahrhaft flammende Fanal war der tschechische Student Jan Palach, der im August 1968 durch Selbstverbrennen gegen die sowjetische Invasion seines Heimatlandes demonstrierte. Freilich darf man trotz aller politischen Akzente dieser Sonderfälle nicht übersehen, daß bei jedem Selbstmord ganz persönliche Momente die Hauptrolle spielen. Genausowenig darf man vergessen,

daß es neben den aktuellen Auslösern eines Suizids immer auch andere, nicht selten zeitlich weit zurückliegende Konfliktsituationen gibt, die die Selbstaggression mehr und mehr steigern, bis nur noch die Selbsttötung als Ausweg bleibt. Wir wissen nicht, welche negativen Erfahrungen jener Dreißigjährige gemacht hatte, ehe er sich samt dem Essen-Borbecker Amtsgericht anzündete; aber wir können sicher sein, daß es nicht der Prozeß wegen einer beschädigten Telefonzelle *allein* war.
Ähnliches zeigten auch die Referate, die während einer Suizidtagung in Leoni am Starnberger See gehalten wurden: Kriminaldirektor Hermann Häring vom Münchner Polizeipräsidium, der anhand umfangreicher Statistiken die Bilanz des Selbstmords in der süddeutschen Großstadt zog, vermittelte den Teilnehmern Einblick in die Verwaltung. Seit 1965 speichert man dort alle diesbezüglichen Daten auf Lochkarten. Eine Sonderabteilung mit zehn Spezialisten untersucht jede »Polizeileiche«, also jeden Toten, bei dem ein normales Ableben nicht mit Sicherheit festgestellt werden konnte; so wird zum Beispiel jeder Verkehrs- und Arbeitsunfall in München genauestens überprüft. Häring betonte, daß große Parallelen zwischen der Kriminal- und der Suizidstatistik bestehen, sowohl hinsichtlich der Motive wie des sozialen Hintergrunds. Den Leichenbeschauern machte er außerdem den Vorwurf, sie arbeiteten schlecht – viele Vergiftungsselbstmorde würden deshalb auf dem Totenschein nicht erwähnt, sondern als normale Todesfälle vermerkt.
Groß sind die Unterschiede der Selbstmordhäufigkeit. So beträgt der Durchschnitt in der Bundesrepublik 19,8 gelungene Suizide pro hunderttausend Einwohner; bei den Großstädten steht West-Berlin mit 35,6 pro Hunderttausend einsam an der Spitze, gefolgt von München mit 25,1. Bei den Nationen wiederum hält Ungarn den Rekord mit durchschnittlich 36 pro Hunderttausend, an zweiter Stelle gefolgt von der DDR mit 30 und der Tschechoslowakei mit 25; in den USA hingegen sind es nur 11. Woher diese gewaltigen Unterschiede kommen, kann bisher niemand genau erklären, schon gar nicht, warum ausgerechnet die hier genannten Länder die Liste anführen. Besser kennt man hingegen die individuellen Ursachen für den Selbstmord.
Ganz oben bei den Motiven steht Krankheit, gefolgt von wirtschaftlichen Schwierigkeiten, Furcht vor Strafe und Schande und endlich Liebeskummer. Naturgemäß führen die jüngeren Jahrgänge in den beiden letzten Kategorien, während mit zunehmendem Alter der Bilanz-Selbstmord zunimmt (die einzige Suizidart, die man wirklich auf vorwiegend vollbewußte Überlegungen zurückführen darf).
Auch der Beruf scheint eine große Rolle zu spielen. So sind nur vier Prozent der Selbstmörder Freischaffende, während die Angestellten

Prozentuale Verteilung der Methoden bei Selbstmord und Selbstmordversuch

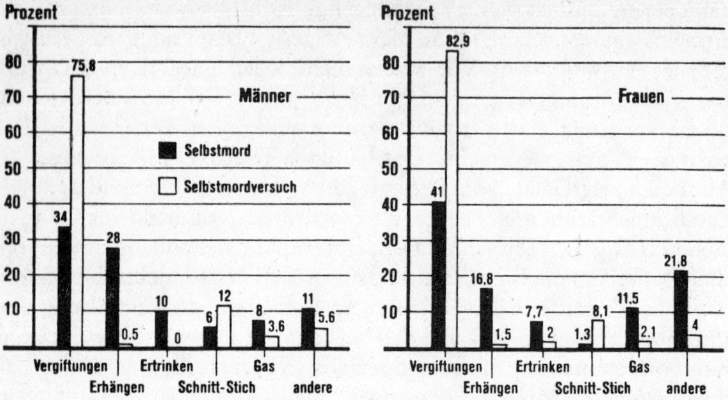

Die Selbstmordstatistik liest sich wie der Bericht aus einer mittelalterlichen Folterkammer.

fünfmal so viel, nämlich zwanzig Prozent, stellen. Allerdings findet man bei den Freischaffenden wieder die Sondergruppe mit der höchsten Selbstmordrate, nämlich die Ärzte (unter denen wiederum die Psychiater und Psychotherapeuten an der Spitze stehen – während die Kinderärzte am wenigsten Selbstmörder aufweisen). Aus tiefenpsychologischer Sicht erläuterte der Münchner Psychotherapeut Fritz Riemann die unbewußten Motive für einen Selbstmord. Er unterschied zwischen vier Persönlichkeitsstrukturen, die er aus den entsprechenden Neurosenformen entwickelte (siehe oben, Kap. 4.11 bis Kap. 4.14): Der Hysteriker, der Zwanghafte, der Depressive und der Schizoide reagieren nach seinen Ausführungen gemäß ihrer individuellen Kindheitsproblematik aus jeweils typischen Gründen auf Situationen, die sie nicht meistern können, mit Selbstmord.

So ist es beim Hysteriker oft die Reaktion auf narzißtische Kränkungen, die ihn – gewissermaßen aus Rache – zum tödlichen Mittel greifen läßt. Der Depressive antwortet gelegentlich mit der Selbstzerstörung, wenn seiner übertriebenen Abhängigkeit von einem geliebten Menschen nicht Genüge getan wird. Beim Zwanghaften sind es nicht selten übertriebene moralische Forderungen, die ihm von klein auf eingeschärft wurden und die ihn – eine (unbewußt) selbstgewählte Sühne und Bestrafung – in den Tod treiben; schlechte Zeugnisse oder nicht bestandene Prüfungen bilden immer wieder den äußeren Anlaß. Beim Schizoiden schließlich ist es die unerträgliche Angst vor dem drohen-

den psychotischen Persönlichkeitszerfall, dem der Betroffene für immer aus dem Weg zu gehen sucht.
Riemann stellte auch pointiert die Frage, ob man den Selbstmord eigentlich verhindern dürfe. Er wies darauf hin, daß in Fällen schwerer, meist sehr schmerzhafter Krankheit oder schicksalhafter Ausweglosigkeit eigentlich niemand das Recht habe, die gesuchte Erlösung zu verweigern, viele Menschen würden allerdings den Freitod aus rein neurotischen Gründen suchen – hier sei eine Psychotherapie angebracht.
Diese Aussage bestätigte indirekt Ida Cermak von der Wiener Universitäts-Klinik im anschließenden Referat. Unter Leitung von Professor Erwin Ringel, Europas führendem Suizidfachmann, wurde dort eine Entgiftungsstation eingerichtet, in die alle einschlägigen Fälle aus dem Wiener Einzugsbereich gebracht werden. In mehreren Phasen betreut man die Geretteten medizinisch und psychologisch. Wichtig sind die ersten drei Tage, nachdem der Patient aus der Bewußtlosigkeit erwacht ist. In dieser Zeit ist er meist froh, noch am Leben zu sein – »Der Suizid wirkt wie ein reinigendes Gewitter«, erklärt Frau Cermak –, und erzählt bereitwillig von seinen Nöten. Greift man zu spät ein, wird er bald wieder verschlossen und drängt seine selbstmörderischen Affekte tief zurück ins Unbewußte; dieser Vorgang vergrößert die Gefahr eines erneuten Suizidversuchs erheblich.
Sobald jedoch eine intensive Nachbetreuung einsetzt, wie man sie in Wien in fast allen Fällen erreicht, sinkt die Rückfallquote auf etwa ein Prozent.
Während des internationalen Suizidkongresses in Mexiko werteten die Experten ein Viertel bis ein Drittel aller Selbstmorde als tragisches Ergebnis einer »Neurose zum Selbstmord«. Erwin Ringel unterschied dabei drei Kennzeichen dieser Lebensmüden:

- entmutigte neurotische Grundhaltung
- gewisse sich wiederholende neurotische Verhaltensmuster (Stereotypien) und dadurch eine ständig erneuerte Atmosphäre der Ausweglosigkeit und Verzweiflung,
- neurotisch-gefühlshafte Übertragung unbewußter Wünsche und Phantasien auf andere Leute, die immer wieder zu schwer ertragbaren Enttäuschungen führt.

Alles, was weiter oben (siehe Kap. 4.1) über die Hintergründe und Entstehungsgeschichte von Neurosen (vor allem die Aggressionsproblematik) gesagt wurde, muß sinngemäß auf die Lebensmüden übertragen werden. In diesem Zusammenhang verdient eine tiefgründige Äußerung Freuds zitiert zu werden, in der es klar und deutlich, ganz aus der therapeutischen Erfahrung heraus, heißt, daß »kein Neurotiker Selbstmordabsichten verspürt, der solche nicht von seinem Mordimpuls gegen andere auf sich zurückwendet«. Das würde bedeuten, daß hinter dem Selbstmordversuch (zumindest des Neurotikers) in Wahrheit ein Mordversuch steht, der nur sein eigentliches Ziel nicht gefunden hat. Im Lichte dieser Erkenntnis versteht man etwas besser, warum in Nordamerika, dem »Kontinent der Gewalt«, Suizid die neunthäufigste Todesart ist. Jährlich werden dort offiziell mehr als 25000 gelungene Selbstmorde registriert. In Wahrheit werden es jedoch weit mehr sein, nicht selten aus versicherungstechnischen Gründen als Unfall getarnt. Unter Jugendlichen steht in den USA der Selbstmord sogar an dritter Stelle der Todesursachen – nach Unfällen und Malignomen (bösartigen Geschwülsten).

In der Bundesrepublik ist Selbstmord neben Unfällen eine der häufigsten Todesarten bei Kindern und Jugendlichen; auf 120 Selbstmordversuche kommt dabei ein gelungener Suizid. Die Zahlen steigen laufend, auch bei den Erwachsenen: Etwa 13000 Menschen insgesamt nehmen sich jährlich in der BRD das Leben.

Der Berliner Selbstmordforscher Klaus Thomas behauptet – und die internationalen Statistiken stützen seine These –, daß sich »täglich tausend Menschen in der Welt töten und mindestens weitere fünftausend es versuchen«.

Ein deutlicher Hinweis auf das Aggressionspotential der Menschheit, das gewissermaßen im verborgenen wütet und den in Krieg und ähnlichen Vernichtungsorgien offen zutage tretenden Zerstörungstrieb der fünf Milliarden Menschen bei weitem übertrifft?

Nachdenklich muß jedenfalls stimmen, daß die Selbstmordrate in Extremsituationen (Krieg, Konzentrationslager usw.) deutlich absinkt.

Ein Beispiel:

Der irische Psychiater Harald Lyons vom Belfaster Purdysburn Hospital beobachtete während der bürgerkriegsähnlichen Unruhen von 1969 und 1970 in den von heftigen Kämpfen und Bombenanschlägen betroffenen Regionen eine deutliche Abnahme der Depressionen unter Männern und Frauen aller Altersstufen. Vor allem bei den Männern fiel der Rückgang auf. Gleichzeitig nahm die Suizidrate fast um die Hälfte ab. (Zum Vergleich: In der von den Auseinandersetzungen verschonten Gegend des County Down stieg die Anzahl depressiver Erkrankungen bei den Männern an, und im übrigen Großbritannien nahmen die depressiven Krankheitsbilder in den letzten acht Jahren rapide zu, allein in England und Wales um 75 Prozent.)

4.6 Fremdaggression

Anders als bei den vorher beschriebenen, mehr oder minder verschleierten Formen der Aggression handelt es sich bei der Fremdaggression um meist gut sichtbare Erscheinungsformen, allen voran die Kriminalität in ihren vielfältigen Ausprägungen. Uns sollen auch hier in erster Linie die unbewußten Hintergründe interessieren, speziell die psychische Bedeutung solcher Delikte. Außerdem soll auf den inzwischen sehr umstrittenen Begriff »Psychopathie« eingegangen werden; er war bislang fester Bestandteil des psychiatrischen Vokabulars, weicht aber zunehmend einer mehr soziologisch orientierten (»Soziopathie«) und einer mehr psychodynamischen Betrachtungsweise.
Die Annahme bietet sich an, daß die Übergänge von der Selbstaggression zur Fremdaggression fließend sind, gerade wenn man – wie wir es taten – erstere gewissermaßen als zielgehemmte Fremdaggression versteht.
Ein Vorfall aus Frankreich mag dies veranschaulichen:

In der Nähe von Marseille erschoß der ehemalige Bergmann Jean Pica, ein »als verbittert bekannter Mensch«, nach der Kündigung seiner Wohnung den Bürgermeister seines Heimatortes. Anschließend jagte er sich selbst eine Kugel in den Kopf. Als am nächsten Tag die Vermieterin mit einem Schlosser und zwei Polizisten die Tür der gekündigten Wohnung öffnete, explodierten Sprengladungen und legten das Gebäude in Trümmer. Die vier Eindringlinge und ein anderer Hausbewohner fanden dabei den Tod. Als kurz darauf ein Feuerwerker die Ruine untersuchte, ging eine weitere Sprengladung in die Luft und tötete auch ihn. Bilanz: eine Selbsttötung und sieben Morde, dazu umfangreicher Sachschaden.

Eine ähnliche Verkettung von Selbst- und Fremdaggression, merkwürdig gemischt mit Sexualität und Verliebtheit, findet man bei Doppelselbstmorden von Liebespaaren (berühmtes Beispiel: Heinrich von Kleist und Henriette Vogel) und bei den schrecklichen Familienselbstmorden. Meist geht die Destruktion von *einem* Partner aus, und zwar vom Mann beziehungsweise Vater, und die anderen sind nur die passiven Opfer. Das zeigt sich bei jenen Fällen, wo den Anstifter im letzten Augenblick der Mut verläßt (und wohl auch die unbewußte Zerstörungswut vermindert ist), nachdem er die anderen umgebracht hat. Eindeutig im Vordergrund steht das Fremdzerstörerische in den folgenden Delikten (siehe Kap. 4).
Es sei auch an den Massenselbstmord der Jones-Sekte 1975 in Guyana erinnert, mit Hunderten von Toten.

4.61 Aggressionsdelikte ohne kriminellen Vorsatz

Unter dieser Überschrift kann man eine sehr heterogene Gruppe von zerstörerischen Akten zusammenfassen, bei denen zwar das Ergebnis auf ein vorsätzliches Verbrechen schließen läßt, die dafür typischen »niedrigen Beweggründe« (Grausamkeit, Habsucht usw.) jedoch fehlen. Einige Beispiele aus der Tagespresse mögen das illustrieren:

- In Tel Aviv überfuhr ein junger Mann mit achtzig Stundenkilometern den Arzt seiner Mutter, weil er annahm, er hätte der alten Frau nicht genug geholfen.
- Eine Mutter schlug wegen angeblicher »Unfolgsamkeit« ihr 23 Monate altes Töchterchen aufs Gesäß. Das Kind flog einen halben Meter weit und prallte mit dem Bauch gegen einen Mauervorsprung. Obwohl das Kind heftig weinte und später vor Schmerzen ständig wimmerte, legte die Mutter es ins Bett. Ohne Bedenken ging sie anschließend mit dem ältesten Geschwister ins Gasthaus. Als sie zurückkam, war das Mädchen tot. Die Obduktion ergab als Todesursache eine Leberquetschung.
- Sechs belgische Soldaten wurden vor ein Militärgericht gestellt, weil sie bei einem Manöver ihre »Gefangenen« sadistisch quälten; unter anderem mißhandelten sie die Männer mit Elektroschocks und Tritten in die Genitalien, und einen kranken Soldaten zwangen sie, sich trotz Fiebers stundenlang in den Schnee zu legen.
- Ein Rechtsanwalt ohrfeigte, »weil er sich belästigt fühlte«, auf offener Straße ein zwölfjähriges Mädchen, das mit einem Klick-Klack spielte. Einem Krankenpfleger, der ihn daraufhin empört zur Rede stellte und festhielt, brach er mit einem Faustschlag die Nase.
- Ein 26jähriger Gastarbeiter und seine beiden Kumpane entführten in der Neujahrsnacht einen 18jährigen Elektriker in dessen eigenem Auto, schlugen ihn, zogen ihn bis auf die Unterhose aus und fesselten ihn, bei sieben Grad unter Null, an einen Baum. Der Erfrierende befreite sich und schleppte sich bis zur nächsten Straße. Keiner der vorbeikommenden Autofahrer half dem Sterbenden.

Die Beispiele ließen sich aus jeder Zeitung beliebig fortsetzen. Gemeinsam ist ihnen, daß die Täter (im letzten Fall auch die Täter durch unterlassene Hilfeleistung) Leute sind, denen man so etwas niemals zutrauen würde. Es sind keine Berufsverbrecher oder Serientäter, sondern in der Regel unbescholtene Bürger. In diese Rubrik gehören eigentlich auch die unzähligen Greueltaten, die Eltern an ihren Kindern verüben, meist in »Ausübung der elterlichen Pflichten«.

Die etwa hundert Todesfälle infolge Kindesmißhandlung, die jedes Jahr bekannt werden, und noch gut zehnmal so viele, die nicht einmal der

Arzt bei der Leichenbeschau erkennt (oder erkennen will?), werden gewiß von den meisten Menschen mit Abscheu betrachtet. Aber wer kümmert sich schon um die unfaßbar große Zahl der gepeinigten Kinder, die von ihren Eltern systematisch zu körperlichen und seelischen Krüppeln gezüchtigt werden, die man dummprügelt und im wahrsten Sinne des Wortes »verschlagen« macht?
Zur gleichen Kategorie der gesellschaftlich nicht selten positiv honorierten Delikte würde ich auch das folgende zählen:

In einem Städtchen in Florida verdächtigt man einen Neger, in einem Milchladen 72 Dollar geraubt und anschließend auf einen Polizisten geschossen zu haben. »Obwohl die Polizei Tränengas, Brandbomben, Hunde und Hubschrauber einsetzte, gelang es ihr nicht, ihn aus seinem Versteck zu verscheuchen und vor die Gewehre von drei auf fahrbaren Leitern postierten Scharfschützen zu treiben. Es wird vermutet, daß der Flüchtling unbemerkt durch die Kette der Treiber geschlüpft und entkommen ist.«

Die Überschrift des Berichts, der in diesem Wortlaut in einer der größten deutschen Tageszeitungen stand, lautete: »Jagd auf Neger ergebnislos«.
Ich habe diese Meldung deshalb übernommen, weil sie in seltener Konzentration zeigt, wie Innenwelt-Verschmutzung entsteht:

- Ein Aggressionstäter (von dem zum Zeitpunkt der Meldung noch nicht einmal feststeht, ob er die Tat wirklich begangen hat!) wird offenbar von einem Polizisten ertappt und – da er ein Neger ist – wohl nicht sehr freundlich behandelt; das Ganze spielt ja in den Südstaaten. Er wehrt sich und schießt auf den Ordnungshüter (wobei nicht einmal angegeben wird, ob er ihn überhaupt traf).
- Dieser Aggression eines einzelnen wird mit der vielfach verstärkten kollektiven Aggression einer regelrechten Treibjagd geantwortet.
- Der »Jagdbericht« geht an die Agentur »Associated Press« und wandert von dort, im üblichen schnoddrigen Boulevardstil, um die ganze Welt, befrachtet von Vorurteilen und gespickt mit Worten, deren Erbarmungslosigkeit und unmenschliche Kälte auch in einen Kriegsbericht passen würden. Dazu wird klammheimlich das Recht jedes Verdächtigen verletzt, bis zur Verkündigung eines Gerichtsurteils als Unschuldiger zu gelten.
- Auf den Seiten der angesehenen Tageszeitung ist dann alle Aggression zu jener griffigen Handelsware »Sensationsmeldung« geronnen, die bestenfalls im Unbewußten des Lesers noch ein kleines Echo weckt, eine winzige eigene Aggression, ein wieder mal »bestätigtes« Vorurteil gegen Neger oder auch gegen die »Scheiß-Bullen«

oder »die« Amerikaner – je nachdem. Doch von Vorurteilen und von der Innenwelt-Verschmutzung durch die Massenmedien weiter unten noch mehr (siehe Kap. 5 und Kap. 6.1).
Nur erwähnt werden sollen an dieser Stelle noch die Aggressionsdelikte jugendlicher Banden und der Rockergruppen, das infantil-neurotische und gleichzeitig wegen seines politischen Anspruchs gefährliche Verhalten radikaler Studentengruppen »links« wie »rechts« und endlich die enorm anschwellende Kinderkriminalität (die man im Grunde noch gar nicht als Kriminalität bezeichnen darf, sondern als neurotisches Symptom werten muß).
Wie vielfältig verflochten bewußte und unbewußte Motive bei den Zerstörungsakten dieser drei Gruppen sind, belegt eindrucksvoll Siegfried Schobers Bericht »Let it bleed«. Der Verfasser beschreibt darin jenes tragische Konzert der englischen Rockgruppe *Rolling Stones* im kalifornischen Altamont, bei dem als Ordner engagierte Rocker aus der Clique der »Hell's Angels« auf offener Bühne, vor 300 000 Zuschauern, einen Mann erstachen.

4.62 Politische Aggressionsdelikte

Hier müßte eigentlich von den Schauprozessen Roland Freislers und Stalins bis zu den Folterungen in brasilianischen und griechischen Gefängnissen eine endlose Kette von Greueltaten aufgeführt werden, denen außer ihrem offenen Sadismus noch dies gemein ist: Man kann sie weder als Affekthandlungen entschuldigen (wie die bisher zitierten Fälle), noch wird man sie in der Mehrzahl je vor einem ordentlichen Gericht verhandeln. Wieviel Gegenaggression, etwa nach dem Muster der Französischen Revolution, da gezüchtet wurde und noch immer gezüchtet wird, wie viele Innenwelten wehrloser Menschen solche sozial geduldete Gemeinheit vergiftet – niemand kann es auch nur annähernd schätzen.
Ich will mich darauf beschränken, einige krasse Beispiele zu nennen, die die subtileren Formen dieser nicht unerheblichen Quelle der Innenwelt-Verschmutzung klarstellen (subtil von mir deshalb genannt, weil sie in der Öffentlichkeit kaum mehr bewirkt haben, als ein bißchen publizistischen Staub aufzuwirbeln):

- Arabische Freischärler überfallen im Mai 1970 einen israelischen Schulbus und töten elf Insassen, darunter acht Kinder zwischen sechs und acht Jahren; 22 weitere Personen, und zwar vor allem Kinder, werden – zum Teil schwer – verletzt. Bei der am gleichen Tag erfolgenden Racheaktion beschießen die Israelis libanesische Dörfer, töten mindestens fünfzehn Bauern und verwunden weitere dreißig. Beide Male sind wehrlose und völlig unschuldige Menschen Opfer eines für ihre kleine private Welt völlig irrelevanten Konflikts.

- Im März 1968 erschießen einige amerikanische Soldaten in dem vietnamesischen Dorf My Lai 370 unbewaffnete Männer, Frauen und Kinder mit Maschinengewehren, Granatwerfern und anderen Feuerwaffen, teilweise aus drei Metern Entfernung.
- Im Mai 1970 hebt der bundesdeutsche Verfassungsschutz einen Geheimbund aus, den NPD-Mitglieder gegründet hatten. Die Extremistengruppe hortete Waffen und veranstaltete Schießübungen. Es wurden »Schwarze Listen« mit Namen von führenden Politikern der sozial-liberalen Regierung gefunden; außerdem entdeckte man Pamphlete, in denen die Verschwörer sich bedingungslos zur Ermordung politischer Gegner bereit erklärten.
- Am 14. Mai 1970 entführten in Berlin vier Maskierte den wegen Kaufhaus-Brandstiftung verurteilten Andreas Baader und verletzten dabei zwei Personen schwer, eine leicht. Erst 1972 konnten die wichtigsten Mitglieder dieser linksradikalen Extremistengruppe gefaßt werden. Vorher hatten sie die gesamte Bundesrepublik mit Bombenanschlägen und Attentatsdrohungen in Angst und Schrecken versetzt – einmal mußte sogar der Verkehr in Stuttgart für mehrere Stunden stillgelegt werden, weil man mit einem Mordanschlag großen Ausmaßes gedroht hatte.

In diese Rubrik gehören auch die Flugzeugentführungen durch palästinensische Freischärler, japanische und türkische Extremisten und Angehörige der nordamerikanischen »Black Panther«; das Massaker im Gästehaus der Israelis während der Olympiade in München mit seiner Fortsetzung auf dem Flughafen Fürstenfeldbruck; und die mörderische Verfolgung der islamischen Minderheit durch die katholische Mehrheit auf den Philippinen... Aber dem Leser werden diese Formen von Gewalttätigkeit vertraut sein, so daß er ohne Schwierigkeiten ergänzen kann, was hier aus Platzmangel nur angedeutet werden soll.

Von Presse und Fernsehen werden wir täglich mit diesen Schreckensmeldungen konfrontiert. Wir nehmen sie auf, denken kurz darüber nach, assoziieren mehr oder weniger emotional aus unserem Erfahrungsschatz andere Greueltaten dazu, nehmen vielleicht auch, je nach unserer politischen Einstellung, pro oder contra Stellung – und dann vergessen wir diese Information wieder.

So zumindest sieht der Vorgang in der soziologischen Analyse aus. Aus psychologischer Sicht müssen indessen zwei weitere schwerwiegendere Folgen solcher politischer Aggressionsdelikte beachtet werden:

a) Die unmittelbar Betroffenen, Opfer wie Täter, werden stets auch

innerlich durch die offene Gewalttätigkeit verändert. Und sie tragen die praktizierte wie die erlittene Aggression in sich weiter – da das Unbewußte nichts zu vergessen scheint, bedeutet dies eine Belastung bis ans Ende des Lebens. Aber damit nicht genug: Jeder dieser unmittelbar Betroffenen trifft im weiteren Verlauf seines Erdendaseins mit unzähligen anderen Menschen zusammen, die er mehr oder minder beeinflußt, gerade auch durch sein vom Unbewußten diktiertes Handeln (und Unterlassen von Handlungen). Der Vater beeinflußt seine Frau und seine Kinder; man spricht mit Verwandten und Bekannten, infiziert Freunde und Arbeitskollegen; der Professor indoktriniert seine Studenten, diese ihre Kommilitonen… Wie viele politisch engagierte Studenten haben sich durch Ulrike Meinhof und Andreas Baader beeinflussen lassen, haben deren immer radikaler werdende Forderungen, ihre Aufrufe zur Gewalttätigkeit goutiert und die eskalierende Aggressivität bis hin zum Polizistenmord und den Bombenanschlägen auf völlig unbeteiligte Leute zumindest akzeptiert? Und wie viele dieser Radikalen haben ihr (oft nur kurze Zeit währendes) übertrieben starkes Engagement, ihre Bereitwilligkeit zum Haß auf die Andersdenkenden und ihre eifernden Reden dann gründlich überdacht, haben die »verschmutzte« Innenwelt vermeintlich »gesäubert« (in Wahrheit nur verdrängt) und sind dadurch aus der inneren Krise (die in so vielen Fällen nur pubertärer Trotz gegen die Väter war) herausgelangt? Wenn man Gelegenheit hat, mit diesen Leuten zu sprechen, hat man nicht selten das Gefühl, da wäre nie eine »Stunde der Wahrheit« gewesen, sondern man habe völlig übergangslos eine Meinung gegen eine andere ausgetauscht, so wie man eine Schallplatte gegen eine andere auswechselt. Die Aggressionen von gestern existieren dann einfach nicht mehr – und damit sind scheinbar auch alle einst damit verbundenen Probleme vom Tisch gewischt.
Die Erfahrungen der Tiefenpsychologie lehren leider, daß es in Wirklichkeit ganz anders ist, daß diese Einstellungen, Gedanken und Handlungen lediglich notdürftig ins Unbewußte verdrängt werden, wo sie dann weiterwuchern. Alexander Mitscherlich hat diesem Sachverhalt, anhand der Einstellung der Deutschen zu Adolf Hitler und dem Naziregime, ein noch immer aktuelles Buch gewidmet: »Die Unfähigkeit zu trauern«. Was er am Beispiel des Faschismus zeigt, läßt sich genausogut auf andere extreme Ideologien übertragen.
b) Typische unbewußte Vorgänge spielen sich, wenngleich in weniger direkter Form, auch bei jenen Leuten ab, die dem eigentlichen Aggressionsherd ferner stehen. Charlotte Beradt hat in ihrem Buch »Das Dritte Reich des Traumes« erschütternde Berichte gesammelt, wie sich diese zwölf schrecklichen Jahre in das Unbewußte des Menschen eingruben, aus dem sie dann in Form von oft kaum verstellten Nachtge-

sichten aufstiegen. So hatte ein sechzigjähriger Fabrikbesitzer, der die Nationalsozialisten verabscheute, am Tag nach Hitlers Machtergreifung folgenden Traum:

»Goebbels kommt in meine Fabrik. Er läßt die Belegschaft in zwei Reihen, rechts und links, antreten. Dazwischen muß ich stehen und den Arm zum Hitlergruß heben. Es kostet mich eine halbe Stunde, den Arm, millimeterweise, hochzubekommen. Goebbels sieht meinen Anstrengungen wie einem Schauspiel zu, ohne Beifalls-, ohne Mißfallensäußerung. Aber als ich endlich den Arm oben habe, sagt er fünf Worte: ›Ich wünsche Ihren Gruß nicht‹, dreht sich um und geht zur Tür. So stehe ich in meinem eigenen Betrieb, zwischen meinen eigenen Leuten, am Pranger, mit gehobenem Arm. Ich bin körperlich dazu nur imstande, indem ich meine Augen auf seinen Klumpfuß hefte, während er hinaushinkt. Bis ich aufwache, stehe ich so.«

Obwohl dem Mann äußerlich kein Leid zugefügt wurde, zeigt der Traum, daß innerlich etwas für ihn zerstört worden war. Wie Frau Beradt weiter mitteilt, wurde der Fabrikbesitzer von diesem erniedrigenden Traum sein ganzes spätere Leben verfolgt. »Er hat ihn immer wieder geträumt, jedesmal mit neuen beschämenden Einzelheiten versehen... Einmal waren die Ausdrucksmittel seines Traums vernichtend deutlich, nahezu pamphletistisch: beim halbstündigen Versuch, den Arm zu heben, brach ihm das Rückgrat.«

Wir müssen nicht ins Nazireich zurückblicken, um den verheerenden Einfluß einer aggressiven Umwelt auf unsere Innenwelt nachzuweisen. Jeder Psychotherapeut weiß, daß seine Patienten die politischen Gewalttaten, die sie am Vorabend auf dem Bildschirm verfolgt haben, nicht selten in ihr eigenes Traumleben einbauen, daß sie dann selbst Flugzeuge entführen, Bomben werfen, mit Maschinengewehren in Menschenmengen feuern – oder daß sie die Opfer solcher Delikte werden, daß man sie bedroht, entführt, demütigt und niederschießt, je nach der seelischen Situation, in der der Patient sich befindet.

Doch muß man auch nicht bei einem Analytiker auf der Couch liegen, um solche Erfahrungen zu machen – der Leser wird vermutlich aus eigenem Erleben bestätigen können, wie nachhaltig sich derlei Aggressionen von wildfremden Menschen auf sein eigenes Traumleben und seine Phantasien auswirken.

Ob solche Beobachtungen nicht bereits in biblischen Zeiten gemacht wurden und jenen Spruch entstehen ließen, wonach Untaten »bis ins siebente Glied« geahndet werden?

4.63 Vorsätzliche Kriminalität

Auch hier ist die gegen Fremde gerichtete Aggression so offenkundig, daß ich mir Beispiele eigentlich sparen könnte. Dennoch sollen einige Fälle geschildert werden, weil sich mit ihnen zeigen läßt, wie gut das Zerstörerische sich zu tarnen vermag – in erster Linie mit dem Deckmantel der Gutbürgerlichkeit, der Wohlanständigkeit, der jovialen Honorigkeit, unter dem nicht selten schlimmere Gewalttätigkeit lauert, als man sie von blutrünstigen Greueltaten in den Schlagzeilen der Sensations-Gazetten kennt.

Nach einem Bericht der amerikanischen Fernsehgesellschaft NBC hat allein die Mafia einen jährlichen Umsatz von fünfzig Milliarden Dollar, mehr also, als der Verteidigungshaushalt der USA oder die Jahresgewinne der ganzen Autoindustrie ausmachen. Das aus Sizilien stammende Syndikat ist damit zum größten Geschäftszweig der Vereinigten Staaten avanciert. Von der genannten gewaltigen Summe entfallen eineinhalb Milliarden auf den Rauschgifthandel, neun Milliarden auf illegales Glücksspiel und einige Millionen auf Geldverleih gegen Wucherzinsen, Prostitution und ähnlich anrüchige Geschäfte. Immer mehr Indizien weisen allerdings darauf hin, daß die Mafiabosse auch in vergleichsweise seriöse Branchen wie den Wohnungsbau einsteigen und ihr kriminell verdientes Geld krisenfest anzulegen bestrebt sind.

In welchem Ausmaße gerade solche sich ehrenhaft gebende Verbrecherbanden zur Innenwelt-Verschmutzung beitragen, läßt sich nicht einmal annähernd abschätzen. Wie ein Stein, den man in einen Teich wirft, verbreitet jede Untat ihren aggressiven Wellenschlag unter den Menschen; je verborgener die Gewalttätigkeit wirkt, um so weniger kann der einzelne vor seinem eigenen Gewissen dagegen Stellung nehmen. Korruption und Bestechung, Erpressung und »Infizierung« von vorher nicht kriminellen Randgruppen der Bevölkerung wirken sich viel verheerender aus als die offen praktizierte Brutalität eines bewaffneten Raubüberfalls.

Krassestes Beispiel: der Haschischhandel und -konsum. Nicht nur einen mit der Cannabisdroge präparierten Joint zu rauchen gilt bei unserer Jugend als Bagatelle (obwohl das Gesetz dieses Verhalten eindeutig brandmarkt), sondern selbst der Schwarzhandel mit diesem und anderen, noch weit gefährlicheren Rauschgiften wird weitgehend als Kavaliersdelikt betrachtet. Nur so läßt sich erklären, daß bei einer großangelegten Untersuchung jeder achte Hamburger Schüler zugab, bereits einmal ge*dealt* zu haben. Die jungen Leute haben sich von ihren fragwürdigen Vorbildern wie Timothy Leary und von manchen

Alle 25 Sekunden ein Verbrechen

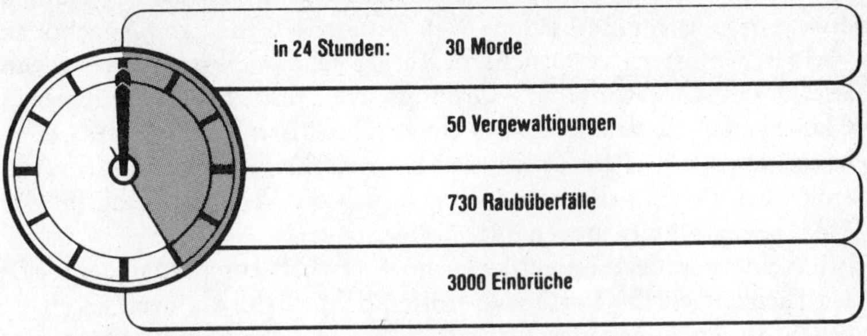

Die USA wenden jährlich viele Milliarden auf, um die Durchführung der Gesetze zu garantieren. Trotzdem wird eine Unzahl von Verbrechen verübt.

verantwortungslosen Journalisten einreden lassen, daß Haschisch »harmloser als Alkohol und Nikotin« sei. Mit solchen Argumenten versehen, vollzogen sie offenbar ohne große Skrupel den nächsten Schritt und setzten für sich stillschweigend die vom demokratisch gewählten Gesetzgeber erlassenen Richtlinien außer Kraft – wohl ohne zu begreifen, daß bereits die Großhändler der Rauschgiftbranche Kriminelle reinsten Wassers sind (die selbst meist keine Drogen benützen) und daß man auch als Mini-Dealer immer in den Randzonen des Verbrechens lebt. Auf der einen Seite grenzt man sich zwangsläufig mehr und mehr gegen die gesetzestreue Mehrheit ab, zu der ja auch die eigene Familie zählt, und andererseits öffnet man sich in zunehmendem Maße für die Innenwelt-Verschmutzung der Unterwelt.

Der zitierte NBC-Report schätzt, daß die Hälfte der beim illegalen Glücksspiel verdienten Milliarden als Bestechungsgelder an die Polizei der gesamten USA wandert – ein Betrag, der höher ist als alle Polizistengehälter dieser Nation zusammen. Ein ehemaliger Polizeioffizier berichtet, daß er seinerseits den Gangstern zehntausend Dollar bezahlt habe, um sein Amt zu bekommen; er arbeitete dann nach den Befehlen der Verbrecher und startete unter anderem Schein-Kontrollen in den Spielhöllen seines Distrikts, ohne natürlich den Hasardeuren ein Haar zu krümmen (denn diese sorgten für eine entsprechende »Aufbesserung« seines offiziellen Gehalts).

Eine weitere indirekte Form der Innenwelt-Verschmutzung durch diese, immer mehr um eine »saubere Weste« bemühte Art der Bandenkriminalität wird durch den weltweiten Erfolg des Films »Der Pate« nach Mario Puzos Roman erkenntlich. Der Produzent führt den sensationellen Erfolg des Ganovenstücks (das in den USA in wenigen Wochen die Kassenrekorde brach, zu denen »Vom Winde verweht« drei Jahrzehnte benötigt hatte) vor allem auf folgendes zurück: Der durch unsere moderne, pluralistische Welt mit ihrem vielfältigen Angebot an Verhaltensmustern verunsicherte Bürger sehnt sich nach der – wenn auch archaisch-autoritären – Ordnung, die ein solches streng regiertes Clan-System ausstrahlt, in dem ein absolutistisch herrschendes Oberhaupt, eben der »Pate«, nicht nur tyrannische Macht ausübt (bis hin zum Mordbefehl), sondern auch väterlich die Verantwortung für das Wohl seiner Untergebenen übernimmt.

Nach einer Studie, die amerikanische Wirtschaftsexperten in der seriösen Fachzeitschrift »Fortune« veröffentlichten, soll die straff geführte, zellenförmig aufgebaute Organisationsform der Gangstersyndikate (vor allem der Mafia) darüber hinaus auch den sonst üblichen Wirtschaftshierarchien überlegen sein – deren Management könne »da viel lernen«. Mit welchen Mitteln der Unterdrückung und Gewaltandrohung diese höhere ökonomische Effizienz erreicht wird, das wird nur am Rande, ganz schamhaft, angedeutet.

Von dieser modernen Version der Bandentätigkeit ist es nur ein kleiner Schritt zur Wirtschaftskriminalität. Man hat guten Grund zu der Annahme, daß die »Täter mit weißem Kragen« weit größere Schäden verursachen als die traditionellen »Täter mit schwarzer Maske«.

Nach Angaben des »Journal of American Insurance«, dem Presseorgan der Versicherungsgesellschaften, steht zum Beispiel fest,

- daß 1967 zwar bei Raubüberfällen auf amerikanische Banken 7,2 Millionen Dollar gestohlen wurden,
- daß aber Angestellte von Banken im selben Zeitraum fast die doppelte Summe, nämlich 13,7 Millionen Dollar, veruntreuten.

Analog ist die Situation bei den Ladendiebstählen: Ein Drittel entfällt auf unehrliche Kunden – und die anderen zwei Drittel werden von unehrlichen Angestellten der Läden begangen!

Alles in allem werden allein in der Bundesrepublik jährlich bei vier Millionen Wirtschaftsverbrechen Verluste in Höhe von zehn Milliarden Mark verursacht:

- durch »Bestechung, Geheimnisverrat, Industriespionage, Kreditbetrug, Scheck- und Wechselmißbrauch, Steuerhinterziehung, Subventionserschleichung, Bilanz- und Warenfälschung, Ausnutzung von Insider-Informationen«.

Die Kriminologen bezeichnen Wirtschaftsverbrecher als überdurchschnittlich intelligent, skrupellos, hartherzig und egoistisch. Die Rückfälligkeit ist in dieser Sparte so hoch wie in kaum einer anderen Verbrechensgruppe – ein Beweis dafür, daß es sich vorwiegend um Gewohnheitsverbrecher handelt. Für unser Thema Innenwelt-Ver-

schmutzung ist wichtig, was der Münchner Wirtschaftspublizist Helmut Maier-Mannhart über diese Büro-Banditen sagt:
»Wer jenen ›Gentleman-Tätern‹ in die Hände fällt, bekommt so gut wie nie Gewalt zu spüren und nimmt dementsprechend auch kaum einmal körperlichen Schaden. Die Opfer bleiben vielmehr oftmals in zerrütteten Vermögensverhältnissen, nicht selten am Rande ihrer Existenz zurück... Kennzeichnend ist, daß meist *einem* einzigen Täter eine *große* Zahl von Geschädigten gegenübersteht, die in solchen Betrugsaffären so gut wie niemals mit Entschädigung rechnen können.« Die Tricks dieser Gauner sind manchmal genial (was die Vermutung nahelegt, daß viele von ihnen – wenn nicht alle – nur infolge neurotischer Störungen ihre Begabungen nicht auf normalem Wege einsetzen). So schaffte es der 21jährige Jerry Schneider in Los Angeles, die Leitungen des Computers der *Pacific-Telephone*-Gesellschaft anzuzapfen und mit Hilfe der so gewonnenen Informationen Ausrüstungsgegenstände im Wert von rund einer Million Dollar zu ergaunern, die er in einem eigenen Geschäft mit zehn Angestellten ganz offen weiterverkaufte. Man stellte ihn wegen Diebstahls, Raubes und Hehlerei vor Gericht. In einem anderen Fall ließ ein Münchner Geschäftsmann achteinhalb Millionen Mark einfach »verschwinden«. Er stellte dies so raffiniert an, daß man ihn nicht einmal vor Gericht stellen konnte. Er hatte nämlich ganz legal bestimmte steuerliche Möglichkeiten ausgenützt (Verlustabschreibungen nach dem Entwicklungshilfe-Gesetz, die bis zu einer Höhe von 180 Prozent möglich waren). Irgendwann tauchten die im Ausland investierten Gelder als »Fehlinvestition« in den Geschäftsbüchern auf – da die Geldgeber jedoch über die Verlustabschreibung pro »verlorener« Million achttausend Mark verdienten, gab es nicht einmal einen Geschädigten, denn die Steuerbehörde beziehungsweise die Steuerzahler, die eigentlichen Geprellten, hatten keinerlei juristische Handhabe gegen den Betrüger.
Wenn man so will: ein moralisches Problem. Ähnlich wie die schlechte Steuermoral der Franzosen, über die der 1972 in Paris konstituierte Steuerrat klagte. Ähnlich auch wie jene 1,4 Millionen Steuerpflichtigen (das sind 28 Prozent der Gesamtbevölkerung), die nach Angaben des schwedischen Statistischen Reichsamtes 1970 irgendwann einmal das Finanzamt bemogelt haben. Steuerhinterziehung als Volkssport? In Wahrheit auch eine Form der Innenwelt-Verschmutzung, denn wir finden die Elemente der »verborgenen Aggression« gegen die behördliche Autorität ebenso wie den Betrug an den ehrlichen Steuerzahlern. Gewiß, was ist schon so ein bißchen Steuerhinterziehung, schlimmstenfalls ein Kavaliersdelikt. Genau wie »Trunkenheit am Steuer« oder der Kleinhandel mit Haschisch. Nur ist eben jedes dieser Delikte bereits

der (uneingestandene) Wegbereiter für das nächste, vielleicht schon weniger harmlose. Auch diese Bereitschaft zum Kavaliersdelikt ist, jenseits von irgendwelchen moralischen Erwägungen, ein psycho-soziales Problem, das das innere Chaos der Betroffenen nur mehren kann. Grenzfälle der vorsätzlichen Kriminalität sind wohl all jene Verbrechen, die von minderjährigen, im Sinne des Gesetzes nicht voll verantwortlichen Tätern begangen werden, obwohl sie den Taten Erwachsener nicht nachstehen:

- Drei Jungen von zehn, elf und zwölf Jahren entführten in New York ein siebenjähriges Mädchen, zerrten es auf das Dach eines Hochhauses, vergewaltigten es und warfen es dann nackt auf die Straße, wo es tot liegen blieb.
- In Gelsenkirchen erdrosselte ein elfjähriger Bub einen Fünfjährigen und warf den Toten in einen Kanal. Wie er später angab, war er bei einer Balgerei zu sehr in Erregung geraten.
- In Buenos Aires mußte die Polizei den zwölfjährigen Manuelito, genannt »el Caudillo« (das heißt Führer), unter schärfste Bewachung stellen, weil man einen gewaltsamen Befreiungsversuch befürchtete. Dem Jungen werden drei Morde und achtzig Raubüberfälle zur Last gelegt.

Allein in der Bundesrepublik begehen jährlich an die 100000 Kinder unter vierzehn Jahren Straftaten (besonders Brandstiftung, schwerer Diebstahl und Raubüberfall) – die Kurve steigt noch immer an. Kaum etwas anderes zeigt deutlicher, wie verheerend die Innenwelt-Verschmutzung um sich greift, nicht einmal die ebenfalls rapide zunehmende Zahl der Drogenkonsumenten, ja der bereits Süchtigen in diesen jungen Jahrgängen. Man kann dies freilich nur als Reaktion der Kinder auf ihre psychisch verseuchte Umwelt verstehen. Gerhard Mauz, der Hamburger Gerichtsjournalist, formuliert es drastisch so:
»Nicht die Kinder werden schlechter, sondern diese Welt wird immer schlechter für Kinder. Es ist nicht einfach so, daß der Teufel von Jahr zu Jahr früher in die Säue fährt.«
Während ich in einem großen Untersuchungsgefängnis jugendliche Dealer betreute, lernte ich einen Fünfzehnjährigen kennen, der wegen illegalen Handels mit Rauschgift einsaß – nicht zum ersten Mal. Er war unter den Mithäftlingen der Jüngste. Niemand mochte ihn sonderlich leiden, weil er sich ständig als Schwätzer und Aufschneider hervortat (seine einzige Möglichkeit, überhaupt noch Kontakt zu suchen), weil er sich mit erfundenen Geschichten und haarsträubenden Lügen immer wieder in den Vordergrund zu spielen versuchte. Wie ich später von einem Sozialarbeiter erfuhr, hatte ihn seine (ledige) Mutter an seinem sechsten Geburtstag in einen Sack gesteckt und in den nächsten Bach

geworfen, aus dem man ihn im letzten Augenblick rettete. Und dies war nur die gravierendste unter all den bösen Erfahrungen, die er schon in früher Kindheit gemacht hatte. Seine Innenwelt muß eine wüste Einöde voller Haß und Frustration, voller Einsamkeit und Verzweiflung gewesen sein. Wer so aufwächst, der braucht schon viel moralische Substanz und viele gute Vorbilder, der muß tatkräftige Hilfe und unendlich viel Glück haben, wenn er nicht unter die Räder kommen soll. In der Regel wird – die Kriminalstatistik beweist es jedes Jahr aufs neue – seine Seele so vergiftet, daß er die aufgestauten Aggressionen gar nicht anders abreagieren kann als in Form jener Delikte, die seine Mitmenschen mitleiden lassen. Auf diese anderen überträgt er die zerstörerischen Impulse, die seine Eltern oder Erzieher (die meisten Kriminellen sind in Heimen aufgewachsen) vorher in ihn hineingeprügelt haben.

Es ist bezeichnend, daß man gerade von jüngeren Gewalttätern immer wieder hört, und zwar durchaus glaubhaft, daß sie zum Zeitpunkt der Tat in einer Art Trance waren. Offenbar weicht dann das sonst kontrollierende Ich zurück und überläßt dem Unterbewußten mit seinen gestauten Affekten freie Bahn: bei einem Raubüberfall, beim Knacken eines Autos, einem Diebstahl, einer Vergewaltigung...

Zur Abrundung des Gesagten: Nach einer Statistik für 1984 wird in der BRD alle sieben Sekunden eine Straftat verübt*; der Gesamtschaden beträgt dabei 100 Milliarden Mark (wovon 70 Milliarden auf Wirtschafts- und Umweltkriminalität entfallen).

Die immer enger werdenden Zusammenhänge von Wirtschaftsdelikten und Umwelt-Zerstörung zeigen einmal mehr, wie Innenwelt- und Außenwelt-Verschmutzung miteinander verzahnt sind.

4.64 Der Mörder als Sündenbock

Noch etwas zum Mord, jenem Verbrechen, das mit gutem Grund seit denkbaren Zeiten und in allen Kulturen als eines der scheußlichsten Verbrechen gilt, oft schlimmer bewertet als Blutschande (den vom Kollektiv gebilligten »Mord« in Krisenzeiten und an zu Feinden deklassierten Menschen freilich ausgenommen). Der Staatsanwalt wird für diese Untat immer und überall die Höchststrafe beantragen.

Dem gegenüber stehen zwei gewichtige Tatsachen:

- Die Mehrzahl der Morde tangiert nur einen sehr kleinen Kreis von

* Besonders scheußlicher Aspekt dieser Statistik: Alle fünf Minuten etwa wird eine Frau vergewaltigt (s. auch 4.7 Perversionen).

Menschen, meist die Familie, einige Nachbarn und die zuständigen Behörden, Ärzte und dergleichen. Wenn sich nicht immer wieder die Massenmedien solcher Fälle in spektakulär aufbauschender Weise bemächtigen würden, bliebe die mit solchen Taten verbundene Innenwelt-Verschmutzung weit geringer als bei so manchem Kriegs- oder Pornofilm oder bei den Praktiken mancher Geschäftsleute.

- Mörder töten sehr selten ein zweites Mal. Der ehemalige Gefangenenfürsorger Heinz Kraschutzki schreibt sogar, ihm sei niemals ein Fall bekannt geworden, in dem ein begnadigter Lebenslänglicher wieder einen Mord verübt hätte. Er nennt auch den Grund: »Lebenslange Reue-, Buß- und Sühnestimmung kann man von keinem Menschen verlangen. Mit den Jahren hinter Gittern wächst der Abstand zur Tat. Der Lebenslängliche verliert nach einer gewissen Zeit jede Beziehung zum begangenen Mord, dessentwegen er einsitzt.« Eine zehnjährige Haftstrafe genügt nämlich bereits, den Gefangenen seelisch so zu zerrütten, daß er nicht mehr derselbe Mensch ist wie vor der Strafe – und vor der Untat.

Warum die Gesellschaft solche Menschen derart verurteilt, obwohl sie andere, weit schlimmere Quellen der Innenwelt-Verschmutzung unbehelligt läßt? Wahrscheinlich braucht sie aus bestimmten Gründen diese auffälligen Sündenböcke, bei denen die chaotische Psyche wie bei einer Röntgenaufnahme offen zutage tritt. Vielleicht damit ihre »anständigen« Mitglieder das eigene Aggressionspotential, die Verschmutzung der eigenen Innenwelt, um so leichter übergehen können?

Die Zeitgeschichte spricht für diese Hypothese. So galt Adolf Eichmann, der »Endlöser der Judenfrage«, der unzählige Menschen einem gräßlichen Ende in den Konzentrationslagern zuführte, als guter Familienvater und tadelloser Beamter. Vor dem Gericht in Jerusalem sagte er: »Ich habe gehorcht. Egal, was man mir befohlen hätte, ich hätte gehorcht...« So gut und tadellos war er sicher nur an der Oberfläche. In seinem Unbewußten wird es ganz anders ausgesehen haben.

4.65 Ursachen der Fremdaggression

An dieser Stelle sei noch einiges über die Wurzeln solch offener Gewalttaten gesagt. Es kann hier selbstverständlich keine exakte Entwicklungspsychologie des Verbrechens geliefert werden; aber der psychodynamische Hintergrund läßt sich zumindest andeuten. Sicher muß man zunächst Affekthandlungen, Taten »gemütsloser Psychopathen« mit ihrer typischen Affektarmut und die sorgfältig geplanten Verbrechen von Serientätern unterscheiden. Der erste wie der letzte Fall sind verhältnismäßig durchsichtig:

- Ein Jugendlicher erschlägt zusammen mit seiner Mutter den eigenen Vater, nachdem dieser – wie schon viele Male vorher – total betrunken nach Hause kam und wahllos mit seinem Spazierstock auf die ganze Familie eindrosch. Jedes Gericht der Welt wird den beiden Tätern mildernde Umstände zubilligen.
- Einen raffinierten Einbrecher, der auf frischer Tat ertappt wird und zudem bereits das soundsovielte Mal rückfällig ist, bestraft man entsprechend härter. Schließlich hat er seine Handlungen in vollem Besitz seiner geistigen Kräfte und in der Regel nach sorgfältiger Planung begangen, samt vorheriger Kontaktaufnahme mit einem Hehler.

Doch obwohl der Berufsverbrecher so durchsichtigen Motiven wie Berechnung, Habgier, Arbeitsscheu zu folgen scheint, sollte man nicht vergessen, daß jeder Kriminelle schwere psychische Schäden hat. Die Tatsache, daß er umsichtig und vernünftig, ja nicht selten in nüchterner Abwägung des Risikos handelt, bedeutet ja nicht, daß er seelisch gesund ist. Das psychische Trauma, oder besser: die Serie der Mikrotraumen, die ihn sich außerhalb der Gesellschaft stellen und zum Banditen werden ließen, sind immer vorhanden.

Dies erkennt man natürlich nicht, wenn man nur das Gerichtsprotokoll liest; dazu bedürfte es eigentlich einer vielhundertstündigen Psychoanalyse. Dieser Fall wird höchst selten eintreten, weil dem Kriminellen (das gehört zu seiner abnormen seelischen Verfassung) meist jener sogenannte Leidensdruck fehlt, der den Neurotiker so quält, daß er die Hilfe des Seelenarztes aufsuchen *muß*. Dennoch hat man bereits einige Psychoanalysen von Verbrechern durchgeführt (Franz Alexander 1930 sowie der holländische Psychiater Ghysbrecht 1967), die nachweisen, daß »Kriminell-sein« eine Abwehr starker unbewußter Aggressionen gegen die Bezugspersonen der Kindheit und unerfüllter Wünsche nach Geborgenheit und Geliebtwerden (die Quelle dieser Aggressionen) ist. Dem Kriminellen hat man in jungen Jahren, und zwar ausnahmslos, so übel mitgespielt, daß er bei seiner Veranlagung quasi zum Verbrecher werden mußte. Viele solcher Menschen bewahrt offenbar nur die verbrecherische Entladung ihrer Aggressionen davor, sich selbst umzubringen oder geisteskrank zu werden. Beim Triebtäter jedenfalls liegen Psychose und Verbrechen so dicht nebeneinander, daß die Gerichte inzwischen bei der Urteilsfindung die psychotische Komponente immer öfter in Betracht ziehen; man denke an den Fall des Jürgen Bartsch,

der vier Kinder auf bestialische Weise umbrachte, obwohl er selbst noch ein halbes Kind war.
Noch deutlicher sieht man die treibende Kraft des Unbewußten bei der Kleptomanie. Die Stehlsüchtige (das Delikt wird fast immer von Frauen verübt) versucht im Grunde, sich mit den entwendeten materiellen Objekten einen Ersatz für die menschliche Zuwendung zu verschaffen, die man ihr früher, und meist auch in der Gegenwart noch, verweigert hat. Wer aber vermag zu entscheiden, ob der Meisterdieb, den man bei seinem hundertsten Einbruch wieder einmal ertappt, nicht unter einer speziellen, etwas aggressiveren Form der Kleptomanie leidet, ohne es sich selbst einzugestehen? Immerhin genießt man als Einbrecher, vor allem bei entsprechendem Geschick, Ansehen bei Kollegen und Schlagzeilen bei der Presse – während man als Kleptomane zum psychiatrischen Fall abgestempelt würde, zum seelisch Kranken nach Art der Homosexuellen, weil die Kleptomanie als Perversion gilt (siehe Kap. 4.7).
Allerdings ist eine Perversion leichter zu heilen als eine kriminelle Persönlichkeitsstruktur, nicht zuletzt deswegen, weil der Kriminelle aus seinem abnormen Charakter Kapital schlägt. Und sicher spielt auch die gesellschaftliche Wertung des Verbrechertums eine Rolle – was nämlich von der gesetzestreuen Mehrheit abgelehnt wird, gilt in Kreisen der Unterwelt (die dem »kriminell Kranken« wenigstens ein Minimum an Geborgenheit und menschlicher Zuwendung bietet) als durchaus akzeptabel. Der Kriminelle kann also bei seinen Kollegen eine Bestätigung seiner menschlichen Identität finden, mag diese Identität vom Normalbürger auch als minderwertig und »falsch« abgelehnt werden. Der Kriminelle steht in dieser Hinsicht recht nahe beim Homosexuellen, mit dem er eine Reihe ähnlicher Probleme und auch seelischer Abwehrmechanismen teilt; nur ist der Homosexuelle meist aggressionsgehemmter.
All dies soll keine Entschuldigung für verbrecherische Handlungen sein, lediglich ein Erklärungsversuch. Man wird wohl auch in absehbarer Zeit kaum andere Möglichkeiten finden, als diese Menschen in irgendeiner Weise von der übrigen Gesellschaft zu isolieren; denn eine Psychotherapie scheitert sowohl an der geringen Zahl verfügbarer Therapeuten wie an unserem noch sehr mangelhaften Wissen über Details, die den Weg zum Verbrechertum markieren; und endlich ist Kriminalität immer auch ein soziales Problem und nicht allein ein individuelles. Beide Schwierigkeiten teilen die Kriminellen mit einer anderen Gruppe seelisch Gestörter: den Psychotikern, die man derzeit ja auch in vielen Fällen einsperren muß, weil man keine andere Lösung weiß.
Nur sollte man dennoch klar sehen, daß auch der Verbrecher stets ein

Opfer ist – nämlich ein Opfer seiner Vergangenheit. Und man sollte auch sehen, daß die Kriminalität auch nur eine Variante des Versuchs ist, Innenwelt-Verschmutzung einzudämmen, die eigenen Aggressionen von sich selbst fernzuhalten.
(Hierzu noch eine Anmerkung: Wenn sich der Kriminelle auch immer wieder durch seine Delikte kurzzeitig aggressiver Impulse entledigt, so wird sein inneres Chaos dadurch nicht beseitigt. Außerdem zieht der Gewalttäter wie sonst niemand die Aggressionen anderer auf sich, die der neidischen Kollegen ebenso wie die der gesetzestreuen Bürger und ihrer Hilfskräfte.)

Der amerikanische Psychoanalytiker Professor Rudolf J. Brandt hat anhand der Fallstudie eines Mörders ein wenig Licht in das sonst kaum durchschaubare Dunkel der Verbrecherpsyche gebracht. Sein Patient hatte schon mehrere Leute umgebracht (ohne erwischt worden zu sein) und bestritt seinen Unterhalt eine Zeitlang mit Überfällen auf Geschäftsleute. Dann lernte er eine Frau kennen und lieben, die ihm zu einer Psychoanalyse riet, weil er immer wieder zu Aggressionsausbrüchen neigte. Die Behandlung dauerte 29 Monate und umfaßte mehr als 500 Sitzungen. Sie förderte die typischen unbewußten Phantasien und psychischen Schäden zutage, die man von Neurotikern kennt; seine Probleme unterschieden sich von neurotischen Störungen jedoch insofern gravierend, als Brandts Patient öfter in Realität umsetzte, was der Neurotiker lediglich in seinen Tag- und Nachtträumen phantasiert.
Der Analytiker nimmt deshalb in seinen Ausführungen an, daß die Opfer für das Unbewußte dieses Gewalttäters Stellvertreter des Vaters waren. Dieser wird zwar im Rahmen des Ödipuskomplexes bei jedem Menschen zeitweilig zum Ziel intensiver Haß- und Zerstörungsphantasien, aber bei diesem Patienten blieben die negativen Wünsche weit über das fünfte Lebensjahr hinaus aktiv und drängten immer wieder zur Entladung. Anders als die Neurotiker, die ja gerade darunter leiden, daß sie ihre gestauten Zerstörungskräfte nicht loswerden (zum Glück für ihre Umgebung), durchbricht der Kriminelle die Aggressionshemmungen immer wieder.
Sicher war es kein Zufall, daß Brandts Patient gerade Geschäftsreisende ausraubte – war sein Vater doch ebenfalls aus dieser Branche. Die Morde und Überfälle waren wahrscheinlich sowohl ein Abreagieren des ödipalen Vaterhasses wie auch, durch die Aneignung der Wertgegenstände, ein verzweifelter Versuch, nachträglich (in der Phantasie) doch noch von dem früher sehr abweisenden Vater »etwas zu bekommen«, wenn schon nicht seine Liebe, dann wenigstens seinen materiellen Reichtum.

Wenn es übrigens von Verbrechern heißt, sie hätten kein Gewissen, so scheint dies lediglich ein Ergebnis oberflächlicher Beobachtungen und vorurteilsbehafteter Abwertung zu sein. Der Schweizer Psychotherapeut und Pfarrer Oskar Pfister konnte zumindest bei einem jugendlichen Totschläger, den er erfolgreich behandelt hatte, nachweisen, daß Schuldgefühle bei Kriminellen ebenfalls vorhanden sein können – im Unbewußten, vor allem in den Angstträumen, lassen sie sich stets auffinden. Mir ist noch immer eindrucksvoll die Erfahrung eines Haschers gegenwärtig, der in einer Kantine die Zeche geprellt hatte und mir gegenüber hartnäckig darauf bestand, daß ihm dies keinerlei Gewissensbisse verursache. Einige Tage darauf erzählte er kleinlaut einen Traum, in dem ihm die Kellnerin, die er betrogen hatte, mit traurigem Gesicht eine große Portion Essen auf den Tisch stellte und sich dann von ihm abwandte.

Sigmund Freud, der sich viele Gedanken über diese Zusammenhänge machte, wies 1915 sogar auf die Möglichkeit hin, daß beim Verbrecher das Schuldbewußtsein der eigentlichen Untat vorausgeht: »Solche (verbrecherischen) Taten sind vor allem darum vollzogen worden, weil sie verboten und weil mit ihrer Ausführung eine seelische Erleichterung für den Täter verbunden war. Er litt an einem drückenden Schuldbewußtsein unbekannter Herkunft, und nachdem er sein Verbrechen begangen hatte, war der Druck gemildert. Das Schuldbewußtsein war wenigstens irgendwie untergebracht. So paradox es klingen mag, ich muß behaupten, daß das Schuldbewußtsein früher da war als das Vergehen, daß es nicht aus diesem hervorging, sondern umgekehrt, das Vergehen aus dem Schuldbewußtsein. Diese Personen dürfte man mit gutem Recht als Verbrecher aus Schuldbewußtsein bezeichnen... Das regelmäßige Ergebnis der analytischen Arbeit lautet, daß dieses dunkle Schuldgefühl aus dem Ödipuskomplex stammt, eine Reaktion sei auf die beiden großen verbrecherischen Absichten, den Vater zu töten und mit der Mutter sexuell zu verkehren.«

Freuds Schüler, vor allem Michael Balint und Melanie Klein, haben mit unterschiedlicher Akzentuierung nachweisen können, daß nicht nur die starken unbewußten Affekte aus der ödipalen Phase den Sprengstoff für das spätere Fehlverhalten des Erwachsenen liefern, sondern bereits »prä-ödipales« Material aus den ersten Lebensjahren, ja Lebensmonaten (siehe hierzu die vorhergehenden Kapitel über Neurosen und Psychosen).

Ein gutes Indiz dafür, daß Freud auf der richtigen Fährte war, ist die Tatsache, daß sich nach jedem größeren Verbrechen, vor allem, wenn es öffentlich heftig diskutiert wird, meistens einige Unschuldige bei der Polizei als »Täter« selbst anzeigen, in der Regel, weil sie von solchen unbewußten Schuldgefühlen geplagt werden. Das Pseudogeständnis verschafft ihnen offenbar eine echte Erleichterung, eine Katharsis. Der echte Verbrecher geht eigentlich nur einen Schritt weiter, freilich über eine existentielle Grenze hinweg, die selten eine Rückkehr zuläßt. Der französische Psychiater André Repond unterscheidet vier Ursachengruppen, die zum Verbrechen disponieren. Sie sollen hier eingeschoben werden, damit die seelischen Ursachen – die ja nie allein schuld sind – im richtigen Zusammenhang gesehen werden:

1. Vererbte Tendenzen, in erster Linie Neigung zu erhöhter Triebhaftigkeit;
2. eine konstitutionelle Organminderwertigkeit (man denke an den Klumpfuß von Joseph Goebbels) oder erhöhte körperliche Anfälligkeit;
3. Erziehungsfehler und beziehungsweise oder traumatische Kindheitserlebnisse;
4. eine aufgrund der vorstehenden Mängel schon früh auftretende Schwererziehbarkeit, die – gewissermaßen kumulierend – zahllose immer tiefer wirkende Konflikte, abnorme Trotzreaktionen, Rachegelüste und schlechte Anpassung an die Wirklichkeit nach sich zieht, die also im Laufe der Jahre einen regelrechten »Teufelskreis« sich gegenseitig verstärkender negativer Kräfte in der Innenwelt schafft.

Wie kompliziert die Zusammenhänge in Wirklichkeit sind, wie eng und undurchschaubar verfilzt vor allem die Interaktionen von Erbgut und Milieu sind, läßt sich am Beispiel der Legasthenie (Lese-Rechtschreib-Schwäche) demonstrieren. Mehr als ein Drittel der Strafgefangenen in den Gefängnissen der Bundesrepublik haben diese Störung. Bereits in der Volksschule, also während eines sehr frühen prägenden Lebensabschnittes, führt sie zu Schwierigkeiten im Unterricht. Lesen und Schreiben werden zur Qual, produzieren laufend Mißerfolgserlebnisse, schlechte Noten und entsprechende Strafmaßnahmen von seiten der unverständigen Lehrer und Eltern und werden damit zu einer Quelle ständiger Entmutigung, die kräftig die unbewußte Aggressivität speist. Jedes vierzehnte Schulkind ist Legastheniker (sieben Prozent der Schüler überhaupt), das heißt, von rund einer Million Kindern, die jedes Jahr in der Bundesrepublik neu eingeschult werden, haben 70000 mit erheblichen Schwierigkeiten beim Erlernen der grundlegenden schulischen Fähigkeiten zu kämpfen!

Da noch immer sehr wenige Lehrer um die Ursachen dieser Störung wissen, geschweige sie behandeln können, werden viele Legastheniker schon früh in die Nähe der »Dummen« gedrängt – obwohl Lese-Rechtschreib-Schwäche nachweislich *kein* Zeichen mangelnder Intelligenz ist. So erwiesen sich nach einer Studie des Schweizer Pädagogen Peter Lory 52 Prozent der 120 von ihm untersuchten Legastheniker als durchschnittlich oder sogar überdurchschnittlich begabt (was in etwa der Normalverteilung der Intelligenz in der Gesamtbevölkerung entsprechen dürfte).

Nun ist Legasthenie nicht nur die Folge eines – mit hoher Wahrscheinlichkeit wohl auch vorhandenen – Erbfaktors und der (ebenfalls nicht unschuldigen) Ganzheitsmethode im modernen Lese- und Schreibunterricht, sondern sie muß auch mit psychogenen Faktoren gekoppelt sein; darauf weist vor allem der Marburger Psychologe Kurt Weinschenk 1965 in seiner Studie »Die erbliche Lese-Rechtschreib-Schwäche« hin. Psychotherapie und Heilpädagogik vermögen aus letzterem Grund oft schon innerhalb weniger Wochen zu helfen. Der Kriminelle kommt jedoch in der Regel aus einem sozial unterprivilegierten Milieu, in dem die Eltern von solchen Hilfen nichts wissen, geschweige sie in Anspruch nehmen oder bezahlen können.

In den 80er Jahren wurde die Legasthenie dann allerdings wieder »abgeschafft«, und zwar von den Kultusministerien, denen die Hilfskräfte zur Behandlung dieses Symptoms zu teuer wurden. Die Lese-Rechtschreib-Schwäche gibt es allerdings nach wie vor.

(Der Münchener Psychotherapeut Hans Ch. Dechêne hat übrigens verschiedentlich Kriminelle behandelt und eine umfangreiche Studie mit dem Titel »Verwahrlosung und Delinquenz« veröffentlicht. Es ist dies die derzeit wahrscheinlich beste Auseinandersetzung mit diesem komplizierten und mit viel Vorurteilen belasteten Thema.)

Wie schmal die Grenze zwischen »legaler Aggression« und illegaler Gewalttätigkeit manchmal ist, das liest man dann gelegentlich in den »Vermischten Meldungen« der Tageszeitung, vornehmlich, wenn jemand die »Seiten« gewechselt hat.

W. Anikin, der oberste Ermittlungsbeamte der Moskauer Polizei, wurde im Herbst 1986 »wegen unmoralischen Lebenswandels und wiederholter Auftritte in der Öffentlichkeit in betrunkenem Zustand« entlassen.

Mag sein, daß dabei ein politisches »Ding« gedreht wurde – aber das war kaum der Fall bei Alfredo Rios Galeano, dem ehemaligen Polizei-Chef im Bundesstaat Mexiko, der als mehrfacher Mörder und Bankräuber zum »Staatsfeind Nr. eins« in Mexiko avancierte.

Und bei der Verstrickung vieler (teils hochdekorierter) Militärs und Polizisten in Folter und Mordtaten in Chile, Brasilien und Argentinien fand ein ähnlicher Rollentausch statt; er ist offensichtlich nicht so schwer, wie man oft meint.

4.66 Die sogenannte Psychopathie

Kommen wir abschließend zu einer dritten Variante von Aggressionsdelikten, die man irgendwo zwischen den Affektverbrechen und der geplanten Berufskriminalität ansiedeln kann. Vermutlich muß man sogar die meisten Kriminellen mit der gängigen Bezeichnung »Psychopath« belegen, ein Etikett, das – nach den Angaben der Lehrbücher – immerhin etwa einem bis zwei Prozent der Gesamtbevölkerung angeheftet werden kann. Gemeinsames Kennzeichen der verschiedenen Spielarten von Psychopathie ist die »Ich-Schwäche«, und wenn man diese Spielarten näher ansieht, so wird plötzlich klar, daß eine enge Verwandtschaft zu jenen charakterlichen Fehlentwicklungen besteht, die wir weiter oben als *Borderline*-Fälle bezeichnet haben (siehe Kap. 4.24). So unterscheidet der Berner Psychiater Professor Th. Spoerri folgende Untergruppen der Psychopathie:

1. Hyperthyme (Hypomanische), 2. Subdepressive, 3. Schizoide, 4. Reizbare, 5. Fanatische (Verschrobene), 6. Selbstunsichere, 7. Haltlose, 8. Gemütsarme, 9. Hysterische und 10. Infantile.

Man sieht den Bezeichnungen deutlich an, daß sie noch dem alten psychiatrischen Denken entstammen, wonach derlei Störungen des Charakters vererbt sein sollen. Ein weit besseres Verständnis ermöglicht die von der Psychoanalyse geprägte »Dynamische Psychiatrie«, die auch der großen seelischen Beeinflußbarkeit des Menschen, vor allem in der Kindheit, Rechnung trägt. Offenbar handelt es sich bei den Psychopathen um Persönlichkeiten, die man, wie die *Borderline*-Fälle, den Neurosen nicht mehr und den Psychosen noch nicht zuordnen kann. Eine genaue Abgrenzung ist sehr schwierig, weil Psychopathen genauso selten in die Praxis eines Psychoanalytikers gelangen wie Berufsverbrecher; wohingegen man über die Innenwelt der Neurotiker und Psychotiker relativ gut Bescheid weiß.

Der erfahrene holländische Analytiker Professor Piet C. Kuiper sagt pointiert: »Der Neurotiker leidet vor allem selbst unter seinen Spannungen, der Psychopath läßt vor allem seine Umwelt leiden.« Dies trifft sicher auf die meisten Kriminellen zu, aber nicht unbedingt auf *Borderline*-Patienten, die an sich selbst oft noch weit stärker leiden als die Neurotiker, ohne das Ventil der kriminellen Aggressionsabfuhr zu besitzen.

Kuiper verdeutlicht den Unterschied von Psychopathie und Neurose am Beispiel zweier ehewilliger Männer: »Ein Mann mit neurotisch motivierter Untreue ist sich darüber klar, daß er sich nicht binden kann. Er wird sich keiner Frau zu nähern suchen und leidet unter seiner Einsamkeit.« Der psychopathische Patient hingegen »erobert eine Frau nach der anderen, weckt Erwartungen, aber bindet sich an keine von ihnen, und wenn man ihn fragt, warum er sich so verhält, wird er etwa sagen: ›Man muß solche Dinge nicht so genaunehmen, jede Frau hat Spaß an einem kleinen Abenteuer‹«.

Ein *Borderline*-Patient schließlich würde sich sinngemäß wie der Neurotiker verhalten, wäre aber im Gegensatz zu diesem noch viel weniger in der Lage, sich Frauen gegenüber natürlich zu verhalten, würde vielleicht sogar einen ausgesprochenen Frauenhaß entwickeln oder ähnlich extrem reagieren.

Eine exakte Grenze zwischen den verschiedenen Bereichen kann man eigentlich nicht ziehen, da sie sich an den Rändern ohnehin überlappen und mischen. Was das Ausmaß der unbewußten Aggressivität und damit der Innenwelt-Verschmutzung betrifft, so kann man sich die Verhältnisse vielleicht mit dem Bild eines »Trichters« etwas verdeutlichen:

- Den breiten oberen Randbereich bilden die *Borderline*-Fälle als umfassendster Begriff. Bei ihnen kann die Aggression gelegentlich in der Umwelt »agiert« werden, meist wird sie jedoch nach innen, gegen den Patienten selbst gewendet.
- Darunter kommt dann ein zweiter Bereich mit den Psychopathien, bei denen Sozialschädlichkeit beziehungsweise Fremdaggression schon stärker ausgeprägt ist (Beispiel: der »gemütsarme Psychopath«, der Tiere quält oder Kinderwagen mitsamt Baby umwirft).
- Die ausgeprägte Kriminalität endlich würde den untersten, engsten Teil des Trichters bilden, wo die Fremdaggression am krassesten zutage tritt.

Das Bild des Trichters benütze ich deshalb, weil darin ein wenig von der Unausweichlichkeit steckt, mit der die Innenwelt-Verschmutzung den Betreffenden zu seinem Verhalten antreibt. Denken wir uns den Trichter auf der Spitze stehend, so müßte man den Neurosen einen Bereich oben an der Kante zuweisen, wo Fremdaggression noch kaum eine Rolle spielt, wo aber der »Sog« der Innenwelt-Verschmutzung bereits deutlich spürbar ist und in gelegentlichen Fehlhandlungen durchbricht. Darüber wäre die Region der »seelischen Gesundheit« zu denken – schon die Anführungszeichen weisen darauf hin, daß man nicht allzu viele Individuen antreffen wird, die dort, unbelastet vom Sog der unbewußten Zerstörungsgewalten, in einem für die meisten kaum mehr vorstellbaren inneren Frieden leben.

Am unteren Gegenpol, ebenfalls schon außerhalb des Trichters, kann man sich die Psychosen denken, bei denen Aggressionsdelikte ja ebenfalls verhältnismäßig selten sind, wenn auch um den hohen Preis des Identitätsverlustes.

Genaugenommen handelt es sich bei dieser Anordnung um ein Kontinuum der Ich-Stärke, vom relativ willensstarken und funktionsfähigen *hysterischen Neurotiker* bis zum seelisch wie körperlich völlig erstarrten *katatonen Schizophrenen*.
Doch wo kann man in diesem Trichter den kriegtreibenden Politiker nach Art eines Adolf Hitler einordnen? Wo den Bomberpiloten, der 1945 seinen Anweisungen folgte und über Hiroshima und Nagasaki seine tödliche Last ausklinkte? Wo den umjubelten Gladiator in einer antiken römischen Arena, der gerade einige Christen bestialisch niedergemetzelt hat? Wo den Cro-Magnon-Menschen, der den Neandertaler erschlägt, damit ihm allein die Erde gehört?
In Kapitel 7 werde ich zu zeigen versuchen, daß der »Trichter«, so hoffnungslos er sich im Augenblick ausnimmt, in Wahrheit die einzig mögliche Antwort auf jene in der bisherigen Menschheitsgeschichte übliche Art und Weise ist, mit Aggressionen umzugehen: nämlich den Nächsten zu vernichten, sie bei Wehrlosen abzureagieren.
In diesem Zusammenhang möchte ich eine interessante Geschichte von Edgar Allan Poe, »Der Maelstrom«, erwähnen. In dieser Story gerät bei den Lofoten, vor der norwegischen Küste, ein Fischerboot mit einem Brüderpaar in einen riesigen, alles in die Tiefe ziehenden Meeresstrudel. Aber während der eine Mann sich aufgibt und angstgelähmt mit dem Boot in den nassen Abgrund rutscht, springt sein beherzter Bruder in die kreisende Wasserwand. Er klammert sich an ein kleines Faß, das infolge seines günstigeren Verdrängungsgewichtes langsam nach oben, zur Meeresoberfläche, zurücktreibt – und wird gerettet. Edgar Allan Poe (1809–1849) hat mit dieser Fabel intuitiv die zwiespältige Situation dargestellt, in welche sich der moderne Mensch durch seine innere Chaotik versetzt sieht. Der sensible Dichter mag da so manche bereits damals, vor über einem Jahrhundert, spürbare Entwicklung im gesellschaftlich-kulturellen wie im privaten Bereich verarbeitet haben – samt ganz persönlichen Schwierigkeiten (zu denen auch Drogensucht gehörte). Er selbst hat den Weg aus dem Maelstrom der Innenwelt-Verschmutzung, den er seinem Helden zugestand, nicht mehr gefunden. Verarmt, verbittert und seelisch völlig zerstört, starb er in der Mitte des Lebens.

4.67 Die Asozialen

Man schätzt, daß ein bis zwei Prozent der Bevölkerung der Bundesrepublik zu diesem Personenkreis gehören. Er soll hier erwähnt werden, weil man diese Menschen immer wieder zu Kriminellen abstempelt oder doch zumindest in deren Nähe rückt. Der tatsächlichen Situation dieser Menschen wird man wohl am ehesten gerecht, wenn man sie als sehr heterogene Gruppe betrachtet. Man wird unter ihnen *Borderline*-Fälle finden (mit entsprechendem Anteil, der sekundär in die Kriminalität abgerutscht ist) und Neurotiker jeglicher Schattierung, aber ebenso die unterdurchschnittlich Intelligenten (teils erblich belastet, aber sicher auch unzählige von ihnen milieugeschädigt), den einen oder anderen harmlosen und von seiner anspruchsloseren Umwelt geduldeten Psychotiker sowie in jüngster Zeit immer mehr Gastarbeiter (die oft mit großen Sprachschwierigkeiten und schlechter Ausbildung zu kämpfen haben und dadurch kaum über Chancen einer sozialen Anpassung verfügen). Eine weitere Gruppe dürfte relativ umfangreich sein: geistig-seelisch normale Menschen, die in unserer aggressiven Leistungsgesellschaft mit wenig oder keinem persönlichen Verschulden unter die Räder eines fragwürdigen Fortschritts geraten sind. Einmal durch Pfändung oder Wohnungskündigung, längere Krankheit oder Arbeitslosigkeit aus der sozialen Bahn geworfen, können sie nur noch im Asozialen-Getto am Rand der Städte eine finanziell tragbare Bleibe finden.

Professor Horst-Eberhard Richter, Psychotherapeut in Gießen, gibt in seinem Buch »Die Gruppe« einen eindringlichen Bericht über die nahezu ausweglose Situation dieser Minderheit. Er zeigt, wie schwierig es ist, den verbitterten, von der übrigen Gesellschaft längst abgeschriebenen und als minderwertig abqualifizierten Leuten zu helfen.

Er zeigt auch, wie eine solche Gettosituation innerhalb kürzester Zeit entstehen kann – durch ein verhängnisvolles Wechselspiel von eigenen und fremden Fehlern und Fehleinschätzungen. 1969 gründete der junge Psychiater Wolfgang Huber an der Heidelberger Universitätsklinik mit viel Engagement eine Selbsthilfe-Organisation zur Betreuung und Rehabilitation seelisch gestörter Studenten. Sehr rasch fanden sich etwa fünfhundert mehr oder minder Hilfsbedürftige in dem so benannten »Sozialistischen Patienten-Kollektiv (SPK)« zusammen, voller Erwartungen und zunächst durch die üblichen Anfangserfolge bei solchen Unternehmen ermutigt.

Schon die Namensgebung zeigte allerdings, daß man von Anfang an mit der legitimen psychotherapeutischen Zielsetzung eine (in anderen Bereichen ebenso legitime) politische Zielsetzung auf unheilvolle Art miteinander verquickte. Die Politisierung überwucherte rasch den ursprünglichen Anlaß, nämlich ärztlich-psychologische Hilfe zu finden. Am Ende stand dann – wie bei der gleichfalls so harmlos beginnenden »Baader-Meinhof-Gruppe« – das offene Bekenntnis zur Gewalt. Man griff die »krankmachende Gesellschaft« an, verlor dabei aber völlig aus

den Augen, daß es neben diesem sicher gewichtigen sozialen Faktor bei seelischen Störungen immer auch, und wohl überwiegend, die verschmutzte Innenwelt des Individuums gibt, die zuerst saniert werden muß. Denn wenn man nur die gesellschaftlichen Verhältnisse ändert, vertauscht man ja allenfalls die Positionen der Befehlenden und der Befehlsempfänger, der Mächtigen und der Schwachen, der Bevorzugten und der Benachteiligten. Man kann aber durch politisch-soziale Strukturveränderungen niemals die chaotische Seelenlandschaft eines Individuums harmonisieren; das vermag nur eine Ich-Stärkung durch persönliches Vorbild oder in der kleinen Gruppe (siehe Kap. 8). Wohl selten wurden die wahren Ursachen seelischer Krankheit mehr verkannt und verdrängt als beim gescheiterten Experiment des SPK. Vor allem hat man dort vergessen – oder nie gewußt? –, daß das Unbewußte zeitlos ist, das heißt aber auch, daß das, was sich in ihm abspielt, kaum oder gar nicht politisch relevant ist.
Richter schreibt denn auch: »Der Verfasser ist mit diesem Experiment kurzfristig als Gutachter in Berührung gekommen. Dieses Projekt erscheint als ein besonders instruktiver Modellfall für die Gefahr des Umschlagens einer an sich potentiell fortschrittlichen Initiative in ein rein destruktives Unternehmen, das in sich diejenigen Mechanismen im Extrem reproduziert, zu deren Überwindung in der Gesellschaft es dereinst ausgezogen war.«

4.7 Perversionen

Der Begriff der Perversion wird in der Wissenschaft sehr verschieden gebraucht. Einig ist man sich nur, daß es sich um Störungen der Sexualität handelt. Allerdings hat mich die Erfahrung vieler Psychoanalytiker überzeugt, wonach das eigentliche Problem bei den Perversionen viel weniger die (vordergründigen) Sexualstörungen sind als vielmehr die unbewußten Vernichtungstendenzen, verbunden mit verdrängter Angst vor der eigenen beziehungsweise vor fremder Aggressivität. Diese Verdrängung von Haßgefühlen ist es letzten Endes, die die natürlichen Liebesbeziehungen so erschwert oder gar unmöglich macht. So schreibt Kuiper: »Meist werden Perversionen von Patienten erst dann aufgegeben, wenn der in ihr enthaltene aggressive Gehalt durchgearbeitet worden ist.«
Genaugenommen spricht man dann von Perversion, wenn das fortpflanzungsfremde Element (und dies darf man ruhig mit »Aggression im Unbewußten« gleichsetzen) sich verselbständigt. Der Hamburger Sexualforscher Professor Hans Giese definierte es so: »Perversion er-

kennt man nicht nur an der Auffälligkeit einer besonderen sexuellen Praktik... Leitsymptome sind folgende: Verfall an die Sinnlichkeit, zunehmende Häufigkeit, abnehmende Befriedigung, Promiskuität und Anonymität, Ausbau von Phantasie, Praktik, Raffinement, süchtiges Erleben, Periodizität der dranghaften Unruhe.«
Man findet, daß die Frage, was denn nun eigentlich »pervers« sei, in unterschiedlichen Epochen und Kulturen jeweils anders, zum Teil völlig konträr, beantwortet wurde und noch immer beantwortet wird. Selbst modische Einflüsse spielen eine nicht geringe Rolle. So ist es denkbar, daß die gehäuften Illustriertenberichte über Gruppensex oder Verwendung von Rauschdrogen (Haschisch, LSD) als Aphrodisiaka dazu geführt haben, daß solche Praktiken als schick gelten und sich in manchen Bevölkerungsgruppen etablieren können, obwohl die gleichen Verhaltensweisen noch wenige Jahre früher als pervers galten. Ein Blick in die Kontaktseiten der Pornogazetten, die Titelseiten der Illustrierten oder auch in die Anzeigenspalten der seriösen Tageszeitungen offenbart, daß sich in den Anschauungen breiter Bevölkerungskreise über Sexualität so manches geändert haben muß. Bleibt die Frage, inwieweit hier nur toleriert wird, was man in Wirklichkeit vielleicht kaum praktiziert.

4.71 Sind wir alle pervers?*

Das Erscheinungsbild der Perversionen ist ungemein vielfältig. Die Lust am Quälen des Partners (Sadismus) gehört ebenso dazu wie der Geschlechtsverkehr mit Leichen (Nekrophilie) oder das Rockaufschlitzen jugendlicher Triebtäter. Bei diesen Beispielen ist das Verhalten allerdings schon so auffällig »fremdartig«, daß man nicht zögern wird, es pervers zu nennen.
Aber wie steht es mit der Homosexualität? Es gibt in diesem Bereich Verbindungen, die der normalen Ehe nachgebildet sind und durchaus analog funktionieren können, in der beide Männer (oder Frauen) sich lieben und eine echte, langjährige Partnerbeziehung aufbauen. Außerdem weiß man, daß Homosexualität bei den verschiedensten Tierarten vorkommt (bei Enten, Affen, Delphine, Elefanten usw.) und daß sie in der Pubertät auch bei Menschen in allen möglichen Ausprägungen übergangsweise auftritt.
Koitus zu mehreren (zum Beispiel das Triolieren) gilt nach deutschem Strafrecht als unzüchtig – auf antiken indischen Tempelfriesen wird es ungeniert verherrlicht.

* pervers (lat.) = verkehrt

Cunnilingus und Fellatio (Mundverkehr) sind nach jeder offenherzigen Liebeslehre ein legitimer, ja unentbehrlicher Bestandteil des sexuellen Vorspiels, werden aber in der Öffentlichkeit und im Strafgesetz bestimmter Länder (so in manchen Staaten der USA) als pervers gebrandmarkt und verfolgt.

Noch grotesker wird es, wenn man die Untersuchungen von Alfred Kinsey über das Geschlechtsleben der Amerikaner studiert und liest, daß der »nackte Beischlaf« bei der Arbeiterschicht als Perversion betrachtet wird, während die gehobeneren Schichten dies als völlig normal ansehen.

Es bietet sich also dem Forscher eine erstaunliche Fülle von Erscheinungsformen und kontroversen Meinungen darüber, in der sich zunächst nur schwer gemeinsame Züge erkennen lassen. Noch verwirrender wird das Bild, wenn wir den sozialen Bereich verlassen und uns unserer eigenen Innenwelt zuwenden. Da müssen wir überrascht feststellen, daß wir in den Träumen immer wieder eindeutige Episoden inszenieren: Folter, Vergewaltigung, Belauschen anderer beim Beischlaf, exhibitionistisches Zurschaustellen der eigenen Nacktheit, homosexuelle Praktiken, Inzest...

Die Tiefenpsychologie lehrt uns, daß wir damit eigene Wünsche zum Ausdruck bringen, die wir tagsüber, unter dem Einfluß der öffentlichen Meinung und unserer eigenen Wertvorstellungen (Über-Ich), tunlichst aus unserem Gesichtskreis verbannen. Sobald wir unsere Träume als Teil von uns selbst akzeptieren, als unsere »Nachtseite«, müssen wir erkennen, daß wir alle gewisse perverse Züge tragen.

Immerhin kann man sagen, daß allen perversen Praktiken eines gemeinsam ist: Sie gelten für das Tagesbewußtsein vieler Menschen als nicht normal. Nachdem sich jedoch die Maßstäbe für Normalität im Laufe der Zeit ändern, haben sich auch die Ansichten über das, was als pervers gilt, ständig gewandelt, nicht zuletzt auch die Ansichten der Wissenschaftler über dieses Thema. Dazu hat beigetragen, daß in den letzten Jahrzehnten die Erforschung sehr exotischer Kulturen eine Fülle von neuem Material erbracht hat, demzufolge sexuelles Verhalten in jeder menschlichen Gemeinschaft etwas anders abgegrenzt wird. Auf den Südsee-Inseln, in den asiatischen Hochkulturen, bei den Eskimos, bei den australischen Ureinwohnern und bei uns werden jeweils andere Handlungen als normal oder pervers angesehen. So gilt Transvestismus (der Drang, sich in einen Angehörigen des anderen Geschlechts zu verwandeln) bei einigen pazifischen Stammeskulturen als ganz normal, so bei den Trobriandern; bei uns hingegen wird der Transvestit im günstigsten Falle zum Gespött.

Jede Kultur hat ihren eigenen Katalog zugelassener Verhaltensweisen,

den sie sorgfältig gegen alles absichert, was als anomal definiert – und deshalb abgelehnt oder gar verfolgt wird.
Noch vor zweihundert Jahren galten hysterische und psychotische Frauen nicht als seelisch krank, sondern als verhext. Man verhörte sie unter grausamen Foltern und marterte sie zu Tode. Damals war sich, nur wenige Einsichtige ausgenommen, die gesamte mitteleuropäische Kultur darüber einig, daß die Hexen »pervers« waren: Standen sie nicht mit dem Teufel im Bunde, hielten »Schwarze Messen« ab, schlachteten Säuglinge und ließen sich von Dämonen koitieren? Die sadistischen Hexenjäger und -richter hingegen verhielten sich nach den geltenden Regeln »normal« (siehe auch Kap. 5).
Der Wandel der Ansichten spiegelt sich auch in den wissenschaftlichen Erklärungsversuchen wider. Man kann sie in zwei Epochen einteilen: vor Freud und nach Freud.
Ehe es die Psychoanalyse gab, galten Perversionen als angeborene und unheilbare Krankheiten. Der Marquis de Sade, einer der bedeutendsten Erforscher sexueller Verirrungen, betrachtete noch im 18. Jahrhundert diese Verhaltensweisen als unveränderliche Körpereigenschaften, gewissermaßen als Kontrastphänomen der Natur, mit der diese das ganz Andersartige, Böse gegenüber dem vom Menschen angestrebten Guten demonstriert.
Um die Wende zu unserem Jahrhundert katalogisierten Psychiater wie Magnus Hirschfeld, Ivan Bloch und Richard von Krafft-Ebing die verschiedenen Erscheinungsbilder. Krafft-Ebing prägte Bezeichnungen wie »Sadismus« und »Masochismus« (nach den beiden literarischen Gestaltern der entsprechenden Praktiken: Donatien A. F. de Sade und Leopold von Sacher-Masoch). Er erklärte sich ihre Entstehung durch »Degeneration« – eine ebenso unbefriedigende wie nichtssagende Formel. Andere Forscher sprachen von »Disharmonie der Seelenstoffe«, »Isolationsstörungen des elektrochemischen Körpersystems« und »anatomischen Nervenanomalien«.
Die erste präzisere Theorie der sexuellen Perversionen gab dann Sigmund Freud 1905 in seinen »Drei Abhandlungen zur Sexualtheorie«. Er unterschied zwei Arten der Abweichung vom normalen Geschlechtsleben: »Heißen wir die Person, von welcher die geschlechtliche Anziehung ausgeht, das *Sexualobjekt*, die Handlung, nach welcher der Trieb drängt, das *Sexualziel*, so weist uns die wissenschaftlich gesicherte Erfahrung zahlreiche Abweichungen in bezug auf beide, Sexualobjekt und Sexualziel, nach, deren Verhältnis zur angenommenen Norm eingehende Untersuchung fordert.«
Bei der Pädophilie und der Sodomie treten beispielsweise Kinder beziehungsweise Tiere anstelle des erwachsenen Sexualpartners (Sexualob-

jekt). Das Triebziel hingegen bleibt dasselbe, nämlich der Orgasmus. Beispiele für Wandlungen des Triebziels führt Kuiper an: »Sehen und Zeigen des Genitales, dem Sexualobjekt Leid und Erniedrigung antun oder selbst Leid erdulden wollen – Abweichungen, die uns als Voyeurismus, Exhibitionismus, Sadismus und Masochismus bekannt sind.«

4.72 Die kindliche Sexualität

Eine der größten Leistungen Freuds war die Entdeckung, daß die Sexualität nicht erst in der Pubertät aktuell wird, sondern daß der Mensch bereits als Kind, praktisch von Geburt an, sexuell lebt und erlebt. Diese Behauptung – von der Wissenschaft heute längst akzeptiert und fest untermauert – war zu jener Zeit, als sie erstmals geäußert wurde, etwas Ungeheuerliches, vertrug sie sich doch absolut nicht mit den damals herrschenden Vorstellungen vom »unschuldigen Paradies in der Kinderstube«.

Freuds Tochter Anna, der amerikanische Psychologe René Spitz, die englische Analytikerin Melanie Klein und viele andere haben gezeigt, daß die kindliche Erlebniswelt alles andere als paradiesisch und unschuldig ist. Viel zutreffender sagt man, das Kind lebt »jenseits von Gut und Böse«; denn moralische Wertvorstellungen entwickelt es erst ab dem dritten Lebensjahr.

Sadistische Impulse gegen die Eltern treten genauso auf wie masochistische Unterwerfung unter deren Willen. Hält man sich vor Augen, wie extrem lange menschliche Kinder von Vater und Mutter abhängig sind, in unserer Kultur zwanzig Jahre und mehr, dann begreift man diese starken Affekte etwas besser. Die unumschränkte Macht der Eltern fordert ein ebenso unumschränktes Unterwerfen des Kindes heraus, während der Drang nach Selbständigkeit von dieser Beherrschung bei den Eltern entsprechende Abwehr hervorruft. Die daraus resultierenden Frustrationen wecken, genau wie die Geschwisterrivalität, starke Haßgefühle und Tötungsphantasien.

In späteren Lebensjahren werden solche sadistischen Impulse (oder ihr masochistisches Gegenstück) auf andere Menschen übertragen, auf Lehrer, Vorgesetzte, Arbeitskollegen und Ehepartner. Sie verdrängen (zumindest beim seelisch Gesunden) nicht die ja immer auch gleichzeitig möglichen liebevollen Gefühle, existieren aber nebenher.

Ebenso enthält die Beziehung des Kindes zu seinen Eltern, wie deren Beziehung zu ihm, stets beide Affekte, die libidinösen und die aggressiven. Man nennt dies »Ambivalenz«. Erst der lange Prozeß der Erzie-

hung, der Anpassung an die jeweilige Kultur, hilft uns bei der Unterdrückung der negativen Impulse. In diesem ständigen Kampf entsteht und erstarkt das Ich.
Aber die Anpassung gelingt nicht immer. In nicht wenigen Fällen – wir sahen bereits genügend Beispiele – lassen sich die zerstörerischen Antriebe nicht bändigen und werden nicht nur die »moralisch einwandfreien« gelebt. Wie bei den anderen seelischen Fehlentwicklungen sind auch bei den Perversionen mehrere Ursachen denkbar.
Im Gegensatz zu Freuds Vorläufern betrachtet man heute konstitutionelle, vererbte Mängel als relativ selten und nebensächlich. Giese nennt als wichtigstes Beispiel Erbschäden wie die Chromosomen-Anomalie, »etwa vom Stil sogenannter XYY-Männer, bei denen Hochwuchs und sexuelle Aggressivität zu finden sind«. Bei manchen Sexualverbrechern lassen sich überschüssige Triebhaftigkeit und physiologisch herabgesetzte Hemmschwellen vielleicht nicht ganz von der Hand weisen. Giese erwähnt auch »so etwas Belangloses wie den Körperbefund einer schiefen Nase, der nichts Direktes mehr mit der Sexualität zu tun hat, der aber zu einem wichtigen Risiko des Geschlechtsempfindens werden kann, etwa dann, wenn er das Gefühl eigener Minderwertigkeit zur Entwicklung bringt und das Verlangen nach Partnerbildung bremst«. Auch hormonale Störungen können eine Rolle spielen. Schon Freud vermutete die – später biochemisch nachgewiesene – Doppelgeschlechtlichkeit jedes Mannes und jeder Frau. Welcher Anteil letzten Endes zum Zuge kommt und die seelische Befindlichkeit mitbestimmt, wird zum Teil durch den entsprechenden Überschuß der Geschlechtshormone gesteuert. Normalerweise überwiegen natürlich beim Mann die männlichen (u. a. Testosteron) und bei der Frau die weiblichen (u. a. Progesteron) Hormone; ähnlich ist es mit der seelischen Situation. Durch Erbänderungen kann die Relation männlicher und weiblicher Anteile jedoch so weit verschoben sein, daß es zum Transsexualismus kommt.
Die führenden Gelehrten haben jedoch immer wieder betont, daß letzten Endes die psychische Einstellung zum eigenen Körper und Geschlecht den Ausschlag gibt (wenn man von ganz extremen Fällen wie dem Hermaphrodismus absieht), ob jemand sich als Mann oder als Frau fühlt. Erst dadurch wurde es möglich, die veraltete Auffassung aufzugeben, wonach die Perversionen »Laster« oder »Degenerationserscheinungen« und damit unheilbar waren. Freud betrachtete sie zunächst ebenfalls als unheilbar, korrigierte diese Auffassung aber später für Fälle, bei denen die Konstitution keinen zu großen Einfluß hat. Als Ursache der seelisch bedingten Perversionen erkannte er Fixierungen an oder Rückfälle in sexuelles Verhalten der Kindheit, die er in drei Phasen unterteilte:

- die orale (die Mundzone dominiert; etwa erstes Lebensjahr),
- die anale (die Aftergegend dominiert; etwa zweites und drittes Jahr),
- die phallische (das Genitale steht im Mittelpunkt; etwa viertes und fünftes Jahr).

Werden diese Phasen gestört, hemmen ungünstige Verhältnisse das Kind in der Bewältigung dieser frühen Lebensjahre, dann geschieht es leicht, daß infantile Verhaltensweisen (zum Beispiel Daumenlutschen) beibehalten werden. Aus dem Kind, dessen Saugbedürfnis nicht genügend befriedigt wurde, wird vielleicht ein Erwachsener, der sexuelle Befriedigung nur mit Fellatio oder Cunnilingus erfährt, während der übliche genitale Verkehr ihn permanent enttäuscht. In der Pubertät, wenn die Sexualität zu voller Stärke anwächst, können die infantilen Traumen sich also als Perversionen manifestieren.

Es bleibt die Frage, warum andere Menschen mit solchen belastenden Kindheitserfahrungen nicht pervers, sondern vielleicht nur neurotisch werden. Die Antwort ist, ganz allgemein, daß der Neurotiker wohl ähnliches tut wie der Perverse – aber er tut es nur in der Phantasie. Der Fall ist ähnlich gelagert wie der Unterschied von Kriminalität und Neurose, wo ja auch der Delinquent Handlungen in der Realität ausführt, die der Neurotiker nur in seinen Tag- oder Nachtträumen erlebt.

4.73 Aggressive und süchtige Komponenten

Kernproblem der Perversionen ist, wie schon erwähnt, die unbewußte Aggressivität des Patienten. Perverse Handlungen sind ja nicht nur mehr oder minder ungewöhnliche Sexualpraktiken, sondern meist auch ausgesprochen feindselige Akte. Irgendwie wird der »Partner« stets mißbraucht, sei es durch Taten oder auch nur in der Phantasie. Zu echten Liebesbeziehungen, die möglichst frei von Brutalität und Angst sind, sind nach übereinstimmender Erfahrung von führenden Psychoanalytikern Perverse nicht fähig. Auch die Homosexuellen nicht, die eheähnliche Bindungen eingehen und nach außen hin zufrieden miteinander leben. In jüngster Zeit hat der amerikanische Forscher Charles W. Socarides deutlich beschrieben, daß der offene Homosexuelle bestenfalls nach außen hin angepaßt ist, daß er im Unbewußten jedoch voller Aggressionen und Ängste ist, die ihn tatsächlich zum Kranken machen (und nicht nur zum Opfer sozialer Vorurteile, wie man immer wieder glauben machen möchte).

Anders sieht dies Fritz Morgenthaler in einer neueren Studie: »Homosexualität, Heterosexualität, Perversion«. Er verzichtet auf diskrimi-

nierende Einteilungen und betont vor allem den Unterschied von kreativer (wenngleich u. U. zielloser) Sexualität auf der einen Seite und gesellschaftlich gesteuerter, zielgerichteter Sexualität auf der anderen.
Eines der grausigsten Beispiele aggressiver Perversion, wo die chaotische Innenwelt unverhüllt zutage trat, war der französische Edelmann Gil de Rais, der mit seinen Helfershelfern Dutzende von kleinen Buben bestialisch zu Tode quälte. Gegen ihn ist de Sade, der pervers ohnehin vorwiegend auf dem Papier war, ein Waisenknabe.
Ein weiteres typisches Merkmal der Perversion ist ihr Suchtcharakter. Dazu sagt Giese:
»Die Erfahrung, daß es Verhaltensweisen sexueller Art gibt, die klinisch wie Alkoholismus, Morphinismus und dergleichen wirken, ist von grundsätzlicher Bedeutung. Der süchtige Verlauf ist nicht zu übersehen, und zwar tritt er so gut wie unabhängig von der Praktik des sexuellen Vollzugs auf.«

4.74 Die verfehlte Liebesbeziehung

Der englische Analytiker Michael Balint hat die theoretischen Überlegungen Freuds weitergeführt. Von den erwähnten Formen der Perversion scheidet er für die psychologische Erklärung zunächst die abwegigsten aus. Eine von ihnen ist die Sodomie:
»Nach meiner Erfahrung«, sagt er, »erreicht diese nie die Höhe einer eigentlichen Perversion; sie scheint immer ›mangels etwas Besserem‹ vorzukommen. Die unglücklichen Menschen, die sich auf sie einlassen, sind entweder Schwachsinnige, oder sie unterliegen dem großen Triebdruck der Pubertät ohne Hoffnung, einen geeigneten Partner finden zu können.« Auch Nekrophilie und den Mißbrauch unreifer Kinder rechnet Balint nicht unter die eigentlichen Perversionen. Seiner Meinung nach gehören die drei erwähnten Formen zu den Geisteskrankheiten. Als übrige Gruppen nennt er:

- Homosexualität: Sie nimmt eine Sonderstellung ein, weil »alles Schöne und alles Häßliche, alle altruistische Liebe und alle egoistische Ausbeutung« sich hier genauso finden wie bei der üblichen heterosexuellen Liebe. (Man schätzt, daß es in der BRD 800000 Homosexuelle über 21 Jahre gibt, von denen 80000 in eheähnlichen Gemeinschaften zusammenleben.)
- Sadismus und Masochismus.
- Perversionen, die sich um einen Teiltrieb aus der frühen Kindheit herum bilden; es gehören dazu der Exhibitionismus, das Voyeurtum, die Bevorzugung anderer Körperteile vor den Genitalien usw.

- Die »merkwürdigen Erscheinungen des Fetischismus, Transvestismus und vielleicht noch die Kleptomanie. Sie sind gekennzeichnet durch die Abkehr vom lebenden menschlichen Objekt und dessen Ersetzung durch etwas Unbelebtes.«

Zunächst sieht es so aus, als sei das Geschlechtsleben dieser Menschen lediglich falsch orientiert: Statt der auf den Koitus hinzielenden genitalen Sexualität bildet ein »Teiltrieb« der Sexualität den Mittelpunkt und scheint die Führung der seelischen Kräfte an sich gerissen zu haben. »Die klinische Beobachtung zeigt jedoch, daß die Befriedigung des betreffenden Teiltriebs nur einen Zustand höchster Erregung erzeugt. Obwohl an sich lustvoll, führt diese Erregung fast niemals zur schließlichen Triebentspannung.«

Nähere Betrachtung zeigt, daß wie beim normalen Geschlechtsverkehr auch bei der Perversion der orgastische Höhepunkt das Ziel ist, entweder durch Beischlaf oder – überwiegend – durch Selbstbefriedigung. Warum verfehlt dann der Perverse die normale Liebesbeziehung, warum wird das, was bei seelisch Gesunden als »Vorspiel« zum Orgasmus hinleitet (zum Beispiel Küssen des Genitales) für diese Menschen zum ausschließlichen Selbstzweck, neben dem es normale Sexualität nur selten gibt?

Vorlust-Praktiken dienen im normalen wie im perversen Fall dazu, eine hohe, aber lustvolle Spannung zu erzielen, die schließlich durch den Orgasmus gelöst wird. »Dies ist eine klinische Tatsache, die kaum jemals erwähnt wird, aber von ausschlaggebender Wichtigkeit ist. Sie bedeutet, daß alle perversen Betätigungen nur Blendwerk sind, dazu bestimmt, die ganze Welt und den Perversen selbst davon zu überzeugen, daß die Befriedigung des einen Teiltriebs sein Hauptziel sei und daß schließlich die genitale Endlust nichts zu bedeuten habe.«

Den Grund sieht Balint in psychoanalytischer Tradition im Kastrationskomplex. Der Perverse hat besonders große Angst vor der (eingebildeten) Kastration; er teilt dies zwar mit dem Neurotiker und dem Normalen, wird aber schlechter damit fertig. Die Konzentration auf den perversen Mechanismus soll der unbewußt befürchteten Kastration ausweichen helfen, ist also ein regelrechtes Ablenkungsmanöver.

Den inneren Ablauf kann man sich – hier am Beispiel mancher männlicher Homosexueller – demnach ungefähr so vorstellen: 1. Der Patient leugnet den Geschlechtsunterschied zwischen Mann und Frau. 2. Da er (in seiner Phantasie) keinen Penis mehr hat, kann er auch nicht kastriert werden. 3. Er muß keine Kastrationsangst mehr haben.

Anhand dieses Modells erläutert Piet C. Kuiper die unbewußten Phantasien, die er bei einigen Perversionen fand:

- *Exhibitionismus:* Ich bin nicht kastriert, vielmehr habe ich etwas zum Vorzeigen (meinen Penis) und beschwöre die Zuschauer, mir auch etwas Derartiges zu zeigen.
- *Sadismus* und einige Formen der *Nekrophilie:* Eine Frau ist nicht gefährlich, sie ist schwach, sie kann mich nicht verstümmeln, mir meinen Penis nicht wegnehmen – statt dessen verstümmle ich sie.
- *Bevorzugung prägenitaler Praktiken:* Wir sind, wie kleine Buben und Mädchen, sexuell gar nicht verschieden – was der Mann mit der Frau, kann auch die Frau mit dem Mann tun.

(Die Bevorzugung des männlichen Aspekts in diesen Beschreibungen kommt daher, daß die Perversionen eine ausgesprochene Domäne der Männer sind; Frauen sind, lesbische Liebe ausgenommen, selten »pervers«.) Dem Leser, der sich noch nicht näher mit der Denkweise der Psychoanalyse beschäftigt hat, mag das Gesagte zunächst sehr weit hergeholt erscheinen. Das Beispiel eines großen Künstlers soll illustrieren, daß hinter der Theorie vom Kastrationskomplex seelische Wirklichkeit steht. Mehr als siebzig Jahre klinischer Beobachtungen lassen wenig Zweifel, daß die Erlebniswelt, die Alfred Kubin in seinen Bildern festhielt, auch bei anderen Menschen innere Realität ist.

Kubin gilt als Vorläufer, wenn nicht gar Begründer des Surrealismus. In Hunderten von Graphiken und in seinem phantastischen Roman »Die andere Seite« führt er den Betrachter in eine abgründige Welt, bei der das Perverse eine wichtige Rolle spielt. Wissenschaftler der verschiedensten Fachrichtungen haben immer wieder das Visionäre in diesem Werk betont, das die beiden Weltkriege mit ihren Greueln prophetisch vorwegnahm.

Was zu jener Zeit, als Freud seine Forschungen über das Unbewußte begann, noch als Phantasterei abgetan werden konnte oder als Neuauflage de Sadescher Greuelliteratur – das fand bei Kubin die passende Illustration und, noch später, in den Konzentrationslagern und auf den Schlachtfeldern der Weltkriege seine grauenvolle Bestätigung. Es ist kein Zufall, daß der österreichische Psychiater und Kubin-Experte W. Müller-Thalheim der Kastrationsangst einen wichtigen Platz unter den Motiven einräumt, die Kubin bei seiner künstlerischen Arbeit beeinflußten. An anderer Stelle schreibt er über die frühen Zeichnungen, sie »erschrecken durch schonungslose Abgründigkeit, durch das oft peinigend wirkende Herausstellen urtriebhafter Exzesse, alles in einem fahlen, trüben Licht, das jeden Strich des Tuschepinsels zu gespenstischem Leben erweckt«.

Eine seiner Graphiken zeigt einen Schwertfisch, der die Vagina einer Frau mit seinem degenartigen Schnabel durchbohrt, eine andere eine »Hexe am Pfahl«; »Lot und seine Töchter« ist ein drittes Motiv mit perverser Thematik. Es fällt auf, daß Kubin sich viele Anregungen aus der Bibel holte: In ihr findet man eine ziemlich vollständige Beschreibung aller denkbaren perversen Praktiken – ein Beweis, daß man Derartiges schon in früheren Zeiten beobachtet (und abgelehnt) hat, daß es wahrscheinlich aber auch seit undenklichen Zeiten fester Bestandteil des menschlichen Lebens gewesen sein dürfte. Nur ein Buch dürfte die Bibel in dieser Hinsicht noch übertreffen: »Die 120 Tage von Sodom« des Marquis de Sade, worin er mit der Pedanterie und Akribie eines besessenen Gelehrten jede perverse Variante des Geschlechtlichen abhandelt. Bezeichnenderweise schrieb der Marquis es während seiner Gefangenschaft in der Pariser Bastille, als er keine Möglichkeit hatte, seinen ansonsten ziemlich harmlosen Vergnügen in der Wirklichkeit nachzugehen. Man könnte dieses Buch in jedem Katalog zum Thema Innenwelt-Verschmutzung an erster Stelle aufführen, als Führer durch das innere Chaos eines unglücklichen Menschen.

4.8 Sucht

Über Drogenmißbrauch und Sucht wurde bereits im 2. Kapitel ausführlich gesprochen. Wenn auch an dieser Stelle noch einmal kurz die Rede davon sein soll, so deshalb, weil die seelische Störung Sucht, vor allem in ihren schwereren Ausprägungen, so ziemlich alle anderen Störungen in sich vereinigt.

Es ist durchaus vorstellbar, daß die Psychiatrie sich in absehbarer Zeit mehr und mehr um den Suchtbegriff zentrieren wird; vor allem deshalb, weil die suchtähnlichen Störungen am stärksten von allen psychischen Krankheiten zuzunehmen scheinen. Dem widerspricht nicht, daß weiter oben dasselbe schon von den Depressionen und den *Borderline*-Fällen gesagt wurde – sind doch diese beiden Erscheinungsbilder, die sich zudem gegenseitig ebenfalls überschneiden, bei der Sucht stets in hohem Maße mitbeteiligt.

Ich möchte dem Leser ersparen, näher auf die Wandlungen einzugehen, die der Suchtbegriff der Weltgesundheitsorganisation (WHO) in den letzten Jahren durchgemacht hat. Nur so viel sei angemerkt: Ursprünglich versuchte man, psychische und physische Abhängigkeit *(habituation)* voneinander abzugrenzen, nachdem der vorher benützte Terminus »Sucht« nicht mehr befriedigt hatte. 1964 ging man auch davon ab und schlug statt dessen vor, eine Art Katalog der Mißbrauchsarten aufzustellen (»Abhängigkeit vom Alkohol-Typ«, »vom Cannabis-Typ«, »vom Amphetamin-Typ« usw.). An anderer Stelle habe ich ausgeführt, warum auch diese Definition nach meiner Meinung nicht länger brauchbar ist. Inzwischen dominiert nämlich die sogenannte Polytoxikomanie die Drogenszene; das heißt, die jungen Leute, die heute in millionenfacher Weise überall auf der Erde Drogen konsumieren, beschränken sich nicht mehr auf ein einziges dieser Gifte, sondern sie nehmen nacheinander oder sogar gleichzeitig mehrere solcher Substanzen wie Haschisch, Alkohol, Aufputschmittel, Tranquilizer und – vor allem in jüngster Zeit – Schlaftabletten, vom Nikotin ganz zu schweigen.

Bereits beim exzessiven Raucher findet man ausgeprägte neurotische Störungen, und zwar Störungen im oralen Bereich, die aus dem ersten Lebensjahr stammen. Da es sich beim Nikotin-Abusus um eine echte Sucht handelt, sind sicher auch zwangsneurotische Elemente vorhanden. Beim Alkoholkonsumenten, der ohnehin meist auch raucht, kommt noch ein kräftiges Quantum neurotischer Depression hinzu. Wenn die Räusche gehäufter auftreten, findet man auch manische Episoden. Beim regelrechten Alkoholismus endlich treten echte psychotische Zustände auf (Säuferwahn); der zwanghafte Zug verstärkt sich entsprechend, und zwar eingeengt auf das Trinken.

Gerade Jugendliche scheinen ihre bevorzugte Droge Haschisch nicht selten auch als Hilfe gegen psychosomatische Störungen allgemeiner Art (vegetative Dystonie) anzuwenden – so wie ihre Eltern in diesem Fall täglich Tranquilizer schlucken, die ihnen der Hausarzt verschrieben hat und die auch gegen leichtere depressive Verstimmungen helfen können. Da der Cannabisrausch weit intensiver ist als der Alkoholrausch (vor allem, weil er sonst verdrängte unbewußte Inhalte ins Bewußtsein zu heben vermag), sind auch die manischen Episoden (Euphorie) entsprechend kräftiger, desgleichen die Depressionen und Angstzustände *(horror trip)*.

Perverse Einschläge findet man bereits bei vielen Alkoholikern. Bei den Haschern treten vor allem die homosexuellen Tendenzen ziemlich deutlich in Erscheinung – ein Hinweis auf die unbewußte Kastrationsangst, die man bei allen Drogenabhängigen in hohem Maße findet (siehe Kap. 4.74).

Je stärker die Droge und je häufiger der Konsum, um so ausgeprägter ist natürlich auch der Narzißmus des Betreffenden. Er erreicht sein absolutes Maximum beim Morphinisten und Heroinisten, dessen Körper vom Opiat völlig betäubt wird und der nur noch durch seine Phantasien existiert, losgelöst von allen irdischen Bezügen, selbst vom eigenen Leib. Entsprechend nimmt auch das Ausmaß der »schweren narzißtischen Persönlichkeitsstörungen« (siehe Kap. 4.25) und der *Borderline*-Syndromatik (siehe Kap. 4.24) mit der Stärke der Drogenabhängigkeit zu.

Ein Moment der Perversion, das bei den anderen Drogen meist nur unterschwellig mitspielt, zeigt sich beim Fixer in ganz extremer Form: der Fetischismus. Mir ist mehr als ein Fall bekannt, wo ein Fixer wie vernarrt in seine »leergeschossenen« Ampullen war, die er ebenso wie die vielen zusammengeschwindelten oder gefälschten Rezepte fein säuberlich aufhob, so wie andere Leute Briefmarken sammeln; Ampullen und Rezepte (in einem Fall auch die Spritzen und Kanülen) waren echte fetischistische Objekte geworden. Etwas Ähnliches kann man bei Alkoholikern beobachten, die zum Beispiel in ihre Whiskyflaschen regelrecht verliebt sein können.
Eine erstaunliche Gegebenheit wird von Opiatsüchtigen berichtet: Bei ihnen scheinen Fälle von echter Geisteskrankheit ungewöhnlich selten aufzutreten (im Gegensatz zu den Haschern, bei denen sich immer wieder Haschisch-Psychosen feststellen lassen). Angesichts des schweren Persönlichkeitszerfalls solcher Süchtiger kann dies eigentlich nur eines heißen: Die Sucht bewahrt sie vor der Psychose. Die Psychoanalytiker Garcia de la Vega, New York, und Jürgen Götte, Berlin, sprechen deshalb von »Sucht als Abwehr«, nämlich als Abwehr des psychotischen Ich-Zerfalls.
Die fortschreitende Selbstzerstörung (bis hin zum »Selbstmord auf Raten« bei vielen Fixern), am krassesten sichtbar beim Alkoholiker und beim Opiatsüchtigen, deutet auf einen hohen Anteil masochistischer Tendenzen hin.
Gerade bei vielen jugendlichen Drogenabhängigen, vor allem bei denen des Opiat-Typs, findet man schließlich zu allen anderen Störungen nicht selten noch die Kriminalität. Der unersättliche Hunger nach »Stoff« treibt sie nicht nur zum Schwarzhandel mit Rauschgift *(dealen)*, sondern läßt sie auch zu Dieben, Räubern, Einbrechern (in Apotheken), Erpressern und Urkundenfälschern werden, die sich außerdem noch gegenseitig in einem unglaublichen Ausmaß betrügen *(linken)*.

5. Verfolgung ohne Ende

Nicht nur Individuen können seelisch vergiftet werden. Dieser aggressive Vorgang kann auch auf Gruppen und ganze Völker übergreifen. Er fand seine Opfer, seit es geschichtliche Überlieferungen gibt, und er wird seine Opfer auch in der Zukunft finden. Sein Name: Diskriminierung von Minderheiten. Das »Gift«, das dabei wirkt: Vorurteile, die man nicht anzweifelt, und unbewußte Einstellungen (Attitüden), von deren Existenz man oft keine Ahnung hat.

Bisher wurde Innenwelt-Verschmutzung vorwiegend als individualpsychologisches, gewissermaßen »privates« Problem dargestellt. Der Neurotiker leidet zwar an den Folgen falscher Erziehung durch die Familie und an einem krankmachenden Milieu; aber seine Neurose läßt sich durch eine sachgemäße Behandlung seiner persönlichen Probleme kurieren oder zumindest bessern; und geschädigt wird außer ihm selbst zunächst einmal niemand. Ähnliches gilt für den psychosomatisch Erkrankten, den *Borderline*-Fall, den Perversen und den Psychotiker, wenngleich bei ihnen die Heilungschancen mit der Schwere ihrer Störung abnehmen.
Beim Kriminellen reicht die Störung bereits massiv in die Sozietät hinein; das ist ja gerade seine Art, mit dem inneren Chaos umzugehen. Der Süchtige endlich leidet wohl auch in hohem Maße unter seinem Drogenkonsum. Darüber hinaus kann er aber die Gemeinschaft gewaltig schädigen (beim Fixer und beim Alkoholiker schätzt man die Belastung derzeit auf eine Million Mark im Laufe seines Lebens) – und er trägt zudem seine eigene Innenwelt-Verschmutzung kräftig weiter, sobald er mit Drogen handelt und andere labile Menschen mit seiner Sucht infiziert. Nicht vergessen darf man dabei die Schmarotzerideologie (»Der Staat darf mich ja nicht verhungern lassen!«) und die Verachtung jeglichen Verantwortungsgefühls und anderer menschlicher Werte, die viele Drogenkranke skrupellos an ihre Umgebung weitergeben.
Wir sehen hier bereits einen Übergang zu den mehr kollektiven Formen der Innenwelt-Verschmutzung, deren hervorstechendes Kennzeichen ihre starke Tendenz ist, sich ständig zu reproduzieren. Dies aber bedeutet, daß man immer neue Aggressionen züchtet, die von Unbewußtem zu Unbewußtem weitergegeben werden; ähnlich wie das Öl in einem Dieselmotor sich von selbst entzündet, sobald eine bestimmte

Betriebstemperatur erreicht worden ist. Wieviel seelisches Gift zum Beispiel entsteht, wenn man Menschen systematisch demoralisiert, das hat meisterhaft Alexander Solschenizyn in seinen beiden Berichten über die sowjetischen Arbeitslager des »Archipel GULAG« unter Stalins Schreckensherrschaft festgehalten. Helen von Ssachno zog in einer Rezension das Fazit:
»... das Lager verroht und entmenschlicht, mag es noch so viele Beweise für das Gegenteil geben. Die ›Seele hinter Stacheldraht‹ wird durchlässig für alle Gifte der Zersetzung, die Seele stirbt noch vor dem Körper. Von diesem ›Gift‹, diesem unsichtbaren Faktor der Demoralisierung, ist in ›GULAG II‹ besonders viel die Rede. Seine Auswirkungen reichen bis nach Moskau und Leningrad. Wer ins Lager kommt, wer das Lager verläßt, wer der ›Zone‹ den Laufpaß gibt, ist seelisch und körperlich für das Leben gezeichnet. Bis 1953 waren das schätzungsweise vierzig bis fünfzig Millionen Menschen, eine ›Nation‹ von Geschädigten, Verstümmelten, Verletzten und Vernichteten. Um Rußland zu entgiften, genügt es also nicht, Lager zu schließen, die Opfer zu rehabilitieren und zu versorgen, es gehört dazu vor allem die innere Reinigung, die öffentliche, die landesweite Diskussion zum Thema ›Umerziehung‹ durch Unmenschlichkeit. Dieser Diskussion hat sich ein jeder zu stellen, da jeder das Seine zu diesem trüben Kapitel beitrug; sei es durch Schweigen, durch Beifall, Billigung, Denunziation, durch bloßes Abseitsstehen oder – wie Gorkij es tat, als er als hochgeehrter Gast das Solowetzkij-Lager besuchte – durch bewußtes Sich-taub-und-blind-Stellen.«
Bücher wie die von Solschenizyn sind ein erster Versuch, eine solche Reinigung von innerer Vergiftung herbeizuführen. Alexander Mitscherlich und seine Frau Margarete haben in ihrer sozialpsychologischen Studie »Die Unfähigkeit zu trauern« am Beispiel der Nach-Hitler-Ära in Deutschland gezeigt, wie schwer dieser Entgiftungsprozeß in Gang gesetzt werden kann.
In seinem »Schwarzbuch der Weltgeschichte« hat der Publizist Hans Dollinger 1974 »5000 Jahre der Mensch des Menschen Feind« (so der Untertitel) abgehandelt und die ungeheuerliche Blutspur nachgezeichnet, die schon unsere Ahnen durch die Jahrhunderte gezogen haben. Der schreckliche »Archipel GULAG« ist darin nicht einmal erwähnt, weil Solschenizyns Abrechnung mit dem Stalinismus erst nach Beendigung des Dollingerschen Manuskriptes veröffentlicht wurde.
Aber die Millionenzahlen der Opfer trüben im Grunde nur den Blick, erleichtern das Verständnis keineswegs, sondern lassen uns nur zu gerne die Scheuklappen des »Geht mich nichts an« überziehen. Es ist eine Binsenweisheit, daß das Schicksal eines Nachbarn, der vor unseren

Augen vom Rad stürzt, uns mehr bewegt als das Elend von Millionen leidender Menschen außerhalb unseres Gesichtskreises. Deshalb befasse ich mich in diesem Buch ja auch mit dem individuellen Seelenleben und nur am Rande mit soziologischen Theorien. Dennoch müssen wir uns auch mit kollektiven Phänomenen beschäftigen. Beginnen wir mit dem weltweiten, uralten Problem der Vorurteile und der daraus erwachsenden Diskriminierung und Verfolgung von Minderheiten – angesichts des wachsenden Grolls gegen Gastarbeiter bei hoher Arbeitslosenziffer in unserem Lande ein mehr als aktuelles Thema!

5.1 Der Antisemitismus

Niemals, soweit wir die Geschichte überblicken können, wurde eine Gruppe der Spezies Mensch von ihren eigenen Artgenossen über so viele Jahrhunderte hinweg und mit solcher Unerbittlichkeit verfolgt wie die Juden. Ihren Höhepunkt erreichte diese Verfolgung im Naziregime, als zwischen vier und sechs Millionen Menschen umgebracht wurden, nur weil sie dieser Gemeinschaft angehörten. Die Ereignisse jener zwölf unheilvollen Jahre sind nicht das einzige düstere Kapitel in dieser Leidenschronik; aber sie zeigen wohl am krassesten, auf welch fundamentalen Irrtümern, Mißverständnissen und Geschichtsfälschungen der Antisemitismus beruht.

Das beginnt bereits beim Begriff der »jüdischen Rasse«. Die nationalsozialistischen Demagogen gebrauchten ihn mit Vorliebe – aber er war eine reine Fiktion, die sich schließlich zu einer Art kollektiver Wahnvorstellung entwickelte. Denn die Juden sind keine biologische Einheit, sind es nie gewesen, sondern eine soziale und vor allem religiöse Gemeinschaft. Wie schon im Alten Testament zu lesen, vermischten sich die Angehörigen des antiken Königreichs Judäa (die gewiß auch auf die verschiedenartigsten Stämme zurückgehen) bereits in vorchristlicher Zeit mit Kanaanitern, Hethitern, Ägyptern und anderen angrenzenden Völkern, in den nachchristlichen Jahrhunderten mit Griechen, Römern und Germanen. Und heute leben die Juden – man schätzt sie auf insgesamt zwölf Millionen – in allen Ländern der Erde.

Eingehende psychologische Analysen des Antisemitismus – zum Beispiel 1967 durch Loewenstein – haben gezeigt, daß diese intolerante Geisteshaltung weit mehr über den Judenfeind und seine Fehler aussagt, als über »die Juden« selber. Man sieht es schon an den vier Formen, in denen er auftritt: 1. als Xenophobie (Fremdenhaß); 2. wirtschaftlicher Neid; 3. politische Verteufelung und 4. religiöse Verleumdung.

ad 1. Besonders die streng orthodoxen Ostjuden, die noch in diesem

Jahrhundert ihre aus dem Mittelalter überlieferte Kleidung trugen, boten sich als Zielscheibe für Vorurteile geradezu an. Neurotiker und wohl auch *Borderline*-Fälle schoben diesen Fremdartigen – genau wie den andersfarbigen Negern – mit Vorliebe die Schuld an eigenen Schwierigkeiten zu. Adolf Hitler ist das klassische Beispiel für diesen Mechanismus der Innenwelt-Verschmutzung. In »Mein Kampf« schrieb er 1924: »Als ich einmal so durch die innere Stadt (von Wien) strich, stieß ich plötzlich auf eine Erscheinung in langem Kaftan mit schwarzen Locken...« Es folgt eine seitenlange Haßtirade gegen den Juden schlechthin. Schon bei der Lektüre spürt man die kaum verhohlene Aggressivität, das Tohuwabohu von Unzufriedenheit, Verbitterung und schlechten Erfahrungen Hitlers, die mit den Juden selbst kaum etwas zu tun hatten – die aber als ohnehin diskriminierte Minderheit eine willkommene Entladung ermöglichten.
Eines der Vorurteile, die man gegen Juden hegte, war ihr angeblicher Mangel an »Kampfgeist«. Abgesehen davon, daß die Ereignisse des Sechs-Tage-Krieges zwischen Israel und Ägypten von 1967 das Gegenteil beweisen, gibt es für diese betonte Nicht-Aggressivität (wie man es neutraler nennen muß) eine triftige Erklärung: Gewalttätigkeit ist für den gläubigen Juden seit jeher ein dem Inzest und Götzendienst gleichgestelltes Greuel. Nach den Lehren der Rabbiner soll der Jude eher sich selbst töten, als einen anderen umbringen. Das ist vielleicht auch eine Erklärung, warum so viele Juden den Tod in den Gettos einem aktiven, bewaffneten Widerstand vorzogen.
ad 2. Man hat »den Juden« weiterhin vorgeworfen, sie seien raffgierig und hätten sich in gewinnbringenden Berufszweigen eine Art Monopol geschaffen. Soweit das überhaupt jemals zutraf, lagen die Ursachen dafür bestimmt nicht bei einer »zionistischen Weltverschwörung«, wie die Nazis und ihre Anhänger in ihrem Rassenwahn meinten. Die antisemitische Gesetzgebung des Mittelalters ließ Juden gar keine andere Wahl, als in solche, von den Christen als unehrenhaft angesehene Berufe auszuweichen. Man verbot ihnen, als Bauern das Land zu bestellen, und isolierte sie statt dessen in besonderen Quartieren der Städte, den Judenvierteln (Gettos). Die Zunftordnungen verschlossen ihnen weitgehend die handwerklichen Berufe. So blieben Handel, Finanzen und vor allem die »Intelligenzberufe« (Arzt, Rechtsanwalt, Wissenschaftler) meist die einzigen Existenzmöglichkeiten.
Nicht zuletzt infolge der familien- und kinderfreundlichen Erziehung, die schon vor Jahrhunderten moderne pädagogische Forderungen praktizierte, hatten die Juden in diesen Berufen gute Erfolge. Dies wurde ihnen freilich sofort wieder geneidet und bot Anlaß für den wirtschaftlichen Antisemitismus.

ad 3. Die politische Variante der Judenfeinschaft zeigt ihre Unsinnigkeit schon in ihren Beweisen. Am bekanntesten wurden die berüchtigten »Protokolle der Weisen von Zion«. Dieses Machwerk enthielt angebliche Enthüllungen über ein sagenhaftes Komplott gegen die übrige Welt, das von irgendwelchen geheimnisvollen Führern des »internationalen Judentums« organisiert worden sein sollte. Das Pamphlet entpuppte sich in mehreren Strafprozessen als plumpe Fälschung einer gegen Napoleon III. gerichteten Streitschrift. Es wurde dennoch immer wieder als Beweisstück für »jüdische Machenschaften« vorgebracht, weil es die gängigen Vorurteile in idealer Weise vereinigte.
ad 4. Die böswilligsten Verleumdungen wurden auf religiösem Gebiet vorgebracht. Phantasiegebilde wie »Ritualmord«, »Hostienschändung« und dergleichen wurden erfunden. Keine Religion hat dabei so gegen die Juden gewütet wie das Christentum, das doch aus dem Judentum entstanden ist – ob der Grund dafür der Anspruch der Juden ist, Gottes auserwähltes Volk zu sein? Die schlimmsten religiösen Verfolgungen mußten die Juden in Spanien erdulden. Dort hatte eine große, aus Nordafrika eingewanderte Gruppe das Ende des Römischen Reiches überdauert, konnte sich unter gotischer Herrschaft behaupten und erlebte unter arabischer und spanischer Protektion zwischen 800 und 1500 eine Hochblüte ihrer Kultur. Dann begann die katholische Kirche einen immer erbarmungsloseren Kampf, der während der Inquisitionszeit viele Opfer forderte. Im Jahr 1492 – Kolumbus entdeckte Amerika gerade – zwang Torquemada 300000 Juden, ihre spanische Heimat ohne Hab und Gut zu verlassen.

Man geht wohl nicht fehl in der Annahme, daß die Christen ihre jüdischen Mitbürger mit ihrem andersartigen Brauchtum aus ähnlichen Gründen wie die sogenannten Hexen verfolgten. Konnte man doch auf sie alle jene unbewußten und höchst »unchristlichen« Phantasien projizieren, die man sich selbst aufgrund allzu strenger Moralvorstellungen nicht zugestehen durfte.

Wie dumm und paranoid die Vorstellungen eines Adolf Hitler von der angeblichen Machtfülle und dem Reichtum des »Weltjudentums« waren, entlarvte 1964 Peter Pulzer in seinem Buch »Die Entstehung des politischen Antisemitismus«:

»Wenn die meisten Mitglieder gewisser wohlhabender und einflußreicher Kreise (Wiens) Juden waren, dann folgt daraus noch nicht, daß die meisten Juden wohlhabend waren. Nur zehn bis fünfzehn von hundert österreichischen Juden lebten in Wien: Die große Masse führte ein unbeschreiblich kümmerliches Leben in Galizien und der Bukowina. Man schätzt, daß gegen Ende des (19.) Jahrhunderts jährlich fünf- bis sechstausend von ihnen Hungers starben...«

Ihren Höhepunkt erreicht diese Innenwelt-Verschmutzung durch Vorurteile während des Hitlerregimes. In Deutschland hatten bereits im Mittelalter schreckliche Pogrome gewütet. In den osteuropäischen Ländern war es im vergangenen Jahrhundert zu Übergriffen gekommen. 1881 wurden die Pogrome der Zarenzeit so schlimm, daß im Laufe von 25 Jahren nahezu drei Millionen Juden nach den USA auswanderten. Die Nazis, in ihrem an Verfolgungswahn grenzenden Haß, wollten aber mehr. Nach der Machtübernahme 1933 begannen sie, und zwar mit der Perfektion von Zwangsneurotikern, systematisch alle Juden auszurotten. Julius Streicher organisierte den allgemeinen Boykott gegen jüdische Geschäfte. Ein eigens geschaffenes »Beamtengesetz« verhinderte, daß Juden bei den Behörden eine Anstellung fanden. In den »Nürnberger Gesetzen« wurde den »Ariern« die Ehe mit »Nichtariern« verboten, und das üble Wort »Rassenschande« kam in Umlauf.

In der Reichskristallnacht vom 9. auf den 10. November des Jahres 1938 schlug die vorher eher unterschwellige Aggressivität in offene Zerstörungswut um. SS und SA zertrümmerten die jüdischen Geschäfte und steckten die Synagogen in Brand. Das war der Auftakt zu jener Vernichtungsmaschinerie, die in den Lagern von Treblinka, Auschwitz, Maidanek, Bergen-Belsen und vielen anderen endete, in Giftgaskammern und vor den Gewehrläufen der uniformierten Mord-Kommandos.

Ein Teil der deutschen Bevölkerung hat nachweislich nicht nur den Antisemitismus mit allen Konsequenzen bejaht, sondern nahm auch aktiv an der Vernichtung dieser Menschen teil, so als hätte es nur gegolten, irgendwelche lästigen Gegenstände wegzuräumen. Diese Tatsache bleibt unerklärlich, wenn man nicht zwei Hand in Hand gehende Voraussetzungen berücksichtigt:

- Spätestens der Erste Weltkrieg mit seinen physischen und psychischen Schäden hatte Millionen von Deutschen aus den gewohnten Geleisen gerissen. Die Inflationszeit mit ihrer akuten Existenzbedrohung, die Schreckensjahre der politischen Machtkämpfe und die Demütigung durch die Siegermächte taten ein übriges, um die Innenwelt-Verschmutzung zu vermehren – bis jenes Ausmaß an seelischer Vergiftung erreicht war, bei dem das zweite Kräftefeld seine Wirkung tun konnte.
- Männer wie Adolf Hitler und Joseph Goebbels boten mit ihrer so schrecklich vereinfachten Darstellung der sozialen Wirklichkeit eine eindeutige Orientierung für die Unzähligen, die mit dem äußeren wie mit dem inneren Chaos nicht mehr fertig wurden.

Plötzlich fanden all die unbewußten Aggressionen ihre leicht sichtbaren Ziele: die Juden, die Zigeuner, der französische Erbfeind, bald darauf auch die »russischen Untermenschen«, die Homosexuellen (nach dem Röhm-Putsch), die »Pollacken« waren »an allem« schuld. Der Rückgang der psychosomatischen Krankheiten, Neurosen und ähnlichen Störungen in jener intoleranten Zeit ist der beste Beweis dafür, daß sich aggressive Impulse aus der individuellen Innenwelt in die kollektive Außenwelt verlagerten. Den Preis, den diese Verlagerung kostete, war die zeitweise seelische Erleichterung allerdings nicht wert. Abgesehen von allen ethischen, wirtschaftlichen und politischen Maximen (zum Teil wichtige Innenwelt-Stabilisatoren!), die die Machthaber des Dritten Reiches mißachteten und diskreditierten, brachten brauner Terror und Zweiter Weltkrieg mehr Innenwelt-Verschmutzung zu den Deutschen zurück, als sie wahrscheinlich je zuvor ertragen mußten.

5.2 Die Wurzeln der Vorurteile

Wir wollen es bei diesem einen Beispiel bewenden lassen, wollen nicht von den Verfolgungen der Neger in Nordamerika, der Bahai in Persien, der Christen im Sudan, der Tamilen auf Sri Lanka oder der Mohammedaner auf den Philippinen sprechen. Statt dessen soll jener tückische Mechanismus näher untersucht werden, der Vorurteile erst möglich macht.

Der Mensch ist ein Gruppenwesen. Gruppen prägen sein Verhalten seit Jahrtausenden in derart intensiver Weise, daß man sagen kann: Ohne Gruppe kann der Mensch nicht überleben.

Selbst so biologische Vorgänge wie das Sehen werden sozial überformt. So beobachtete der polnische Anthropologe Bronislaw Malinowski bei den Bewohnern der Trobriand-Inseln im Stillen Ozean, daß deren optische Wahrnehmung bis zu einem gewissen Grade von den Gruppenidealen geprägt wird, also von sozialen Urteilen und »Vor-Urteilen«. Zumindest zur Zeit dieser Studien, um die Jahrhundertwende, wußten die Trobriander nichts von den biologischen Grundlagen der Zeugung. Für sie war der Vater der einzige Faktor bei der Entstehung eines Kindes. Also glaubten sie, daß alle Kinder nur dem Vater ähnlich seien, nie der Mutter. Dieser Glaube war so stark, daß die Insulaner tatsächlich zu sehen meinten, was die Gruppennormen von ihnen forderten. Für uns ist diese Anschauung absurd, weil sie den Vererbungsgesetzen total widerspricht – für die Trobriander standen diese (vorgeprägten) Wahrnehmungsurteile außer Zweifel. Andere Untersuchungen, etwa über das perspektivische Sehen, lieferten noch verblüffendere Belege, in welch hohem Maße (auch falsch) Gelerntes bestimmt, wie ein Mensch seine Umwelt, das heißt aber auch seine Mitmenschen, erlebt.

Wie die psycho-soziale Dynamik dieser Vorurteilsbildung aussieht, demonstrierte der türkisch-amerikanische Sozialforscher Muzafer Sherif. Er benützte dazu den »Autokinetischen Effekt«: In einem total verdunkelten Raum, in dem die Versuchspersonen sitzen, wird ein schwacher Lichtpunkt für kurze Zeit an die Wand projiziert. Da unsere Augäpfel von Natur aus nie völlig stillstehen, selbst wenn wir fixieren, bewegt sich der Lichtpunkt für den Betrachter scheinbar. Sherifs Versuchspersonen konnten nicht wissen, daß sie einer Sinnestäuschung erlagen, denn in der Finsternis war es ihnen unmöglich, feste Bezugspunkte zu entdecken, um ihre Wahrnehmungen zu kontrollieren. Jeder Proband mußte nun schätzen, wie weit der Lichtpunkt nach seiner Meinung vom Ausgangsort wegwanderte. Am Anfang, solange die Leute, einer nach dem anderen, allein im Raum saßen, beharrten sie auf ihren einmal gefundenen Schätzungen (die teilweise stark von denen der übrigen Probanden abwichen). Sobald jedoch die gesamte Versuchsgruppe versammelt war, näherten sich die Schätzungen – die laut ausgerufen werden mußten – allmählich einem Mittelwert. Der einzelne paßte sich also mit seinen Urteilen der Gesamtgruppe an.

Hier wurde im Rahmen eines kleinen Kollektivs, das noch dazu völlig willkürlich und ohne engere Bindungen zusammengewürfelt wurde, spontan eine Meinung gebildet, der sich alle Mitglieder (freiwillig) unterwarfen – obwohl sie objektiv völlig falsch war!

Welch starken Einfluß die Meinungen und Stimmungen eines Kollektivs auf den einzelnen ausüben können, davon legten die Reichsparteitage der Nazis beredtes Zeugnis ab. Selbst Menschen, die normalerweise der braunen Ideologie zurückhaltend gegenüberstanden, ließen sich von dem Prunk, der Marschmusik, den wehenden Fahnen und vor allem den einhämmernden Reden der Parteidemagogen mitreißen. Einer von denen, die wider Erwarten darauf hereinfielen, war der sonst so kritische Arzt und Dichter Gottfried Benn. In einer fast manisch-psychotischen Phase der Begeisterung (die eine Phase tiefer Depression und Schaffenskrise ablöste) hieß Benn die politische und auch kulturelle(!) Machtübernahme durch die Nazis gut. Allerdings kam rasch die Ernüchterung und erneute Depression, als die Braunen seine Anbiederung zurückwiesen und ihn als »entarteten« Dichter zu verfolgen begannen.

Allmählich akzeptierten immer breitere Bevölkerungsschichten die Inhalte der Nazi-Reden. Das selbstmörderische Ja-Geschrei im Berliner Sportpalast, als Goebbels fragte: »Wollt ihr den totalen Krieg?«, bezeugt klarer als ganze Bibliotheken sozialpsychologischer Monographien die Beeinflußbarkeit des einzelnen durch die Gruppe, in der er sich aufhält. In Zeiten, in denen das Leben den überkommenen Regeln und Traditionen entspricht, fühlt sich der einzelne im Kollektiv relativ sicher und geborgen; entsprechend kann er es sich leisten, tolerant gegen die Angehörigen von Minderheiten zu sein. Deshalb konnten sich die Homosexuellen in der Weimarer Republik in der Öffentlichkeit zeigen; verfolgt wurden sie erst in der Nazizeit.

Problematisch wird die Situation in Krisenzeiten, wenn sich herausstellt, daß es Fälle gibt (Krieg, Hungersnot, allgemeiner Zerfall der sozialen Strukturen), die sich mit den althergebrachten Maßstäben und Urteilsmöglichkeiten nicht länger bewältigen lassen. Hier setzt die verhängnisvolle Wirkung von Vorurteilen mit aller Macht ein, während sie vorher eher unterschwellig und schwächer wirkten. Sie dienen dazu, das entstandene Vakuum echten Wissens und passender Verhaltensweisen auszufüllen – ist doch Unsicherheit im zwischenmenschlichen Verkehr eine der schlimmsten Erfahrungen, die der Mensch erleben kann. Der Händler, dessen Geschäfte schlecht gehen, weil die gesamte Wirtschaft auf einen Tiefpunkt zusteuert (oder auch nur, weil er ein schlechter Kaufmann ist), greift dann gerne zu handlichen Erklärungen wie »Die Juden sind an allem schuld«; in Kenia würde ein schwarzer Geschäftsmann in ähnlicher Situation vielleicht sagen: »Die Inder sind schuld.« Das Vorurteil, von Familie, Nachbarn und Kollegen geteilt, entlastet von Schuldgefühlen und mancherlei neurotischen Ängsten. Gleichzeitig reduziert es die Eigenverantwortung: Als schwacher Einzelmensch ist man ja einer Macht wie dem »Weltjudentum« nicht gewachsen.

Auch wenn solche Vorurteile keinerlei realen Hintergrund haben (von immer vorhandenen Einzelbeispielen einmal abgesehen), können sie dennoch im psychischen Bereich enorme Auswirkungen zeitigen. Das ist einleuchtend, denn sie spielen nicht nur eine negative Rolle in Krisenepochen, sondern haben in normalen Zeiten eine durchaus wichtige positive Funktion. Als Verstärker des Wir-Gefühls tragen sie zum Zusammenhalt der Gruppe bei und schaffen eine Art vertrauter Familienatmosphäre. Je kräftiger dieses Wir-Gefühl ist (»Wir Deutschen sind fleißig, strebsam und friedlich«), um so wohler fühlt man sich innerhalb der kollektiven Bindungen. Die negativen Vorurteile über die Gruppenfremden hingegen (»Die Orientalen sind arbeitsscheu, leichtlebig und verantwortungslos...«) heben uns um so vorteilhafter von unserer komplizierten sozialen Umwelt ab, die besser und gerechter zu verstehen sehr viel Erfahrung, Übung, Aufwand und Sorgfalt fordert.

Sozialpsychologen bezeichnen die Bereitschaft, auf gesellschaftliche

Gegebenheiten automatisch mit Vorurteilen zu reagieren, als »Attitüde« (Einstellung). Im Unbewußten liegt eine Reihe solcher Attitüden bereit, gewissermaßen wie ein Computer-Programm »auf Abruf«. Wenn ein geübter Autofahrer sich hinter das Lenkrad seines Wagens setzt, sorgen die lange trainierten Handgriffe und Fußbewegungen dafür, daß das Gefährt sich wie von alleine in Bewegung setzt und eine bestimmte Strecke fährt; ähnlich lenken die Attitüden unser zwischenmenschliches Verhalten. Teilweise werden sie bereits in den ersten Lebensjahren gelernt:

Die amerikanische Psychologin Eugene L. Horrowitz ließ Negerkinder zwischen schwarzen und weißen Puppen wählen. Waren die Kinder jünger als drei Jahre, dann wählten sie Puppen mit ihrer eigenen dunklen Körperfarbe, mit denen sie sich natürlicherweise am leichtesten identifizierten. Die etwas älteren hingegen wählten die weißen Puppen. Frau Horrowitz interpretiert das so, daß Kinder die meist auch von ihren Eltern akzeptierten Anschauungen über die höhere – und damit erstrebenswerte – Stellung der Weißen übernehmen, wenn sie ihnen lange genug ausgesetzt sind. Psychoanalytiker nennen diesen Vorgang »Identifikation mit dem Aggressor«. Die Folgen derartiger Anpassung (die ja zunächst dem Selbstschutz dient, nach der Devise: »Um keinen Preis auffallen!«) sind jedoch prekär. Sie verstärken die Vorurteile der Mehrheit nur, weil sie deren intolerante Einstellung zu bestätigen scheinen. Gerade weil diese Attitüden von klein auf in unser Verhaltensrepertoire eingebaut werden, immer wieder bestätigt durch jahrelange Lernprozesse, durch die Autorität von Erziehern und durch einseitig informierende Lektüre, sind sie sehr schwer zu ändern. Sicher erleichtert das in Tausenden von Situationen eine rasche Entscheidung; aber ebenso sicher engt es unsere Fähigkeiten ein, die soziale Welt und die Wirklichkeit überhaupt objektiv wahrzunehmen.

In Zeiten umfassender sozialer Veränderungen, wie wir sie gerade erleben, ist es jedoch notwendig, daß Vorurteile abgebaut, Einstellungen hinterfragt und kollektive Bindungen relativiert werden. Das ist auf zwei Arten möglich:

- Durch schockartige – Konfrontation mit der unverfälschten Wirklichkeit, die kein Ausweichen in Vorurteile erlaubt. Beispiel: Ein schwarzer Soldat rettet im Vietnam-Krieg unter eigener Gefährdung einem weißen Kameraden das Leben, der Mitglied des Ku-Klux-Klan ist, und kann dadurch rassistische Vorurteile über »die feigen Nigger« abbauen.
- Durch eine gründliche Umerziehung. Beispiel: Eine psychotherapeutische Behandlung bei einem Mädchen deckt auf, daß hinter ihrem Haß gegen lesbische Frauen eigene unbewußte lesbische Wün-

sche stehen, die sie sich vorher nicht eingestehen konnte. Auch eine Ehe zwischen Angehörigen verfeindeter Minderheiten kann zum Abbau der gegenseitigen Vorurteile führen. Desgleichen der allmähliche Bewußtseinswandel in breiten Bevölkerungsschichten, wenn die vertikale Mobilität (berufliche Aufstiegsmöglichkeiten) und die horizontale Mobilität (häufige Umzüge, Urlaubsreisen in fremde Länder) *bei gleichzeitiger wirtschaftlicher Stabilität!* zunehmen.

Beide Male werden durch die Einstellungsveränderungen die Grundlagen fundamentaler Mißverständnisse aus der Welt geschafft. Erst wenn man bei einem Urlaub in südlichen Ländern die erholsame Gelassenheit und Lebensfreude ihrer Bewohner schätzen gelernt hat, sieht man ihre »Faulheit« und »Verantwortungslosigkeit« in einem anderen Licht, versteht man sie als Zeichen einer Lebenskunst, die uns mehr und mehr verlorengegangen ist.

Deshalb auch kommt nach außen hin so überflüssig erscheinenden Konferenzen von deutschen und polnischen (französischen, tschechoslowakischen usw.) Historikern über die inhaltliche Gestaltung von Schulbüchern zum Geschichtsunterricht eine kaum zu überschätzende Bedeutung bei der Verbesserung der Beziehungen zwischen den jeweiligen Völkern zu.

5.3 Unsere Minderheiten

Wir haben gesehen, daß Vorurteile dem einzelnen helfen, sich von psycho-sozialem Druck zu entlasten. Aggressive Impulse, die man sonst gegen sich selbst wenden müßte (als Depression, Sucht, psychosomatische Krankheit usw.), können auf diese Weise ein Ziel außerhalb der Persönlichkeit finden. Ein prüder Zwangsneurotiker, der sogar im Traum sexuelle Wünsche und sadistische Phantasien unterdrückt, wird unter dieser krankhaften Triebverdrängung sehr leiden, sich vielleicht fünfzigmal und mehr am Tag die Hände waschen, bis die Haut in Fetzen abfällt; oder er zelebriert vor dem Einschlafen stundenlang komplizierte Schutzrituale, damit er endlich Schlaf findet. Was wäre aber, wenn man diesem unglücklichen Menschen eines Tages sagt:

»Da gibt es Un-Menschen, die schlimme Dinge tun. Man nennt sie Hexen. Sie haben heimlichen Geschlechtsverkehr mit dem Satan, der sie von hinten koitiert und andere perverse Spielchen mit ihnen treibt. Ihm zu Ehren töten sie auf grausame Weise Kinder. Sie verhexen das Vieh ihrer Nachbarn und lassen das Weideland all jener verdorren, die ihnen mißfallen. Vielleicht haben sie auch dich schon mit wollüstigen Gedanken behext!«

Der prüde Zwangsneurotiker wird erschauern und entsetzt Abhilfe fordern – nicht zuletzt deshalb, weil diese »Hexen« Dinge tun, die seinen ureigensten Phantasien erstaunlich ähnlich sind. Was aber, wenn man diesem seelisch schwer gestörten, von seinem inneren Chaos bedrohten Menschen außerdem anbietet:
»Du darfst solche Hexen, wenn du welche zu kennen glaubst, denunzieren. Du darfst sie sogar nackt ausziehen, wollüstig betrachten und all deine sadistischen Wünsche ungehemmt an ihnen befriedigen – pardon, sie hochnotpeinlich verhören und anschließend bei lebendigem Leib vor Tausenden von Menschen mit deiner lauteren Gesinnung qualvoll verbrennen. Ja, du darfst dies alles nicht nur tatsächlich tun, sondern die heilige Kirche verlangt es sogar ausdrücklich von dir und macht deine ewige Seligkeit davon abhängig, daß du diese widerwärtigen Geschöpfe des Teufels vernichtest und dem Feuer überantwortest. Du darfst dir außerdem des Wohlwollens des Stellvertreters Gottes auf Erden, des Heiligen Vaters, gewiß sein.«
Wird dieser prüde Zwangsneurotiker nicht eine enorme Entlastung von seinen Schuldgefühlen und Ängsten, von seinen Zwangsvorstellungen und Alpträumen erfahren? Wird seine verschmutzte Innenwelt nicht geläutert werden, wenn er nicht allein seine grotesken Phantasien befriedigen kann (das tut der perverse Sadist ja auch, und er leidet trotzdem weiter), sondern sich darüber hinaus noch der Zustimmung, ja des Beifalls der Allgemeinheit und ihrer höchsten Würdenträger sicher ist?
In einer alten Studie über die Hexenverfolgung der Renaissance heißt es:

»In Lothringen bestiegen unter dem Hexenrichter Remigius binnen 16 Jahren 900 Hexen den Scheiterhaufen und ebensoviel waren entwischt. Zu Braunschweig standen vor dem Löchelnholze die Brandpfähle so dicht gedrängt, daß man einen abgebrannten Kiefernwald zu sehen glauben konnte; von 1590 bis 1600 wurden daselbst an manchen Tagen zehn bis zwölf Hexen eingeäschert. In Quedlinburg bestiegen im Jahre 1589 an einem einzigen Tage nicht weniger als 133 Hexen den Scheiterhaufen. Im Trierischen blieben im Jahre 1585 bei einem Hexenbrande in einigen Ortschaften nur zwei Personen verschont. Wie viele Opfer dieser heidnische Aberglaube überhaupt forderte, ist gar nicht zu konstatieren, doch belief sich die Zahl derselben bestimmt auf einige Millionen. Was die Hexenbulle dem Teufel und den Hexen aufbürdete, das hatte der vom Unfehlbaren legalisierte Teufelsaberglaube durch die Hände der Hexenrichter wirklich zustande gebracht...«

Es läßt sich schwer sagen, welche anderen Formen der Innenwelt-Verschmutzung in der Renaissance geherrscht hätten, wenn es nicht den kollektiven Wahn der Hexenverfolgung als Ventil gegeben hätte. Dieser reichte immerhin weit bis ins siebzehnte Jahrhundert, ja sogar noch ins achtzehnte, und er findet seine Opfer selbst noch in unseren Tagen in abgelegenen Gebieten wie der Lüneburger Heide.
Unter der Anleitung so ungeheuerlicher Schriften wie des »Hexenhammers« und seiner Befürworter beteiligten sich weite Kreise der mitteleuropäischen Bevölkerung an der Treibjagd oder duldeten sie zumindest. Heute haben wir keine Hexenprozesse mehr, und wenn man von gelegentlichen Friedhofsschändungen und Hakenkreuzschmierereien an Synagogen einmal absieht, gibt es kaum mehr einen offenen Antisemitismus (im verborgenen existiert er freilich weiter wie eh und je). Aber der Schein trügt. Anstelle der alten Minderheiten sind lediglich neue getreten, und zwar nicht wenige:
Homosexuelle. Man hat wohl den alten Paragraphen 175 des Strafgesetzbuches abgeschafft. Aber in der Bevölkerung, auch in den gebildeteren Schichten, herrschen noch immer die alten Vorurteile. Das ist kein Wunder, werden doch in der bei uns weitverbreiteten gefühlskargen Familienatmosphäre bei vielen Menschen latente homosexuelle Tendenzen geradezu gezüchtet, die man aber völlig verdrängt und statt dessen bei denen, die sich offen als Homosexuelle bekennen, entsprechend abwertet, getreu dem Bibelspruch vom Balken im eigenen Auge, den man nur als Splitter im Auge des Nächsten zu erkennen (und zu ertragen) vermag. Die bedrohliche Krankheit AIDS, die bei uns bislang vor allem von Homosexuellen und Fixern weiterverbreitet worden ist, hat in den 80er Jahren alte Vorurteile auf fatale Weise bestätigt und die Schwulen erneut in eine Sündenbock-Rolle gedrängt – auch wenn längst andere Bevölkerungskreise zu Überträgern des tödlichen Virus geworden sind, wie die Bluter zum Beispiel. (Siehe auch Kap. 4.7)
Strafgefangene und Strafentlassene. In den Strafanstalten der Bundesrepublik leben durchschnittlich 50 000 Häftlinge. Rechnet man die Untersuchungsgefangenen dazu, so ist an einem beliebigen Stichtag etwa jeder tausendste Bundesbürger eingesperrt. Achtzig Prozent der rechtskräftig Verurteilten werden erfahrungsgemäß nach Verbüßung ihrer Strafe wieder rückfällig.
Man weiß, daß Straftäter meist aus einem schwierigen Milieu stammen, daß sie also seelisch mehr oder minder gestört sind (siehe Kap. 4.6) und psychologischer Hilfe bedürften. Vor allem bei jugendlichen Ersttätern ist solche Hilfe durchaus erfolgversprechend – dennoch entfallen zur Zeit auf einen einzigen Anstaltspsychologen wenigstens achthundert Gefangene. Die gesamte Gefängnissituation ist für eine Resozialisie-

rung völlig ungeeignet. So betrug beispielsweise der Verpflegungssatz in Hamburg-Fuhlsbüttel pro Mann und Tag 2,20 Mark. Jeder Wachhund des gleichen Gefängnisses erhielt dagegen Futter im Wert von 2,50 Mark. Das Gesamtbild, das man bei einem Gefängnisbesuch schon binnen kurzem gewinnen kann, hat der amerikanische Oberrichter Robert Bryan aus Washington treffend geschildert, nachdem er freiwillig eine Nacht in Einzelhaft verbracht hatte: »Das ist zuviel für Gefangene.«

Nach der Strafentlassung setzt die Diskriminierung gewöhnlich von neuem ein. Der Entlassene begegnet überall Vorurteilen, die selbst den Gutwilligsten und Reumütigsten wieder selbst an sich zweifeln lassen, das Leben zur Hölle machen können und ihn dadurch nicht selten wieder auf die schiefe Bahn bringen.

Gefängnisse sind keine »Besserungsanstalten« oder »Örtlichkeiten des Strafvollzugs«. Weit mehr sind sie Hochschulen der Kriminalität, wo Experten aller Verbrechenssparten endlose Zeitspannen zur Verfügung haben, um in aller Ruhe immer neue Verbrechergenerationen heranzuziehen.

Obdachlose. Mit ihnen ist es ähnlich wie mit den Straftätern. Oft werden sie ohne eigenes Verschulden an den Rand der Gesellschaft gedrängt und können dann kaum jemals wieder in einem normalen Leben Fuß fassen. Zu hoch ist die Mauer der Vorurteile bei den Leuten, denen es besser geht. Primitivste Wohnverhältnisse und miserable soziale und medizinische Umgebung verschlechtern die Chancen immer mehr. Endlich zementieren Resignation, Kontaktscheu und niedriges Bildungsniveau die Randexistenz, bis das Verhalten der sogenannten Asozialen die vorgefaßten Meinungen über sie bestätigt. Wenn man jemandem schon in der Schulzeit immer wieder sagt: »Aus dir wird nie etwas werden«, oder: »Du landest ja doch eines Tages im Zuchthaus!«, dann muß derjenige schon große Willenskraft besitzen, um die Prophezeiungen zu widerlegen. Genau diese Willenskraft aber bekommt man in einem derart negativen Milieu nur selten vermittelt.

In der Bundesrepublik leben schätzungsweise sechs bis sieben Millionen Menschen, also zehn Prozent der Bürger, am Rande des Existenzminimums von dreihundert Mark monatlich; in England sollen es sogar achtzehn Prozent sein. Von dieser schmalen Lebensbasis rutscht man leicht in die Asozialität oder in die Kriminalität ab.

Psychisch Kranke. Wer körperlich krank ist, darf auf Mitgefühl und Verständnis bei seiner Umgebung zählen. Wer seelisch erkrankt, und sei es auch nur in Form einer Neurose, der gerät rasch in den Verdacht, er sei nur ein Drückeberger, er »wolle nur nicht« genügend ernsthaft die Dinge tun, an denen seine Krankheit ihn hindert. Dieses doppelte

Handikap der seelischen Störung *und* der Diskriminierung trifft bei uns in Westdeutschland:

- einen vom Hundert, weil er schizophren ist;
- einen vom Hundert, weil er manisch, depressiv oder beides alternierend ist (Tendenz: steigend);
- zwei bis drei vom Hundert, weil sie alkoholsüchtig sind (Tendenz: steigend);
- zwei bis drei vom Hundert, weil sie sogenannte Psychopathen sind;
- vier oder fünf vom Hundert, weil sie homosexuell oder anders »pervers« sind;
- vielleicht zwanzig Prozent, weil diese Menschen neurotisch sind;
- einen nicht schätzbaren Prozentsatz, der unter *Borderline*-Syndromatik leidet.

Die Zahlenangaben sind problematisch, weil die diversen Störungen sich zum Teil überschneiden und ohnehin statistisch schwer erfaßbar sind; mit einem gewöhnlichen Fragebogen oder einer »Volkszählung« ist da nichts auszurichten. Sehr viele Leute, die eigentlich neurotisch reagieren könnten, scheinen unbewußt in psychosomatische Krankheiten auszuweichen (die ja nicht diskriminiert werden). Überhaupt noch nicht überblicken läßt sich die Zahl der Drogenabhängigen (die vom Haschisch, LSD oder Heroin nicht mehr wegkommen).

Diese psychisch Kranken sind besonders krassen Vorurteilen ausgesetzt – oft nur deshalb, weil die Gesunden und »Normalen« noch nicht um ihre eigene Störung wissen. Man denke nur an die vielen Irrenwitze oder an die Karikaturen über den Psychoanalytiker und seine Behandlungscouch, in denen diese Vorurteile sich niederschlagen. Auch in diesen Fällen können wir annehmen, daß verdrängte eigene seelische Nöte zur Diskriminierung dieser Minderheiten führen (die vielleicht längst eine schweigende Mehrheit sind). Nach Leo Sroles Manhattan-Studien ist in diesem New Yorker Stadtteil bestenfalls jeder fünfte seelisch »in Ordnung«. Ob es bei uns recht viel mehr sind?

Die negativen Einstellungen gegen diese behinderte Bevölkerungsgruppe kann man fast schon als Maßstab für ihre tatsächliche Verbreitung ansehen. Zwei Expertenteams der Weltgesundheitsorganisation stellten jedenfalls 1970 fest, daß die Bevölkerung sich auch durch geschickte und sachlich einwandfreie Informationen nicht von solchen Vorurteilen abbringen läßt. Derart massive Widerstände gegen neue Einsichten haben aber, nach psychoanalytischer Erfahrung, immer auch eine starke Betroffenheit der Voreingenommenen als Ursache.

Gastarbeiter. Jeder Achtzehnte in der Bundesrepublik ist Ausländer.

Insgesamt leben mehr als drei Millionen von ihnen unter uns, meist als Gastarbeiter. Großenteils erledigen sie Schmutz- und Hilfsarbeiten, zu denen Einheimische kaum noch bereit sind. Aber sie stehen in der Rangskala der Wertschätzung ganz tief unten.

Eines der hartnäckigsten Vorurteile, das selbst von Fachleuten immer wieder vorgebracht wird, ist die Behauptung, Ausländer würden mehr Verbrechen begehen als die übrigen Bundesbürger. Dabei handelt es sich offensichtlich um eine zu wenig differenzierte Interpretation der Kriminalstatistik. Gewiß wurden 1969 fast doppelt so viele Ausländer einer Gesetzesübertretung für schuldig befunden (2221 pro Hunderttausend, verglichen mit 1275 pro Hunderttausend bei den strafmündigen Deutschen). Aber es steht ebenso fest, daß auch in der übrigen Bevölkerung Männer eher straffällig werden als Frauen, die jüngeren Jahrgänge leichter als die älteren und Angehörige der unterprivilegierten Schicht häufiger als die Bessergestellten. Gerade jüngere Männer aus der Unterschicht sind jedoch bei den Gastarbeitern weit überrepräsentiert und verzerren somit das Gesamtbild.

Andererseits mutet man diesen Arbeitskräften Dinge zu, die sich kaum ein Deutscher gefallen lassen würde. So berichtet Erich Hoeschel, Leitender Arzt der Nürnberger Bundesanstalt für Arbeit, daß Gastarbeiter einem zusätzlichen Anpassungsstreß ausgesetzt sind, den die Arbeitgeber oft nicht berücksichtigen. In einem Fall war ein ostanatolischer Bauernbub aus der fernsten türkischen Provinz frühmorgens in einer westdeutschen Großstadt gelandet. Er mußte noch am selben Abend bei der Nachtschicht antreten – und scheiterte sofort an der seelischen Überforderung. Dies mag ein besonders krasses Beispiel sein. Häufig auftretende psychosomatische Krankheiten wie Magengeschwüre signalisieren jedoch deutlich die große Überforderung, der Gastarbeiter nicht zuletzt infolge einer intoleranten, von Vorurteilen beladenen Umwelt zusätzlich ausgesetzt sind. Und dieser Streß führt eben zusammen mit harter Arbeit, ungewohntem Klima, fremdartigem Essen, Heimweh und Trennung von der Familie leicht zum Verlust des seelischen Gleichgewichts.

Kinder – behindert und gesund. Unter Führung ihres Bürgermeisters und des Pfarrers zogen die Bürger des niederbayerischen Dörfchens Fürsteneck in der Nacht vom 18. Oktober 1969 in den Nachbarort Aumühle. Sie steckten ein Gebäude in Brand, in dem eine Gruppe geistig behinderter und schwer erziehbarer Kinder untergebracht werden sollte. Außerdem bedrohten sie einige dieser zum Teil sehr kranken Kinder mit Knüppeln.

Der »Fall Aumühle« ist nur eines der auffälligeren Beispiele, wie herzlos man bei uns bisweilen mit jungen Menschen umspringt, die nicht

das Glück haben, gesund und normal auf die Welt gekommen zu sein. Es drängen sich Erinnerungen an die »Aktion Gnadentod« im Dritten Reich auf, als man solchen Kindern, zusammen mit erwachsenen Geisteskranken, einfach Giftspritzen gab.
Nach einer sozialpsychologischen Untersuchung von Professor Helmut Bracken und seiner Schülerin Waltraud Cotanidis sind nur 3,5 Prozent der Bevölkerung bereit, ein behindertes Kind zu adoptieren. Von drei Befragten würden zwar zwei ihr gesundes eigenes Kind mit einem geistig behinderten spielen lassen – aber fast jeder vierte gab offen zu, daß solche Kinder in ihm negative Emotionen wie Ablehnung, Unheimlichkeit, Angst, Entsetzen oder regelrecht Abscheu auslösen würden. Interessanterweise änderte sich diese Relation sofort bei jenen Leuten, die ein solches behindertes Kind persönlich kennen.
Auf die Allgemeinheit kommen hier psycho-soziale Probleme gewaltigen Ausmaßes zu. Die Contergan-Katastrophe (5000 Opfer) wird in unserer tablettensüchtigen Welt nicht das letzte Debakel bleiben, das menschliches Keimgut in erschütternder Weise schädigt. Und die ständig zunehmenden radioaktiven Strahlenquellen tragen ebenfalls dazu bei, daß es mehr und mehr behinderte Kinder geben wird, die man nicht einfach in Heimen isolieren kann. Wir wissen noch nicht, was Tschernobyl uns in dieser Hinsicht bescheren wird.
Zur Zeit kommen jährlich sechzig- bis achtzigtausend Kinder auf die Welt mit geistig-seelischen und/oder körperlichen Defekten. Und auch hier ist die Tendenz, wie bei den meisten Störungen, steigend.
Unzureichende Gesetzgebung und fehlende Geldmittel sind, neben den Vorurteilen der Gesunden, weitere Anzeichen, daß hier bei den nicht behinderten Erwachsenen eine Quelle der Innenwelt-Verschmutzung sprudelt, die uns noch viel zu schaffen machen wird.
Auch wenn sie gesund sind, haben es Kinder in Deutschland schwerer als jede andere Altersgruppe, die Alten vielleicht ausgenommen. Ich möchte dem Leser ersparen, ihm all die Scheußlichkeiten vorzuführen, die Eltern ihrem Nachwuchs zufügen. Der Münchener Schriftsteller Hans Peter Bleuel hat in seinem Buch »Kinder in Deutschland« genügend Belege für unsere Kinderablehnung, ja Kinderfeindlichkeit gesammelt. Zwei Beispiele aus seinem wirklich erschütternden Bericht mögen genügen:

- 1970 veranstaltete das Institut für Angewandte Sozialwissenschaften (INFAS) eine demoskopische Umfrage, durch die ermittelt werden sollte, welche von zwölf angeführten Verhaltensweisen die Bundesbürger als strafwürdig ansehen.
  Das Ergebnis sah so aus:

1. Tierquälen (77%)
2. Fahren ohne Führerschein (72%)
3. Rauschgiftgenuß (72%)
4. Prügel für die Ehefrau (61%)
5. *Verprügeln von Kindern* (60%)
6. Nächtliche Ruhestörung (42%)
7. Freie Liebe, Gruppensex (26%)
8. Prostitution (25%)
9. Falschparken (20%)
10. Demonstrieren (17%)
11. Kriegsdienst verweigern (13%)
12. Lange Haare, Bart tragen (6%)

- In Düsseldorf bot jemand per Zeitungsannonce eine Vierzimmerwohnung mit zwei Südbalkonen ganz ungeniert so an: »Mietpreis: ohne Kind 295 Mark, mit Kind 320 Mark.«

Alte Menschen. Jeder vierte Mensch in der BRD ist über 55 Jahre alt. Die Zahl der Senioren wird, nicht zuletzt dank einer fortschrittlichen Medizin, weiter zunehmen. Wie die Kinder muß man diese große Bevölkerungsgruppe inzwischen als diskriminierte Minderheit betrachten. Man verbannt sie, analog zu Geistesgestörten und Kriminellen, mit Vorliebe in Heime am Rande der Städte, wo sie ohne Anregung durch die jüngeren Generationen seelisch verkümmern. Neben den allerjüngsten Bürgern stellen sie zudem den höchsten Anteil an Verkehrsopfern. Spätestens mit fünfzig zählt man im mörderischen Konkurrenzkampf zum alten Eisen. »Dynamische Persönlichkeit« eines 25jährigen zählt im Management mehr als die gelassene Besonnenheit eines erfahrenen 60jährigen. Lehrbuchwissen eines eben examinierten Studenten wird manchmal höher bewertet als die Lebensweisheit von Berufsjahrzehnten. Wenn der Mensch mit fünfundsechzig vom Arbeitsprozeß ausgelaugt und verbraucht ist, nimmt man ihm von einem Tag auf den anderen die wichtigste Möglichkeit zur Selbstbestätigung außerhalb des Zuhauses (wo allerdings der Ehepartner manchmal schon tot ist und die Kinder längst außer Haus sind). Der »Pensionsschock« und die öde Langeweile des einsamen Rentnerdaseins, dazu eine oft kärgliche Monatsrente am Rande des Existenzminimums oder darunter, sind nur ein weiterer Ausdruck, wie gering die moderne, sich so sozial gebärdende Gesellschaft ihre alten Mitglieder schätzt, ja wie sehr sie sie im Grunde (wegen ihrer Leistungsunfähigkeit?) verachtet.
Welche Barbaren wir doch sind, verglichen mit irgendwelchen Busch- oder Dschungelbewohnern, die den Stammesältesten liebevoll und ehrfürchtig Verehrung entgegenbringen. Wie weit haben wir uns von der

respektvollen Achtung des »würdigen Greisenalters« entfernt, von dem die Bibel spricht, als sei es das höchste Ziel im menschlichen Leben. Für uns sogenannte Zivilisierte hingegen sind die Alten vielfach nur noch lästiger Ballast, der miternährt werden muß, eine diskriminierte Minderheit, die man geflissentlich übersieht. Etwa im Straßenverkehr.

Wie anders wird sich da der Bauer Mennat-Ali gefühlt haben, den man als den ältesten Mann Persiens vorstellte. Der rüstige, lebenslustige 130jährige war während der letzten 115 Jahre achtzehnmal verheiratet, zuletzt mit einem Mädchen, das bei der Eheschließung vor acht Jahren erst vierzehn war. Der Patriarch herrscht über eine Familie von vierzehn Söhnen und dreizehn Töchtern, die ihm insgesamt 360 Enkel, Urenkel und Ururenkel bescherten.

Seine junge Ehefrau freilich gehört wahrscheinlich einer weltweit unterdrückten »Minderheit« an, von der abschließend die Rede sein soll:

Die Frauen. Männer belächeln gerne das Emanzipationsstreben der Frauen. Sie vergessen dabei allerdings, daß das »schwache« Geschlecht in unserer Gesellschaft noch immer unter massiven Vorurteilen leiden muß, gegen die man nicht genug ankämpfen kann. Die Überschrift zu einem Bericht über eine große Frauentagung in Hamburg hat leider noch immer ihre Berechtigung: Die Mehrzahl der Frauen ist tatsächlich *»Untergeordnet, gehetzt und dürftig bezahlt«*. Allein das Arbeitspensum einer verheirateten Berufstätigen (die womöglich noch Kinder versorgen muß) übersteigt alles, was viele Männer zu leisten bereit sind. Damit stimmt überein, daß Frauen meist am unteren Ende der Arbeitshierarchie stehen: Drei Viertel der Arbeiterinnen verrichten Hilfstätigkeiten, aus denen sie mangels Ausbildung kaum jemals in besser bezahlte und geistig anspruchsvollere Berufe aufsteigen können. (Die Pädagogin Maria Borris schreibt in einer Studie, der hohe Prozentsatz der Mädchen an den Realschulen beweise, daß sie »bereits vom Elternhaus auf einen mittleren Abschluß hin gedrängt werden und sich bei dieser mittleren Reife bescheiden«.) Zudem liegen die Einkünfte oft unter denen von Männern mit gleichem Tätigkeitsfeld.

Dazu gesellt sich eine merkwürdige, zwiespältige Einstellung der heutigen Gesellschaft: Einerseits soll die Frau mitverdienen und sich – zumindest in den höheren sozialen Schichten – emanzipieren, auf der anderen Seite verlangt man, daß sie eine gute Mutter ist und dem Kind das nötige »Urvertrauen« vermittelt, was wiederum voraussetzt, daß die Mutter sich den ganzen Tag über dem Kind widmet. Wird ein Kind neurotisch, kriminell oder einfach »schwierig«, dann bürden die

Sachverständigen der Mutter ein unerträglich hohes Maß an Schuld auf. Vom wissenschaftlichen Standpunkt mag das in vielen Fällen berechtigt sein – aber der Forderung der Psychologen steht das hoffnungslos veraltete Arbeitsgesetz im Wege, demzufolge eine berufstätige Mutter acht Wochen nach der Entbindung wieder am Arbeitsplatz zu erscheinen hat. Andere Länder, wie die Sowjetunion, Frankreich und Österreich, sind da viel fortschrittlicher, denn sie stellen die junge Mutter für ein Jahr oder länger vom Produktionsprozeß frei, samt Lohnfortzahlung und Sondervergünstigungen.

Gleichzeitig tut unsere extrem arbeitsteilige Gesellschaft alles nur Erdenkliche, um das traditionelle Ideal der sorgenden und sich um ihr Kind kümmernden, liebevollen Mutter zu zerstören. An seiner Stelle propagiert man, mehr oder minder offen, den hochspezialisierten weiblichen Roboter, der im aggressiven Berufskampf seinen »Mann« steht. Oder ist eine Phonotypistin, die tagaus, tagein nach Sprechplatten die Briefe ihres Chefs tippt, etwas anderes als eine vermännlichte Arbeitsmaschine?

Die weltbekannte Anthropologin Margaret Mead sagte es Ende 1971 auf dem Jahreskongreß der »American Association for the Advancement of Science« in Philadelphia unüberhörbar: Die Männer müßten »zeit ihres Lebens stumpfsinnige Dinge verrichten, nicht zu vergleichen mit der Freude, ein menschliches Wesen in seinem Leib auszutragen und aufzuziehen«. Man kann Professor Mead, die eine Reihe fremder Kulturen auf diesem Planeten persönlich aufgesucht und studiert hat, kaum vorwerfen, sie übernähme da unbesehen ein veraltetes, christlich-abendländisches Klischee.

Leider spricht, spätestens seit dem Krieg, alles dafür, daß die Frauen sich der »stumpfsinnigen« Dingwelt der Männer anpassen und auf ihr Mutterglück verzichten. Schon allein die Tatsache, daß ein Wort wie »Mutterglück« heute bereits ein gewisses Unbehagen hervorruft, ist der beste Beweis dafür, wieweit dieser Prozeß der Ent-Weiblichung schon gediehen ist. Dafür mag der Weltkrieg mit seinen verheerenden Folgen verantwortlich sein, der vielen Frauen die Rolle der gefallenen, verstümmelten, vermißten, demoralisierten Männer aufzwang. Da mag auch die Nachkriegszeit mit Schuld haben, die unzählige Frauen in die unbesetzten Arbeitsplätze der fehlenden Väter, Brüder und Söhne preßte; oder das Mitverdienen-Müssen für das Reihenhäuschen, das man dann brauchte, und all die schönen Dinge, die einem die gestohlene Jugend ersetzen sollten. Aber ebenso wird man an der Wurzel dieses Problems auch uralte, festzementierte Vorurteile finden, mit denen die Männer die Frauen unmündig, infantil halten möchten; angefangen von der unausrottbaren These vom angeblichen »physiologischen

Schwachsinn des Weibes« bis hin zur Einschränkung des Aufgabenbereichs auf »Kirche, Küche und Kinder«.
Irgendwo zwischen diesen beiden Extremen des weiblichen Roboters und der kinderfixierten Gluckenmutter wird sich irgendwann das neue Frauenbild entwickeln.

5.4 Vorurteile sind Vor-Urteile

Nimmt man den Begriff wörtlich, so erscheinen »Vor-Urteile« zunächst als Bestandteil unseres rationalen, dem Bewußtsein zugänglichen Denkens. »Urteilen« ist ja eine der wichtigsten logischen Operationen unseres Gehirns. Auch bei der Lektüre so mancher sozialpsychologischen Untersuchung hat man den Eindruck, als handle es sich um oberflächliche kollektive Phänomene, die man nur zu durchschauen brauche, um mit ihnen fertig zu werden. Die genauere Analyse zeigt freilich, daß es sich ganz im Gegenteil um hochgradig unbewußte, emotionale »Kraftfelder« handelt. Die intellektuellen Begründungen für solche Denkklischees liefern gewissermaßen das Alibi für ihren Gebrauch, etwa nach diesem Muster: »Neger sind dümmer und fauler als Weiße, denn sie verrichten schließlich alle nur untergeordnete Arbeiten.« Zu sehen, daß es genau umgekehrt ist, verlangt von vielen Weißen eine enorme Selbstüberwindung und eine Durchbrechung gefühlsmäßiger Barrieren. In Wahrheit sind Vorurteile nichts anderes als Gefühls-Urteile, die mühselig mit einem logischen Argument verkleidet werden. Im Falle des Neger-Klischees heißt das Gefühls-Urteil unter Umständen: »Ich hasse dich, Neger (aus irgendeinem längst vergessenen Grund), und möchte deshalb, daß du möglichst dumm und faul bleibst, denn sonst müßte ich dich als gleichwertig anerkennen und mir ein neues Vorurteil bilden, damit ich meinen unbewußten alten Haß (gegen meinen Vater? meinen Bruder?) weiterhin verdrängen kann.« Das logische Argument, das man aus den einschlägigen Statistiken leicht herauslesen kann, lautet hingegen, überzeugend und unverfänglich: »Neger arbeiten (alle) in untergeordneten Stellungen. Warum? Ganz klar: Weil sie dümmer und fauler sind als die Weißen.«
Kratzt man die rationalisierende Verkleidung ab, so entpuppt sich das Vorurteil – in diesem Fall wie in unzähligen anderen Fällen – als falsches Gefühl. Falsch deshalb, weil es jemand ganz anderen meint, als man bewußt glaubt. Diese Umlenkung des Gefühls auf einen Sündenbock, mit dem es ursprünglich gar nichts zu tun hatte, wird in dem Augenblick verständlich, wo wir das alte, verdrängte Gefühl genau betrachten: Es ist fast jedesmal – wenn nicht immer – ein Haßgefühl, ein ag-

gressiver Triebimpuls. Genau wie bei den anderen Formen der Innenwelt-Verschmutzung.
Liebevolle Gefühle müssen selten verdrängt werden (eigentlich nur, wenn sie, inzestuös gefärbt, auf die »ödipalen Objekte« gerichtet sind, also auf den gleichgeschlechtlichen Elternteil oder die Geschwister), haßvolle Gefühle sehr oft. Denn sie rufen unerträgliche Ängste hervor. Fatal ist nur, daß die Gesellschaft, in der wir leben und deren Wertvorstellungen wir teilen, solche Vorurteile belohnt. Damit werden sie jedoch für lange Zeiträume konserviert. Und so verringert sich die Chance für den einzelnen, die von ihm unbewußt darangehefteten privaten Haßgefühle zu erkennen und allmählich abzubauen. Infolgedessen wird seine Innenwelt so immer wieder aufs neue belastet. Irgendwann wirken dann nur noch die Vorurteile, völlig losgelöst von der eigenen psychischen Verfassung. Wenn es genügend Menschen in diesem Zustand gibt, dann wird eben so etwas wie das Dritte Reich möglich.
Aber auch in der Gegenwart leben diese Repräsentanten der Innenwelt-Verschmutzung (T. W. Adorno und seine Soziologengruppe nannten sie »autoritäre Persönlichkeiten«). Zum Beispiel in Form des Zigaretten rauchenden, Tabletten schluckenden und Alkohol trinkenden Vaters, der seinen haschenden Sohn verachtet. Wenn er gegen das »Rauschgift« wettert, kann er vergessen, daß er selbst höchst gefährliche Nervengifte konsumiert. Und er verdrängt vielleicht auch, daß er vor vielen Jahren mit seiner Art des Drogenkonsums begonnen hat, um den eigenen Vater zu ärgern, der gegen Alkohol und Zigaretten eingestellt war. Und noch mehr verdrängt er wohl den ganzen urtümlichen Haß, den er als fünfjähriger »Ödipus« gegen eben diesen Vater hatte...

6. Medien-Verschmutzung

Gemeint ist jener Teil der Innenwelt-Verschmutzung, der unser Seelenleben über die Informationswege des »öffentlichen Lebens« sekundär beeinflußt. Zur Medien-Verschmutzung tragen nicht nur Fernsehen und andere Massenmedien bei, sondern auch gesamtgesellschaftliche Kräfte wie die Künste, das Bildungswesen und die Wirtschaft. Stets handelt es sich um sprachlich-symbolische Einwirkungen, bei denen das Zerstörerisch-Sadistische entweder geleugnet wird oder die menschlichen Beziehungen unheilvoll überwuchert. Stichwörter sind: Pornographie, Schlagerkitsch, Menschenversuche, Investment-Skandale.

Die Innenwelt der einzelnen Individuen ist mit der Außenwelt durch zwei Kommunikationskanäle verbunden:

- passiv aufnehmend durch die Wahrnehmungsvorgänge in den Sinnesorganen,
- aktiv abgebend durch sensomotorische (eventuell technisch verstärkte) Handlungen.

Beim Menschen sind beide Prozesse durch die Fähigkeit des Sprechens zusätzlich ineinander verschränkt. Erst die Sprache und das Sprechen ermöglichen das, was man »zwischenmenschliche Beziehungen« nennt. Im Rahmen dieser Arbeit möchte ich *Sprache* im weitestmöglichen Sinne verstanden wissen, so daß auch die symbolischen Bilder eines Malers, die klanglichen Schöpfungen eines Musikers und die Vorlesung eines Universitätsdozenten darin enthalten sind.
Weiterhin möchte ich alle diese Kommunikationsformen als *Medien* bezeichnen. Der Abschluß eines Kaufvertrages in einem Möbelgeschäft wäre dann beispielsweise ein sprachlicher Vorgang, der sich im Medium Wirtschaft abspielt. Jeder Sektor des gesellschaftlichen Lebens ist in diesem Sinne ein Medium – der Wissenschaftsbetrieb an Universitäten genauso wie die »documenta« in Kassel.
Wenn ich für diese kollektiven Phänomene nicht den soziologischen Terminus *Institution* verwende, so nicht aus Neuerungssucht, sondern aus den folgenden Gründen:

- Innenwelt- wie Medien-Verschmutzung ist ein (psycho- und sozio-) dynamischer Prozeß. Der Begriff Institution hingegen wird überwiegend statisch gebraucht.

- Jener Bereich, in dem sprachliche Innenwelt-Verschmutzung sich am deutlichsten zeigt, sind die Massen*medien*, allen voran das Fernsehen. An diese Tatsache soll mit dem Wort Medien-Verschmutzung bewußt angeknüpft werden.
- Endlich hat der kanadische Kommunikationsforscher Professor Marshall McLuhan mit seinem zum geflügelten Wort gewordenen Buchtitel »Das Medium ist die Botschaft« auf diesen dynamischen Charakter der »Magischen Kanäle« (so der Titel eines seiner anderen Bücher) nachdrücklich hingewiesen.

Im vorhergehenden Kapitel über die Vorurteile haben wir gesehen, daß Innenwelt-Verschmutzung keineswegs auf das Individuum beschränkt ist, sondern vielfältig in den zwischenmenschlichen Bereich übergreift. Genau wie ein von Phosphaten verdreckter Fluß altert, »umkippt« und dann seine Pollution allmählich ans Meer weitergibt, so gibt auch der von unbewußten Aggressionen geplagte Mensch seine »falschen Gefühle« ständig an seine Mitmenschen weiter. Diskriminierung von Minderheiten ist die eine Folge, die nicht weniger schädliche Medien-Verschmutzung die andere. Letztere birgt zudem noch die Gefahr der nahezu unbegrenzten Vervielfältigung und der Ablösung von örtlichen und zeitlichen Bezügen: Ein beiläufig geäußertes Vorurteil wie »Chinesen sind heimtückisch und verschlagen« richtet wahrscheinlich weniger Unheil an als ein rassistisches Hetzbuch wie Hitlers »Mein Kampf«, das einen voreingenommenen Leser auch Jahrzehnte nach Hitlers Tod und nach dem Untergang des Dritten Reiches noch auf dumme Gedanken bringen kann.

Ganz schematisch lassen sich folgende Manifestationen von Medien-Verschmutzung einteilen:

- Massenmedien (Fernsehen, Kinofilm, Rundfunk, Presse),
- »Schöne Künste« (Literatur, Theater, Musik, Malerei usw.),
- Wissenschaft und Forschung (beide sind so selbständige Bereiche, daß sie nicht unter das Erziehungswesen subsumiert werden sollen),
- Wirtschaft und Werbung.

Nimmt man noch das Erziehungswesen, die Politik und den kirchlich-religiösen Bereich hinzu (auf die allerdings aus Platzmangel nicht näher eingegangen werden kann), dann ist damit das »öffentliche Leben« in etwa erfaßt, auf das die Innenwelt-Verschmutzung mehr und mehr überzugreifen scheint. Da es in diesem Rahmen nicht um eine erschöpfende Behandlung geht, darf ich mich auf einige auffällige Beispiele beschränken. Der Leser möge Verständnis dafür haben, wenn ich manche wichtige Quelle der Medien-Verschmutzung (wie die Politisierung des Erziehungswesens) ausspare und statt dessen über meine Hobbies indi-

sche Musik und Science-fiction schreibe und über die Geschäftspraktiken der IOS, mit der ich ebenfalls so meine Erfahrungen gemacht habe.
Ehe ich etwas ausführlicher auf »Wissenschaft und Forschung« und daran anschließend »Wirtschaft und Werbung« eingehe, sollen andere Formen der Medien-Verschmutzung an dieser Stelle doch wenigstens gestreift werden.

6.1 Fernsehen

Wie wir in den Kapiteln 2 bis 5 gesehen haben, ist die menschliche Aggressivität das Kernproblem der Innenwelt-Verschmutzung. Beim Fernsehen, einem ihrer Hauptlieferanten, ist die Hauptgefahr weniger die unbewußte als die allzu offen dargebotene Gewalttätigkeit (die freilich, wie noch zu zeigen ist, ihrerseits mächtig auf das Unbewußte der Zuschauer einwirkt). Die Diskussion um die Bildschirm-Brutalität ist noch in vollem Gange, ebenso die Erforschung des Dauerfernsehens, das eigene Gefahren in sich birgt. Was wir bisher wissen, ist wenig – aber es ist erschreckend genug.
Professor Fritz Stückrath und Diplompsychologe Georg Schottmayer aus Hamburg stellten in einer umfassenden Studie fest, daß etwa die Hälfte aller Kinder im Vorschulalter und neun Zehntel der Sechs- bis Sechzehnjährigen Tag für Tag zwei volle Stunden vor dem Bildschirm verbringen. Eine britische Erhebung ergab, daß man in England im Durchschnitt täglich vier Stunden fernsieht – das ist ein Sechstel oder zwölf Jahre des Lebens, wenn man die Angaben hochrechnet. Pessimistische Forscher fürchten, daß diese TV-Zeit sich in Zukunft sogar noch verdoppeln könnte. Aber selbst wenn man nur die vier Stunden zugrunde legt, ist die Bilanz erschütternd: Zieht man nämlich noch acht Stunden Schlaf, acht Stunden Arbeit, eine Stunde Körperpflege, eine Stunde Arbeitsweg und eine Stunde Essen ab, dann bleibt für Gespräche mit Familienangehörigen und dergleichen »psychohygienische« Tätigkeiten eine einzige Werktagsstunde übrig. Und das ist entschieden zuwenig – bedeutet es doch, daß diese Menschen dem einebnenden, geisttötenden Einfluß des Fernsehens viermal so lange überlassen sind als ihren schöpferischen Mußestunden.
Amerikanische Erhebungen zeigen die Verhältnisse in einem womöglich noch schlechteren Licht. In den USA gibt es inzwischen unzählige Kinder, die in ihren ersten achtzehn Lebensjahren (dem prägsamsten Abschnitt im ganzen Leben) mehr Stunden vor dem Bildschirm als im Klassenzimmer verbringen: 20000 TV-Stunden stehen nur 16000

Schulstunden gegenüber. In dieser Zeit lassen sie sich nicht nur passiv mit der unaufhörlichen Flut der Werbespots überschwemmen, sondern nehmen auch buchstäblich Tausende von Abenteuer- und Krimihandlungen der miesesten Sorte in sich auf, in denen sie schätzungsweise 10000 Menschen sterben sehen. Zum Vergleich: Nach Angaben von R. Stefen, Leiter der Bundesprüfstelle für jugendgefährdende Schriften, strahlen die westdeutschen Fernsehanstalten jede Woche mehr als 400 Verbrechen aus.

Eine 1968 vom damaligen US-Präsidenten Lyndon B. Johnson eingesetzte Kommission hat weiterhin festgestellt, daß die Gewaltakte im Fernsehen laufend zunehmen. Allein zwischen 1954 und 1961 war ihre Zahl, nach früheren Beobachtungen, um 300 Prozent gestiegen. Die Analyse je einer Fernsehwoche 1967 und 1968 ergab:

»In acht von zehn Unterhaltungssendungen... spielte die Gewalt eine Rolle. Im Durchschnitt wurden pro Unterhaltungssendung fünf gewalttätige Episoden und elf gewaltsame Zusammenstöße gezeigt.« Das größte Gewaltrepertoire entdeckte man bei den Zeichentrickfilmen – und diese werden hauptsächlich von Kindern bis herunter zum dritten Lebensjahr gesehen.

Der Psychologe Victor B. Clyne und sein Team testeten in Salt Lake City Minderjährige in einem »One Seat Cinema«, einem Kinoraum mit einem einzigen Sessel. Die Forscher konnten nachweisen, daß die Jugendlichen – oft nur unterschwellig und unbewußt – selbst die nebensächlichsten Details der vorgeführten Sendungen aufnahmen. Sie schreiben deshalb auch harmlosen TV-Filmen und selbst den Werbespots noch nicht abschätzbare Gefahren für die seelische Entwicklung gerade von Kindern und Pubertierenden zu.

Diese Befunde lassen sich zwanglos durch die Ergebnisse einer anderen Studie ergänzen, die der New Yorker Psychoanalytiker Donald M. Kaplan zu einer »Psychopathologie des Fernsehens« zusammenfaßte. Er fand bei seinen erwachsenen Patienten heraus, daß diese beim Fernsehen drei der wichtigsten seelischen Tätigkeiten abzuschalten scheinen: den Willen zu aktivem Handeln, das kritische Urteilsvermögen und die reflektierend-ausmalende Phantasie. Kinderpsychologen kommen zu ähnlich bestürzenden Erkenntnissen. So vertritt die amerikanische Therapeutin Katherine Rees die Ansicht, daß die Vorstellungswelt der von ihr behandelten Kinder durch regelmäßige Fernsehberieselung in den letzten zehn Jahren einförmiger und eintöniger geworden ist.

Ich selbst würde folgende Hauptgefahren des Fernsehens in den Mittelpunkt stellen, die alle vier massiv zur Innenwelt-Verschmutzung beitragen, vor allem seit sich die Praktik des Video-Verleihs eingebürgert hat:

1. Kinder werden schon in jungen Jahren mit sadistischen Szenen konfrontiert, denen sie oft ganz allein und wehrlos ausgeliefert sind. Dies ist eine völlig andere Situation, als wenn ihnen der Vater oder die Mutter eines der Grimmschen Märchen erzählt, in denen es oft nicht weniger grausam zugeht – die Gegenwart des vertrauten Erwachsenen »bindet« nämlich die Grausamkeit gewissermaßen in die liebevolle Eltern-Kind-Beziehung ein. So kann Aggression vom Kind schadlos verarbeitet werden; so – und nur so – kann die Konfrontation mit der Gewalt sogar zum ausgesprochen heilsamen Realitäts-Training werden. Durch den zusätzlichen Verfremdungseffekt der Zeichentricktechnik, wie er etwa bei »Schweinchen Dick« und »Speed Racer« auftaucht, bekommt das fernsehende Kind außerdem ganz irreale Vorstellungen über die Folgen der vorgeführten Brutalität. Beispiel: Eine der Figuren wird, noch dazu vom *guten* Helden, mit einem Felsbrocken völlig plattgequetscht. In der nächsten Szene erhält die »Leiche« wie ein frisch aufgepumpter Luftballon problemlos ihre alte, heile Gestalt zurück. Die möglichen Folgen von Gewaltanwendung werden also völlig ausgeklammert.

2. Es sieht ganz so aus, als würde das optische Medium seine enorm verdichteten Inhalte (Symbole usw.) manchmal ohne Umweg über das kritische Bewußtsein direkt dem Unbewußten einprägen. Darauf deuten nicht nur die oben zitierten Ergebnisse von Victor B. Clyne hin. Ich denke da auch an ein erschreckendes eigenes Erlebnis. In dem Hitchcock-Thriller »Der Fremde im Zug« wird gezeigt, wie ein Geistesgestörter eine Frau von vorne erwürgt. Dieselbe typische Geste und Situation tauchte in der folgenden Nacht in einem Traum auf, in dem ich meinen kleinen zweijährigen Sohn »erwürgte«. Ich werde wohl aus irgendeinem Grund aggressiv gegen ihn gestimmt gewesen sein, und dann träumt man schon einmal von einer übertriebenen gewalttätigen Reaktion – aber diese exzessive, widerliche Brutalität stammte eindeutig aus dem Fernsehfilm.

Derartige Einpräge-Vorgänge halte ich für sehr gefährlich, weil sie meist der Kontrolle des Ich entzogen sind. Welche Wirkungen so etwas auf Erwachsene, geschweige denn auf Kinder hat, ist noch völlig unerforscht.

3. Es ist wohl nicht so, wie immer wieder behauptet wird, daß Fernsehen das Familienleben nur zerstört. Vielmehr nehme ich an, daß da, wo der Bildschirm über alles dominiert, die Entfremdung schon lange vorher gegeben war und daß ganz im Gegenteil das TV die letzte integrierende Kraft in solchen desolaten Gemeinschaften ist – ähnlich wie der gemeinsame Haschischkonsum manche Gruppen Jugendlicher zusammenhält. Wie alle Drogen bringt natürlich auch die »Droge Fernsehen«

das Moment der Sucht mit all ihren Nachteilen mit sich (siehe Kap. 2 und Kap. 4.8).

4. Schließlich sehe ich noch eine Gefahr darin, daß Fernsehen bei entsprechend exzessivem Konsum für Menschen, die ohnehin mehr zu geistiger Passivität neigen, das Ende ihrer kreativen Bilderwelt bedeutet. Man phantasiert und träumt nicht mehr selbst, sondern saugt wie der Säugling an der Mutterbrust die vorfabrizierten Träume der Drehbuchautoren und Regisseure in sich hinein. (Der Vergleich mit dem Säugling kommt nicht von ungefähr: Solch suchtähnliches Verhalten findet man überwiegend bei depressiven Menschen, die ja immer auch oral gestört sind – siehe Kap. 4.13 und Kap. 4.22.) Ich denke nicht, daß dies die Entwicklung zu einem schöpferischen, geistig beweglichen und seelisch reifen Menschen sehr fördert.

Aus New York erfährt man, daß es dort bereits zwei Internatsschulen gibt, die sich auf fernsehsüchtige Kinder zwischen acht und zwölf Jahren spezialisiert haben. Mehr als 1200 von ihnen sollen diese Institute schon besucht haben, damit man sie von ihren schweren Verhaltensstörungen befreit, zum Beispiel von der krankhaften Nachahmung mancher TV-Stars. Die tatsächliche Zahl der Fernsehopfer dürfte allerdings weit größer sein, nicht nur in den USA, wo man allenfalls ein paar Jahre Vorsprung hat.

Die Lösung dieses Aspekts der Innenwelt-Verschmutzung? Vielleicht haben die Isländer ungewollt einen praktikablen Ausweg erschlossen. Aus Personalgründen wird dort an den Donnerstagen kein Programm gesendet, die Bildschirme bleiben dunkel.

Noch besser wäre es natürlich, das »Ich« der Zuschauer so zu stärken, daß sie aus dem TV-Angebot sinnvoll – und sparsam – auswählen.

6.2 Die *schönen* Künste

Auch diesen Begriff möchte ich in einem sehr weiten Sinne gebrauchen, so daß der Kitsch eines Schlagers von Heino ebenso darunterfällt wie der Schund eines Landserheftchens, Friedrich von Schillers Schauerroman »Der Geisterseher« ebenso wie »Micky Mouse« und »Superman«. Nun ist ja beispielsweise die Gattung *Comics* nicht schlechthin gleichzusetzen mit Innenwelt-Verschmutzung, weil es auch ganz miserable Comics gibt. Es gibt intelligente und echt komische Serien wie »Pogo«, »B. C.« und »Die Peanuts«. Und der »Little Nemo« von Winsor McCay verzaubert zu Recht Kinder wie Erwachsene mit seinem geistvollen skurrilen Humor. Es ist schwer zu sagen, warum andere Comics

im Gegensatz dazu ausgesprochene Innenwelt-Verschmutzung sind. Es sind nicht allein künstlerische Qualität und witzige Texte, die ein »Asterix«-Abenteuer für jung und alt zu einem ungetrübten Vergnügen machen, während die primitive Darstellung und Handlung einer »Superman«-Story eher Öde und Langeweile verbreitet.
Der eigentliche Unterschied scheint mir darin zu liegen, daß Goscinny und Uderzo ihren gallischen Superzwerg und seinen Hinkelstein tragenden Freund Obelix ausgesprochen liebevoll gestalten, wohingegen die schlechten Comics äußerst lieblos hingehauen sind. Lieblosigkeit kann man aber immer gleichsetzen mit Aggressivität, ob bewußt oder unbewußt, ist zunächst gleich.
Das gilt nicht nur für Comics. Noch deutlicher sieht man es bei der *Pornographie*. Ein Roman oder eine Fotografie ist nicht allein deshalb pornographisch, weil der Liebesakt freimütig dargestellt wird, sondern weil man seine (naturgemäß immer vorhandene) aggressive Komponente überbetont, während man den libidinösen Anteil vermindert oder völlig eliminiert. Pornomagazine haben nichts mit Sexualität oder gar Erotik zu tun – sie sind ausschließlich Tummelplatz für sadistische und andere aggressiv-perverse Einengungen zwischenmenschlicher Beziehungen. Ich würde sogar noch weiter gehen und sagen, daß auch ein Liebesakt, der auf der Theaterbühne vorgeführt wird, immer Pornographie bleibt. Denn »darstellen« läßt sich eben nur der aktive, das heißt aggressive Part; die liebend-sexuelle Komponente geht dabei zwangsläufig unter. Schließlich wird ja bereits die Nacktheit der Darsteller in solchen Stücken immer als Tabubrecher und Provokation der Zuschauer benützt und nicht als freundliche Aufforderung, an einem schönen sinnlichen Genuß teilzunehmen – denn dieser bedarf der Intimität der Zweier-Beziehung.
Außer Pornographie bietet die moderne Literatur noch mannigfach andere Formen der Innenwelt- beziehungsweise Medien-Verschmutzung; besonders wenn man ihre trivialen, für den Massenkonsum gedachten Ableger studiert. Die *Science-fiction*, ein zunehmend beliebter werdendes Genre, bevorzugt noch mehr als die Pornographie die gestörte Kommunikation anstelle der liebevollen Beziehung zwischen den Menschen. Und zwar tut sie das offenkundig kaum jemals, um aufzuklären und neue Auswege aus diesem Dilemma zu zeigen, sondern in erster Linie, um Frustrationen (des Autors) abzureagieren und dem inneren Chaos (des Lesers) eine kurzfristige Erleichterung zu verschaffen.
Gewiß gibt es in der utopischen Literatur auch überzeugende positive Beispiele, in denen die Beziehungsstörung gesehen und gestaltet wird, und es entstehen auf diese Weise ab und an sehr wichtige, aussagestarke

Bücher: »Schlachthof 5« von Kurt Vonnegut jr. und »Stern der Ungeborenen« von Franz Werfel. Doch die meisten dieser Publikationen – ich denke da vor allem an die inzwischen mehr als 1300(!) Folgen umfassende Heft-Serie »Perry Rhodan – der Erbe des Universums« – negieren den erotischen Bereich total. Sie behandeln statt dessen rein aggressive Themen, vom Atomkrieg zwischen fernen Sternen bis zur Versklavung der Menschheit durch Marsmenschen oder einen Super-Computer. Wenn überhaupt noch menschliche Beziehungen behandelt werden, dann sind sie auf formelhafte Phrasen und mehr oder minder auf Sachzwängen beruhende Teamarbeit zur Lösung »weltweiter Katastrophen« reduziert. Außer solchen »Arbeitsbündnissen« herrscht eine erschreckend erotikabstinente, ja erotikfeindliche Leere; Thomas Landfinder hatte große Mühe, um für seine Anthologie »Liebe 2002 – Erotic Science Fiction« zwanzig utopische Liebesgeschichten zu finden, und das bei einem internationalen Angebot von Tausenden von SF-Stories.

Die Science-fiction hat eine starke Tendenz, den menschlichen Protagonisten durch Roboter und irgendwelche extraterrestrischen Lebewesen zu ersetzen. Dahinter steht offenbar eine Unfähigkeit und Unbeholfenheit, menschliche Gefühle zu sehen und zu gestalten. Und das ist nach den Erfahrungen der Tiefenpsychologie stets ein Zeichen für unbewältigte aggressive Konflikte, die das Sensorium des Autors blokkieren. Analog wird die Innenwelt des Lesers beschaffen sein. Wo jedoch solche inhumane Einstellungen suchtartig immer wieder aufs neue konsumiert – und damit bestätigt – werden, ist Innenwelt-Verschmutzung gegeben. Die steigenden Auflagen in der westlichen Hemisphäre wie im Ostblock stimmen deshalb nicht gerade optimistisch. Man denke nur an die abstrusen Hirngespinste eines Erich von Däniken, der seine Sachbuch-Science-fiction mit mehr als neun Millionen Weltauflage verkauft hat, mit Ausgaben in Rotchina und in vier indischen Dialekten. Die Phantastereien des Schweizer Exhoteliers sind nichts anderes als in die Menschheitsgeschichte projizierte Omnipotenzvorstellungen höchst privater Natur. Auch im Bereich der Musik läßt sich nachweisen, daß Innenwelt-Verschmutzung aufkommt, sobald der Umgang mit den unbewußten Aggressionen mißlingt beziehungsweise gar nicht erst gesucht wird. Ganz grob kann man – im Sinne unseres Themas – drei Möglichkeiten musikalischer Produktion unterscheiden:

- *Inneres Chaos wird unreflektiert dargestellt und mit sehr einfachen Mitteln (melodisch, rhythmisch) notdürftig gebändigt.* Hier würde ich als sehr gelungene Form den Blues (in künstlerisch verfeinerter

Form: den Jazz) nennen. Er ist ein ausgesprochen depressives Medium, das dennoch durch ironische oder offen aggressive (Rock-Musik) Texte, übersichtliche und eingängige Melodien und vor allem einen sehr befreienden, zum tänzerischen Abreagieren animierenden Rhythmus Aggressionen abzubauen vermag. (Bei den alten Blues eines Leadbelly oder einer Bessie Smith ist das melancholische Element, Ausdruck jahrhundertelanger Unterdrückung, noch stärker ausgeprägt – hier hat in der Zeit seit dem Zweiten Weltkrieg eine deutliche »Bewußtseinserweiterung« stattgefunden, die Aggressionen aus der Verdrängung befreit hat.)

- *Inneres Chaos wird künstlerisch verarbeitet, was dem Zuhörer wie dem Interpreten eine Harmonisierung der eigenen Innenwelt-Verschmutzung erleichtert.* Es ist kein Zufall, daß Musik auch als Hilfsmittel bei manchen Formen der Psychotherapie eingesetzt wird. Nach meinen eigenen Erfahrungen ist vor allem die indische klassische Musik in hervorragendem Maße geeignet, unbewußte Aggressionen abzubauen: Ein einzelnes Melodieinstrument (beispielsweise das Saiteninstrument Sitar) entwickelt eine meditative Klanglinie, die auf raffinierte, höchst kunstvolle Weise die Gemütsverfassung des Zuhörers ganz behutsam umgestaltet, bis endlich innere Ruhe und Harmonie eintreten; die Begleitinstrumente Tabla (indische Doppeltrommel) und Tamboura (ein einfaches Saiteninstrument, das den typischen raunenden Hintergrund der Musik schafft) verstärken die Entspannung. Natürlich kann man ähnliche Effekte auch mit europäischer Musik erzielen, nach meinen Erfahrungen vor allem mit Kompositionen von Wolfgang Amadeus Mozart sowie Johann Sebastian Bach und anderen Barockmusikern.
- *Das innere Chaos wird verdrängt, und man tut so, als gäbe es im Leben keine aggressionsträchtigen Konflikte.* Was dabei herauskommt, ist jene Legion von kitschigen, verlogenen Schlagerschnulzen, die eine heile Welt vorgaukeln und die Realität mit einer Art Zuckerguß überziehen. Kaum etwas ist besser geeignet, die Innenwelt-Verschmutzung zu fördern, als sie derart zu verleugnen. Man kann dies mit der negativen Rolle der Vorurteile gegen Minderheiten vergleichen – nur werden beim Schlagerkitsch (wie bei jeder Art Kitsch) vorgefaßte Meinungen übertrieben positiver Art gefördert, die dem Zuhörer ein völlig irreales Bild von der Wirklichkeit suggerieren.

Die unbewußten Aggressionen werden schließlich auch in manchen Bereichen der Malerei und den ihr verwandten Medien geleugnet. Ich denke da an die gräßlichen Souvenirs und Devotionalien, die man den

Leuten überall in der Welt tonnenweise verkauft. Ich denke auch an jene Scheußlichkeiten, die sich die Schlachtenmaler einer noch gar nicht so lange vergangenen Epoche geleistet haben, indem sie die Toten und Verstümmelten der Kriege dazu mißbrauchten, die Dekoration für eine schöne Landschaft, eine imposante Kanone oder die verlogene Pose eines berühmten Feldherrn abzugeben. Ich denke auch an die eingefrorene Überheblichkeit unzähliger Denkmäler und an die nicht minder verlogenen Porträts der sogenannten (und oft selbst ernannten) Führer der Menschheit, mit denen man den Untertanen Güte und Weisheit vortäuschte, wo doch nicht selten ein Abgrund von kaum zu verhehlender Innenwelt-Verschmutzung gähnte. Treffendes Beispiel: Das Hitler-Porträt von Hubert Lanzinger, das den verbrecherischen Diktator als »Bannerträger« und mystischen Retter des Vaterlandes verklärte.

6.3 Die Wissenschaften

Lassen wir einmal alle jene apokalyptischen Greuel unberücksichtigt, für deren Entstehung Wissenschaftler verantwortlich sind: Atombombe, Bakterienwaffen, chemische Kriegführung, Napalm; Umweltverschmutzung durch DDT und unverrottbare Plastiktüten; luftverpestende Düsenmaschinen und Autos; phosphathaltige Waschmittel usw. Denken wir auch nicht weiter darüber nach, wieweit das rapide Vordringen von Computern, immer schnelleren Fortbewegungsmitteln, Wolkenkratzern und ähnlichen technischen Superleistungen zur Verschmutzung unserer Innenwelt beigetragen hat, weil mit ihnen das Maschinelle das Lebendige überwuchert und damit die Möglichkeiten, Aggressionen abzubauen und gestaltend umzusetzen, immer geringer werden. Sehen wir uns statt dessen einige weit weniger ins Bewußtsein der Öffentlichkeit gedrungene Projekte an, die uns einen Einblick ermöglichen, wieweit technisch-naturwissenschaftliche Forschung und Ausbildung (Fachleute wie der Karlsruher Kybernetiker Professor Karl Steinbuch fordern sie in noch größerem Ausmaß) die Innenwelt-Verschmutzung fördern.

6.31 Der Traum des René Descartes

Zuvor wollen wir uns jedoch einem der Schöpfer des modernen naturwissenschaftlich-technischen Weltbildes zuwenden. Seine Innenwelt wurde schon in frühester Kindheit so weit beeinträchtigt, daß ihm vielleicht gar kein anderer Ausweg möglich war als der in die lebensleere, ja lebensfeindliche Abstraktion des Denkens. Ich meine René Descartes (1596 bis 1650), den französischen Philosophen und Naturforscher. Die Entwicklung der westlich-technischen Zivilisation und des Maschinenzeitalters überhaupt ist untrennbar mit seiner Person verbunden. Hauptkennzeichen des nach ihm benannten cartesianischen (Cartesius = lateinische Form von Descartes) Systems ist ein extremer Dualismus, der das Universum in zwei gegensätzliche und miteinander nicht vereinbare Bereiche aufsplittert:

- in die *res cogitans* (ein denkendes, dimensionsloses Etwas ohne räumliche Ausdehnung) und
- in die *res extensa* (ein räumliches, dreidimensionales Etwas ohne seelische oder geistige Qualitäten).

Beide Eigenschaften dachte sich Descartes als irgendwie im Menschen vereint, ohne daß eine richtiggehende »Einheit« vorstellbar wurde. Erst diese krasse Aufspaltung der Welt in beobachtende Subjekte (gewissermaßen ein Symbol der *res cogitans*: zum Beispiel ein Wissenschaftler) und beobachtbare Objekte (Symbole der *res extensa*: zum Beispiel Versuchsgegenstände oder -personen) hat die exakten Naturwissenschaften ermöglicht. Als »Leib-Seele-Problem« geistert dieser Dualismus noch heute durch die wissenschaftliche Diskussion. Er hat vor allem im Bereich der Medizin heillose Verwirrung gestiftet, wie die noch immer nicht beantwortete Streitfrage nach den psychischen oder somatischen Wurzeln vieler Krankheiten (siehe Kap. 3) und der Psychose (siehe Kap. 4.2) beweist. Während der Cartesianismus der Physik und den ihr verwandten Disziplinen (Chemie, Biologie, Astronomie usw.) einen gewaltigen Auftrieb gab und die Grundlagen zu der imposanten Maschinenwelt unserer Epoche legte, hat er im Bereich der Humanwissenschaften (vor allem der Psychologie) nur Unklarheit geschaffen.

In seinem Buch »Die Flucht vor dem Weib« schildert der deutsch-kanadische Psychotherapeut Karl Stern die Persönlichkeit, die dieses neue Weltbild schuf: »In Descartes' Philosophie stoßen wir auf ein Paradoxon: Auf dem Grund ihrer kristallischen Klarheit... verbirgt sich eine dunkle Welt persönlicher Konflikte.«

Besonders stark prägte ihn der frühe Tod seiner Mutter. Sie starb, als er wenig älter als ein Jahr war; wie wir heute wissen, ist ein derartiges Ereignis das schlimmste seelische Trauma (in Form von unvorstellbaren Trennungsängsten und Haß gegen das verschwundene Liebesobjekt), das einem Menschen widerfahren kann. Schon als Kind war der kleine René immer kränklich – kein Wunder bei diesem Übermaß an »Mutterentbehrung«.

Dadurch kam es zu seiner melancholischen Grundstimmung, die er später durch eine betont optimistische Philosophie zu überwinden meinte. »Der frühe Verlust und die Trauer seiner Kindheit«, schreibt Stern, »zeichneten sein Leben mit einem unauslöschlichen Siegel... Descartes machte den Akt des Zweifelns zur Grundlage aller Erkenntnis.«
Um den Verlust der Mutter vergessen zu können, hat Descartes den Bereich des Mütterlichen, ja des gesamten Weiblichen, total aus seinem bewußten Leben verbannt. Für ihn zählte bald nur noch der kühle »männliche« Intellekt, während Gefühlswärme und Sehnsucht nach Geborgenheit als Repräsentanten der »weiblichen« Sphäre verschmäht wurden. Descartes wurde damit zum Prototyp des neuzeitlichen Menschen, der zwar mit seiner Technik aggressiv die Welt erobert, diesen äußerlichen Triumph aber mit dem Preis der Sinnlosigkeit seines Lebens und der inneren Leere, der Langeweile und der depressiven Verstimmung bezahlen muß, die zum hauptsächlichen Krankheitssymptom des *Homo faber* der westlichen Welt geworden sind.
Heute würde man Descartes – ungeachtet seines wissenschaftlichen Genies – wahrscheinlich als hochgradig neurotisch betrachten. Vermutlich litt er an einer schizoid-depressiven Neurose mit Zwangselementen, die er jedoch aufgrund seiner großen Begabung bei der Konstruktion seiner Weltanschauung sublimierte. Wie chaotisch seine Innenwelt unter der glatten, kühlen Oberfläche des Philosophen gewesen sein könnte, das zeigen uns drei Träume, die er im Winter 1619 in Ulm erlebte. Er hatte damals dem französischen *Vater*land und der *Mutter*sprache den Rücken gekehrt (was man auch als symbolischen Akt verstehen kann) und war als Unteroffizier in die bayerische Armee eingetreten. Am Tag vor den Träumen, deren ersten ich ausführlich wiedergeben möchte, war er voller Begeisterung über einige neue mathematische Entdeckungen im Rahmen seiner *scientia mirabilis* (etwa: wunderbare Wissenschaft) gewesen. Sein Biograph Adrien Baillet gibt den Traum folgendermaßen wieder:

»Nachdem er eingeschlafen war, glaubte er, irgendwelche Phantome zu sehen, und fühlte sich durch diese Erscheinung erschreckt. Er glaubte, durch die Straßen zu gehen, und war über die Erscheinung so entsetzt, daß er sich auf die linke Seite niederwerfen mußte, um an den Ort gelangen zu können, wohin er zu gehen beabsichtigte. Denn an der rechten Seite fühlte er eine große Schwäche und konnte sich nicht aufrecht halten. Beschämt, auf diese Weise gehen zu müssen, machte er eine Anstrengung, um sich aufzurichten, doch da fühlte er einen heftigen Wind, so daß er sich drei- oder viermal auf seinem linken Fuß im Kreise herumdrehte... Das war es eigentlich noch nicht, was ihn erschreckte. So schwierig war es, vorwärts zu kommen, daß er bei jedem Schritt glaubte, hinzufallen. Endlich bemerkte er auf seinem Weg ein Seminar, das offenstand, und er trat ein, um dort Zuflucht zu finden und Hilfe gegen seine Bedrängnis. Er versuchte, die Kirche des Seminars zu erreichen, und sein erster Gedanke war, ein Gebet zu verrichten, aber er bemerkte, daß er an einem Bekannten, ohne zu grüßen, vorbeigegangen war, und wollte wieder umkehren, um sich gegen ihn höflich zu zeigen. Doch er wurde von dem Wind, der in der Richtung, wo sich die Kirche befand, wehte, mit Gewalt zurückgehalten. Im selben Augenblick sah er inmitten des Schulhofes wiederum einen anderen Mann, dieser rief Descartes höflich und zuvorkommend beim Namen... wie groß war sein Erstaunen, als er sah, daß Leute, die sich mit diesem Mann um ihn versammelt hatten, um miteinander zu plaudern, aufrecht und fest auf ihren Füßen stehen konnten, mußte er doch an demselben Ort immer gekrümmt und schwankend gehen, obgleich der Wind, der ihn schon mehrere Male umzuwerfen drohte, sehr nachgelassen hatte.«

Im nächsten Traum erlebte Descartes etwas ähnlich Beängstigendes. Er hörte einen Donnerschlag, erwachte und sah im Zimmer viele Feuerfunken. Erst der dritte Traum hatte eine eher beruhigende Wirkung. Träume sind nicht nur Wunscherfüllungen, wie Sigmund Freud es etwas einseitig gesehen hat, sondern können immer auch als eine Art »existentieller Momentaufnahme« des Träumers, als Darstellung seiner seelischen Verfassung betrachtet werden. Zugleich kann man sie auch als Versuch verstehen, beunruhigende innere Konflikte zu meistern. So nimmt es nicht wunder, wenn Descartes sich im ersten Traum (als der »Wind« ihn umzublasen droht) dem religiösen Bereich, der Seminarkapelle, zu nähern sucht, so als erwarte er dort geistigen Zuspruch. Wenn wir den »Traum-Wind« (wie den »Donner« im folgenden Traum) als Repräsentanten von Descartes' unbewußten Aggressionen verstehen (andere, vor allem spirituelle Aspekte sollen hier außer acht bleiben), so könnte man die Träume als unbewußten Versuch des Philosophen interpretieren, in seine verdrängte Innenwelt-Chaotik Harmonie zu bringen – ein Versuch, der freilich mißglückte und allenfalls im dritten Traum eine gewisse Befriedigung fand. Sein philosophisches Werk diente vielleicht auch einem ähnlichen Zweck, nämlich die Innenwelt-Verschmutzung aufzuarbeiten beziehungsweise abzuwehren. Mag dieser Zweck für Descartes persönlich erreicht worden sein (wir wissen es nicht) – für manche seiner Zeitgenossen zumindest trat der gegenteilige Effekt ein. Der sensible Goethe jedenfalls, der die ersten Erfolge

der cartesianischen Lehre als Student in Straßburg miterlebte, schrieb darüber: »Es kam uns so grau, so kimmerisch, so totenhaft vor, daß wir Mühe hatten, seine Gegenwart auszuhalten, daß wir davor wie vor einem Gespenst schauderten.«
Man könnte fast meinen, der Dichter habe nicht das philosophische System gemeint, sondern den oben zitierten Traum Descartes'. Wir wissen heute, daß Traum wie System nur zwei verschiedene Erscheinungsformen seiner Innenwelt waren. Freilich muß man sich immer vor Augen halten, daß es die Innenwelt eines der größten Geister der Menschheitsgeschichte war. Was Descartes letzten Endes mit seiner Philosophie zerstörte, war die lebendige innere Bilderwelt – gewissermaßen der Gegensatz der Innenwelt-Verschmutzung –, die der Mensch braucht, um seelisch gesund und schöpferisch zu bleiben. Ihre Entstehung setzt nach Meinung vieler Tiefenpsychologen eine glückliche Beziehung zur Mutter während der frühen Kindheit voraus – was ja gerade bei Descartes nicht der Fall war.
Ich bin mir der Fragwürdigkeit solcher Fern-Diagnosen bewußt. Und dennoch, es gibt auch den Satz der Bibel: »An ihren Früchten sollt ihr sie erkennen.«

- Daß heute Wissenschaftler und Militär mit Begriffen wie »Overkill« argumentieren;
- daß damit begonnen wird, an den Genen der Geschöpfe herumzumanipulieren;
- daß Zellkern- und Atomkern-Spaltung so vorangetrieben werden, als handle es sich um Vorgänge, die uns nichts weiter angehen

– dies und vieles mehr sind Früchte der von Descartes zwar nicht allein erfundenen, aber doch maßgeblich vorangetriebenen Spaltung von Gefühl und Intellekt.

6.32 Die Zerstörung der Bilderwelt

Die Welt der Bilder und Symbole ist offenbar der Weg der Natur, die Spaltung des Menschen in Seele beziehungsweise Geist *(res cogitans)* und Körper *(res extensa)* zu verhindern. Es ist denkbar, daß sie beim Menschen an die Stelle der instinktiven Verkoppelung mit der Umwelt getreten ist, die das Tier auszeichnet. Man kann sie als eine Art Medium betrachten, das die leibseelische Ganzheit der menschlichen Person sichert. Wo diese Bilderwelt gestört wird, kommt es zur Innenwelt-Verschmutzung, genau wie umgekehrt die Verschmutzung der Innenwelt die inneren Bilder, wie sie beispielsweise im Traum zutage treten, stört.

Zwei Jahrtausende vor Descartes hatte schon einmal jemand diese Bilderwelt mit seiner Philosophie zu stören gesucht: der griechische Denker Sokrates (470–399 v. Chr.). Die Bürger Athens verurteilten ihn deshalb zum Tode durch den Schierlingsbecher. Das Zerstörungswerk zu vollenden ist allerdings erst Descartes gelungen, nicht zuletzt deshalb, weil zu seiner Zeit die allgemeine Innenwelt-Verschmutzung schon kräftig begonnen hatte (er lebte in einer Epoche, die durch einen allgemeinen psycho-sozialen Verfall gekennzeichnet war, wie er sich in den Hexenverfolgungen und den Religionskriegen deutlich manifestierte).

Nur wenn wir in der Geschichte der Menschheit zurückgehen, zum Beispiel bis zu Descartes und Sokrates (und noch weiter bis in die Jungsteinzeit – siehe Kap. 7), können wir verstehen, wo die Wurzeln der gewaltigen Innenwelt-Verschmutzung unserer Tage liegen. Ihr Auftreten in derart massiver Form und Konzentration läuft nicht zuletzt parallel zum allgemeinen Zerfall der Religiosität, wobei diese als Inbegriff innerer Fülle, Lebendigkeit und Sinnhaftigkeit verstanden werden soll. Es ist ja kein Zufall, daß Sokrates wegen Gotteslästerung angeklagt wurde. Genausowenig wie es ein Zufall ist, daß der Untergang des Christentums am deutlichsten spürbar wurde,

- als der Cartesianismus in Form der positiv-materialistischen Naturwissenschaften seine größten Triumphe feierte und
- als im vergangenen Jahrhundert die seelischen Störungen zunahmen, (siehe Kap. 4.1).

Es war der Arzt und Psychologe Freud, der eben diesen inhumanen Materialismus überwand und mit der Psychoanalyse eine Therapie begründete, die an die Stelle der (bewußt erlebten) inneren Leere und des (unbewußt darunter lauernden) inneren Chaos des neuzeitlichen Menschen wieder lebendige Fülle und das Erlebnis der Sinnhaftigkeit des eigenen Daseins setzte. Freud gelang dies bezeichnenderweise dadurch, daß er die kreative Bilderwelt des Traumes neu entdeckte und für uns nutzbar machte, die schon dem antiken Menschen als Inbegriff der inneren Ganzheit galt.

Die Wissenschaftler und Intellektuellen unserer Tage stammen häufig aus ähnlich problematischen Familien wie Descartes. Das beweisen die Fallstudien der Psychotherapeuten, bei denen solche emotional verarmten Menschen Hilfe suchten. Der amerikanische Analytiker Lawrence Kubie hat solche Fälle in seiner Studie »Psychoanalyse und Genie« beschrieben. Sehr ausführlich geht der österreichisch-amerikanische Analytiker Kurt R. Eissler in einer zweibändigen Biographie auf diese emotionalen Konflikte bei dem Dichter und Wissenschaftler Johann Wolfgang von Goethe ein. Während aber vielen Hilfesuchenden mit einer Psychoanalyse durchaus geholfen werden kann, laborieren andere mit nicht weniger massiven Formen der Innenwelt-Verschmutzung weiter, wobei sie psychosomatische Krankheiten, Neurosen, ja manchmal sogar *Borderline*-Syndromatik oder psychotische Wahngebilde als Abwehr benutzen. Sie tragen ihre Störungen in Form von inhumanen Experimenten oder nicht weniger inhumanen Lehren weiter, ohne zu spüren, daß diese – wenn auch nicht ausschließlich – ein Ausdruck und ein Abreagieren ihrer von Kindheit an aufgestauten Haßgefühle sind.

Es ist sicher kein Zufall, daß die überwiegende Zahl sogenannter autistischer Kinder (siehe Kap. 4.23) aus Intellektuellenfamilien stammen, also gewissermaßen seelische Störungen der zweiten, wenn nicht gar dritten und vierten Generation aufweisen, die deshalb entsprechend früher auftreten und sich massiver auswirken. Die amerikanische Kindertherapeutin Virgina Axline hat in ihrem Buch »Dibs« die langwierige Behandlung eines solchen Kindes und seinen typischen familiären Hintergrund mit den gefühlskargen, hochneurotischen und intellektuell hypertrophierten Eltern detailliert beschrieben. Gerade an diesem erschütternden Beispiel kann man unmißverständlich sehen, daß Innenwelt-Verschmutzung keine Privatsache ist, die der Neurotiker oder *Borderline*-Kranke (oder wie immer die individuelle Maske aussehen mag) nur im stillen Kämmerlein durchleidet. Auf jeden Fall werden die eigenen Kinder von diesen Störungen angesteckt. Der Psychoseforscher Lewis Hill von der Yale University hat sogar eine Theorie entwickelt und durch entsprechende Beobachtungen gestützt, wonach eine schizophrene Erkrankung sich im Verlauf mehrerer Generationen entwickelt: Bei den Großeltern hält sich die seelische Störung noch in (neurotischen?) Grenzen, die Eltern sind bereits erheblich stärker gestört, und bei der Kindergeneration tritt die Psychose dann in voller Blüte zutage.

(Wahrscheinlich wird nicht nur ein schädliches psycho-soziales Klima an die Folgegenerationen weitergegeben, sondern – zumindest im Falle der Schizophrenie – auch eine entsprechende physiologisch verankerte Übersensibilität gegen Umweltreize vererbt; dafür spricht, daß man in Familienfolgen mit überdurchschnittlich vielen Psychotikern auch überdurchschnittlich viele Hochbegabte findet, die ihre Sensibilität wahrscheinlich besser nutzen konnten).

Wie viele seiner Studenten steckt ein Hochschulprofessor an, der jahrelang am Rande einer Psychose entlangbalanciert? Wie viele seiner Assistenten infiziert ein anderer mit seiner mehr oder minder ausgeprägten Neurose? Beide können ja privates und öffentliches Wirken nicht voneinander trennen (zumal die seelische Störung meist nicht einmal dem

Betreffenden selbst klar bewußt ist) und spannen deshalb nicht nur ihre Forschungsarbeit, sondern auch ihre Vorlesungen und Publikationen zur Abwehr ihres inneren Chaos ein. Solche Fälle sind keineswegs selten. Der Harvard-Dozent Timothy Leary, der Hunderttausende mit seiner LSD-Begeisterung infiziert hat, ist nur ein besonders spektakuläres Beispiel. Oft äußert sich die seelische Störung in der Identifikation mit einer extremen politischen Richtung: Dafür sind die begeisterten Nazi-Nachbeter unter den Professoren des Dritten Reiches ebenso warnende Beispiele wie heutzutage manche nicht weniger engagierte marxistische Hochschullehrer.
Solche Wissenschaftler ziehen Studenten, die ähnliche innere Schwierigkeiten haben wie ihre akademischen Lehrer, geradezu magisch an. Es werden Dissertationen geschrieben, in denen dieselbe Form der inneren Verstörtheit zum Ausdruck kommt, und sei es nur in abstrusen Denkansätzen. Schlimmstes Beispiel: Das Postulat, daß Tierversuche für die Medizin des Menschen notwendig seien. Und es werden Möglichkeiten geschaffen, die es einer weiteren Generation erleichtern, ihre unbewußten Aggressionen in allen möglichen Formen auszutoben – nur nicht in einer, die sie sinnvoll zähmt.
Bestimmte akademische Disziplinen wie die Theologie und die Philosophie (ich erinnere nur an die mittelalterliche Scholastik und an den Neopositivismus unserer Tage), aber auch die Psychologie und die Soziologie haben eine fatale Neigung, mit sektiererischem Ausschließlichkeitsanspruch aufzutreten – der aber ist im Grunde nur noch ein gigantisches intellektuelles Abwehrsystem, das ein unbewußtes Chaos mit der kühlen Glätte rationaler Balanceakte mühsam in Schach hält. Zwei meiner begabtesten Studienkollegen sind mit Psychosen in der Nervenheilanstalt gelandet, weil sie die Diskrepanz von eigener Verwirrung und steriler akademischer Psychologie anders nicht mehr bewältigen konnten.
Wenn ich jetzt einige Beispiele herausgreife, die ich für typische Erscheinungsformen der Innenwelt-Verschmutzung im Bereich der Wissenschaften halte, so kann dies natürlich keine vollständige Aufzählung sein; dazu müßte man eine halbe Bibliothek füllen. Genausowenig soll es ein Angriff gegen diese Disziplinen sein – denn wer könnte schon einen Albert Einstein verdammen, weil man seine Relativitätstheorie zum Bau der Atombombe mißbraucht hat, oder einen Norbert Wiener, weil man seine kybernetischen Forschungen zur Lenkung von ballistischen Raketen in Vietnam verwendete, oder einen Iwan Pawlow, weil man seine Reflexstudien bei der Gehirnwäsche einsetzt?
Oder kann man diesen Gelehrten mit ihrer Elfenbeinturm-Mentalität solche Vorwürfe doch nicht ersparen? Die Naturwissenschaftler zu-

mindest haben bisher für ihre Arbeit immer den Anspruch erhoben, sie sei wertfrei. Ich hoffe, am Beispiel des René Descartes in etwa gezeigt zu haben, daß sich hinter diesem »wertfrei« nicht weniger Verstörtheit verbergen kann als hinter der aufputschenden Demagogie eines Adolf Hitler. Sicher ist die Relativitätstheorie ein »wertfreies« mathematisch-philosophisches Gebilde, wenn man so will. Aber mit der Ausklammerung des Realitätsbezuges, den die mathematische Abstraktion zwangsläufig mit sich bringt, geht eben auch der Bezug zum Menschen unter, verliert man die Vorstellungen von möglichen psychischen und sozialen Konsequenzen aus den Augen, wird die unausweichliche Tatsache übersehen, daß sich immer Menschen finden, die die naive, papierene »Innenwelt-Verschmutzung« ummünzen in manifeste Aggression, etwa in Form von Waffensystemen. Nur wenn man diese Verbindung immer im Auge behält, kann man verstehen, daß eben doch eine Beziehung besteht zwischen

- dem Rückzug des Jünglings Albert Einstein in die Mathematik
- und den Wissenschaftlern des Manhattan-Projekts
- und den verantwortlichen Politikern im Pentagon und im Weißen Haus
- und den Bomberpiloten über Hiroshima und Nagasaki
- und den radikalen japanischen Studenten, die heute brutal gegen die Amerikaner demonstrieren, weil sie die Atomblitze von 1945 nicht vergessen können, die noch immer ihre Opfer an Strahlenschäden dahinsiechen lassen.

Innenwelt-Verschmutzung hat viele Masken. Und eine ihrer fatalsten Eigenschaften ist, daß sie diese Masken ständig wechselt.

6.33 Unmenschliche Versuche

Nicht immer bleibt Aggression verborgen wie beim Neurotiker. Gerade in Krisenzeiten, wenn autoritäre Herrschaftsstrukturen dominieren, ergeben sich immer auch Möglichkeiten für den seelisch Kranken, ohne große Angst vor massiven Schuldgefühlen seine geheimsten Phantasien mit offizieller Billigung auszuleben. Der öffentlich wirkende »kranke« Wissenschaftler ist nicht nur deshalb besonders gefährlich, weil er viel mehr Menschen mit seiner Innenwelt-Verschmutzung infiziert, sondern vor allem auch, weil er »objektive« Maßstäbe setzt, die Eingang in die Literatur seines Fachgebietes finden und noch viele Jahre später ganze Generationen vergiften.

Beispiel 1: Am 23. Mai 1967 verkündete ein Frankfurter Schwurgericht, nach acht Monaten Verhandlung, das Urteil gegen drei Ärzte. Der

Landgerichtsdirektor Zoebe spezifizierte: Die den Angeklagten vorgeworfenen und nachgewiesenen Tötungen seien, im Sinne des Strafgesetzbuches, eindeutig Morde gewesen, für die es keinerlei Rechtfertigung gebe. Alle drei Ärzte hatten während der NS-Zeit im Rahmen der »Aktion Gnadentod« (»T4«) Tausende von Geisteskranken für »lebensunwert« erklärt und zum Teil eigenhändig mit giftigem Kohlenmonoxyd vergast: Dr. med. A. U. lastete man 1815 Opfer an, Dr. med. H. B. mindestens 5000, Dr. med. K. E. 2250.
Alle drei Mörder praktizierten längst wieder als Ärzte, nicht irgendwo in Südamerika, sondern in Stuttgart, Celle und anderswo. Offenbar trug ihnen niemand ihre Untaten sonderlich nach. Das Frankfurter Gericht sprach sie sogar frei, obwohl bei der Urteilsfindung klar hervorging, daß sie keineswegs von den damaligen Machthabern zu ihren Taten gezwungen worden waren, sondern sie freiwillig durchführten: Geisteskranke waren eben nach der im Dritten Reich herrschenden wissenschaftlichen Lehrmeinung unheilbar und körperlich krank; von psychischen Ursachen der Schizophrenie und gar den Möglichkeiten einer Psychotherapie für wenigstens einen Teil dieser unglücklichen Geschöpfe hielt man in den führenden Kreisen der deutschen Psychiatrie nichts.
Die Zuhörer im Schwurgerichtssaal spendeten nach der Verkündigung des dreifachen Freispruchs »prasselnden Applaus«, wie ein Gerichtsreporter vermerkte. In Celle unterzeichneten 5000 Bürger sogar eine Petitition, um einem der angeklagten Ärzte, der in ihrem Heimatort lebt, wieder zu seiner vorübergehend entzogenen Approbation zu verhelfen. Innenwelt-Verschmutzung kann seltsame Formen annehmen. Sie ist sicher auch dann am Werk, wenn zweierlei Recht gefordert und verkündet wird: Im gleichzeitig stattfindenden Lebach-Prozeß tat die Volksmenge ihre Meinung eindeutig kund mit Aufforderungen wie »Aufhängen – aber vorher noch piesacken!«. Das Gericht schickte die Hauptangeklagten dieses Mordprozesses für viele Jahre ins Gefängnis. »Nicht daß der Täter einen Mord begeht, nimmt ihm die Gesellschaft übel, sondern daß er es auf eigene Faust tut«, könnte man Arno Plack zitieren.
Beispiel 2: Deutsche Forscher haben nicht nur Geisteskranke euthanasiert. Sie haben sich »im Namen der Wissenschaft« noch ganz andere Taten geleistet. 1947 sammelte Alexander Mitscherlich, damals noch ein unbekannter junger Mediziner, mit seinem Kollegen Fred Mielke im Auftrag der westdeutschen Ärzteschaft die Dokumente der Nürnberger Prozesse, soweit sie Untaten von Ärzten betrafen. Über das seltsame Schicksal dieses Buches schrieb Mitscherlich in einer Neuausgabe:

»Dieses Dokument enthielt nur einen Auszug aus dem Material der Anklage: Es erschien noch während des Prozesses und war als Informationsquelle vor allem für den ärztlichen Leser gedacht... Das Echo, das uns erreichte, enthielt den Protest einiger Forscher, deren Namen sich in den Dokumenten fanden... Die Anschuldigungen gegen uns nahmen schließlich ein groteskes Ausmaß an, und man konnte in der Folge manchmal glauben, wir hätten das alles, was hier verzeichnet steht, erfunden, um unseren ehrwürdigen ärztlichen Stand zu erniedrigen.«

Ziemlich entmutigt, legten Mitscherlich und Mielke 1949 ihre endgültige Dokumentation unter dem Titel »Wissenschaft ohne Menschlichkeit« vor. Sie wurde in 10000 Exemplaren an die westdeutsche Ärzteschaft verschickt. Aber im Gegensatz zum ersten Entwurf wurde sie jetzt völlig totgeschwiegen.

Was für ein Buch ist das? Es behandelt die verbrecherischen Menschenversuche in den Konzentrationslagern. Damals machten bekannte und bei ihren Kollegen angesehene Wissenschaftler und Ärzte wie Professor Gerhard Rose unter anderem folgende Experimente, die in vielen Fällen für die Versuchspersonen tödlich ausgingen oder sie zeitlebens verstümmelten:

- Unterdruck- und Unterkühlungsversuche;
- Impfungen mit überaus gefährlichen Fleck- und Gelbfiebererregern;
- Entnahme von Knochenstücken bei lebendigem Leib;
- experimentelle Beatmung mit Giftgasen wie Lost und Phosgen;
- Vorarbeiten mit Röntgenstrahlen für die geplante Massensterilisation von Juden, Polen, Zigeunern und anderem »unerwünschten Volkstum«.

Noch dazu handelte es sich, wie man heute weiß, um wissenschaftlich wertlose und höchst überflüssige Versuche, die letzten Endes wahrscheinlich nur der Befriedigung sadistischer Antriebe der Experimentatoren dienten.

Mitscherlich zieht ein erschütterndes Fazit: »Von ungefähr 90000 damals in Deutschland tätigen Ärzten haben etwa 350 Medizinverbrechen begangen... jeder dreihundertste Arzt ein Verbrecher...« Er fährt fort: »Doch das trifft nicht den Kern. 350 waren unmittelbar Verbrecher – aber es war ein Apparat da, der sie in die Lage oder in die Chance brachte, sich zu verwandeln. Sie haben ja nicht die Patienten ihrer Praxis getötet. Sie haben sich zumeist an diskriminiertem ›Menschenmaterial‹ versucht, zum Beispiel der Professor der Anatomie der ›Reichsuniversität‹ Straßburg, August Hirt, mit seiner Schädelsammlung von *›jüdisch-bolschewistischen Kommissaren, die ein widerliches, aber charakteristi-*

sches Untermenschentum verkörpern‹. Der Apparat schaffte sie herbei. Was aber ist der Apparat?
Dieser Apparat waren Vorgesetzte, Assistenten, technische und militärische Hilfskräfte sowie Politiker aller Chargen, die solche Unmenschlichkeit der Wissenschaftler duldeten, förderten, ja verlangten – und die damit das private innere Chaos einiger weniger an ihre Kinder, Verwandten und Untergebenen weitergaben. Nicht so sehr durch Berichte über ihre Untaten und durch die unmittelbaren perversen Auswirkungen ihrer Verbrechen (die sie meist – wie Adolf Eichmann – gar nicht als verwerflich ansahen), sondern vor allem dadurch, daß sie ihre seelischen Störungen, die Grundlage ihrer Unmenschlichkeit, weitergaben an die Innenwelten vieler anderer Menschen. Der Versuch der westdeutschen Ärzteschaft, unter dem Vorwand vorwiegend standespolitischer Erwägungen die Scheußlichkeiten ihrer Kollegen selbst nach Kriegsende totzuschweigen, ist nur eine andere Erscheinungsform von Innenwelt-Verschmutzung, einfach deshalb, weil damit eine sadistische Komponente der Realität verleugnet wird.
Beispiel 3: Wissenschaftler haben ihre Unmenschlichkeiten nicht nur in Deutschland begangen. Anfang der dreißiger Jahre haben es Mediziner in Alabama aus wissenschaftlicher Neugier unterlassen, syphiliskranke Neger zu behandeln, um den Verlauf des Leidens zu studieren. Von den 430 Probanden starben mindestens 28 an den unmittelbaren Folgen der Krankheit, während zahllose andere Farbige, die man ebenfalls nicht behandelt hatte, wahrscheinlich schwere Schäden am Nervensystem und am Knochenskelett davontrugen. Das von der Regierung zur Untersuchung dieser skandalösen Vorgänge eingesetzte »Tuskegee-Komitee« betonte in seinem Bericht entschuldigend, daß zur Zeit dieser Experimente »andere Verhältnisse und Zeiten« geherrscht hätten.
Dieses Alibi erscheint mir wenig stichhaltig. Innenwelt-Verschmutzung ist, auch im Bereich des Mediums Wissenschaft, relativ wenig von den Zeitläufen abhängig, wenn sie einmal weit genug verbreitet ist. So schilderte erst in den siebziger Jahren Professor F. Coulston von der Union University in Albany im US-Staat New York folgende Experimente, die er mit Häftlingen durchführte:

- Einer Gruppe Freiwilliger (wer weiß, was »freiwillig« für einen Lebenslänglichen bedeutet, wird die Bedeutung dieses Wortes richtig einschätzen) gab Coulston das Pflanzenschutzgift Parathion (E 605). Sobald sich bestimmte Enzyme im Blut der Häftlinge »auf einen gefährlichen Wert« erniedrigt hatten und die Vergifteten demzufolge schwer krank wurden, wurde das Präparat abgesetzt. Man verabreichte es den Häftlingen aber sofort wieder, sobald sie sich einigermaßen erholt hatten.

- Andere »Freiwillige« sperrte Coulston fünfeinhalb Monate in ein Zimmer, das sie lediglich während der Essenszeit eine halbe Stunde verlassen durften. In der übrigen Zeit wurden sie einer mit winzigsten Bleipartikeln präparierten Atmosphäre ausgesetzt, wodurch der Bleipegel in ihrem Blut anstieg. Die Experimente mußten, nach Coulstons eigenen Worten, »leider vorzeitig abgebrochen werden«, weil die Häftlinge eine weitere Mitarbeit verweigerten.

Wie ein Wissenschaftsredakteur in seinem Bericht notierte, sind diese Experimente wissenschaftlich von höchst zweifelhaftem Wert. Besonders erstaunt war man, daß Coulstons Vortrag während des zweiten Internationalen Symposions »Aspekte der chemischen und toxikologischen Beschaffenheit der Umwelt« auf keinerlei Kritik stieß. Ob es daran lag, daß die Teilnehmer des Symposions größtenteils aus der pharmazeutischen Industrie stammten, die in den USA Coulstons Experimente tatkräftig unterstützt? Man sieht, daß es gar nicht unbedingt einer verbrecherischen Tyrannei bedarf, um solche scheußlichen Experimente zu ermöglichen.

Humanversuche sind ein ganz besonders übler Ausdruck der Innenwelt-Verschmutzung, weil sie das Gefühl für den Wert menschlichen Lebens auf besonders drastische Weise reduzieren. Dieses Gefühl jedoch ist die Grundlage unserer sozialen Existenz. Geradezu makaber ist im zuletzt beschriebenen Beispiel, daß solche Versuche im Namen des Umweltschutzes vorgenommen wurden. Umweltschutz auf der Basis von Innenwelt-Verschmutzung – einen größeren Widersinn kann man sich kaum vorstellen.

Muß man noch auf die Bereitschaft sowjetischer Psychiater eingehen, politisch Unliebsame als »geisteskrank« einzustufen, damit sie unauffällig aus dem Verkehr gezogen werden können? Oder auf die Elektroschocks, mit denen englische Psychologen im Rahmen der »Aversionstherapie« Homosexuelle und Drogensüchtige zu heilen versuchen? Oder auf die Forschungen chinesischer Experten zur Gehirnwäsche? Solange es Wissenschaftler mit solchem Ausmaß an Innenwelt-Verschmutzung gibt, wird man auch Forscher und Techniker finden, die ABC-Waffen bauen. Und man wird weiterhin seelisch gestörten Studenten eine willkommene Legitimation geben, ihre Leiden nicht mit sich selbst (oder mit Hilfe eines Psychotherapeuten) auszumachen, sondern nach »draußen« abzureagieren, eben auch in Form solcher Pseudowissenschaft.

Wie antwortete Professor Coulston, als man ihn schockiert nach möglichen Vorteilen fragte, die man den Gefangenen für die Teilnahme an den Giftversuchen geboten haben könnte? Er tat die Frage unfreundlich ab – bei den Häftlingen habe es sich schließlich um Verbrecher

gehandelt, die auf diese Weise der Menschheit wenigstens einen kleinen Dienst geleistet hätten.
Ob Coulston nicht gemerkt hat, daß eine Gesellschaft mit etwas weniger Innenwelt-Verschmutzung und entsprechend humaneren Wertvorstellungen ihn selbst als Verbrecher brandmarken würde?

6.4 Wirtschaft und Werbung: die Midas-Plage

Das Wirtschaftsleben basiert auf gegenseitigem Vertrauen. Die meisten Kommunikationen in diesem »Medium« – und das schließt den Kauf einer Boulevardzeitung für sechzig Pfennige ebenso ein wie das internationale Milliardengeschäft – bestehen aus mehreren »Verträgen« im juristischen Sinne, die keineswegs immer der schriftlichen Form bedürfen. In den Augen eines Rechtsanwalts ist ja selbst der Erwerb einer Flasche Bier in Wahrheit nur aufgrund mehrerer ineinander verschachtelter vertraglicher Absprachen möglich: »Ich gebe dir eine Mark«. – »Ich akzeptiere deine Mark und gebe dir dafür eine Flasche Bier.« – »Ich nehme die Flasche Bier an und beanstande die Lieferung nicht. Gleichzeitig nehme ich zur Kenntnis, daß die leere Flasche nicht in mein Eigentum übergeht, sondern nur geliehen ist.« Solcher rechtlicher Feinheiten wird man in der Regel erst gewahr, wenn es zu einem Zivilprozeß gekommen ist.
Wir haben bereits (siehe Kap. 4.63) die Wirtschaftskriminalität behandelt und gesehen, daß diese keineswegs nur auf den Gauner und sein unmittelbares Opfer beschränkt bleibt, sondern oft weite Kreise Unbeteiligter mit erfaßt, ganze Familien zerstört und Haß und Zwietracht schürt. Nun sollen einige Beispiele behandelt werden, darunter die Werbung, die nicht so offenkundig kriminell sind, die aber trotzdem – oder gerade deshalb? – um so verheerender wirken können.

6.41 Jussef Beidas und die Intra-Bank

Beirut ist weit von hier, und was dort geschieht, mag uns wenig tangieren. Trotzdem lohnt es sich, kurz anzusehen, welche Macht ein einzelner Mensch binnen kurzer Zeit ansammeln kann, wenn er das Vertrauen seiner Mitmenschen genießt, und wieviel moralischen Schaden (auch dies ein Aspekt der Innenwelt-Verschmutzung!) er anrichtet, wenn er dieses Vertrauen mißbraucht. Ganz zu schweigen von den sekundären Schäden, die jede finanzielle Katastrophe nach sich zieht und die von der neurotischen Depression über die Trunksucht bis hin zum Selbstmord alle möglichen persönlichen Tragödien auszulösen vermögen.

Jussef Beidas war 1948 während des arabisch-jüdischen Krieges aus Jerusalem geflohen und hatte sich zunächst, mit einem geborgten Startkapital von viertausend Dollar, als Geldwechsler niedergelassen. Er wählte diesen Beruf, weil man dabei, wie er voller Selbstbewunderung erzählte, »sein gesamten Kapital sechsmal am Tag umschlagen kann, jedesmal mit Gewinn«. Einmal vermietete er sogar seine gesamte Büroeinrichtung und wickelte derweil die eigenen Geschäfte auf dem Boden sitzend ab, bis ihm alles wieder gehörte – inklusive eines sorgsam kalkulierten Profits. Mit Charme und Geschick sammelte er innerhalb von drei Jahren ein beachtliches Vermögen von 2,1 Millionen Dollar an. Mit diesem Startkapital gründete er die Intra-Bank. Trotz des Mißtrauens der alteingesessenen Bankiers gelang es Beidas, sehr bald sechzig Prozent des libanesischen Bankgeschäfts zu kontrollieren und dadurch zum beherrschenden Faktor nicht nur der »Schweiz des Nahen Ostens« zu werden, sondern auch politischen Einfluß zu gewinnen. Überall auf der Welt, in vierzig Großstädten, ließ er luxuriöse Filialen bauen; in New York kaufte er für zehn Millionen Dollar einen 27stökkigen Wolkenkratzer an der Fifth Avenue.
Eine Reihe von ungünstigen Faktoren wirkten dann 1966 zusammen und ließen die tönernen Füße seines künstlich aufgeblähten Imperiums binnen Jahresfrist zusammenfallen. Vor allem waren es wohl die arabischen Ölscheichs und andere Großanleger, darunter viele nord- und südamerikanische Steuerflüchtige, die ihre Einlagen bei der Intra-Bank kündigten, um von den gestiegenen Bankzinsen in Europa zu profitieren; ein Bruder König Feisals von Arabien soll sechs Millionen Dollar auf einmal abgehoben haben.
Beidas war plötzlich knapp bei Kasse. Die libanesische Regierung verweigerte einen Überbrückungskredit. Das Banken-Establishment war nicht zimperlich mit Warnungen vor dem unliebsamen Konkurrenten. Tausende von geängstigten Kunden wollten ihre Guthaben zurückhaben und ließen sich an einem einzigen Tag siebzig Millionen Dollar zurückzahlen. Sie hatten noch Glück – ihre langsameren, vertrauensseligeren Mitsparer, meist »kleine Leute«, gingen leer aus. Am 15. Oktober 1967 erklärte das Handelsgericht in Beirut die Intra-Bank für bankrott und eröffnete das Konkursverfahren. Die Buchprüfung förderte Radierungen und Unkenntlichmachung von Eintragungen mit chemischen Mitteln zutage und enthüllte, daß Beidas und seine Kollegen vom Bankvorstand sich – gesetzwidrig – 253 Millionen libanesische Pfund

selbst geliehen und lediglich 88 Millionen an echte Bankkunden weitergegeben hatten. Es gab Geheimkonten, riesige Spesenabrechnungen, Bestechung von Wirtschaftsprüfern mit Summen bis zu (umgerechnet) 350000 Mark. Gefährdet wurden nicht nur das Bankkapital, sondern auch die Einlagen unzähliger Sparer in Höhe von über einer Milliarde Mark.

Jussef Beidas floh nach Brasilien. Dem Korrespondenten des Nachrichtenmagazins »Time« gestand er: »Viele Leute dachten, ich würde mich erschießen. Aber ich habe die Kraft zum Überleben. Brasilien ist das Land der Zukunft, und hier braucht man Leute wie mich. Mit meinen Kenntnissen und meiner Erfahrung kann ich sogar noch etwas Bedeutenderes als die Intra aufbauen – leicht sogar.«

6.42 Der IOS-Skandal

Beidas ist kein Krimineller im üblichen Sinne. Seiner vermutlichen Psychopathologie nach gehört er eher zum neurotischen Charaktertyp »Hochstapler«, der das Beste (nicht zuletzt sein eigenes Bestes) will – und an seiner Unbescheidenheit und Unkontrolliertheit scheitert. Ähnliches läßt sich über die Manager und Verkäufer der *Investors Overseas Services* (IOS), des *Capital Growth Fund* und eine Reihe von Ferienhaus- und Immobilien-Fonds sagen. Der IOS-Skandal der siebziger Jahre ist im Grunde noch typischer für die »Medien-Verschmutzung« im Wirtschaftssektor als das aberwitzige Hasard-Spiel von Jussef Beidas, nicht zuletzt deshalb, weil er sich großenteils in Deutschland ereignete, wo weiß Gott nicht solche zwielichtigen und korrupten Verhältnisse herrschen, wie man sie dem Nahen Osten gerne nachsagt.

Bernie Cornfeld, der Gründer der IOS, verstand es, in sein Heer bestens geschulter und zu Höchstleistungen angetriebener Vertreter an strategisch wichtigen Positionen auch namhafte Politiker wie den ehemaligen FDP-Abgeordneten und zeitweiligen bundesdeutschen Vizekanzler Erich Mende einzubauen. Mit solchen Galionsfiguren, zu denen auch ein Sohn des ehemaligen US-Präsidenten Roosevelt gehörte, gaukelten seine Investmentverkäufer Hunderttausenden von Anlegern vor, daß es sich bei den Fonds der IOS (*»Fund of Funds«*, *»International Investment Trust«* usw.) um die solideste und zugleich gewinnbringendste Geldanlage der Welt handle (zwei Eigenschaften, die sich im Finanzbereich erfahrungsgemäß nicht gleichzeitig erreichen lassen). Noch im Sommer 1969, als es innerhalb der Firma bereits kriselte, warb der Finanzkonzern mit Sprüchen wie diesem:

»Niemand ist so reich, daß er nicht arm werden könnte. Alles, was man braucht, sind ein paar falsche Entscheidungen beim Geldanlegen.« Für viele IOS-Geschädigte klingt dies im nachhinein wie purer Hohn. Cornfeld bezeichnet seine eigene Tätigkeit und die seiner Mitarbeiter ganz unverfroren als »vorbeugende Sozialarbeit«, weil die von ihm offerierten Kapitalansammlungs-Programme (bei denen monatlich eine bestimmte Summe von hundert Mark aufwärts in Investmenttanteilen angelegt wurde) angeblich auch Sparern aus den finanziell schwächeren Schichten rasch ein ansehnliches Vermögen bringen sollten. Was man bei den Verkaufsgesprächen tunlichst nur in Nebensätzen, wenn überhaupt, andeutete, war die Tatsache, daß die prophezeiten Renditen von zehn und mehr Prozent keineswegs gesichert waren. Wie sich inzwischen herausgestellt hat, schöpften die Gewinne nur Cornfeld selbst und eine kleine Clique seiner engsten Mitarbeiter ab, während das Gros der Vertreter genauso geschädigt wurde wie viele der Sparer. Man hatte nämlich die Mitarbeiter veranlaßt, Aktien der Firma zu Phantasiekursen zu kaufen, und zwar in Mengen, die mit der Einkommenshöhe gekoppelt waren; dieser *»Stock Option Plan«* wurde von den Mitarbeitern nur zu bereitwillig akzeptiert, weil ihnen eine jährliche Verdoppelung des Kurses vorgegaukelt wurde. Ruiniert wurde die IOS – genau wie die Intra-Bank – durch umfangreiche, bis heute nicht genau bekannte Geld-Transaktionen »am Rande der Legalität«, die später, nachdem ein gewisser Robert L. Vesco die IOS übernahm, regelrecht gesetzeswidrig wurden. Diesem Cornfeld-Nachfolger wirft die amerikanische Börsenaufsicht vor, zusammen mit 42 anderen IOS-Managern rund 225 Millionen Dollar der Fonds-Gelder für eigene Zwecke eingesetzt zu haben. Als der Schwindel ruchbar wurde, zog Vesco sich nach Costa Rica zurück, einer idyllischen Insel im Karibischen Meer – während der »Niedergang des einst größten Investmentkonzerns der Welt... zum größten Finanzskandal der Welt zu werden droht«.
Während man Vesco als echten Gauner bezeichnen muß, handelt es sich bei Bernie Cornfeld um einen anderen Typ des Innenwelt-Verschmutzers.

Soweit man seinen Persönlichkeitskern aus der Distanz analysieren kann, fallen folgende Merkmale auf: Cornfeld stammt aus einem ärmlichen Milieu (sein Vater war ein kleiner Kaufmann in Istanbul; er selbst arbeitete lange Jahre als Zahlmeister bei der US-Marine und anschließend als Sozialarbeiter), aus dem heraus er sich innerhalb eines Jahrzehnts zum ungekrönten König der internationalen Finanzwelt erhob. Zu seinem brennenden Ehrgeiz, der bei all seinen Transaktionen deutlich zutage trat (und der wohl nicht zuletzt als Kompensation seiner geringen Körpergröße verstanden werden kann), gesellte sich eine Art Charisma, das ihm selbst seine schärfsten Gegner nicht absprechen (die es allerdings lieber »Rattenfängertum« nennen). Diese beiden Eigenschaften ergaben zusammen mit einer hohen Intelligenz, einem ausgezeichneten Einfühlungsvermögen und praktischem, psychologischem Geschick jene Mischung von Geldzauberer und Missionar des Kleinkapitalismus, der nicht nur seine unmittelbaren Mitarbeiter begeisterte, sondern sich bis in die unterste Ebene seiner Verkäuferscharen und über diese auf unzählige Anleger (auch aus finanzkundigen Kreisen!) übertrug. Dazu kam noch, daß Cornfeld es immer verstand, sich ausgezeichnete Fachleute für Fragen des Management und des Geldanlegens aus aller Welt zu verpflichten. Diese positiven Seiten hätten ihn vermutlich zu einem der bedeutendsten Wirtschaftsführer unseres Jahrhunderts gemacht, nicht zuletzt, weil sein Prinzip, sich international zu engagieren und zu organisieren, bahnbrechend war. Dem standen freilich einige Eigenarten negativer Natur gegenüber, die die eben genannten bald in den Hintergrund drängten: Fehlentscheidungen großen Stils, ein mit wachsendem Vermögen immer bodenloser werdender Leichtsinn, Großmannssucht, grenzenlose Eitelkeit, zunehmende Sorglosigkeit in der Wahl seiner »Freunde«, Vernachlässigung der Geschäfte und eine immer peinlicher wirkende Zurschaustellung der eigenen Persönlichkeit im Rahmen eines immer aufwendigeren, typisch »neureichen« Privatlebens. Die Mädchengeschichten des eingefleischten Junggesellen, der ständig in der Nähe seiner Mutter lebte, füllten die Klatschspalten der Gazetten und sollten wohl nicht zuletzt für das Image eines Don Juan sorgen. Ein Image, das jedem Tiefenpsychologen einen unübersehbaren Hinweis auf bestimmte psychische Defekte gibt – ist doch der »Don Juan« der Typ des ewigen Jünglings, der nicht mit seiner intensiven Mutterbindung fertig wird und in jedem Mädchen, das er verführt, im Grunde nur die Mutter sucht.

Wenn man das Gesamtbild betrachtet, so drängt sich dafür eine Bezeichnung aus der Psychopathologie auf: extremer Narzißmus. Bei sehr begabten Menschen, zu denen Cornfeld sicher gehört, kann eine derartige Ich-Bezogenheit im Zusammenspiel mit speziellen Talenten für geraume Zeit große Leistungen produzieren. Aber wie bei jedem anderen dieser Emporkömmlinge, von denen die Weltgeschichte nicht wenige kennt, kommt irgendwann der Moment, wo der Narzißmus nicht mehr befriedigt wird. Die Wirklichkeit läßt sich, auch mit noch so viel Geld, nicht beliebig ins Sensationelle steigern. Und dann erscheint der immer vorhandene »Schatten« des Narzißmus: der Größenwahn. Er tritt um so stärker und unkontrollierbarer zutage, je mehr sich auch die Frustrationen häufen.

Wenn die Katastrophe hereingebrochen ist, wenn die Opfer gezählt wurden, dann kann man ruhig sagen, daß das Ausmaß der in der Außenwelt angerichteten Zerstörung ein guter Hinweis für den Grad der Innenwelt-Verschmutzung bei ihrem Urheber (und seinen Helfershelfern) ist. Irgendwie sträubt man sich, jemanden wie Bernie Cornfeld mit seinen in Sicherheit gebrachten Millionen als Neurotiker oder gar als Psychopathen zu apostrophieren. Sobald man jedoch den Aspekt der Innenwelt-Verschmutzung mit in die Betrachtung einbezieht, fällt die Maske des Biedermannes rasch ab, und es eröffnet sich der Durchblick auf infantile Verhaltensweisen, unbewältigte Triebkonflikte und mangelhaft kaschierte Ich-Schwächen, die sich kein anderes Ventil schaffen konnten als die indirekte finanzielle Schädigung der Mitmenschen.
Ich persönlich kenne eines von Cornfelds Opfern, einen ehemals begeisterten Mitarbeiter. Man schädigte ihn nicht nur um eine große Summe, sondern bei ihm wurde darüber hinaus noch etwas ganz anderes zerstört, etwas, das man Selbstvertrauen nennen könnte. Er hatte, voller Zuversicht, alles auf die eine Karte »IOS« gesetzt. Das moralische Defizit und der katastrophale Mangel an Verantwortungsbewußtsein bei Cornfeld und seinen anderen Glücksrittern hat diese seine Innenwelt mit Sicherheit erheblich »verschmutzt«. Ich bin mir aber gewiß, daß man diesen Fall gut und gern mit einem Faktor von einigen Hunderttausend multiplizieren kann!

6.43 Die Midas-Plage

Bernie Cornfeld, Beidas und ihre Genossen findet man heute schon nur noch im Kuriositätenkabinett der Zeitgeschichte, so wie es auch mit den Skandalen der »Neuen Heimat« und des VW-Werkes (etwa eine halbe Milliarde D-Mark Schaden) gehen wird.
Man wird sie vergessen, wie man den großen Börsenkrach von 1929, die Weltwirtschaftskrise, die Schwindelmark der Nazis, zwei Inflationen und sogar die Schäden zweier Weltkriege vergessen hat.
Vergessen? – Man ist mit diesem Wörtchen schnell bei der Hand. Was wissen wir schon, welche Phantasien in einem Familienvater wüten, der auf Empfehlung eines bekannten deutschen Politikers oder Wirtschaftsexperten, seines »zuverlässigen« Steuerberaters oder seines besten Freundes alle Ersparnisse der IOS anvertraut hat, ja der sich vielleicht sogar beschwatzen ließ, seine Lebensversicherung zu verkaufen, nur um mit möglichst viel Kapital am großen Geldtopf beteiligt zu sein? Was wissen wir von den Frustrationen, den Haßgefühlen, dem Neid und der ohnmächtigen Wut, die da aufgerührt wurden...

Neurosen und andere seelische Störungen werden ja nicht ausschließlich in der Kindheit geschaffen; da legt man meist nur den Kern dazu. Ausgelöst werden sie immer durch aktuelle Konflikte. Dazu gehört auch der Bankrott, den ein Familienvater vielleicht anmelden muß, weil er sein Geld jemandem wie Herrn Cornfeld und seinen IOS-Vertretern anvertraute. Dazu gehört auch die Trauer um den Verlust der Selbständigkeit, wenn ein vorher begüterter Kaufmann plötzlich als Angestellter arbeiten muß, weil er sein Sparkonto bei der Intra-Bank nicht rechtzeitig auflöste.

Nur nebenbei sei noch erwähnt, daß natürlich nicht nur der Täter, sondern meist auch das Opfer ein gerüttelt Maß Schuld am Unglück hat – gerade wenn es um wirtschaftliche Belange geht. Ich möchte nicht wissen, welche unstillbare Geldgier Hunderttausende von Sparern beflügelt hat, als sie ihre Ersparnisse den leichtzüngigen Vertretern der IOS hinhielten. Geldgier aber ist eng verwandt mit der oralen Gier des frustrierten Kleinkindes, hat ähnliche Wurzeln wie die Drogengier des Süchtigen. Ich kann mir denken, wie die Augen zu leuchten begannen und der kritische Verstand auf »halbe Kraft« geschaltet wurde, sobald sich die versprochenen Renditen auf die Zwanzig-Prozent-Grenze zubewegten – ein Effekt, der fatal an die Wirkung von Rauschdrogen erinnert. Innenwelt-Verschmutzung gab es also wohl auch schon bei den Betrogenen, lange ehe der IOS-Vertreter an der Haustür klingelte.

Finanzen und Wirtschaft sind überhaupt ein dankbares Gebiet, wenn man nach »verborgenen Aggressionen« und unbewußt wirkenden Antrieben sucht. Selbst wenn wir die (heute ja weitgehend gezähmten und ritualisierten) Arbeitskämpfe einmal außer acht lassen, bietet allein der Bereich der Umweltverschmutzung eine Fülle von Ansätzen. Dazu gehört auch das unbegreifliche Verhalten von Fabrikanten, die weiterhin

- phosphathaltige Waschmittel erzeugen und mit Millionenetats dafür werben, obwohl jeder halbwegs Gebildete inzwischen weiß, daß »Frau Saubermann« mit ihrem von den Massenmedien künstlich verstärkten Waschzwang dazu beiträgt, daß die Gewässer unseres Kontinents in absehbarer Zeit völlig tot sein werden;
- Zigaretten und Alkoholika herstellen, obwohl allein in der Bundesrepublik jährlich 20000 Lungenkrebstote zu beklagen sind und zu den bereits existierenden zwei bis drei Millionen behandlungsbedürftigen Alkoholikern täglich neue Opfer stoßen;
- bei uns in Deutschland Kosmetika und Nahrungsmittel vertreiben, die in anderen Ländern (vor allem in den USA) längst verboten worden sind, weil sie im dringenden Verdacht stehen, Krebs hervorzu-

rufen oder das Gehirn zu schädigen. (Letztes warnendes Beispiel: der hexachlorophenhaltige Puder, der in Frankreich 41 Säuglinge tötete.)

Diese Liste ließe sich beliebig verlängern, etwa durch die Benzinhersteller (die weiterhin bleihaltigen Treibstoff produzieren) oder die Düngemittelindustrie (die den Bauern immer noch die selbstmörderische Kunstdüngung aufschwatzt). Wer sich näher mit diesem Aspekt der Konsumgesellschaft und seinem materiellen, kulturhistorischen und psycho-sozialen Hintergrund beschäftigen will, dem sei die bitterböse Polemik *»Homo consumens«* von Wolfgang Schmidbauer empfohlen.

Die unterschwellige Aggressivität, vor allem das letztlich Selbstzerstörerische, hat ein anderer Autor hervorragend geschildert: In seiner Science-fiction-Geschichte »The Midas Plague« führt uns der amerikanische Belletrist Frederik Pohl in die Gesellschaftsform einer nicht allzu fernen Zukunft. Dort gilt der als reich, der ganz wenig besitzt und vor allem – als offiziell verliehenes Privileg – nur ganz wenig konsumieren muß. Als armer Schlucker wird hingegen angesehen, wer ein Haus mit zehn Zimmern, mehrere Autos und viele Kleider sowie Berechtigungsscheine für jede Menge Essen und Luxusartikel aufbrauchen *muß* (wobei fatalerweise vom Staat verboten ist, diese Güter einfach wegzuwerfen – alles muß echt abgenützt werden!). Der Held der Geschichte ist einer dieser hoffnungslos »Armen«, der durch ungeschicktes Verhalten dauernd nur noch mehr »Armut« auf sich zieht, bis er vor den Stapeln der zu konsumierenden Güter schier verzweifelt. Es ergeht ihm wie dem sagenhaften König Midas, dem sich alles, was er anfaßte, zu Gold verwandelte – bis er darin erstickte. Der Held müßte aber nicht der Protagonist einer amerikanischen Science-fiction-Story sein, wenn ihm nicht ein praktikabler – und natürlich technischer – Ausweg einfiele: Er programmiert die Roboter um, die in seinem Keller selbstverständlich auch zur gefälligen Verwendung bereitstehen, so daß sie nun alle die in unseren – und nun endlich auch in seinen – Augen höchst überflüssigen Dinge konzentriert und beschleunigt abnützen. Er wird dadurch zunehmend »reicher«. Auch das Wirtschaftsamt, das ihm auf die Schliche kommt, ist höchst zufrieden über den gesteigerten Konsum. Man überhäuft den Helden mit allen Ehren – und vor allem führt man sein System der automatisierten Schnellabnützung überall ein. Auf daß die Konsummaschinerie sich noch rascher bewege...

Pohls Satire wird wohl Satire bleiben. Die Prognosen der Zukunftsforscher sagen eine ganz andere Welt voraus. In ihr wird echte Armut herrschen, denn die Rohstoffquellen unseres Planeten können den Bedarf der Industrienationen nicht mehr lange verkraften. Dennoch ent-

hält die Geschichte eine Aussage, die leider nur zu wahr ist: Der Mensch läßt in seiner unersättlichen Gier nach materiellen Gütern völlig außer acht, daß er dabei seine Innenwelt vernachlässigt. Nur deshalb fällt ihm nämlich nichts Besseres ein, als zur Behebung der Mißstände ständig neue Maschinen zu ersinnen – anstatt sich wieder auf seine menschlichen Möglichkeiten zu verlassen.
Homo consumens, so faßt Schmidbauer die Ursachen dieses verschwenderischen Fehlverhaltens in seiner Studie zusammen, handelt deshalb so widernatürlich, weil er an Neurosen und den anderen seelischen Störungen leidet. Auch *Homo consumens* ist also ein Produkt der Innenwelt-Verschmutzung.

6.44 Werbung

Hier tritt nun endlich offen in Erscheinung, was wir bislang immer nur im seelischen Untergrund erahnen oder indirekt aus Indizien erschließen konnten. Man braucht nur einmal die Illustrierten durchzublättern, um die Medien-Verschmutzung durch Werbung in vollster Blüte zu erleben: als Verführung zu unsinnigem Konsum; Anpreisung schädlichster Substanzen (Nikotin, Alkohol) unter dem Deckmäntelchen der Jugendfrische; Zurschaustellung pubertärer Abenteuerphantasien (»Ich gehe meilenweit für meine Camel Filter«); permanente Aufgeilung und anschließende Frustration elementarster menschlicher Bedürfnisse (sexuelle Lust, Freiheitsdrang, Sicherheitsbedürfnis, Sehnsucht nach Geborgenheit und Nestwärme); frevelhaftes Spiel mit Angst und Unsicherheit; Mißbrauch von kindlich-naivem Vertrauen in den Wahrheitsgehalt des gedruckten Wortes und des farbenprächtigen Bildes... Selbst unverhüllte Aggressivität wird immer wieder als Reiz eingesetzt, und zwar nicht nur in der Form von Rennfahrer-Idolen und Genre-Bildern aus dem Wilden Westen, sondern wesentlich brutaler:

- Die (geradezu perverse) Novität einer Zigarette »mit einem Tropfen Whisky« wurde ausgerechnet an Bord eines Kriegsschiffes nach einer blutigen Seeschlacht vorgeführt. Man sieht deutlich die ramponierten Männer im Hintergrund (das vergossene Blut wird dem Beschauer wohlweislich vorenthalten).
- Eine dracula-zahnige Horrorgestalt wirbt für einen Magenbitter, der »von Adlern eingeflogen wird« und gegen die »Vampire des Alltags« helfen soll – ein Appell an frühkindliche Ängste mit gleichzeigiger magischer Beschwichtigung durch Märchenmotive.
- In einer doppelseitigen Farbanzeige warb die amerikanische Luft-

fahrtgesellschaft TWA folgendermaßen um neue Passagiere: »Können Sie sich vorstellen, daß eine Fluglinie nach Amerika 17592 bequeme Sitze ausrangiert, nur um noch bequemere einzubauen?« Über zwölf Millionen, protzt TWA, hat es gekostet, »unsere Standard-Flugzeugsitze herauszureißen und diese besonderen einzubauen«. Man sieht die völlig neuwertigen Sessel nebenan auf einem ganzseitigen Foto, aufgetürmt wie eine Müllhalde. Auch dies eine Form von Brutalität in einer Zeit, in der man sich den Kopf zerbricht, wie man die drohende Weltkatastrophe durch Überbevölkerung und Rohstoffmangel verhüten soll.

Als geradezu kriminell möchte ich eine Kampagne bezeichnen, die clevere Werbeleute 1972/1973 in farbigen Anzeigen- und Plakatserien vor allem an Jugendliche herantrugen. Für die neue Süßigkeit »top set« wurde mit Effekten geworben, die ganz eindeutig die Atmosphäre der Drogen-Subkultur beschworen, mit dem entsprechenden hohlen Jargon (»groovy!«) und dem Hautgout der dezenten Verwahrlosung und Langeweile. Das besonders Gemeine an diesen Anzeigen war, daß man (für jeden Informierten) offenkundig das Milieu der Fixer darstellte. Das kam schon in den blassen, betont depressiven Farben zum Ausdruck, zeigte sich aber vor allem in der Haltung der dargestellten Figuren, die schlaff in einer Ecke saßen oder mit dem Kopf nach unten von der Decke hingen (was wohl den Zustand *high* etwa durch LSD oder Haschisch suggerieren sollte). Ich weiß nicht, wieweit die Werbeleute über solche Implikationen überhaupt nachgedacht haben. Jedenfalls zeugt es nicht gerade von Weitblick und Verantwortungsbewußtsein, die Bereitschaft weiter Kreise der heranwachsenden Generation zu Drogenmißbrauch für Reklame auszunützen, während gleichzeitig der Staat Millionenbeträge ausgibt, um eben diese gefährliche Drogenmentalität mühsam abzubauen.

6.5 Wenn die Proportionen nicht mehr stimmen

Abschließen möchte ich dieses Kapitel mit einer tiefsinnigen Geschichte, die der spanische Wirtschaftswissenschaftler Professor José L. Sampedro überliefert hat. Schlaglichtartig erhellt sie das Thema »Medien-Verschmutzung« in einer Art Momentaufnahme aus dem Alltag heraus.

»Vor einigen Jahren konnte man in französischen Zeitungen die Geschichte eines harmlosen Toren lesen, der aus einem Sanatorium entfloh, in dem er seit 1914 von seiner Familie gehalten wurde. Nachdem er einige Zeit durch die Straßen gegangen war, verwirrt durch den schrecklichen Verkehr, betrat er ein Restaurant. Natürlich hatte er kein Geld, aber an seiner Uhrkette trug er einen goldenen Napoleon als Amulett; er erinnerte sich, daß er oft ein wahres Festmahl für weniger als zwanzig Franc bekommen hatte. Wer beschreibt seine Bestürzung, als ihm die Rechnung über 2200 (alte) Franc vorgelegt wurde! Ohne Protest nahm er die Münze von der Kette und überreichte sie demütig dem Kellner, der sich flüsternd mit dem Geschäftsführer zu unterhalten begann. Und gerade, als er erwartete, das Donnerwetter würde losbrechen, erfuhr er, daß man nicht nur seine Art der Bezahlung mit ausgesuchter Höflichkeit anzunehmen bereit war, sondern ihm darüber hinaus noch 2000 Franc zurückgab. 2000 Franc und ein Essen für eine Münze, die nur zwanzig Franc wert war. Der Irre ließ das Wechselgeld auf dem Tisch und flüchtete zurück in sein Sanatorium, wo er wenigstens vor den Verrückten draußen sicher war.«

Ich muß nicht betonen, daß ich nicht nur die negativen Wirkungen des westlichen Wirtschaftslebens und der anderen Medien sehe, die manchmal nicht nur Geisteskranke an ihrem Verstand zweifeln lassen. Die verschlungenen Wege der Geld- und Güterströme in einem (sinnvoll verstandenen) kapitalistischen System sind mir allemal lieber als die Pseudo-Ordnung einer sozialistischen Planwirtschaft (bei der die Innenwelt-Verschmutzung keineswegs behoben ist, sondern sich bestenfalls auf andere Bereiche verlagert). Genauso kann Werbung durchaus wichtige Funktionen ausüben, wenn sie ihre sachlichen Informationen über Qualität, Sinn und Preis eines Produkts mit nicht allzuviel emotionalem Brimborium verkauft; in einem Übermaß an Effekthascherei werden ohnehin nur die krasse Mißachtung des erwachsenen Käufers und der offene Appell an die unerfüllten Sehnsüchte seiner verstörten Innenwelt sichtbar.

Gleiches gilt für das Fernsehen und die anderen Massenmedien. TV bringt schließlich auch informative, sachliche, weiterbildende oder auf humane Weise unterhaltende Sendungen. Und auch gegen Krimis und Abenteuerfilme läßt sich – vom psychohygienischen Standpunkt aus – zunächst nichts einwenden. Die Innenwelt-Verschmutzung beginnt für mich immer dann, wenn die Proportionen nicht mehr stimmen. Das Leben besteht nicht überwiegend aus Verbrechen und roher Gewalt. Ebensowenig ist es so unaggressiv, wie uns der Kitsch suggerieren will. Außerdem ist die Freizeit zu schade, um von der künstlichen Fernsehwelt, von dieser »Videokratie« mit ihren grobgerasterten und nicht selten verzerrten Wertmaßstäben, überwuchert zu werden; der Fernsehsüchtige unterscheidet sich sonst nur noch graduell vom Drogensüchtigen, denn es ist letztlich egal, ob ich die unwirkliche Bilderflut vom Bildschirm oder aus meiner eigenen Phantasie beziehe.

Ob die Brutalität das Fernsehen deshalb zu beherrschen beginnt, weil es irgendwie den inneren Zustand seiner Macher und seiner Konsumenten widerspiegelt? Dies erscheint mir noch als die einleuchtendste Erklärung. Sind Fernseh- und Kino-Aggressionen mithin ein »Sicherheitsventil«, mit dem man sich rechtzeitig abreagiert? Diese »Katharsis-Hypothese« ist noch umstritten, und selbst wenn sie stimmen würde, träfe sie wohl nur auf bestimmte Teilbereiche der synthetischen Bilderwelt zu. Mit hoher Wahrscheinlichkeit haben das TV und die übrigen Massenmedien keine wirklich reinigende Wirkung, bestenfalls eine kurzzeitig entlastende. Eine Katharsis und Reinigung der Innenwelt ist nur durch eigene Aktivität möglich, durch selbständiges Bewußtmachen der unbewußten *eigenen* Aggressionen. Der Suchtcharakter des Fernsehkonsums ist der beste Beweis dafür, daß passiver Genuß alleine noch nicht genügt, Probleme zu lösen; ebensowenig wie Alkohol das erreicht oder Nymphomanie oder irgendein anderes Suchtgebaren.
Fassen wir zusammen: Medien-Verschmutzung darf man immer dann annehmen, wenn die unbewußten Zerstörungsimpulse entweder negiert werden (»heile Welt«) oder unkontrolliert wuchern.
Deshalb gehört der Forscher, der glaubt, die Welt der Gefühle aus seinem naturwissenschaftlichen Weltbild und seiner Tätigkeit heraushalten und »wertfrei« forschen zu können, ebenso zu den Innenwelt-Verschmutzern wie der freche Politiker, der seine Wähler belügt. Deshalb sind die Protokolle der verbrecherischen KZ-Ärzte ebenso Dokumente der Medien-Verschmutzung wie die »Pentagon-Papiere« über die geheimen Machenschaften der US-Regierungsspitze während des Vietnamkrieges. Und es gehören dazu ebenfalls die Kitschgemälde des Naziverehrers Fidus, die schwülstigen Gartenlaube-Idyllen mancher Illustrierten, die verlogene Kriegsromantik von »Landser«-Heftromanen, der Porno-Film »Krankenschwestern-Report«, die Haschisch-Verharmlosung des schlecht informierten Journalisten, der Aberglaube der Zeitungs-Horoskope...
Und wie ging es uns mit der »Informations-Lüge« (P. Kafka) nach der Reaktorkatastrophe von Tschernobyl, die man mit Recht sogar als »Desinformations-GAU« bezeichnet hat?
Der Möglichkeiten sind endlos viele – genau wie die Zahl der »falschen Gefühle« und aggressiven Impulse, die da verbreitet oder nicht verhindert werden.

7. Die Quellen des Übels

Wie die Innenwelt-Verschmutzung entstanden ist, läßt sich durch einen Blick zurück in die Abstammungsgeschichte des Homo sapiens verstehen. Wahrscheinlich hat die menschliche Aggressionsbereitschaft verschiedene Phasen durchlaufen, deren – vorläufig – letzte die psychosozialen Störungen der heutigen Menschen sind. Eine zentrale Rolle in dieser Jahrhunderttausende langen Entwicklung dürfte die zunehmende Bevölkerungsdichte durch die Verstädterung gespielt haben und, damit eng zusammenhängend, die Bedrohung der Privatsphäre, die den einzelnen vor dem Kollektiv schützt.

7.1 Trieb oder Lernprozeß?

Bislang wurden nicht nur die Erscheinungsformen der Innenwelt-Verschmutzung dargestellt, sondern stets wurde auch versucht, einen Einblick in die Ursachen zu vermitteln. So diskutierte Kap. 2.5 »Die Schuldfrage« des Drogenproblems, und Kap. 3.5 untersuchte »Die Rolle des Ich« bei den Psychosomatosen. In Kap. 4.1 und 4.2 gingen wir auf die Psychodynamik der Neurosen und Psychosen ein, und Kap. 5.2 behandelte »Die Wurzeln der Vorurteile«. All dies könnte man als die individualpsychischen und familiären beziehungsweise Kleingruppen-Faktoren bei der Entstehung unbewußter Aggressionen bezeichnen. Kap. 6.5, in dem wir sahen, daß Medien-Verschmutzung stattfindet, »wenn die Proportionen nicht mehr stimmen«, beschrieb bereits übergreifende kollektive Kräfte.
Nun soll eine wichtige Frage geklärt werden, die in der psychologischen und psychoanalytischen Literatur über seelische Störungen bislang weitgehend vernachlässigt wurde, nämlich wieso ausgerechnet heutigentags die Zahl dieser Leiden so gewaltig zunimmt. Freud und seine Schüler konzentrierten sich, der therapeutischen Situation und der daraus erwachsenden Sehweise entsprechend, ganz auf die Probleme des Individuums und seiner unmittelbaren Umgebung. Deshalb rückten bei ihnen die »schlechten Mütter« und die »fehlenden Väter«, die frustrierenden Erlebnisse der Kindheit und die unbefriedigten Triebwünsche der Pubertät in den Mittelpunkt der Theorienbildung: Freud nannte das sehr anschaulich den »Familienroman«.

Zu diesen auslösenden Faktoren der psycho-sozialen Traumen müssen jedoch, vor allem in jüngerer Zeit, andere Faktoren getreten sein, die umfassender wirken und die Aggressionsbereitschaft der Menschen kräftig schüren. Es sind wahrscheinlich von Fall zu Fall sehr subtile, kaum registrierbare Kräfte. Aber genau wie man ein einzelnes Sandkorn nicht fallen hört, sehr wohl aber eine Tonne Sand, so wirken offenbar diese triebhaft-biologischen und sozialen Feinkräfte in ihrer millionen- und milliardenfachen Massierung geradezu katastrophal, vor allem bei der Bevölkerung der Großstädte. Doch zunächst soll kurz die Frage der Genese aggressiven Verhaltens überhaupt diskutiert werden.
Zur Zeit gibt es zwei Theorien über die Wurzeln der menschlichen Aggressivität, deren Anhänger sich wegen der sozialen Konsequenzen manchmal regelrecht befehden und auch vor persönlichen Angriffen und politischen Unterstellungen nicht zurückschrecken:

- Nach der älteren Theorie, vor allem von Freud geprägt, nimmt man an, daß der Mensch einen angeborenen Trieb hat, der seine Persönlichkeit immer wieder mit zerstörerischen Impulsen überflutet. Da es sich nach dieser Annahme (die auch von Verhaltensforschern wie Konrad Lorenz geteilt wird) bei der Aggressivität um ein naturgegebenes Geschehen handelt, bliebe als einziger Weg zu einem Frieden zwischen Individuen und Nationen nur die allmähliche Domestikation des Menschen, eine Zähmung durch Erziehung analog der Zähmung des Wildhundes und anderer frei lebender Vorfahren unserer Haustiere.
- Die andere, jüngere Theorie wird vor allem von den Lernpsychologen verfochten. Sie betrachten aggressives Verhalten als Ergebnis falsch abgelaufener Lernprozesse, etwa nach diesem Muster: Ein bislang »braves« Kind erlebt auf dem Spielplatz, daß die anderen, weniger braven Kinder sein sittsames Verhalten keineswegs belohnen, sondern ihm statt dessen seine Spielsachen wegnehmen. Irgendwann, nachdem es lange genug frustriert worden ist, wehrt es sich sehr heftig – und merkt an den Reaktionen der nun eingeschüchterten Spielgenossen, daß seine eigene Aggressivität ihm Respekt verschafft und ihm alle weiteren Frustrationen erspart. Wenn es solche Erlebnisse oft genug hat, wird dieses Kind im späteren Leben wahrscheinlich ebenfalls dazu neigen, immer wieder seine »Ellenbogen« zu gebrauchen.

Falls diese lernpsychologische Aggressionstheorie stimmt, wäre der logische Weg zur Friedfertigkeit in erster Linie der, den Menschen von klein auf möglichst alle Enttäuschungssituationen zu ersparen und damit jede Möglichkeit zu verhindern, daß sie gewalttätiges Verhalten in ihr Repertoire aufnehmen.

Der Gedankengang der Lernpsychologen hat vieles für sich, denn die Beobachtung der menschlichen Beziehungen ergibt tatsächlich, daß Aggressionsbereitschaft und aggressives Verhalten in hohem Maße erlernt werden. Der Erfolg eines Aktes brachialer Gewalt ist wahrscheinlich eine der größten Befriedigungen außer der sexuellen Lust, und damit wird er zu einem idealen positiven *Verstärker* für solches Verhalten. Die Frage ist nur: Woher kommen denn eigentlich diese zerstörerischen Impulse, die da so viel Befriedigung verschaffen? Hier ist in der Argumentation der Lernpsychologen eine Lücke. Ein aggressiver Verhaltensstil, der sicher aus der unmittelbaren Erfahrung heraus und nach entsprechenden Vorbildern »gelernt« wird, kann ja nur dann entstehen, wenn in dem betreffenden Menschen vorher schon ein Reservoir an Aggressivität vorhanden ist – und dieses Reservoir kann wiederum nur biologischer Natur, also eine Art Trieb sein!
In der Tat konnte man mit Hilfe von elektrischen Impulsen über Elektroden, die ins Gehirn eingepflanzt wurden, bei Katzen, Affen, Stieren und anderen Tieren aggressives Verhalten auslösen. Und man konnte zu Gewalttätigkeit neigenden Menschen Erleichterung verschaffen, indem man durch eine Operation bestimmte Gehirnbahnen unterbrach. Die Lernpsychologen übersehen aber offenbar immer noch die Tatsache, die übrigens inzwischen durch unzählige Forschungsberichte nachgewiesen worden ist, nämlich daß der Mensch nicht nur bewußt handelt, sondern darüber hinaus viele Dinge tut, fühlt und erlebt, die völlig unbewußt bleiben. Es scheint nahezu ein Berufsmerkmal dieser Wissenschaftler zu sein, daß das Unbewußte für sie nicht existiert. Die triebhafte Komponente der Aggressivität wird von ihnen einfach negiert.
Darüber hinaus lassen sich tatsächlich zwei eminent wichtige biologische Funktionen eines angeborenen Aggressionstriebes finden, die man in den Diskussionen kaum erwähnt:

- Wenn man sich einmal von der Annahme freimacht, daß die Natur ausschließlich auf unbegrenztes Wachstum eingerichtet sei, dann kann man die Aggressivität als unverzichtbare *positive* Kraft im Haushalt der Natur sehen, als den machtvollen Gegenspieler der Lebenskraft, der beispielsweise ein zu starkes Ansteigen der Bevölkerung verhindert. Zumindest im Tierreich scheint dies der Fall zu sein (siehe die Beispiele in Kap. 7.3). Dieser Gedanke wurde nicht erst von Freud entwickelt, sondern findet sich schon zweieinhalb Jahrtausende früher in den Lehrgedichten des griechischen Philosophen Empedokles (500–430 v. Chr.).
- Zum anderen demonstriert jeder hungrige Säugling, daß aggressives Verhalten (zum Beispiel sein wütendes Schreien) eine ausgesprochen

positive Wirkung zeitigt, nämlich die Zuwendung der nahrungspendenden Mutter. Eine lebenswichtige Reaktion, die das Kind durch freundliches Lächeln sicher nicht erzielen könnte.

Vor allem das letzte Exempel zeigt wieder einmal, daß Aggression sehr viele Gesichter hat. Man kann sich natürlich darauf beschränken, dieses Wort nur in einem sehr engen Sinn zu gebrauchen, der »menschliche Aggression als ein Verhalten definiert, das andere Menschen in irgendeiner Weise schädigt« (Schmidbauer).

Diese Definition wird nach meinen Erfahrungen der Realität nur zum Teil gerecht. Ich möchte sie deshalb viel weiter fassen. Erst wenn man das Selbstzerstörerische einer psychosomatischen Krankheit oder einer Drogensucht als Variante menschlicher Aggression (was Selbst-Aggression einschließt) mit einbezieht, entgeht man dem fatalen Trugschluß, man müsse beispielsweise den Kindern lediglich genügend Frustrationen ersparen, damit sie nicht einen aggressiven Verhaltensstil erlernen. Gegen diese Annahme spricht in hohem Maße eine Erfahrung, die Psychoanalatiker in den letzten Jahrzehnten bei eher frustrationsarm aufgewachsenen Menschen gemacht haben. Das New Yorker Forscherpaar Yela und Henry Loewenfeld kommt in seiner Studie »Die permissive Gesellschaft und das Über-Ich« zu dem interessanten Schluß, daß man Kindern geradezu einen Bärendienst erweist, wenn man ihnen zu viele Enttäuschungssituationen vorenthält. Sie werden dann zwar nach außen hin weniger aggressiv (wie die Hippies), doch dafür zerstören sie sich um so nachhaltiger selbst – durch Drogenmißbrauch, Depressionen und Vernachlässigung der primitivsten medizinischen und seelischen Hygiene, ja selbst schon durch die Abkapselung von der übrigen Gesellschaft. AIDS ist dafür ein Paradebeispiel.

Offenbar ist es besser, daß man mit den Frustrationen umzugehen lernt, statt ihnen auszuweichen, und daß man die dadurch provozierten aggressiven Impulse aus der Triebsphäre entsprechend besser kontrollieren lernt. So bleiben der Außenwelt die rohen Zerstörungskräfte erspart (was ja durchaus ein erklärtes Ziel der *Blumenkinder* war), und die eigene Persönlichkeit wird gefestigt und vor der Selbstzerstörung bewahrt.

Eingangs (S. 27) habe ich Aggressionen deshalb als den Weg definiert, auf dem ein Mensch innere Spannungen am raschesten und in größtmöglichen Quantitäten abbauen kann.

Zeigt schon die sexuelle Triebkraft eine nahezu unerschöpfliche Fülle von Erscheinungsformen, vom genußvollen Koitus bis hin zum völlig sublimierten Kunsterlebnis oder der Freude an einer schöpferischen Leistung wie dem Schreiben eines Briefes, so erscheint die destruktive Triebkraft in wahrscheinlich noch viel häufigerer Gestalt. Sie reicht vom Abwurf der Bomben auf Hiroshima und Nagasaki über die Autokarambolage eines Betrunkenen bis hin zur Wahnwelt eines angstgequälten Schizophrenen und zum Magengeschwür des überforderten Angestellten. Der englische Psychiater Ronald D. Laing hat diese Auffassung sehr pointiert ausgedrückt, als er feststellte: »Normale Menschen haben in den letzten fünfzig Jahren vielleicht hundert Millionen normale Mitmenschen getötet.« Das heißt, für Laing steckt der Mensch schon immer voller verborgener Aggressionen, die ihn wegen ihrer Unsichtbarkeit als »normal«, sprich friedlich, erscheinen lassen.

Um diese theoretische Erwägung zu beenden, möchte ich nun vorschlagen, das Problem »Aggression« ganz pragmatisch zu sehen. Für den Psychotherapeuten ist es nämlich erst in zweiter Linie von Interesse, ob die menschliche Zerstörungswut einem angeborenen Trieb entspringt oder eine gelernte Reaktion auf frustrierende Situationen darstellt. Abgesehen davon, daß beide Ursachen wahrscheinlich immer Hand in Hand gehen, ja sich – wie die Kybernetiker sagen – in vernetzten Regelkreisen gegenseitig verstärken, steht für den Praktiker die klinische Beobachtung im Vordergrund. Das psychische Geschehen, das sich vor ihm in der Sprechstunde abspielt, also beispielsweise der Wutausbruch eines Patienten wegen einer Zurückweisung durch seine Ehefrau, ist allemal wichtiger als die Frage nach der biologischen oder lerntheoretischen Basis dieser Wut. Die klinische Beobachtung ergibt nun in der Tat, daß viele Menschen sich so aggressiv gegen andere oder sich selbst verhalten, als handelten sie unter einem triebhaften Zwang. Von den vielen Beispielen seelischer Störungen, die in den vorangegangenen Kapiteln gegeben wurden, sei hier nur noch einmal der Drogensüchtige zitiert. Er injiziert sich unter Umständen jeden Tag eine Ampulle eines hochgradig gefährlichen Nervengiftes wie Heroin, obwohl er genau weiß, wie selbstmörderisch sein Tun ist. Man kann dieses wirklich triebhafte Verhalten nicht dadurch wegdiskutieren, daß man – wie es oft geschieht – sagt, der kranke Körper verlange nach dem Gift. Echte Fixer spritzen nämlich auch nach der Entziehungskur sofort wieder, obwohl ihr Körper längst vom Gift entwöhnt ist. Irgend etwas in ihrem Unbewußten zwingt sie weiterhin zu diesem »Selbstmord auf Raten«, ähnlich wie sich ein Gesunder durch die Hormonproduktion seiner Geschlechtsdrüsen zu sexueller Betätigung getrieben fühlen kann. Freud sprach deshalb in solchen Fällen von einem »Wiederholungszwang«.

Das Interessante ist, daß man derart selbstzerstörerisches Verhalten im Verlauf einer Therapie mildern oder gar heilen kann, wenn es Therapeut und Patient gelingt, die unbewußten Aggressionen ans Tageslicht zu holen und dadurch einer bewußten Kontrolle zuzuführen. Ganz

Schematische Darstellung der Abstammung des Menschen

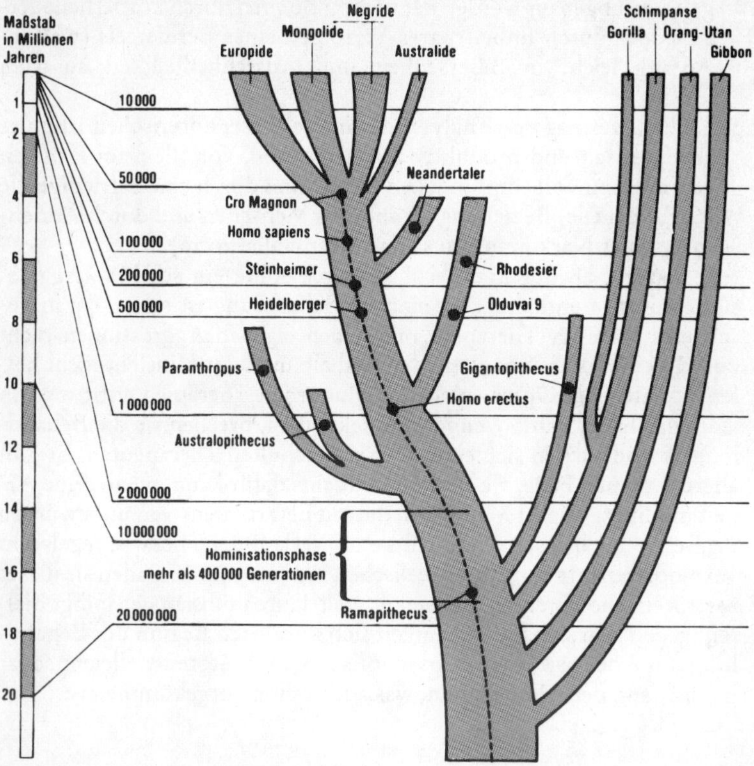

Der Weg zum Homo sapiens war weit: Mehr als 40000 Generationen dauerte die Entwicklung vom Affenmenschen zu uns. Skeptiker meinen freilich, daß wir erst das Bindeglied zwischen dem Affen und dem »eigentlichen Menschen« sind.

typische aufeinanderfolgende Stadien eines solchen Heilungsgeschehens sehen dann etwa so aus:

1. Der Kranke handelt wie unter einem Zwang, ohne sein Handeln als sinnvoll zu empfinden. Er »muß« einfach spritzen oder stehlen oder sich viele Male am Tag die Hände waschen.
2. Er erlebt, zunächst meist in Träumen, daß er die Gewalttätigkeit anderer (in Wahrheit sind dies meist Projektionen seiner eigenen Haßgefühle) fürchtet, und hat deshalb Angst vor seiner Umwelt.
3. Er kann sich selbst in zunehmendem Maße als aggressiv erleben. Hierzu gehören typische Phantasien, in denen man mit einem Messer auf andere losgeht und dergleichen mehr.

4. Es gelingt allmählich, andere Möglichkeiten zu entdecken, wie Aggression abgebaut werden kann: zum Beispiel durch körperliche Arbeit oder durch unbeirrbares Verfolgen eines Berufsziels (was am Anfang leicht in Besessenheit und Ausschließlichkeit ausarten kann).
5. Endlich vermag der Analysand seine selbstzerstörerischen Impulse schöpferisch und produktiv zu verarbeiten, vor allem im Rahmen einer als sinnvoll empfundenen Arbeit und durch eine befriedigende (auch sexuelle) Beziehung zu anderen Menschen und durch Annehmen seines Narzißmus (in sozial akzeptabler Form).

Jede sachgemäß durchgeführte Therapie sollte ein solches »Aggressionstraining« enthalten. So manche Behandlung ist schon daran gescheitert, daß der Therapeut mit seinen eigenen Aggressionen nicht zurechtkam und seinen Patienten deshalb in dieser Hinsicht nicht helfen konnte. Die Opfer solcher mißlungenen Therapien trifft man in jeder größeren Stadt. Wenn sie Glück haben, brechen sie die Behandlung ab und suchen sich einen besser geschulten Therapeuten. Es gibt allerdings auch Fälle, wo der Helfer nichts dafür kann, wenn seine Arbeit mißlingt. Es gibt Menschen, die mit derart intensiven unbewußten Aggressionen belastet sind, daß sie im Verlauf der Therapie regelrecht »explodieren«. Je nach ihrer seelischen Konstitution entladen sie dieses zerstörerische Potential, das sie oft viele Jahre mühsam gebändigt hielten, gegen sich selbst und bringen sich kurz nach Beginn der Behandlung um – oder sie werden psychotisch oder sie töten vielleicht sogar irgendwann den Therapeuten, was auch schon vorgekommen ist.

7.2 Die Entwicklung der menschlichen Aggressivität

Vor etwa 35 Millionen Jahren bildeten sich aus der gemeinsamen vormenschlich-tierischen Abstammungslinie zwei neue Entwicklungsreihen. Die eine brachte die Menschenaffen hervor (Orang, Gorilla, Schimpanse), die andere unsere eigenen Vorfahren (Australopithecus, Homo erectus, Pithecanthropus, Neandertaler, Cro Magnon). Der Mensch, wie wir ihn heute vor uns sehen, betrat diesen Planeten vor ein bis zwei Millionen Jahren am Ende des Pliozäns. Er ist das Produkt eines Ausleseprozesses (Hominisationsphase), der vermutlich mehr als 40000 Generationen umfaßte. Die Anthropologen sind sich noch nicht ganz einig, ob wir von eher aggressiven, fleischfressenden Raubaffen abstammen (die gelegentlich auch Pflanzen zu sich nahmen) oder von eher friedfertigen Pflanzenfressern (die auch den einen oder anderen »Festbraten« nicht verschmähten). Zwei gewichtige Beobachtungen sprechen dafür, daß das Töten von Tieren und sogar von Artgenossen den Vor- und Frühmenschen zumindest nicht fremd gewesen sein dürfte:

- In Südafrika fand man Überreste von Australopithecinen, die auf Kannibalismus schließen lassen. Der Münchner Anthropologe Professor Karl Saller bezeichnete deshalb diesen wichtigen Vertreter des Tier-Mensch-Übergangsfeldes als »ein Raubtier an der Stufe zur Menschwerdung«.
- Der ungarisch-amerikanische Anthropologe Geza Teleki konnte beobachten, daß die (hinter Zoogittern relativ friedfertigen) Schimpansen, also unsere nächsten Verwandten im Tierreich, in freier Wildbahn bei passender Gelegenheit andere Tiere (sogar Paviane) töten und auffressen.

Allerdings geht es, trotz solcher Indizien, kaum an, die Ahnen des rezenten Menschen als »Mörderaffen« zu bezeichnen, wie es der englische Forscher Robert Ardrey getan hat. Das Vorhandensein eines Blinddarms und der Aufbau des Gebisses sind deutliche Hinweise dafür, daß pflanzliche Nahrung für unsere Vorfahren ebenso wichtig gewesen sein dürfte wie für uns. Je naturnäher ein Geschöpf lebt, um so unproblematischer ist seine Aggressivität, weil sie ganz in den urtümlichen Lebenszusammenhang eingebettet ist. Die Entwicklung von moralischen Wertvorstellungen wie »gut« und »böse« und damit zusammenhängend die Entstehung des Gewissens (beziehungsweise des Über-Ich) sind relativ junge Vorgänge, die eng an den Kulturerwerb und die Verstädterung gekoppelt sind, also einer der nächsten Phasen angehören.

Hatte sich die Menschwerdung zunächst im biologischen Bereich abgespielt (aufrechter Gang, Greifhand, vergrößerte Oberfläche und verfeinerter innerer Aufbau des Gehirns), so verlagerte sich die Entwicklung bald in den kulturellen Bereich. Man lernte, Feuer zu machen, und schaffte sich verschiedene Gegenstände an, die nicht mehr, wie die primitiven Werkzeuge und Waffen, allein dem Überleben dienten (unter anderem Trinkschalen aus Antilopenknochen, die man beim Sinanthropus fand). Dazu kamen die Sprache und, eng mit deren Erwerb gekoppelt, eine zunehmend komplexere Überlieferung von Lebenserfahrungen, Ansichten über den Aufbau und Sinn der Welt (Religion) sowie bestimmter Überlebenstechniken (Hüttenbau, archaische Medizin und Nahrungsmittelkunde).

Jahrhunderttausende liefen diese beiden Genesen nebeneinander her, bis nach und nach die kulturelle die biologische völlig überlagerte. Spätestens seit der Jungsteinzeit hat sich das genetische Material des Menschen kaum mehr verändert. Abgesehen von unbedeutenden Abweichungen wie Hautfarbe und Haarwuchs, haben die Mitglieder sämtlicher heute auf der Erde lebenden Rassen die gleiche biologische Struktur, was man schon daran sieht, daß sie miteinander Kinder bekommen können. Das kulturelle Material hingegen hat sich stürmisch entfaltet, wo auch immer größere Menschengruppen (über)lebten. Etwas vereinfachend kann man sagen, daß es diese »Kultur« war, die dem Menschen half, seine Natur zu zähmen, vor allem seine sexuelle Triebhaftigkeit. Weit bedenklicher erscheint es hingegen zunächst, daß die Akkulturation offenbar aggressive Antriebe höchst unkultivierter Art freigesetzt hat. Vor allem Sadismus und Grausamkeit sind sicher ein menschlicher Neuerwerb; das Tier kennt sie nicht.

Die beiden amerikanischen Anthropologen Richard B. Lee und Irven DeVore schätzen, daß unsere Vorfahren neunundneunzig Prozent der Hominisationsphase als Jäger und Sammler gelebt haben; daß von den rund 80 Milliarden Menschen, die bisher schätzungsweise auf unserem Planeten existiert haben, mehr als neun Zehntel in dieser naturverbundenen Weise ihr Dasein fristeten. Nur insgesamt vier Prozent lebten während dieser mehr als einer Million Jahre als Ackerbauern und Viehzüchter und in vorindustriellen Stadtkulturen.

Allenfalls drei bis vier Prozent sind in einer ausgesprochenen Industriegesellschaft modernen Typs aufgewachsen, wie wir ihn heute in der Bundesrepublik vorfinden. Diese Prozentzahlen bekommen erst dann ihre richtige Bedeutung, wenn man sich überlegt, daß sich dank der rapiden Bevölkerungszunahme in unseren Tagen mehr Menschen auf dem Erdball drängen als je zuvor: etwa sechs Prozent der jemals lebenden Menschen überhaupt, nämlich fünf von achtzig Milliarden.

Meine Überlegung geht nun dahin, daß während jener endlosen Äonen, in denen sich aus dem Vormenschen beziehungsweise Voraffen der rezente Mensch entwickelte, die Aggressivität sich in typischer Weise verändert hat, bis am Ende der beschriebene desolate Zustand der Innenwelt-Verschmutzung entstanden ist. Diese allmähliche Veränderung könnte in folgenden Phasen abgelaufen sein:

- Beim Frühmenschen im Stadium des Jägers und Sammlers, der aus Hunger seiner Beute nachstellt und sie erlegt, ist die Aggressivität noch ganz in die natürliche Lebensweise eingebettet. Wie die Raubkatzen tötet er andere Tiere gewissermaßen im Stande »paradiesischer Unschuld«. In der psychoanalytischen Terminologie könnte man sagen, daß seine aggressiven Antriebe noch nicht von der libidinösen (sexuellen) losgelöst sind, sondern instinkthaft mit ihnen »legiert« sind (wie Freud zu diesem Idealzustand der Triebmischung sagte).
- Vor ungefähr zehntausend Jahren, während des Neolithikums

(Jungsteinzeit), veränderte sich die Lebensweise der Menschen so radikal, daß man von einer »neolithischen Revolution« gesprochen hat. Aus den Jägern und Sammlern wurden Viehzüchter und Akkerbauern, und es entstanden schließlich, als wohl folgenschwerste Veränderung, stadtähnliche Großsiedlungen. Das alte Jericho (im heutigen Israel) und Catal Hüyük (in der heutigen Türkei) sind die ältesten uns bekannten Städte, die sich in Aufbau und Funktion ohne weiteres mit den Gemeinwesen unserer Tage vergleichen lassen.

Soweit wir wissen, erscheint zugleich mit diesen neuen Formen menschlicher Existenz zum ersten Mal unnatürliche Aggressivität im Sinne von »Gewalttätigkeit gegen andere Menschen, um sie bewußt zu schädigen«. Die Annalen der Weltgeschichte berichten nun auch von ausgesprochen grausamen und sadistischen Verhaltensweisen. Ackerbauern und Viehzüchter führen das Menschenopfer und den Kannibalismus als religiöses Ritual ein, um die Götter günstig zu stimmen und Fruchtbarkeit für Felder und Herden magisch herbeizuzwingen oder um dem siegreichen Stamm die Kraft der erschlagenen Feinde (Mana) zu vermitteln. Kain erschlägt aus Neid Abel, den Hirten; von da an taucht der Mord als moralisches Problem der Weltgeschichte auf – und die Umweltverschmutzung. Der Rauch von Abels Opfer steigt zum Himmel auf, während der des Kain unten auf der Erde hängen bleibt, im Getreidefeld.

Und es ist der Nomadenfürst Abraham, der bereit ist, seinen eigenen Sohn der Gottheit zu opfern – offenbar einer damaligen Sitte entsprechend. Die »biblischen Zeiten« sind jene Jahrtausende, in denen der Mensch zerstörerische Kräfte freisetzt, die seine Vorläufer nicht gekannt zu haben scheinen. Sonst wäre es nicht in jener Epoche nötig gewesen, durch Moses die Zehn Gebote zu übermitteln – ein kulturgeschichtlicher Vorgang, der wie kaum etwas anderes bezeugt, daß das Töten und die anderen neuen Formen kulturgebundener Gewalttätigkeit (Stehlen, Ehebruch, Gier nach dem Besitz des Nächsten, Respektlosigkeit gegenüber den Eltern, Mißachtung der Gottheit) zu echten Menschheitsproblemen geworden waren. Und zwar zu Problemen, die mit der Seßhaftwerdung und Verstädterung des Menschen zusammenhingen. Der Auszug des Volkes Israel aus Ägypten unter Moses' Führung – der in der mythischen Offenbarung des Dekalogs auf dem Berg Sinai kulminierte – war ja nicht nur eine Flucht vor Ausbeutung und Unterdrückung durch ein fremdes Volk, sondern stellte zugleich symbolisch dar, wie man der inneren Chaotik jener Zeit zu entkommen hoffte: durch Aufgeben der (ägyptischen) Stadtkultur und Wiederaufnahme des ruhelosen Nomandenlebens in jenen vierzig Jahren der Wüstenwanderschaft. Auch dieser Exodus begann mit einem Totschlag:

Moses brachte einen ägyptischen Aufseher um und mußte deshalb um das eigene Leben fürchten.
Die Beobachtung der heute noch lebendigen Kulturen von Jägern und Sammlern beziehungsweise Nomaden (Buschleute, Pygmäen, Eskimos, australische Ureinwohner, Amazonas-Indianer) zeigt, daß sich in diesen Frühformen menschlichen Zusammenlebens aggressive Akte nahezu ausschließlich auf die Jagd beschränken. Der Mord und die anderen destruktiven Manifestationen sind also relativ spät erworbene Unarten. Sie werden freilich von diesen Jägern und Sammlern nur allzu rasch übernommen, wenn sie dem negativen Einfluß der jüngeren und aggressiveren Kulturen ausgesetzt werden. Die tragische Geschichte des Untergangs der amerikanischen Indianer ist voll von Beispielen solcher verderblicher Einflüsse, angefangen vom Mißbrauch des »Feuerwassers« bis hin zum Skalpieren, jener von den weißen Siedlern übernommenen Grausamkeit.

7.3 Dichte-Streß und »kritische Distanz«

Neue Beobachtungen von renommierten Verhaltensforschern legen den Verdacht nahe, daß schon allein die extreme Zunahme der Bevölkerungsdichte bei Säugetieren ein Übermaß an Aggressivität provoziert. So konnte der amerikanische Tierpsychologe John B. Calhoun bei Rattenpopulationen nachweisen, daß ab einer bestimmten Zahl von Versuchstieren pro Quadratmeter Lebensraum die normalerweise zueinander friedlichen Ratten zunehmend feindselig wurden. Die Mütter vergaßen, wie man richtige Nester baut, und vernachlässigten ihre Brut so sehr, daß bis zu sechsundneunzig Prozent der Jungen starben.
Mäuse, die man bei anderen Versuchen im Stadium eines solchen *overcrowding* in Käfigen heranwachsen ließ, bekamen überhöhten Blutdruck und andere Zeichen erhöhter Alarmbereitschaft (Streß) – so als hätte man sie einer hungrigen Katze ausgeliefert. Eine ähnliche Zunahme der Abwehrbereitschaft und ausgesprochener Aggressivität gegen ihresgleichen fand der deutsche Zoologe und Sozialphysiologe Dietrich von Holst bei den Tupajas (Baumspitzhörnchen). Bei ihnen holten, ab einer bestimmten Bevölkerungsdichte, die Mütter die Neugeborenen sogar aus dem Nest und fraßen sie auf.
Ähnliche Ergebnisse fand man inzwischen auch bei menschlichen Populationen. Drei amerikanische Soziologen – Omer R. Galle, Walter R. Gove und J. Miller McPherson – überprüften verschiedene menschliche Verhaltensparameter (Sterblichkeitsquote, Geburtenrate, Vernachlässigung der Kinder, Jugendkriminalität und Anfälligkeit für seelische

Krankheiten) in bezug auf die Bevölkerungsdichte in fünfundsiebzig Lokalgemeinden von Groß-Chicago. Ihre Ergebnisse bestätigten auch für die menschliche Spezies die Arbeiten Calhouns und von Holsts, nämlich daß die Bevölkerungsdichte – und zwar unabhängig von sozialer Schicht und Rasse! – die wichtigsten Formen sozialer und damit auch psychischer Pathologie nachhaltig beeinflußt. Im Lichte dieser Forschungen verwundert es nicht mehr, daß man in New York und Köln mehr Neurosen und dergleichen findet als bei einem Negerstamm im Kongo. (Der einzige signifikante Unterschied zwischen Mensch und Tier in der Reaktion auf den Dichte-Streß ist interessanterweise der, daß Ratten und Tupajas immer weniger Junge bekommen, je beengter sie leben müssen, während die am meisten zusammengepferchten Chicagoer mehr Kinder bekamen als ihre weniger beengten Mitbürger.)
John T. Laird von der Saint John's University, Minnesota, hat 1973 imponierendes neues Zahlenmaterial vorgelegt, welches die These bestätigt: Je größer die Stadt, je dichter also auch die Bevölkerungskonzentration, um so größer ist der Prozentsatz psychischer Störungen. Während Leo Srole 1962 in seiner Studie »Mental Health in Metropolis« feststellen mußte, daß zehn Prozent der Bewohner des New Yorker *Stadt*teils Manhattan an einer schweren Störung (»severe mental illness«) litten, fand Laird in einem *ländlichen* Gebiet in Minnesota (Bevölkerungsdichte: zehn Menschen pro Quadratkilometer) nur bei einem Prozent der Bevölkerung eine solche Krankheit. Seine Arbeit, im »Journal of Psychology« publiziert, zeichnet sich durch saubere methodische Durchführung und eine Fülle von Literaturbelegen aus.
Man schätzt, daß die Bevölkerungsdichte vor etwa 2000 Jahren ungefähr eine Person pro Quadratkilometer betrug, bei einer gesamten Erdbevölkerung von 133 Millionen, die vorwiegend in freier Natur oder in Dörfern und relativ kleinen Stadtsiedlungen lebten. 1950 war diese Dichte bereits auf 16,4 Menschen pro Quadratkilometer angestiegen (Gesamtzahl: 2,4 Milliarden). Und für das Jahr 2000 schätzt der Biologe Edward S. Deevey von der Yale University die Menschheit auf 6,2 Milliarden Individuen, die sich bei einer Dichte von 46 pro Quadratkilometer zusammendrängen werden.
Mehr als die Hälfte aller Menschen wird sich demnächst, so der kalifornische Soziologe Kingsley Davis, in Großstädten aufhalten mit 100 000 Bewohnern und mehr – in Metropolen wie Schanghai (derzeit mit 10,6 Millionen Bewohnern eine der größten Städte der Welt) oder in jener Hundertmillionen-Stadt, die der amerikanische Urbanist Richard L. Meier schon 1967 auf der ersten »Internationalen Konferenz der Zukunftsforscher« in Oslo für den Golf von Bengalen prophezeite. Der englische Historiker Arnold Toynbee geht sogar noch einen Schritt wei-

ter. Für ihn wird in absehbarer Zeit die gesamte Erdoberfläche eine einzige Stadt sein – »World City«, ein steinern-stählernes Monstrum, das man bislang allenfalls auf den Seiten utopischer Romane beschrieben fand und ungläubig belächelte.
Selbst der Bewohner einer Großstadt wie London oder Berlin vermag sich nicht vorzustellen, wie man in solchen übervölkerten Zentren wohnen wird. Ein weitgereister Freund, der die indischen Riesenstädte Bombay und Kalkutta kennt, beschrieb das Gefühl, das einen in diesem Gewühl beschleicht, so ähnlich, als müsse man sich permanent durch eine vollbesetzte Straßenbahn oder ein Kaufhaus zwängen – sein ganzes Leben lang! Der große britische Biologe Julian Huxley erlebte 1954 in Allahabad am Ganges das hinduistische Fest Kumbha-Mela und schätzt die Zahl der Menschen, die dort auf engstem Raum zusammenkamen, auf viereinhalb Millionen. Er wurde von diesem Erlebnis völlig überwältigt:
»Ich werde niemals das Schauspiel dieses ungeheuren menschlichen Ameisenhaufens vergessen, mit seinen lokalen Verdichtungen von Gruppierungen, die sich auf provisorischen Pontonbrücken über den Jumna drängten, um die heiligen Badestellen zu erreichen. Eine Menge dieser Größenordnung hinterläßt einen beängstigenden und elementaren Eindruck: Er erscheint so unpersönlich und unkontrollierbar.« Es mag sich hier um den ganz persönlichen Eindruck eines übersensiblen Gelehrten handeln. Dafür sprechen Erfahrungen, die man in Italien machen kann: In den Urlaubsorten reißen sich die italienischen Familien geradezu um Ferienwohnungen nahe der Hauptstraße und den Plätzen mit dem größten Trubel, ganz im Gegensatz zu den Besuchern aus dem Norden. Mir kommt das allerdings mehr vor wie die Sensationslust des Provinzlers, der seinen relativ stillen Heimatort verläßt, um mal den Rummel der Großstadt mitzuerleben. Vor allem die neurotisch angeknacksten Menschen, deren Zahl laufend zunimmt, haben eher einen Horror vor den Menschenansammlungen und dem Lärm der überfüllten Metropolen, so als würde ihre eigene psychische Verfassung sie überempfindlich für das innere Chaos der anderen machen, das sie so vielfach multipliziert umbrandet, unsichtbar zwar, daher deshalb nicht weniger wirksam.
Hier sehe ich aber auch deutliche Zeichen einer politischen Entwicklung: Was sich als »neurotische Überempfindlichkeit« darstellt, ist ja andererseits eine »dünne Haut«, die vor Abstumpfung bewahrt. Solch »dünne Haut« sollte allerdings von einem starken Ich begleitet werden, das – wenn nötig – diese emotionale Durchlässigkeit vor Überflutung bewahrt. Diese *selektive* Durchlässigkeit kann man lernen – eine Psychotherapie hat unter anderem auch diese Aufgabe.

Ein Begriff aus der Verhaltensforschung könnte den Schlüssel zum Verständnis der Tatsache liefern, daß Verstädterung (Bevölkerungsdichte) und Innenwelt-Verschmutzung (verborgene Aggressivität) zusammen auftreten: die »kritische Distanz«. Der Schweizer Zoodirektor Professor Heini Hediger gibt für dieses Naturphänomen ein frappierendes Beispiel. Nach seinen Erfahrungen im Tiergarten und im Zirkus hat jeder Tiger und jeder Löwe ein Art unsichtbarer Begrenzung seiner unmittelbaren Lebenssphäre, die sich mit dem Metermaß genau bestimmen läßt. Nähert sich ein anderes Tier (oder auch ein Mensch) dieser kritischen Distanz, so weicht das Raubtier zunächst aus. Hindert man es bei dieser Fluchtreaktion und betritt seine Privatsphäre, so greift es an. Dompteure nützen das aus, indem sie sich ständig im Bereich dieser Grenzmarkierung bewegen. Sie zwingen so das Tier, einmal auszuweichen und dann wieder auf den vermeintlichen Angreifer loszugehen. Aus dieser ständigen Pendelbewegung vermag ein geschickter Tierlehrer allmählich die kompliziertesten Bewegungsabläufe aufzubauen, die dann in der Arena das Staunen des Publikums, das diese Zusammenhänge nicht kennt, hervorrufen.
Es liegt nahe anzunehmen, daß es beim Menschen ebenfalls so etwas wie eine kritische Distanz gibt. Solche Eigenschaften wie der Drang nach Grundbesitz und Privateigentum könnten Ausdruck eines Bestrebens sein, diese (beim Tier nicht unmittelbar greifbare) Abgrenzung gegen andere deutlich sichtbar zu demonstrieren; dafür würde auch sprechen, daß der Mensch ein eher optisches Geschöpf ist, das auf Farben und Formen anspricht, während die Raubtiere in der Regel mehr auf Bewegungen und Gerüche reagieren. Eine Verletzung dieser magischen Grenzlinie, vor allem, wenn sie tagtäglich viele Male erfolgt, wird auch beim Menschen Fluchtverhalten beziehungsweise Aggressivität hervorrufen – oder ein unentschiedenes Hin-und-her-Pendeln zwischen beiden Möglichkeiten, was ausgesprochen neurotisierend wirken kann. Nun ist der Mensch infolge seiner Jahrtausende währenden Domestikation geradezu darauf dressiert worden, weder dem Fluchtwunsch noch der Angriffslust unmittelbar nachzugeben; ohne entsprechende Zurückhaltung und Rücksichtnahme wäre ein Leben in größeren Städten völlig unerträglich gewesen. Die Nachtträume des *Homo sapiens*, wie man sie in einer Psychotherapie oder einer Selbsterfahrungsgruppe erfährt, sagen uns deutlich, wohin diese animalischen Reaktionen verschwunden sind: ins Unbewußte. Dieser Verdrängungsprozeß funktioniert offenbar geraume Zeit, sowohl im individualgeschichtlichen wie im menschheitsgeschichtlichen Sinne. Aber irgendwann erreicht der Dichte-Streß mit all seinen Nebenwirkungen (schlechtere Lebensbedingungen, weniger Rückzugsmöglichkeiten,

Umweltverschmutzung) offenbar einen Schwellenwert, wo Verdrängung eigentlich nicht länger möglich ist. Da die intensiven Lernvorgänge der frühkindlichen Erziehung nicht ohne weiteres abgeschüttelt werden können, bleibt für viele nur noch ein Ausweg, mit dem zunehmenden Streß fertig zu werden: Sie erkranken an irgendeinem der bereits beschriebenen psychischen Leiden.
Es wird nicht allein dieses unaufhörliche Infragestellen der kritischen Distanz sein, das den verstädterten Menschen in diese verzweifelte Lage gebracht hat. Sekundäre Frustrationen, wie sie zum Beispiel in der Folge von Raubzügen und Kriegen bei allen Beteiligten unvermeidbar sind, sorgten ebenfalls schon seit Urzeiten für offene wie unbewußte Aggressivität: durch den Verlust des Vaters, Versklavung, schlechte Behandlung durch die Sieger und dergleichen. Jede Generation hat außerdem ihre eigenen psycho-sozialen Störungen mehr oder minder kräftig an die Kinder und Enkel weitergegeben. Auch auf diese Art kam es zu einer Akkumulation der »verborgenen Aggression«.
Das Leben in der Stadt, vor allem in den Massensiedlungen unserer Epoche, weist freilich einen Mangel auf, der die bedenkliche Situation zusätzlich erschwert: Der Buschmann, der wütend auf seinen Nachbarn ist, zieht es vor, lieber seine paar Habseligkeiten zusammenzupakken und für einige Zeit zu einem anderen Stamm zu ziehen, als über seinen Widersacher herzufallen. Der Städter hat von Tag zu Tag weniger Möglichkeiten eines solchen Rückzugs (dem stehen schon unsere geschriebenen und ungeschriebenen Verhaltensregeln entgegen). Da er nicht auf seinen Kontrahenten einschlagen kann, wird er wiederum gezwungen, seine Aggressionen zu verdrängen.
Die Erziehung in der Familie, im späteren Leben auch die Schule und die Arbeitswelt, sind die wichtigsten »Transformatoren«, die das innere Chaos von Generation zu Generation weitergeben – wenn wir Pech haben, verstärken sie die Innenwelt-Verschmutzung, wenn wir Glück haben, vermindern sie sie. Freilich sieht es inzwischen ganz so aus, als ob mehr und mehr Menschen der Stadtzivilisation »Pech« hätten. Ehe ich auf die Möglichkeiten der Therapie und Prophylaxe eingehe, möchte ich noch auf eine interessante Parallele hinweisen, die zwischen der beschriebenen Verschlechterung der seelischen und sozialen Gesundheit großer Teile der Menschheit und jener individuellen Krankheit besteht, die man »psychischen Hospitalismus« nennt und die Säuglinge befällt, wenn man ihnen bestimmte Lebensqualitäten vorenthält (siehe auch Kap. 4.2). Dieses Leiden, auch »anaklitische Depression« genannt, wurde erstmals von dem Psychoanalytiker und Kinderpsychologen René Spitz beschrieben. Es tritt immer dann auf, wenn man kleine Kinder zwar in ihren materiellen Bedürfnissen befrie-

digt, also sie angemessen ernährt und wärmt, ihnen aber die gefühlsmäßige Zuwendung der Mutter oder einer Ersatzperson vorenthält. Die armen Geschöpfe, man findet sie vor allem in Waisenhäusern, durchlaufen innerhalb weniger Monate eine typische schädliche Entwicklung mit drei Phasen:

1. Im ersten Monat werden die Kinder weinerlich, anspruchsvoll und klammern sich gern an den Beobachter, sobald es diesem gelungen ist, Kontakt mit ihnen herzustellen.
2. Im zweiten Monat geht das Weinen oft in Schreien über. Die Kinder verlieren an Gewicht. Ihre körperliche und seelische Entwicklung bleibt stehen.
3. Im dritten Krankheitsmonat verweigern die Kleinen jeglichen Kontakt. Meistens liegen sie auf dem Bauch in ihrem Bettchen. Sie leiden unter Schlaflosigkeit, verlieren weiter an Gewicht, sind weniger widerstandsfähig gegen Krankheiten und zeigen verlangsamte Bewegungen. Ihr Gesichtsausdruck wird maskenhaft starr.
4. Nach dem dritten Monat wird der starre Ausdruck zum Dauersymptom. Aus dem Weinen wird ein Wimmern. Die motorische Verlangsamung wird zur Lethargie. Der Quotient der körperlichen und seelischen Entwicklung sinkt deutlich ab.
5. Wird noch immer nicht für Abhilfe aus der psychischen Mangelsituation gesorgt, durch intensive und kontinuierliche Zuwendung, dann kommt es zu einem Nachlassen des Lebenswillens und endlich zum Tod durch allgemeine Erschöpfung.

Ohne die Analogie überstrapazieren zu wollen, kann man die kollektive Entwicklung, die zur Innenwelt-Verschmutzung führte, und die individuelle Genese einer anaklitischen Depression miteinander vergleichen (siehe S. 236).

7.4 Bedrohlicher als fremde Heere

Der kritische Leser wird an dieser Stelle einwenden, daß ein Blick in die Zeitgeschichte viel eher den Eindruck erweckt, als befinde sich die Menschheit noch mitten in der Phase II der »offenen Aggressivität«:

- Allein der Zweite Weltkrieg, der gerade eine Generation zurückliegt, forderte fünfundfünfzig Millionen Tote, fünfunddreißig Millionen Verwundete und drei Millionen Vermißte. Der Anteil der Zivilbevölkerung wird auf zwanzig bis dreißig Millionen Tote geschätzt. Die Kriegskosten hat man auf die astronomische Zahl von 1,5 Billionen Dollar kalkuliert. (Interessanter Seitenblick: Auch den Ausstieg aus der Atomenergie hat man 1986 in diesen Dimensionen veranschlagt).

Phase	*Anaklitische Depression beim Säugling*	*Psycho-soziale Veränderungen der Aggressivität*
I	Symbiose von Mutter und Kind (Idealzustand im ersten Lebensjahr).	»Symbiose« von Mensch und Natur: Jäger und Sammler.
II	Emotionale Frustration: führt zu aggressivem Schreien, später zu Toben mit Selbstbeschädigung.	Bevölkerungsdichte und andere Frustrationen nehmen zu: Menschen schädigen Menschen durch Raubzüge, Kriege, Menschenopfer, Kannibalismus.
III	Anaklitische Depression: Apathie und Erkrankung als Folgen verinnerlichter Aggressivität.	Innenwelt-Verschmutzung: Neurosen, psychosomatische Krankheiten usw. als Folgen verinnerlichter Aggressivität.
IV a	Tod des Säuglings: durch psychische und physische Erschöpfung.	Seelischer Tod (Psychose) oder physischer Tod (Selbstmord) als fast schon kollektive Reaktion einer zunehmenden Zahl von Individuen.
IV b	Heilung des Säuglings: durch Zuwendung einer mütterlichen Bezugsperson.	Gesundung der Innenwelt: etwa durch die Zuwendung und das geduldige Verständnis eines Psychotherapeuten (oder durch die Anleitung eines Guru oder einer Gruppe – siehe Kap. 8)

- Nach Berechnungen des ungarischen Friedensforschers Istvan Kende fanden von 1945 bis 1969, also in der »Nachkriegszeit«, auf der Erde insgesamt 97 gewaltsame Konflikte auf nationaler oder internationaler Ebene statt, Kolonial-, Bürger- und Revolutionskriege eingerechnet. 1987 spricht man bereits von 150 solchen Katastrophen.
- Nach einer Statistik der Norwegischen Akademie der Wissenschaften wurden zwischen 3600 vor und 1960 nach Chr. 14513 Kriege auf der Erde geführt.
- Nach Schätzungen der UNO stehen derzeit dreiundzwanzig Millionen Soldaten auf unserem Planeten unter Waffen. Fünfzig Millionen Menschen arbeiten mittel- oder unmittelbar für die Rüstung (darunter jeder zweite Wissenschaftler) – das entspricht der Einwohnerzahl Frankreichs. Der »Welt-Rüstungsetat« betrug 1971 mit zwei-

hundert Milliarden Dollar rund sechs Prozent des gesamten Welteinkommens. Diese militärischen Ausgaben sind zweieinhalbmal größer als die Summe der öffentlichen Ausgaben für Gesundheitszwecke und eineinhalbmal so groß wie die Ausgaben für Bildung und Kultur. Fünfundzwanzig Milliarden Dollar für Rüstungsforschung stehen ganze vier Milliarden für medizinische Forschung gegenüber.

- Das Stockholmer Internationale Institut für Friedensforschung (SIRPI) teilte bereits 1976 mit, daß die Gesamtsprengkraft aller Atomwaffen auf der Welt schätzungsweise 50000 Megatonnen des herkömmlichen Sprengstoffs TNT beträgt – das bedeutet, daß auf jeden Erdbewohner 15 Tonnen TNT atomarer Vernichtungsenergie entfallen.
- Die Sowjetunion verstärkt seit Beginn der siebziger Jahre laufend ihre Truppen am russisch-chinesichen Grenzfluß Usuri und soll im gesamten fernöstlichen Grenz- und Krisengebiet über eine Million Soldaten stationiert haben. Experten halten es für nicht ausgeschlossen, daß dort in naher Zukunft ein Konflikt von Weltkriegsausmaßen entstehen könnte, unter Umständen sogar ein Atomkrieg.

Und dann doch, wie ein Wunder, 1987 durch Gorbatschows zähe Initiativen, die Hoffnung auf Abrüstung! Deshalb glaube ich, daß sich andere Faktoren zunehmend als stärker erweisen werden, trotz Vietnam, Kambodscha, Israel, Chile, Griechenland, Nordirland, Südafrika und wie die anderen Krisenherde unserer Tage heißen. Kein deutscher Soldat wird mehr gegen französische oder englische »Erbfeinde« kämpfen. Und es müßten schon verrückte Dinge passieren, ehe es zu einem »heißen« Konflikt zwischen den NATO-Ländern und dem Ostblock kommt, wenn auch die »kalte« Konfrontation noch so manches Jahrzehnt anhalten mag. Selbst ein Krieg zwischen der Sowjetunion und Rotchina wird immer weniger praktikabel, je komplizierter die Machtkonstellation auf dem Globus wird, vor allem wenn die kommenden Supermächte Vereintes Europa, Japan und irgendwann auch Indien, Afrika und Südamerika neue Akzente setzen. Eine weit größere Bedeutung für die Befriedung wird freilich der Innenwelt-Verschmutzung zukommen. Sie wächst in allen Ländern der Erde unaufhörlich weiter, genau wie sich überall die Müllberge höher türmen und die Ölflächen auf den Meeren größer werden. Der vom Wodka berauschte Sowjetmensch wird genauso viele Verkehrsunfälle verursachen wie der whiskytrunkene US-Mensch. Neurosen und Psychosen machen den Gesundheitsbehörden der DDR die gleichen Sorgen wie den Ärzten der Bundesrepublik. Die selbstzerstörerischen Kräfte können deshalb nicht durch schwerbewachte Landesgrenzen aufgehalten werden, weil sie in den Seelen der Menschen selbst stattfinden, gleich, ob sie in einem kapitalistischen, sozialistischen oder in einem anderen System leben.

Irgendwann wird sich jede Regierung einmal darüber klarwerden müssen, daß die »verborgene Aggression« weit bedrohlicher ist, als es die Heere des schlimmsten Feindes sind. Und irgendwann wird man deshalb wohl in den meisten Ländern auch einmal mehr Gelder für die medizinische und vor allem für die psychohygienische Forschung, Therapie und Prophylaxe ausgeben als für die sinnlose Rüstung.

Kehren wir noch einmal kurz zu unserem Vergleich des anaklitisch depressiven Säuglings mit der innenwelt-verschmutzten Menschheit zurück. Dem Säugling kann, vor allem in der milderen Phase II, relativ leicht und rasch geholfen werden. Man muß nur dafür sorgen, daß sich seine eigene Mutter oder eine mutterähnliche Bezugsperson findet, die ihm die nötige »Nestwärme« bietet. Im Falle der »kranken« Menschheit ist das Verfahren nicht so einfach. Die Lösung, die sich logischerweise anbietet, ist absurd: Man kann nicht die Milliarden von Menschen, die heute in den Städten leben, in die vorgeschichtliche Idylle der Jäger und Sammler zurückkatapultieren; dies wird allenfalls in manchen Science-fiction-Romanen als Folge eines weltweiten (und ja noch immer nicht mit Sicherheit ausgeschlossenen) Atomkrieges prophezeit. Allen sozialistischen Utopien zum Trotz wird sich die Misere auch nicht durch gesamtgesellschaftliche Veränderungen im Rahmen eines neuen Systems oder einer neuen Ideologie heilen lassen – genausowenig wie sie durch den Kapitalismus (der vor allem an der desolaten Verstädterung nicht gerade unschuldig ist) verhindert wurde. Kollektive Maßnahmen lassen sich allenfalls bei der Vorbeugung denken, etwa durch eine entsprechende Gesetzgebung, die endlich einmal dafür sorgt, daß berufstätige Mütter und verstärkt auch die Väter sich mindestens während des ersten Lebensjahres voll und ganz ihrem Neugeborenen widmen können, möglichst auch im zweiten und dritten Jahr.

Ich könnte mir vorstellen, daß allein diese Maßnahme die Zahl der depressiven Störungen gewaltig reduziert (was Einsparungen bei der Suchtbekämpfung in Milliardenhöhe bedeuten würde – wahrscheinlich eine Summe, die die Kosten eines allgemeinen »Babyjahres« weit überstiege!).

7.5 Psychotherapie für zwölf Millionen Bundesbürger?

Eine allgemeine Gesundung der Menschheit läßt sich allerdings niemals auf kollektiver, sondern nur auf individueller Basis erreichen. Was bei einem zwanzigjährigen Neurotiker während zweier Jahrzehnte, vor allem in den ersten Lebensjahren, schiefgelaufen ist und falsch gemacht wurde, das kann man nicht durch die Abschaffung des Privateigentums oder ähnlich sozialpolitischer Experimente korrigieren. Dazu bedarf es einer Psychotherapie oder einer Selbsterfahrungsgruppe von Hunderten von Stunden. Nur im Verlauf einer solchen Therapie wird das »schwache Ich« des seelisch Kranken nach und nach so weit gestärkt, daß er die Flucht in die Krankheit aufgeben kann und mit der neugewonnenen psychischen Kraft und der ungehemmten Verfügung über seine gesamten Begabungsreserven wenigstens seine engere Umwelt zum Positiven hin verbessert – vielleicht nur »milimeterweise«, aber er vermag sie immerhin zu verbessern. Das Endprodukt ist allerdings nicht, wie manche Leute glauben, ein von allen Skrupeln befreiter Superegoist, sondern jemand, der seine eigenen Belange vertreten kann, ohne in die Extreme der depressiven Unterwürfigkeit oder der psychopathischen Rücksichtslosigkeit zu verfallen.

Kritiker der Psychoanalyse und verwandter seelenärztlicher Methoden verleumden diese gerne als »Instrument der Anpassung« an die herrschenden Verhältnisse, die man besser mit Gewalt verändern sollte, wie manche Extremisten meinen. Ich hoffe, in diesem Buch in etwa dargelegt zu haben, wie unhaltbar diese Vorstellung ist. Jede gewalttätige Lösung, die anstelle der unvollkommenen alten nur neue Verhältnisse bringt, die mindestens so unvollkommen sind, vermehrt die schon existierende Innenwelt-Verschmutzung nur noch. Aggression erzeugt stets Frustration und Gegenaggression, zumal verinnerlichte, verdrängte Gegenaggression. Die inneren Probleme der Menschen durch Veränderungen in der Außenwelt (beispielsweise eine andere politische Ideologie oder Machtstruktur) lösen zu wollen, ist genauso absurd, wie wenn man einen verseuchten Fluß dadurch zu reinigen versuchte, daß man seine Anwohner psychotherapiert.

Andere Kritiker der Psychotherapie, die man weit ernster nehmen muß, werfen ihr vor, daß sie die ihr gestellten Aufgaben aus personellen und finanziellen Gründen auch nicht annähernd lösen könne. Ich halte diesen Einwand nur für bedingt stichhaltig. Rechnen wir einmal ein einigermaßen realistisches Beispiel durch. Nehmen wir an, von den sechzig Millionen Bundesbürgern sei jeder fünfte mehr oder minder stark seelisch gestört, so daß er einer psychoanalytischen Kur bedürfte; eine Zahlenrelation, die man bei schulpflichtigen Kindern in München

fand, und die kaum zu hoch gegriffen ist. Nehmen wir weiterhin an, daß jeder dieser zwölf Millionen Menschen sich einer Behandlung von durchschnittlich hundert Stunden* unterzieht (und natürlich auch, daß er auf diese Behandlung anspricht, was nicht immer der Fall ist). Das ergäbe einen »psychoanalytischen Bedarf« von ungefähr 1,2 Milliarden Stunden. Nehmen wir weiterhin an, daß die therapeutische Sitzung heute rund hundert Mark kostet, so ergibt das die Summe von 120 Milliarden Mark. Ein astronomischer Betrag? Vergleicht man ihn mit den fünfzig Milliarden, die man bei uns in der Bundesrepublik im Verlauf eines einzigen Jahres allein für Tabakwaren und Alkoholika ausgibt (womit ja meistens seelische Störungen medikamentenähnlich »geheilt« werden sollen), so zeigt sich, daß dieser Betrag, volkswirtschaftlich gesehen, durchaus erschwinglich wäre.
Rechnen wir diese Summe auf den Einzelfall um, so ergäbe sich pro Patient/Klient eine durchschnittliche Belastung von 10000 Mark. Das ist der Preis für ein billiges Auto oder einen schon recht anspruchsvollen Computer samt Zubehör; ein Preis, der sich zudem auf einen Behandlungszeitraum von mehreren Jahren verteilen ließe.
Schwieriger wird das Problem, wenn man nach den Ärzten und Psychologen fragt, die diese zwölf Millionen behandeln sollen. Ein sorgfältig arbeitender Therapeut kann bei einem Achtstundentag und vierzig Arbeitswochen zu fünf Tagen (die Arbeit ist sehr anstrengend und verlangt eine entsprechende Urlaubszeit) 1600 Behandlungsstunden absolvieren. Er käme also pro Jahr auf sechzehn einigermaßen abgeschlossene Behandlungen zu hundert Stunden. Nehmen wir weiterhin an, wir wollten die psychische Sanierung der Bundesrepublik im Verlauf von einer Generation bewältigen und es kämen wundersamerweise keine neuen Fälle hinzu, so ergibt das während 25 Jahren einen Bedarf von 30000 Psychoanalytikern. Das ist wenig, verglichen mit den 150000 Analytikern, die Alexander Mitscherlich 1972 forderte. Aber es ist andererseits viel zuviel, wenn man bedenkt, daß es bei uns derzeit bestenfalls 20000 mehr oder minder qualifizierte Spezialisten dieses Metiers gibt (Psychologen und Psychotherapeuten). Da sich Menschen mit entsprechender Begabungsstruktur, Intelligenz und beruflicher Motivation nicht am Fließband produzieren lassen, platzt un-

* Ich weiß, daß dies wenig ist, daß die Behandlungen tatsächlich zwei- bis dreimal so lange und länger dauern. Aber in unser Zahlenbeispiel geben wir ja nicht nur die schweren Störungen ein, sondern auch eine Vielzahl leichterer Beschwerden, die sich mit fünfzig oder sogar weniger Stunden nachhaltig bessern lassen. Außerdem gibt es inzwischen für sehr viele Fälle auch weniger aufwendige Therapieformen wie die Gruppen- und die Fokaltherapie. Ob die zur Zeit stark propagierte Verhaltenstherapie tatsächlich anhaltende Heilerfolge erzielt, wird erst die Zukunft zeigen.

Die Bevölkerungsexplosion

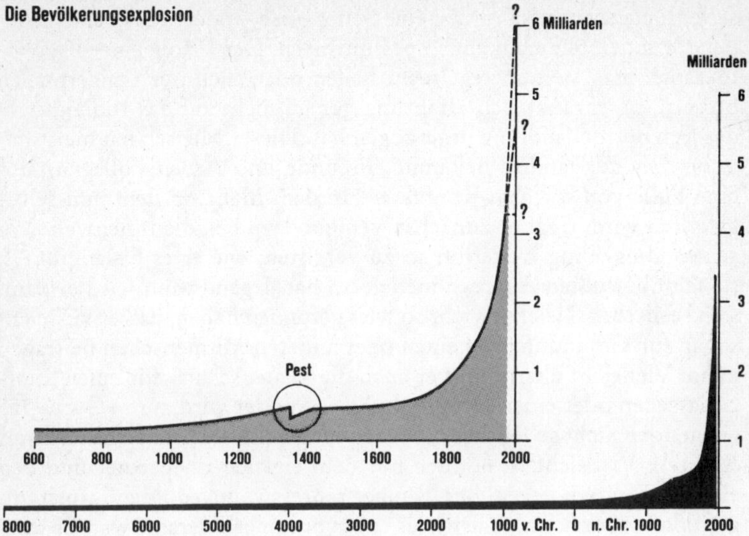

Die rapide zunehmende Bevölkerungsdichte auf unserem Planeten bringt nicht nur Umweltprobleme mit sich. Durch »Dichte-Streß« wird zusätzlich noch das unbewußte Aggressionspotential der Menschheit angeheizt. Es ist keine Frage mehr, daß ein ungezügeltes Wachstum die Menschheit binnen weniger Jahrzehnte in ein Chaos stürzen würde. Immerhin zeichnet sich in den am meisten industrialisierten Ländern bereits ein Trend zunehmender Geburtenkontrolle ab. Er läßt von den dargestellten Zukunftsalternativen (oben) die günstigste realisierbar erscheinen, nämlich das sogenannte Null-Wachstum. In der Bundesrepublik (unten) scheint diese Drosselung des Wachstums bislang am besten zu gelingen. (1972: 701 200 lebendgeborene Kinder).

Geburtenrückgang in der BRD

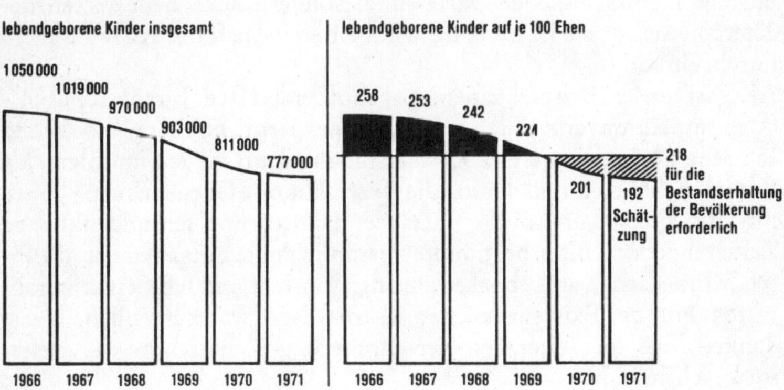

sere Hochrechnung also wie eine Seifenblase – oder? Aus verschiedenen Gründen bin ich nicht so pessimistisch. Der Erfolg einer Psychotherapie, mag sie nun regelrecht heilen oder auch nur einigermaßen bessern, beschränkt sich erfahrungsgemäß nicht auf das Individuum, das sich der Behandlung unterzogen hat. Dieser Mensch hat meist Familie, hat Verwandte, Bekannte, Freunde und Arbeitskollegen, also eine Fülle von sozialen Kontakten. In dem Maße, in dem ihm selbst geholfen wird, trägt er zunächst weniger dazu bei, die Innenwelten in seiner Umgebung weiterhin so zu vergiften, wie er es bislang durch seine unbewußten Aggressionen getan hat. Irgendwann wird er dann sein seelisches Gleichgewicht so weit gefunden haben, daß er vielleicht sogar zur Gesundung des einen oder anderen Mitmenschen beitragen kann. Vielleicht übernimmt er auch die »Patenschaft« für einen Strafentlassenen oder einen Drogenabhängigen oder wird zum »Guru« für einen noch nicht so lebenserfahrenen jungen Menschen (siehe nächstes Kapitel). Vielleicht ist er auch nur dem eigenen Ehepartner und den eigenen Kindern gegenüber weniger repressiv, ungeduldig, intolerant, gefühllos, rücksichtslos usw., als er es vor seiner Therapie war. Es wird also gar nicht nötig sein, alle hypothetischen zwölf Millionen Bundesbürger zu therapieren, sondern vielleicht nur jeden zehnten aus dieser Population. Die positive »Ausstrahlung« dieser 1,2 Millionen – oder auch nur das Versiegen ihrer negativen »Vibrationen«, wie die Inder sagen – würden das psycho-soziale Klima der ganzen Nation so nachhaltig bessern, daß man auch mit viel weniger Therapeuten zurechtkäme.

Bei einer gezielten Behandlung von bestimmten »Schlüsselpersonen« (Politiker, Psychologen, Ärzte, Sozialarbeiter, Pädagogen, Geistliche usw.) käme man wahrscheinlich mit einer noch geringeren Anzahl von Therapeuten aus. Aber ein solches Verfahren widerspricht nicht nur unserer rechtsstaatlichen Verfassung, sondern auch dem Wesen der Therapie selbst; sie ist ohne freiwillige Bereitschaft des Klienten nicht durchführbar.

Also ist unser Beispiel einer »psychotherapierten Bundesrepublik« doch nur ein unverbindliches Gedankenexperiment? Ich glaube nicht. Ich sehe noch eine weitere Lösungsmöglichkeit, die ich im folgenden Kapitel behandeln und der ich die Bezeichnung »Guru-Prinzip« geben möchte. Sie bassiert auf der Tatsache, daß es schon seit undenklichen Zeiten in jeder Kultur bestimmte Persönlichkeiten gegeben hat, die ihren Mitmenschen an Lebenserfahrung, Weisheit und Ich-Stärke voraus waren. Nur der Existenz solcher »Gurus« ist es wahrscheinlich zu verdanken, daß die Innenwelt-Verschmutzung nicht schon viel weiter fortgeschritten ist.

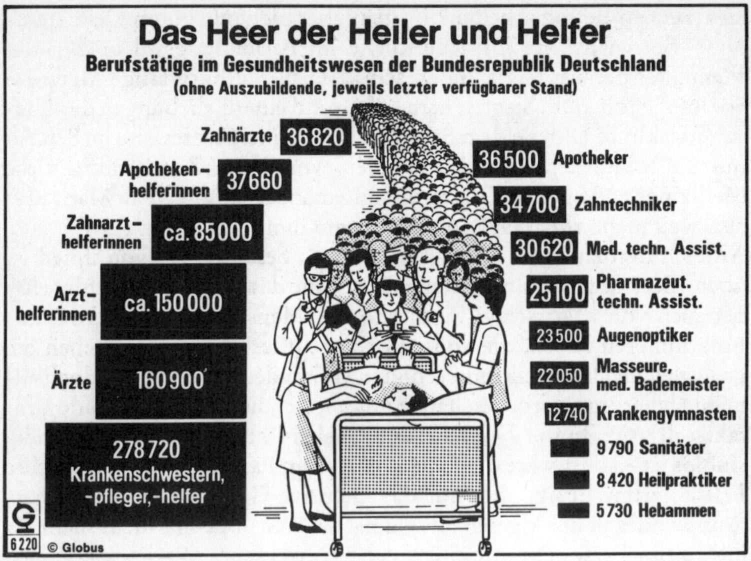

Den Psychotherapeuten möchte ich als einen modernen Prototyp des »Guru« bezeichnen. Nachdem sowohl der Arzt wie der Priester (beide Berufe entstanden wie der des Therapeuten aus dem Ur-Beruf des frühzeitlichen Schamanen) als »Seelenführer« in unserer Epoche weitgehend versagt haben, sind die Schüler Sigmund Freuds die einzigen, die derzeit diese Funktion ausüben.

In der Bundesrepublik gibt es mehr als 200000 Ärzte (Zahnärzte eingeschlossen – Details s. Abbildung zum Stand von 1986), das heißt, jeder von ihnen muß, bei manchmal sechzig Arbeitsstunden pro Woche, durchschnittlich 600 Menschen betreuen. Dieses statistische Faktum und die Fließbandmechnismen einer weitgehend von (versicherungs-) wirtschaftlichen Überlegungen gesteuerten Kassenpraxis haben zu jener berüchtigten »Fünf-Minuten-Medizin« geführt, die anstelle der Sprech*stunde* getreten ist. Echte menschliche Zuwendung und psychohygienische Hilfe für den Patienten haben da keinen Platz mehr. Paul Lüth, selbst Mediziner (er starb 1986), hat genaue Zahlen genannt: Im Krankenhaus stehen von zehn klinischen Arbeitsstunden ganze *viereinhalb Minuten* (!), das entspricht 0,75 Prozent des Kliniktages, für das Gespräch zwischen Arzt und Patient zur Verfügung. Die Ursache? Ein »ärztliches Gespräch« wird bei Medizinern, die nicht den Zusatztitel »Psychotherapeut« tragen, von den Ersatzkassen mit ganzen 8,60 Mark bewertet – und wer möchte schon eine ganze Stunde für einen so lächerlichen Betrag arbeiten? Es geht aber nicht allein um Geld – eine noch viel wichtigere Ursache dürfte im Ausbildungsstil und in der Mentalität der Ärzte zu finden sein. Der in Marburg tätige Medizin-Soziologe Johannes Siegrist kam auf Grund einer Erhebung in der Universitätsklinik Ulm zu dem Schluß, daß bei einer Ärztevisite im Schnitt nur 3,7 Minuten pro Patient abfallen. Von dieser Zeit benötigen die Mediziner zudem drei Viertel, um miteinander zu sprechen. Man redet also weit mehr *über* den Patienten als *mit* ihm!

Ähnlich desolat ist es um die Geistlichen bestellt. Wer von ihnen ist noch »Seelsorger« im ursprünglichen Sinne des Wortes? Unzählige haben sich von »Menschen-Fischern« zu »Menschen-Verwaltern« umfunktionieren lassen, die von den Kanzeln leerstehender Kirchen die ewig gleichen langweiligen Predigten verkünden, obwohl sich doch allmählich herumgesprochen haben müßte, daß diese Art des Pseudokontakts, der sich hinter Dogmen und hohlen Phrasen verschanzt, völlig sinnlos ist – sonst wäre die Erde ja längst ein Paradies geworden. Echte Erleichterung bringt aber nur das intensive Gespräch in der Zweiergruppe oder in der kleinen »dynamischen« Gruppe mit nicht mehr als etwa zehn Personen; nur eine solche Aussprache, ständig wiederholt und vertieft, vermag das »schwache Ich« zu stärken und ermöglicht eine echte Seelenführung und Erziehung zu menschlicher Reife.

Einsichtige Ärzte und Geistliche befassen sich deshalb in zunehmendem Maße mit Psychotherapie und unterziehen sich einer Lehranalyse. Denn der Therapeut lernt, während der fünfzig Minuten seiner Sprechstunde voll und ganz für seinen Klienten da zu sein – und nur für ihn.

Mehr über die Möglichkeiten der Therapie und Selbsterfahrung im folgenden Kapitel.

8. Das Guru-Prinzip

Was den Menschen und seine Lebensweise vor allen anderen Geschöpfen auszeichnet, ist die Gabe, erworbene Kenntnisse und Fähigkeiten von Generation zu Generation weiterzureichen. Dieser »Tradierung« genannte Prozeß hat zwei Kompenenten: eine unpersönliche (Vermittlung von Faktenwissen, das man auswendig lernt) und eine persönliche (Vermittlung existentieller Erfahrungen). Während die moderne technische Zivilisation die erste Form der Tradierung zu immer größerer Perfektion entwickelt hat, etwa durch den Einsatz von Büchern und Lehrmaschinen, wurde die zweite Form mehr und mehr entwertet und nahezu zerstört. Mit dem »Guru-Prinzip« wird eine menschliche Beziehung beschrieben, die geeignet sein könnte, das Problem der Innenwelt-Verschmutzung zu lösen.

In den vorhergehenden Kapiteln wurde gezeigt, daß das größte psycho-soziale Problem unserer Tage das »schwache Ich« vieler Menschen ist. Sobald ein Vorgang von der gewohnten Routine abweicht, werden sie mit den Schwierigkeiten nicht fertig und weichen in irgendeine Form der Vermeidung, Verdrängung oder Innenwelt-Verschmutzung aus. Sie entlasten sich auf Kosten anderer oder – so paradox das klingt – ihrer selbst. Sie flüchten in psychosomatische Krankheiten, werden süchtig oder unterwerfen sich masochistisch skrupellosen Führern vom Schlage eines Adolf Hitler.
In früheren Zeiten war dieses Dilemma des schwachen Ich nicht so problematisch, weil sich zum einen die kulturellen Veränderungen langsamer vollzogen, so daß der unselbständige einzelne sich nach und nach umgewöhnen konnte; zum anderen aber war man in streng gefügte hierarchische Ordnungen eingegliedert. Aus denen konnte man zwar kaum ausbrechen, sie bewahrten einen aber auch davor, »aus der Welt herauszufallen« (Chr. D. Grabbe).
Die sozio-kulturelle Beschleunigung des Entwicklungstempos in der Neuzeit hat die Menschen, die eine andere »Geschwindigkeit« gewohnt waren, überfordert. Welche Rolle das »intellektuelle Tempo« spielt, kann man beobachten, wenn Erwachsene zum ersten Mal in ihrem Leben ins Kino gehen – die rasante Schnittechnik der modernen Filme überfordert sie völlig. Noch deutlicher kann man das bei Kindern studieren: Das »handbetriebene« Kasperltheater ist ihrer Denkge-

schwindigkeit viel besser angemessen als Film und Fernsehen. Erst mit zunehmendem Alter sind sie dann nicht mehr so sehr von Orts-, Zeit- und Handlungsveränderungen überfordert.
Der Zerfall der weltlichen und geistlichen Hierarchien und ihrer ich-steuernden (seltener: ich-stärkenden) Kraft hat die Menschen ihrer wichtigsten seelischen Stütze beraubt. Auf sich selbst gestellt, reagiert der ich-schwache Mensch – wie wir oben sahen – leicht mit psychosozialen Katastrophen.

8.1 Mehr als nur »Übertragung«

Mit der Psychoanalyse entdeckte und entwickelte Sigmund Freud um die Jahrhundertwende eine neuartige Methode, die Innenwelt zu erforschen. Er legte gewissermaßen eine erste grobgerasterte Landkarte an, deren Markierungszeichen er »Ödipus-Komplex«, »anale Phase«, »Regression in frühkindliche Zustände« und ähnlich nannte (siehe Kap. 4).
Freud war jedoch nicht nur der erste und bis heute bedeutendste Kartograph der Innenwelt. Mit demselben Instrument der Psychoanalyse schuf er auch eine revolutionäre Heilmethode für eine Reihe von vorher nicht behandelbaren Krankheiten wie die Neurosen. Und er entdeckte von neuem eine menschliche Beziehung, die ziemlich in Vergessenheit geraten war, zumindest in der westlichen Hemisphäre.
Wichtigstes Charakteristikum der Psychotherapie ist der intensive Kontakt des Patienten (allgemeiner: des Klienten) zum Therapeuten. Dieser Kontakt wächst in einem langwierigen Vorgang, der sich über Jahre erstrecken und Hunderte von Stunden umfassen kann. Er umspannt alle Tiefen und Höhen der menschlichen Existenz: Beschämung, überwältigende Ängste und schwere Schuldgefühle wechseln ab mit klärender Selbsterkenntnis, kathartischer Erleichterung und schöpferischem Neubeginn; zwischen diesen beiden Extremen liegen lange Strecken verhältnismäßiger Ruhe, in denen einfach zäh und zielstrebig an der emotionalen und intellektuellen Klärung persönlicher Konflikte gearbeitet wird.
Ob der Hilfesuchende wie bei den Freudianern auf der Couch liegt oder wie bei den Schülern von C. G. Jung sitzt; ob die Behandlung vorzeitig abgebrochen oder kunstgerecht zu Ende geführt wird; ob er von einem psychisch bedingten Leiden befreit werden will oder seine Kreativität freilegen und besser organisieren möchte – stets wird es sich um eine Auseinandersetzung mit jenen verborgenen Teilen der Persönlichkeit handeln, die man das Unbewußte nennt.

Diesen für gewöhnlich unzugänglichen Bereich wenigstens teilweise bewußt zu machen, ist das erklärte Ziel jeder richtig verstandenen Psychotherapie, die nicht nur an den äußerlich sichtbaren Symptomen herumkurieren will. Freud faßte dieses Ziel in dem Satz zusammen: »Wo Es war, soll Ich werden«, wobei ihm als Vorbild in der Außenwelt die Trockenlegung der niederländischen Zuidersee diente.
In jedem Fall läuft der therapeutische Prozeß dabei über die menschliche Beziehung der Beteiligten. Nicht die Deutung der Träume, Fehlhandlungen und alltäglichen Verhaltensweisen des Klienten ist das wichtigste Element, sondern der Dialog, das wechselseitige Verständnis der Partner. Wenn einer der Beteiligten, meist der Therapeut, passagenweise sehr schweigsam ist, so wirkt diese »verbale Zurückhaltung« dennoch immer als Form des menschlichen Kontakts, in dem der Klient Verständnis und emotionale Beteiligung des therapeutischen Partners spüren kann – wenn sie gegeben wird.
Freud erkannte bereits sehr früh, daß die Vorstellungen, die seine Patienten von ihm hatten, zum großen Teil kaum etwas mit seiner tatsächlichen Persönlichkeit zu tun hatten, sondern Phantasieprodukte waren, die von Erlebnissen aus der Kindheit der Kranken genährt wurden. Gerade wegen seiner verständnisvollen Bereitschaft zum Zuhören machte man ihn, den Arzt, zur Projektionsfläche für diese Erinnerungen. Gegen den starken unbewußten »Widerstand« des Klienten klärt der Therapeut diese falschen, auf ihn »übertragenen« Vorstellungen, und mit dem Abbau der Widerstände und der Übertragung regeneriert sich allmählich die vorher neurotisch oder psychotisch erstarrte Innenwelt des Kranken. Im Idealfall, der allerdings wohl nie erreichbar sein wird, sollten am Ende der Therapie beide Beteiligten möglichst übertragungsfrei sein (auch der Therapeut lernt ja stets etwas über seine eigenen »blinden Flecke« hinzu!).
Erkenntnis und Erforschung solcher Übertragungs-Phantasien sowie deren allmählicher Abbau sind eines der größten Verdienste Freuds. Bei den im folgenden behandelten Partnerbeziehungen wird die Übertragung meist nicht abgeklärt. Es sollte aber nicht vergessen werden, daß es neben der Übertragung stets auch noch eine direkte, unverfälschte menschliche Beziehung zwischen Helfer und Hilfesuchendem geben kann. Erst deren Existenz – und sei sie auch vom Kranken anfangs nur intuitiv gespürt – macht die therapeutische Partnerschaft möglich. Diesen bei jeder »Übertragung« notwendigen, die Behandlung tragenden Kontakt möchte ich das »Guru-Prinzip« nennen.
Psychoanalytiker wie Heinz Kohut sprechen von »Empathie«, wenn sie auf diese Beziehung zu sprechen kommen. Sie meinen damit ein intensives Gefühl, das das Unbewußte des Analytikers direkt mit dem

Unbewußten des Analysanden koppelt. Dieses Guru-Prinzip scheint eng verwandt mit der symbiotischen Beziehung von Mutter und Neugeborenem, der Partnerschaft von Vater und Kind und der Verliebtheit von Mann und Frau. Und trotzdem kann man die Beziehung von »Meister« und »Schüler« als etwas ganz Eigenständiges betrachten. (Falls jemanden die Bezeichnung »Guru« stört, so mag er von einem »Mentor-Prinzip«, »Rabbi-Prinzip«, »Starez-Prinzip« oder schlicht von einem »Meister-Prinzip« sprechen, je nachdem, ob er sich stärker zur griechischen, jüdischen, russischen oder deutsch-christlichen Kultur hingezogen fühlt. Die japanische, chinesische, persische, arabische und eigentlich jede andere eigenständige Kultur kennt ebenfalls ihre eigene Version des Guru. Ich ziehe diese Bezeichnung nicht nur wegen ihrer wenigstens vier Jahrtausende langen Tradition vor, sondern auch deshalb, weil der Guru in Indien bis auf unsere Tage eine höchst lebendige Erscheinung geblieben ist – und weil er der für fernöstliche Einflüsse sehr aufgeschlossenen jüngeren Generation inzwischen ebenfalls vertraut ist.)

8.2 Der Guru und sein Shishya

Das Wort »Guru« stammt aus dem Sanskrit und bedeutet soviel wie »geistiger Führer«, »kompetenter Lehrer« und »Meister«. Bei uns im Westen ist das Wort schon länger von der Yoga-Terminologie her bekannt, und die Vorstellung, Guru und Yoga-Lehrer seien synonym, findet man häufig. Bei jüngeren Leuten, die Timothy Learys Schriften gelesen haben, ist die Verwirrung noch größer, denn Learys Vorstellungen zufolge ist jedermann, der selbst über einigeErfahrungen mit LSD- oder Haschischräuschen verfügt und einem Drogenneuling bei seinem ersten *trip* beisteht, ebenfalls ein Guru; ich habe mich an anderer Stelle ausführlich mit dieser unhaltbaren Vorstellung auseinandergesetzt.
Bertholets »Wörterbuch der Religionen« gibt folgende Definition: »*Guru*, indische Bezeichnung des religiösen Lehrers, der die Rolle des Brahmanen der Vedazeit übernommen hat. Er gibt in ungebrochener Traditionskette die von Gott selber verkündete Lehre weiter und hat die Macht, bis zur Gottesschau zu führen. Aber er bleibt nicht nur Vermittler zwischen Gott und Mensch, er gilt zuweilen als Inkarnation Gottes, und die Ergebung an ihn kann auf eine Stufe mit der Ergebung an Gott selber rücken.«
Wie wir noch sehen werden, ist damit eigentlich jeder »Wissende« gemeint, der befähigt ist, seine größere Erkenntnis und vor allem Selbsterkenntnis an den weniger wissenden Schüler (Sanskrit: *Shishya*) wei-

terzugeben. Allerdings ist dabei nicht allein Sachwissen gemeint, sondern vor allem »existentielles Wissen«, also Wissen um menschliche Beziehungen, Konflikte, Veränderungen, Möglichkeiten, Grenzen und Erfahrungen, aber auch – und vor allem beim indischen Guru – immer schon Wissen um das Transzendente. Aufgrund seines längeren Lebensalters und der daraus resultierenden Erfahrungen sowie seiner eigenen Lehrzeit bei einem anderen geistigen Führer vermag der Guru weiterzugeben, was seinem Schüler noch fehlt. Er kann ihm zwar nicht diese Lebenserfahrungen ersparen und durch kluge Worte ersetzen; er hilft dem Shishya jedoch, gemachte Erfahrungen besser zu verarbeiten, und er kann ihn auf (bewußt oder unbewußt) ausgesparte Existenzbereiche aufmerksam machen und die Auseinandersetzung mit künftigen Problemen vorbereiten.
Mehr oder weniger ausschließlich der Vermittlung existentiellen Wissens widmet sich auch in Indien eigentlich nur der Yogi (wenn man den einer bestimmten Religion verpflichteten Priester einmal außer acht läßt), und zwar hier wiederum vor allem der Meister des *Raja Yoga*, in dessen Mittelpunkt die Meditation steht, also eine geistige Übung. Beim *Hatha-Yoga*, der sich um körperliche Übungen zentriert, spielt das reine Sachwissen bereits eine nicht zu unterschätzende Rolle, etwa als Kenntnis der Körperfunktionen und der Medizin.
Wie das Yoga-Training unter Anleitung eines erfahrenen Guru aussieht, beschreibt B. K. S. Iyengar, der Yoga-Lehrer Yehudi Menuhins: »Die Beziehung zwischen dem Guru und seinem Schüler ist eine besondere, die die Verbindung zwischen Eltern und Kindern, Mann und Frau oder zwischen Freunden übersteigt. Ein Guru ist frei von Selbstsucht. Er führt seinen Shishya voller Hingabe zu dem höchsten Ziel, ohne Ruhm oder Gewinn für sich zu verlangen. Er zeigt den Pfad Gottes und beobachtet den Fortschritt seines Schülers, den er auf diesem Weg geleitet. Er flößt Zutrauen, Hingabe, tiefes Verständnis und Erleuchtung durch Liebe ein. Im Vertrauen auf seinen Schüler nimmt er große Mühen auf sich, damit dieser die Lehren in sich aufnimmt. Er ermutigt ihn, Fragen zu stellen und durch diese und ihre Auswertung die Wahrheit zu erkennen.«
Selbst Buddha schloß sich zunächst Einsiedlern an und übte mit Asketen den Yoga. Bei dem Samkhya-Schüler Alara-Kalama erfuhr er dann, daß Askese und Kasteiung, daß Ertragen von körperlichem Schmerz und Zähmung der Sinne letzten Endes auch nicht die Wahrheit finden lassen oder die Tugend zugänglich machen. Trotzdem war die Auseinandersetzung mit den Anschauungen dieser Gurus – ebenso wie später die Konfrontation mit den Dogmen der brahmanischen Priester – ein wichtiger Meilenstein auf seinem geistigen Weg. Unter dem berühmten

Bodhibaum (d. h. »Baum der Erkenntnis«) hatte er dann, der Überlieferung nach, eine Reihe von Visionen, die ihm die wahre Erleuchtung brachten.

Nur selten ist es jemandem gegeben, diesen Zustand des Samadhi ohne Anleitung durch einen Guru zu erreichen. Andere sind bei solchen Anlässen ohne die Stütze des Lehrers zerbrochen. Von Ramakrishna etwa heißt es, er sei einer der wenigen, der den *Nirvikalpa-Samadhi* (der als die erhabenste und schwierigste Form der Versenkung gilt) mit heilem Leib und Verstand erfahren habe – in den Büchern des Vedanta heißt es, »daß der Körper nach diesem Erlebnis wird wie ein trockenes Blatt und stirbt«.

Aus dem christlich-jüdischen Bereich wäre eine Fülle von weiteren Beispielen zu nennen. Zuvorderst Jesus mit seinen Jüngern, wobei man Johannes den Täufer als eine Art Guru-Vorläufer betrachten müßte. Jesus selbst stand ja in der alten Tradition der Rabbiner, die ihre Lehre mündlich weitergaben.

Doch diese Begebenheiten dürften dem Leser unseres Kulturkreises vertraut genug sein, so daß sie nur als Anregung für eigene Studien erwähnt werden sollen. Die europäische Kirchengeschichte ist voll von entsprechenden Historien über die Bedeutung der Lehrer-Schüler-Beziehung für das existentielle Lernen. Was wäre etwa Martin Luther ohne den Generalvikar Johannes von Staupitz gewesen, der ihn während der Zeit im Kloster freundschaftlich-väterlich beriet, beschützte und tröstete. Und welche (wenn auch gelegentlich unheilvolle) Rolle muß man nicht den Beichtvätern der Fürsten, Könige und Kaiser zuschreiben?

Vergleichbares Material läßt sich auch in Persien, Arabien, im alten Ägypten, ja eigentlich in jeder Kultur- und Gesellschaftsform der Menschheitsgeschichte finden, soweit sie uns schriftlich überliefert ist. Es sei noch auf die Philosophenakademien des antiken Griechenland verwiesen, allen voran die Peripatetiker-Schule des Aristoteles, der als »Guru« Alexanders des Großen aus der Weltgeschichte nicht wegzudenken ist. Sokrates wäre zu nennen, zu dessen bedeutendsten Schülern Platon und Xenophon zählen. Stellvertretend für diese antiken europäischen Vertreter des Guru-Prinzips sei eine Passage aus den Schriften des römischen Kaisers und Philosophen Marc Aurel (121–180 n. Chr.) zitiert, dem wie kaum einem bewußt war, was er seinen »Gurus« zu verdanken hatte. Gleichzeitig sei damit dokumentiert, wie lebendig diese Tradition auch im Westen schon einmal war. In seinen letzten Lebensjahren drückt der Kaiser seinen Dank aus und bezeugt, was er von seinen Vorbildern übermittelt bekam:

»1. Von meinem Großvater Verus: Gutmütigkeit und Freisein von Zorn.
2. Vom Ruf und Erinnerungsbild meines Vaters: Zurückhaltung und Männlichkeit.
3. Von meiner Mutter: Frömmigkeit, Freigebigkeit und Abscheu nicht nur vor bösem Tun, sondern auch davor, auf einen solchen Gedanken zu verfallen; dazu Einfachheit in der Lebensweise und Abstehen vom Gehabe reicher Leute.
4. Von meinem Urgroßvater: Daß ich nicht in öffentliche Schulen ging und daß ich gute Lehrer zu Hause hatte und daß ich erkannte, man müsse dazu reichlich Geld ausgeben.« (Die eigenen Vorfahren legten gewissermaßen den Grundstein der Ausbildung, schufen die Voraussetzungen, damit die Arbeit der eigentlichen »Gurus« später auf fruchtbaren Boden fallen konnte.)
»5. Von meinem Erzieher: Daß ich weder Grüner noch Blauer, noch Rundschildler oder Langschildler wurde; und Ausdauer, Bedürfnislosigkeit und Selbstzugreifen; und Meiden der Vielgeschäftigkeit; und Unzulänglichkeit gegenüber Verleumdung.
6. Von Diognetos: Verzicht auf Scheinernst; und Ungläubigkeit gegenüber dem Gerede von Wundertätern und Zauberern über Beschwörungen, Dämonenaustreibung und dergleichen; und nicht Wachtelklopfen zu spielen und derartige Leidenschaften zu haben; und das freie Wort zu ertragen. Und daß ich mit der Philosophie vertraut wurde...«

Noch neun Freunde und Lehrer werden genannt. Die gerade wegen ihrer psychologischen Details hochinteressante Reihe wird beschlossen mit dem Dank an den Adoptivvater (er erhält das vergleichsweise längste Lob und darf wohl als der eigentliche Mentor Marc Aurels gelten) und an die Götter, »denn all dies bedarf ›der Götterhilfe und des Glücks‹«.

8.3 Die Lehrzeit des Ravi Shankar

Eine andere Spielart des Guru-Prinzips, die dem abendländischen Denken zudem etwas vertrauter sein dürfte, ist die geistige Führung im Bereich der Künste, vor allem der Musik. Es liegt in der Natur der Sache, daß dabei die Vermittlung existentiellen Wissens im oben definierten Sinne in verstärktem Maße ergänzt wird durch den Unterricht in Sachwissen – wenngleich auch hierbei das existentielle Lernen stets miteinbezogen werden sollte. Ohne dieses Nebeneinander konnte man sich im Orient (wie im Westen der Antike) eine harmonische Entwicklung des Shishya gar nicht vorstellen.

Machen wir dazu noch einmal einen Abstecher nach Indien: »Wenn ich eine *Raga** beginne, schließe ich mich von der Welt ab und versuche, tief in mich selbst hinabzusteigen. Das fängt bereits an, wenn ich mich auf das Stimmen der Sitar und ihrer Resonanzsaiten konzentriere. Eine Raga ist für mich wie eine lebende Persönlichkeit. Wird die innere Einheit von Musik und Musiker erreicht, ist das aufregend und ekstatisch wie der Höhepunkt beim Liebesakt und der religiösen Verehrung.«

Der indische Sitar-Virtuose Ravi Shankar, von Kennern wie Yehudi Menuhin geschätzt und von unzähligen Beat-Fans aus ganz anderen Gründen bejubelt, mußte eine mühselige Lehrzeit absolvieren, ehe er einen solchen Zugang zur Musik fand. In seiner Autobiographie erzählt er von dem Entschluß, ein erfolgreiches Leben als Ballett-Tänzer in der Truppe seines Bruders Uday aufzugeben und sich ganz dem Studium der Sitar zu widmen. Er zog in das entlegene Dörfchen Maihar zu seinem zukünftigen Guru Allauddin Khan, der ihn wie ein eigenes Kind in die Familie aufnahm. Trotz dieser großen menschlichen Nähe verlangte der Guru während des Unterrichts eiserne Disziplin. Ravi Shankar vermerkt es als Kuriosum, daß er der einzige Schüler war, den Allauddin nie geschlagen hat – während er seinen eigenen Sohn Ali Akbar Khan, inzwischen ein Meister der der Sitar verwandten *Sarod*, oft prügelte und einmal sogar einen Tag lang an einen Baum band, weil er nicht genug geübt hatte. Dafür mußte Shankar bis zu zehn Stunden täglich trainieren; anfangs bluteten ihm sogar die Finger vom Umgang mit den scharfen Saiten des Instruments.

»Im allgemeinen wachte ich morgens um vier Uhr auf, unterzog mich einer kurzen Waschung ... und trank eine Tasse Tee. Ich nahm meine Sitar und übte bis etwa sechs Uhr die Grundtonleitern. Dann badete ich, hielt die Morgenandacht, was ich seit meiner Einweihungszeremonie tat, und aß zwei gekochte Eier und ein Stück indisches Brot. Nach dieser kleinen Mahlzeit arbeitete ich an den Übungen oder dem, was ich am Vortag gelernt hatte, damit ich es gut spielen konnte, wenn ich später zu Baba ging. Alles mußte natürlich dem Gedächtnis eingeprägt werden, denn außer einigen musikalischen Hinweisen schreiben wir nichts auf – weder die Noten noch irgendwelche formalen Vorschriften. Alles muß direkt von Händen und Geist aufgenommen werden. Kurz nach sieben nahm ich meine Sitar und überquerte zitternd und

* »Raga« (Sanskrit: »Das, was den Geist färbt«) nennt man eine Melodie bzw. das Thema der klassischen indischen Musik, im Gegensatz etwa zur »Dhun«, die zur Folklore zählt.

ängstlich den kleinen Garten, der zu Babas Haus führte, wo wir dann zwei oder drei Stunden arbeiteten.«
(Am Nachmittag wie am Abend wurde wieder einige Stunden geübt.)
»Meine einzige Unterhaltung waren Spaziergänge am Fluß oder auf dem hübschen Hügel, denn es gab keine Kinos oder andere städtische Zerstreuung.«

Es soll hier keine orientalische Idylle propagiert werden. Aber es ist notwendig, die Umstände zu zeigen, die jemanden (bei entsprechender Begabung) befähigen, sein musikalisches Talent so weit zu entwickeln, daß er später in der Lage ist, Konzerte von mehr als fünf Stunden Dauer zu geben, wobei

- eine einzige Raga mehr als drei Stunden (ohne Pause) dauern kann.
- bis zu fünfundneunzig Prozent der Musik improvisiert sind
- und sich das Ergebnis an künstlerischer Qualität ohne weiteres mit klassischer europäischer Kammermusik messen kann.

Ohne die ständige liebevolle Begleitung durch einen Guru können die nötige Selbstdisziplin, technische Virtuosität und Freisetzung der künstlerischen Kreativität überhaupt nicht erreicht werden. Es ist interessant, was Ravi Shankar über seinen Guru sagt:
»Er ist ein Lehrer alten Stils, der von seinen Schülern völlige Demut und Hingabe an den Guru verlangt, ein vollkommenes Abstreifen des Ego. Der Schüler ist nur der Empfangende, und das, was er lernt, soll für ihn das einzige Wesentliche sein; er darf den Guru nicht beurteilen und nicht kritisieren.«
Es erübrigt sich, zu betonen, daß dieser Guru auch über entsprechend große menschliche Qualitäten verfügen muß. Daß Ravi Shankar die absolute Unterwerfung unter die Autorität seines Lehrers keineswegs geschadet hat, beweist er durch sein Auftreten bei Konzerten, bei dem eine gelungene Mischung von Bescheidenheit und selbstbewußter Sicherheit ins Auge fällt.
Ich habe die Beziehung Ravi Shankars zu seinem Lehrer deshalb miteinbezogen, weil sie auch für den Europäer nachvollziehbar ist – zum Beispiel durch intensives Anhören einer der vielen Schallplatten, die der Sitar-Künstler veröffentlicht hat. Die Schilderungen Aurobindos, Ramakrishnas oder Govindas sind nicht selten so weit jenseits unseres Erfahrungshorizontes, daß sie uns das Verständnis des Guru-Prinzips eher erschweren als erleichtern – ohne daß damit eine Wertung verbunden sein soll.
Immerhin verweist schließlich auch Ravi Shankar über diesen unseren materialistischen westlichen Horizont hinaus, wenn er schlicht fest-

stellt: »Der Guru nimmt bei uns einen sehr wichtigen Platz ein, denn wir betrachten ihn als Repräsentation des Göttlichen... Die Wahl des Guru ist für uns sogar wichtiger als die Wahl eines Ehemannes oder einer Ehefrau.«

8.4 Die Gruppe als Guru

Ich selbst habe mich seit 1973, also nach Erscheinen der ersten Ausgabe dieses Buches, mehr und mehr auch mit Gruppenarbeit befaßt. In den Gruppen, bei denen sich die Mitglieder ein Wochenende oder eine ganze Woche lang oder auch über einen wesentlich längeren Zeitraum hinweg (mit einer Sitzung pro Woche) trafen, ist mir allmählich klargeworden, daß das Guru-Prinzip sich nicht nur auf das Zusammenwirken von zwei Menschen zu beschränken braucht: Auch eine kleine Gruppe von fünf bis zehn, manchmal auch mehr Leuten kann für die Gruppenmitglieder die Funktion eines Guru übernehmen. Man spricht gerne vom »Esprit de Corps« oder vom »Geist der Gruppe«. Sicher ist auch hierbei viel »Übertragung« im Spiel, vor allem wohl »Mutter-Übertragung«. Aber die Gruppe dient nicht nur als eine Art Ersatz-Mutter, indem sie beispielsweise Verständnis und Gefühle möglich macht, bei denen man zu kurz gekommen ist. Auch ein »Vater« kann die Gruppe sein, desgleichen »Geschwister« usw. Im Grunde genommen sind diese Gruppen, bei denen sich mehrere, einander zunächst fremde Menschen zusammenfinden, ein Ersatz der Großfamilie.

Schon aus personellen Gründen, mehr aber noch aus speziellen tiefenpsychologischen und gruppendynamischen Gründen, auf die hier nicht näher eingegangen werden kann, dürfte in absehbarer Zeit die kleine Gruppe den Einzel-Guru sogar an Bedeutung übertreffen. Im Bereich der Psychotherapie zeigt sich dies schon sehr deutlich, wo die Gruppentherapie die Einzeltherapie an Bedeutung zu überrunden scheint. Aber mehr noch wird ihre Rolle an Gewicht im »Vorfeld der Therapie« zunehmen: im Bereich der Prophylaxe der Innenwelt-Verschmutzung. In den 80er Jahren bildeten sich, entstehend aus Psychotherapien und Selbsterfahrungsgruppen, neue Formen der Selbsterkenntnis und des heilsamen Mitteilens, in denen die Teilnehmer ihre brachliegenden Fähigkeiten und Talente entwickeln und auf diese Weise ihre Persönlichkeit weiter entfalten lernen. Es gibt dafür noch keinen einheitlichen Namen. Man nennt sie vielleicht am treffendsten »kreative Gruppen«, denn genau darum geht es: um die Entfaltung des kreativen Potentials.

Außer den Ausdrucksmöglichkeiten des Malens und des Musizierens

eignet sich hierfür besonders gut das Schreiben. Es ist zugleich Instrument der Selbsterkenntnis (z. B. als Tagebuch) *und* der Kommunikation (z. B. als Brief oder, in verfremdeter Form, als Erzählung). Das Sprichwort »Geteiltes Leid ist halbes Leid – geteilte Freude ist doppelte Freude« gilt hier in besonderem Maße.
Statt »Guru« klassischen Stils, den ja auch Psychotherapeuten gerne noch verkörpern, ist dabei der Leiter einer solchen Gruppen viel mehr ein »Mit-macher mit Erfahrungsvorsprung« als ein traditioneller patriarchalischer Lehrmeister.
Ich selbst habe im Rahmen der »Münchner Schreib-Werkstatt« * eine Reihe von Seminarformen und spielerisch-kreativen Zugängen zum Schreiben entwickelt, bei denen sich Selbsterfahrung und literarische Gestaltung die Waage halten.
Hierfür habe ich viel von Ruth Cohns »TZI« (»Themenzentrierte Interaktion«) gelernt, einer Methode, die auf geniale Weise Therapie bzw. Selbsterfahrung mit pädagogischen Konzepten kombiniert. Ihr Hauptwerk trägt den programmatischen Titel »Von der Psychoanalyse zur Themenzentrierten Interaktion« – ein Weg, auf dem ich ihr gerne gefolgt bin.
Am erstaunlichsten war für mich dabei die Erfahrung, daß das gemeinsame Arbeiten an Themen in einer Gruppe (im Gespräch, oder eben auch schreibend) nicht selten auch zu nachhaltigen therapeutischen Ergebnissen führt, obgleich dies eigentlich gar nicht im Mittelpunkt dieser »kreativen Arbeit« steht – oder vielleicht gerade deshalb?

* Wer sich für Seminare des Autors interessiert, wende sich bitte direkt an ihn: Postfach 44 02 38 8000 München 44.

Schlußwort

Die meisten Leser werden, nachdem sie das Kapital über den Guru gelesen haben, vermutlich Einwände dieser Art vorbringen:
»Was nützt es mir, wenn es in irgendeinem indischen Dorf einen Meister gibt, der sich meiner annehmen könnte? Ich lebe hier im Westen, in einer hochtechnisierten und sehr komplizierten Zivilisation, und muß jeden Monat mein Geld verdienen, um zu überleben.«
Oder:
»Das Geld für eine Psychoanalyse würde ich schon irgendwie aufbringen – aber ich halte es für utopisch, einen der wenigen Analytiker zu finden, der gerade Zeit für mich hat.« Diesen kritischen Lesern gebe ich völlig recht. Und trotzdem möchte ich behaupten, daß das Guru-Prinzip auch für den taugt, der im Westen lebt und keinen Psychoanalytiker findet. Der indische Guru ist nämlich, genau wie der westliche Therapeut, nur *eine* mögliche Form, in der dieses Prinzip Gestalt annehmen kann. Die Beispiele des voranstehenden Kapitels sollten ja nur demonstrieren, daß es so etwas gibt. Schon die Kenntnis dieser wichtigen Form menschlicher Beziehungen ist ja in unserer auf stures Faktenlernen ausgerichteten Zeit völlig verlorengegangen. Nur wenn wir wieder Möglichkeiten entdecken, existentielles Wissen zu erfahren, läßt sich die Innenwelt-Verschmutzung allmählich überwinden. Ich möchte sogar so weit gehen zu behaupten, daß unsere Zivilisation überhaupt nur deshalb einigermaßen erträglich ist, weil solche Gurus schon immer gewirkt haben – Männer wie Martin Luther und Ignatius von Loyola, Frauen wie Madame de Stael und Charlotte von Stein, die weitaus meisten von ihnen aber wahrscheinlich völlig unbekannt.
Jeder Mensch braucht solche Vorbilder, wenn er sich seelisch gesund entwickeln soll. Der natürlichste Guru ist sicher der eigene Vater. Aber wo findet man noch einen Vater, der sich die Zeit nimmt, seinen Kindern ein Vorbild zu sein? Unzählige haben den Vater im Krieg verloren oder durch einen Unfall; anderen ist er durch die heutige Arbeitswelt weitgehend entzogen. Aber auch wer das Glück hat, von einem verständnisvollen Vater angeleitet und – in einem guten Sinne – erzogen zu werden, muß wohl irgendwann einmal durch die Schule anderer Vorbilder gehen – schon damit er sich aus der allzu engen Bindung lösen kann, die ein guter Vater gerade durch seine positiven Qualitäten mit sich bringt.

Und: So mancher »Guru« entpuppt sich im nachhinein als rechter Scharlatan (bei Bhagwan Sri Rajneesh ist das immer noch nicht so klar).
Und: Bei so manchem Vater werden die Kinder später im Leben mit Erleichterung feststellen, daß es vielleicht gut war, daß er »fehlte«.
Aber wo kann man einen solchen Guru im guten Sinne finden? Und wie kann man abschätzen, ob er etwas taugt?
Die erste Frage läßt sich leichter beantworten. Die meisten Menschen werden, wenn sie sich zurückerinnern, feststellen, daß sie irgendwann in ihrer Vergangenheit (meist in der Pubertät) den einen oder anderen Menschen gekannt haben, der ihnen bei der Lösung eines wichtigen persönlichen Problems geholfen hat. Früher war das meist der Patenonkel oder der Oheim, aber es kann auch irgendein ferner Verwandter oder ein Freund des Vaters, ein älterer und entsprechend lebenserfahrener Nachbar oder ein Arzt, Lehrer, Geistlicher gewesen sein. Man sollte sich auch in späteren Jahren nicht scheuen, solche Menschen, deren Rat sich einmal bewährt hat, wieder aufzusuchen. Sicher wird man die eine oder andere Enttäuschung erleben – aber man wird in ebenso vielen Fällen auch überrascht feststellen, daß der Ratgeber von damals inzwischen ebenfalls älter geworden ist und entsprechend dazugelernt hat. Und man entdeckt auf diese Weise einen »Guru«.
Die zweite Frage, nach der Qualifikation des Vorbilds, wird vor allem dann akut, wenn es darum geht, sich einem noch Unbekannten zuzuwenden. In diesem Fall sollte man sich nicht nur auf seine Intuition verlassen, sondern überprüfen, ob der andere wirklich ein Gespräch führen kann.
Der Guru soll seinem Schüler ja in erster Linie helfen, sich selbst zu erkennen und dadurch neue Wege zur Lösung seiner Probleme zu entdecken. Diese Selbsterkenntnis gewinnt man am besten im Zwiegespräch, und zwar dann, wenn der Gesprächspartner sich in die Situation des Ratsuchenden einfühlen, wenn er ihm aufmerksam zuhören und wenn er vor allem seine eigenen Probleme zeitweilig hintanstellen kann. Nicht jeder ist zum Guru geeignet. Nicht jeder ist in seiner eigenen psychischen Entwicklung so weit fortgeschritten, daß er anderen, weitgehend frei von Egoismus, echt helfen kann. Aber wenn es nur einer unter Tausenden ist, hätten wir in der Bundesrepublik immerhin 60 000 potentielle Gurus. Wenn jeder von ihnen einem einzigen »Schüler« ein wenig auf seinem Lebensweg hilft – und jeder dieser Schüler irgendwann seinerseits zum Guru wird –, dann läßt sich vielleicht die heute herrschende Innenwelt-Verschmutzung im Lauf der nächsten Generationen allmählich abbauen.
Was für den Guru gesagt wurde, gilt entsprechend auch für die heilsamen Kräfte der kleinen Gruppe.

Die – naturgemäß immer seltenen – Psychotherapeuten müßten sich dann nur noch der wirklich schweren Fälle annehmen, denen ein menschliches Vorbild allein nicht mehr helfen kann.

Atomreaktor Menschheit

Wieweit die Innenwelt-Verschmutzung, wie ich optimistisch meine, tatsächlich bei der Überwindung der offenen Aggression mörderischer Kriege helfen kann (s. S. 14), wird nicht zuletzt davon abhängen, ob es künftig mehr »gute« als »böse« Gurus geben wird. Der deutsche Psychiater Ernst Kretschmer schrieb 1929, am Vorabend von Nazi-Deutschland: »Die Psychopathen sind immer da. Aber in den kühlen Zeiten begutachten wir sie, und in den heißen – beherrschen sie uns.« Der 1938 in die USA emigrierte Wiener Analytiker K. R. Eissler ergänzte diese Vorahnung vor einigen Jahren: »Ich glaube, der Beitrag der Soziopathen in ruhigen Zeiten wird noch immer unterschätzt. Ich konnte Gruppen beobachten, die durch das geschickte Manövrieren von Soziopathen zersetzt wurden. Der Soziopath hat die Fähigkeit, eine fast hypnotische Wirkung auf Gruppen auszuüben, die dem Idealisten fehlt. Man wird nur Idealist, wenn ein geheimes Schuldgefühl die Triebhaftigkeit verriegelt, während der Soziopath wie der Rattenfänger von Hameln seine Triebhaftigkeit für das Manipulieren von Gruppen verwendet.«

Mit all ihren (vor allem verborgenen) Aggressionen bietet die Menschheit derzeit einen Anblick, der sich eigentlich nur mit einer technischen Metapher beschreiben läßt. Sie gleicht einem Atomreaktor, der kurz vor dem Erreichen seiner *kritischen Masse* und damit der bombenartigen Explosion steht. Alles kommt nun darauf an, ob sich genügend gute Gurus finden, die nicht nur »Idealisten« sind, sondern auch tatkräftig zum Abbau der Innenwelt-Verschmutzung beitragen. Sie sind gewissermaßen die *Kadmium-Stäbe*, die die gefährlichen Neutronen-Kaskaden des Reaktors bremsen. Hoffen wir, daß sie an Zahl die Psycho- und Soziopathen, die Rattenfänger und bösen Gurus übertreffen, die die verborgenen Aggressionen in ihrer Umgebung kräftig schüren und die gewissermaßen das pure radioaktive Uran des Reaktors Menschheit sind.

Wenn dieses Buch seinen Lesern ein wenig die Augen öffnen konnte, worum es geht, und wenn gar der eine oder andere aus diesem Grund seine Guru-Eigenschaften entdeckt und Hilfesuchenden zur Verfügung stellt – dann hat es seinen Zweck erfüllt.

Literaturverzeichnis

Die Quellen werden – mit Angabe der Seitenzahl – in der Reihenfolge ihrer Zitierung aufgeführt. Besonders wichtige Werke sind kursiv gedruckt. Wo keine Seitenangabe voransteht, handelt es sich um ein grundlegendes Buch, das im Text nicht ausdrücklich erwähnt wird, dessen Gedanken aber meine eigenen Überlegungen beeinflußt haben. Aktuelle Tagesnachrichten wurden in erster Linie der »Süddeutschen Zeitung« und dem »Spiegel« entnommen. Als wertvolle Fundorte für spezielle wissenschaftliche Informationen dienten die Ärzte-Wochenschriften »Selecta« und »Praxis-Kurier«. Diese Quellen wurden nicht immer ausdrücklich angegeben, können jedoch bei Bedarf bekanntgegeben werden.

Der Verfasser

(7) *S. Freud*, Das Unbehagen in der Kultur (1930), in: Ges. Werke XIV, Frankfurt a. M. 1968, S. 506.
(17) *G. Childe*, Stufen der Kultur, Stuttgart 1955, S. 348.

Kap. 1: Verschmutzung der Innenwelt?

(18) *R. Buckminster Fuller*, Bedienungsanleitung für das Raumschiff Erde, Reinbek 1972.

Kap. 2: Die psychedelische Gegenwelt

(30) *L. Schmitt, F. Stöckel* und *L. Kaiser*, Drogengebrauch unter Jugendlichen in Baden-Württemberg, in Deutsches Ärzteblatt Nr. 7/1972, S. 354.
(31) *Schnipkoweit*, zit. n. Drogenreport Nr. 1/84.
(33) *W. Schmidbauer* und *J. vom Scheidt*, Handbuch der Rauschdrogen, München 1984.
(33) *P. Mann*, Hasch – Zerstörung einer Legende, Frankfurt a. M. 1987.
(35) *H. Wagner*, Rauschgift-Drogen, Berlin 1970, S. 28.
(38) *W. E. Peuckert*, zit. n. E. Richter, Der nacherlebte Hexensabbat, in: Forschungsfragen unserer Zeit, 1960, S. 97.
(40) *Th. de Quincey*, Bekenntnisse eines englischen Opiumessers (1822), München 1965, S. 76.
(43) *N. Bakthan*, zit. n. Praxis-Kurier Nr. 2/1972.
(43) *M. A. Bozarth*, zit. n. Der Spiegel Nr. 36/86.
(44) Der Spiegel Nr. 2/84.

(45) *P. Pia*, Charles Baudelaire, Hamburg 1958.
(45) *T. Leary*, Highpriest, New York 1968.
(45) *P. Kielholz* und *D. Ladewig*, Über Drogenabhängigkeit bei Jugendlichen, in: Deutsche medizinische Wochenschrift 1970, S. 101.
(45) *K. Wanke*, Neue Aspekte zum Suchtproblem (Habilitationsschrift), Frankfurt a. M. 1971.
(49) *R. Süßmuth*, zit. n. SZ vom 17.7.1986.
(49) *Fahrtmann*, zit. n. SZ vom 4.5.1985.
(53) *A. Limentani*, Drogenabhängigkeit – ein klinischer Bericht, in: J. vom Scheidt (Hrsg.), Drogenabhängigkeit, München 1972.
(54) *A. Mitscherlich*, Auf dem Weg zur vaterlosen Gesellschaft, München 1963. – *G. Ammon* (Hrsg.), Bewußtseinserweiternde Drogen, Berlin 1971.
(58) *L. Wicke*, Die ökologischen Milliarden, München 1986.

Kap. 3: Körperliche Krankheit – seelische Not

(61) *W. Lutz*, Leben ohne Brot, Planegg b. München 1970.
(62) *F. Hoff*, Moderne Medizin, München 1965, S. 14.
(65) *A. Mitscherlich*, Krankheit als Konflikt, Bd. 1, Frankfurt a. M. 1966, S. 13.
(70) *M. M. Jackel*, zit. n. Frankfurter Rundschau vom 1.2.1968.
(70) *H. A. Schultz*, zit. n. Praxis-Kurier Nr. 22/1970.
(71) *H. G. Arnds*, zit. n. Praxis-Kurier Nr. 40/1972.
(72) *J. Rallo*, zit. n. Praxis-Kurier Nr. 39/1971.
(72) *H. Graupner*, »Die kranke Seele steckt den Körper an«, Süddeutsche Zeitung vom 28.6.1986.
(72) *K. Vogelsang*, Vortrag auf dem V. Internationalen Kongreß für Hypnose und psychosomatische Medizin, Mainz 1971.
(73) *K. Menninger*, zit. n. W. Schmidbauer, Kleine Psychotherapie, Planegg 1970, S. 38.
(74) *S. Freud* und *J. Breuer*, Studien über Hysterie (1895), Frankfurt a. M. 1970.
(75) *M. Boss, Einführung in die psychosomatische Medizin, Bern 1954*, S. 133.
(75) *St. Reiker-Theil*, Gruppentherapie gegen Bluthochdruck, Süddeutsche Zeitung vom 23.5.1986.
(75) *A. Cramer*, zit. n. Praxis-Kurier Nr. 46/1970.
(77) *H. Kleinsorge* und *G. Klumbies*, Technik der Relaxation, Berlin 1962.
(78) *C. B. Bahnson*, zit. n. Der Spiegel Nr. 41/1972, S. 177.
(79) *G. Groddeck*, Das Buch vom Es, Wien 1923.
(80) *F. Alexander*, Psychosomatische Medizin, Berlin *1971*, S. 22.
(80) *Th. von Uexküll*, Grundfragen der psychosomatischen Medizin, Reinbek 1963, S. 56.
(80) *F. Dunbar*, Emotions and Bodily Changes, New York 1955, zit. n. Th. von Uexküll (s. o.), S. 50.
(81) *A. Jores*, Vom kranken Menschen, Stuttgart 1959.

(83) *H. Hartmann*, Ich-Psychologie und Anpassungsproblem, Stuttgart 1970.
– *P. Matussek u. Mitarb.*, Die Konzentrationslagerhaft und ihre Folgen, Berlin/Heidelberg/New York 1971.
(84) *J. vom Scheidt*, Tiefenpsychologie und Yoga, in: U. von Mangoldt (Hrsg.), Yoga heute – Hilfe für den Westen, Weilheim 1971.
– *M. Balint*, Der Arzt, sein Patient und die Krankheit, *Frankfurt a. M. 1970.*
– *M. Boss, Grundriß der Medizin, Bern 1971.*

Kap. 4: Der einzelne und seine Eigenheiten

(89) *S. Freud*, Abriß der Psychoanalyse (1938), in: Ges. Werke XVII, Frankfurt a. M. 1966, S. 109.
(89) *Sp. Johnson*, Eine Minute für mich, Reinbek 1987.
(90) *L. Srole*, Mental Health in the Metropolis. The Midtown Manhattan Study, New York 1962.
(92) *F. Riemann*, Grundformen der Angst, München 1965, S. 117.
(94) *K. Abraham*, Psychoanalytische Studien. Ges. Werke in zwei Bänden, Frankfurt a. M. 1969, 1971.
(95) *M. Klein*, Das Seelenleben des Kleinkindes, Stuttgart 1962.
(97) *S. Freud* Trauer und Melancholie (1916), in. Ges. Werke X. Frankfurt a. M. 1967.
– *W. Gaylin* (Hrsg.), *The Meaning of Despair, New York 1968.*
– *A. Dührssen*, Psychogene Erkrankungen bei Kindern und Jugendlichen, Göttingen 1965.
(100) *R. D. Laing*, Phänomenologie der Erfahrung, *Frankfurt a. M. 1969*, S. 135.
– *M. Barnes*, Meine Reise durch den Wahnsinn, *München 1973.*
– *J. N. Rosen*, Psychotherapie der Psychosen, Stuttgart *1964.*
(102) *M. Jaeckel* und *St. Wieser*, Das Bild des Geisteskranken in der Öffentlichkeit, Stuttgart 1970.
(103) *J. Custance*, Weisheit und Wahn, Zürich 1954, S. 12.
– *G. Bateson* u. a., Schizophrenie und Familie, *Frankfurt a. M. 1969.*
(104) *B. Bettelheim*, The empty Fortress. Infantile Autism and the Birth of Self, New York/London 1967.
(105) *V. M. Axline*, Dibs, München 1972.
(105) *R. Ekstein* und *D. Wright*, Das Raum-Kind, in: Praxis der Kinderpsychologie und psychiatric 1965, S. 59.
(107) *M. Gardiner* (Hrsg.), Der Wolfsmann vom Wolfsmann, Frankfurt a. M. 1972.
(107) *O. Kernberg*, Borderline Personality Organization, In: Journal of the American Psychoanalytic Association 1967, S. 641–685.
(108) *M. Balint*, Therapeutische Aspekte der Regression. Die Theorie der Grundstörung, *Stuttgart 1970.*
(109) *H. Kohut, Narzißmus.* Eine Theorie der psychoanalytischen Behandlung narzißtischer Persönlichkeitsstörungen, *Frankfurt a. M. 1973*, S. 43.

(110) *J. vom Scheidt*, Der falsche Weg zum Selbst. Studien zur Drogenkarriere, (1975), Frankfurt a. M. 1984.
(112) *H. Argelander*, Der Flieger – eine charakteranalytische Fallstudie, *Frankfurt a. M. 1972.*
(112) *T. Moser*, Lehrjahre auf der Couch, Frankfurt a. M. 1974.
(115) *F. Schmiedes*, zit. n. Selecta Nr. 1/1971.
(116) *E. Müller-Meiningen*, Süddeutsche Zeitung vom 24. März 1972.
(116) *G. Mauz*, Der Spiegel Nr. 22/1971.
(116) *M. Mikorey*, Medizinische Klinik Nr. 4/1960, S. 868.
(116) *U. Undeutsch*, Ergebnisse psychologischer Untersuchungen am Unfallort, Köln 1962, S. 15.
(118) *O. König*, zit. n. Praxis-Kurier Nr. 27/1972.
(118) *M. Boss*, Einführung in die psychosomatische Medizin, Bern 1954, S. 123–132.
(118) *F. Dunbar*, Medical Aspects of Accidents and Mistakes in the Industrial Army and in the Armed Forces, in: War Medicine, Bd. 4 (1943), S. 141 ff.
(119) *A. Mitscherlich*, Krankheit als Konflikt, Bd. 1, Frankfurt a. M. 1966, S. 100 ff.
(121) *A. D. Pokorny, J. P. Smith* und J. R. Finch, zit. n. Selecta Nr. 3/1973.
(121) *Interview mit K. Thomas* in der ADAC-Motorwelt, November-Heft 1974, S. 84 f.
(126) *K. Thomas*, Menschen vor dem Abgrund, Hamburg 1970.
(126) *H. Lyons*, zit. n. Praxis-Kurier Nr. 23/1972.
– *E. Stengel*, Selbstmord und Selbstmordversuch, *Frankfurt a. M. 1969.*
(129) *Süddeutsche Zeitung* vom 7. Nov. 1966.
(130) *S. Schober* (Hrsg.), Let it Bleed. Die Rolling Stones in Altamount, München 1970.
(132) *A.* und *M. Mitscherlich*, Die Unfähigkeit zu trauern. Grundlage kollektiven Verhaltens, München 1968.
(132) *Ch. Beradt*, Das Dritte Reich des Traums, München 1966, S. 9.
(140) *H. Kraschutzki*, Die Gerechtigkeitsmaschine. Erfahrungen mit Strafen und Strafvollzug, Karlsruhe 1970.
(140) *D. B. Schmorak*, Der Prozeß Eichmann, Wien 1964, S. 434.
(141) *F. Alexander*, Der Doppelmord eines 19jährigen, in: Psychoanalytische Bewegung, Bd. I, 1930, S. 80–93.
(141) *P. Ghysbrecht*, Psychologische Dynamik des Mordes, Stuttgart 1967.
(143) *R. J. Brandt*, Aus der Psychoanalyse eines Mörders, in: Psyche 1958, S. 18–32.
(144) *O. Pfister*, Psychoanalytische Äußerung über einen jugendlichen Gewohnheitsdieb, Morphinisten und Totschläger, in: Zeitschrift für psychoanalytische Pädagogik 1931, S. 240–256.
(144) *S. Freud*, Einige Charaktertypen aus der psychoanalytischen Arbeit (1915), in: Ges. Werke X, Frankfurt a. M. 1967, S. 389 ff.
(145) *A. Repond*, Gentleman Combrioleurs, in H. Meng (Hrsg.), Die Prophylaxe des Verbrechens, Basel 1948, S. 1–66.
(146) *P. Lory*, zit. n. Süddeutsche Zeitung vom 3. April 1970.

(146) *K. Weinschenk*, Die erbliche Lese-Rechtschreib-Schwäche und ihre sozial-psychiatrischen Auswirkungen, Bern 1965.
(146) *H. Ch. Dechêne*, Verwahrlosung und Delinquenz, München 1975.
(147) *Th. Spoerri*, Kompendium der Psychiatrie, Frankfurt a. M. 1969, S. 117–120.
(147) *P. C. Kuiper*, Die seelischen Krankheiten des Menschen, *Stuttgart 1968*, S. 91.
(150) *H.-E. Richter*, Die Gruppe, Reinbek 1972, S. 330.
(151) *P. C. Kuiper*, Perversionen, in: Psyche 1962, S. 497–511.
(151) *H. Giese*, Die Sexualität des Menschen, Stuttgart 1968.
(153) *A. Kinsey*, Das sexuelle Verhalten der Frau (1948), Frankfurt a. M. 1954; Das sexuelle Verhalten des Mannes (1953), Frankfurt a. M. 1955.
(154) *S. Freud*, Drei Abhandlungen zur Sexualtheorie (1905), in: Ges. Werke V, Frankfurt a. M. 1968, S. 34.
(157) *Ch. W. Socarides*, Der offen Homosexuelle, Frankfurt a. M. 1971.
(157) *F. Morgenthaler*, Homosexualität, Heterosexualität, Perversion, Frankfurt a. M. 1984/1987.
(158) *M. Balint*, Die Urformen der Liebe, Frankfurt a. M. 1969, S. 151.
(159) *P. C. Kuiper*, Perversionen, in: Psyche 1962, S. 504.
(160) *W. Müller-Thalheim*, Alfred Kubin in psychiatrischer Sicht, in: Materia Medica Nordmark, Sonderheft 1/1969, S. 5.
– *M. Boss*, Sinn und Gehalt der sexuellen Perversionen, *Bern 1966*.
(161) *J. vom Scheidt* (Hrsg.), Drogenabhängigkeit, München 1972, S. 16.
(163) *G. de la Vega*, Die Heroin-Sucht: Ein Abwehrmechanismus, in: G. Ammon (Hrsg.), Bewußtseinserweiternde Drogen in psychoanalytischer Sicht, Berlin 1971, S. 139–152.
(163) *J. Götte*, Sucht als Abwehr – eine Studie, in: J. vom Scheidt (Hrsg.), Therapie des Drogenmißbrauchs, München 1973.
– *J. vom Scheidt*, Freud und das Kokain, München 1973.
– *W. Schmidbauer*, Verwundbare Kindheit, Planegg b. München 1973.

Kap. 5: Verfolgung ohne Ende

(165) *A. Solschenizyn*, Der Archipal GULAG, 2 Bände, München 1974.
(165) *H. v. Ssachno*, »Die Nation der Vernichteten«, in Süddeutsche Zeitung, 14. November 1974.
(165) *H. Dollinger*, Schwarzbuch der Weltgeschichte, München 1974.
(166) *R. M. Loewenstein*, Psychoanalyse des Antisemitismus, Frankfurt a. M. 1967.
(167) *A. Hitler*, Mein Kampf, München 1933, 25. Aufl., S. 59.
(168) *P. Pulzer*, Die Entstehung des politischen Antisemitismus in Deutschland und Österreich 1867–1914, Gütersloh 1966, S. 23.
– *W. Keller*, Und wurden zerstreut unter alle Völker, *München/Zürich 1966*.
(170) *B. Malinowski*, The Father in primitive Psychology, London 1927.
(171) *M. Sherif*, Social Psychology, New York 1969.

(173) *E. L. Horrowitz*, Development of Attitude toward Negroes, in: Archives of Psychology Nr. 194/1936.
(175) *N. Karsch*, Naturgeschichte des Teufels, Münster 1877, S. 92.
(178) *W. Schmidbauer*, Seele als Patient, München 1971.
(179) *E. Hoeschel*, Vortrag auf dem 21. Kongreß für ärztliche Fortbildung, Berlin, 23.–28. Mai 1972.
(180) *H. Bracken* und *W. Cotanidis*, zit. n. Selecta Nr. 31/1972.
(180) *H. P. Bleuel*, Kinder in Deutschland, München 1971, S. 15f., S. 46.
(182) *M. Borris*, Die Benachteiligung der Mädchen in Schulen der Bundesrepublik und Westberlin, Frankfurt a. M. 1972.
(183) *M. Mead*, zit. n. Praxis-Kurier Nr. 3/1972.
(185) *T. W. Adorno* u. a., Der autoritäre Charakter, Amsterdam 1968.
– *G. W. Allport*, Die Natur des Vorurteils, Köln 1971.
– *P. R. Hofstätter*, Einführung in die Sozialpsychologie, Stuttgart 1963.
– *D. Riesman*, Die einsame Masse, Hamburg 1958.

Kap. 6: Medien-Verschmutzung

(187) *M. McLuhan*, Die magischen Kanäle, Düsseldorf/Wien 1968.
(188) *F. Stückrath* und *G. Schottmayer*, zit. n. Selecta Nr. 5/1971.
(189) *V. B. Clyne*, zit. n. Praxis-Kurier Nr. 30/1970.
(189) *D. M. Kaplan*, zit. n. Praxis-Kurier Nr. 7/1973.
(191) *W. McCay*, Little Nemo, Darmstadt 1972.
(193) *J. vom Scheidt*, Descensus ad inferos: Tiefenpsychologische Aspekte der Science Fiction, in: E. Barmeyer, Science Fiction – Theorie und Geschichte, München 1972.
(193) *Th. Landfinder*, Liebe 2002 – Erotic Science Fiction, Frankfurt a. M., 1971, S. 408; (Hrsg.) Welt ohne Horizont, Würzburg 1975.
– *W. R. Fuchs*, Leben unter fernen Sonnen?, München 1973.
– *J. vom Scheidt*, Das Monster im Park, München 1970.
(194) *S. B. Charters*, Die Story vom Blues, München 1962.
(196) *K. Stern, Die Flucht vor dem Weib. Zur Pathologie des Zeitgeistes*, Salzburg 1968, S. 56.
(197) *A. Baillet*, Vie de Monsieur Descartes, Bd. I, Paris 1691, zit. n. J. Jezower, Das Buch der Träume, Berlin 1928, S. 90ff.
(199) *J. W. von Goethe*, Aus meinem Leben. Dichtung und Wahrheit (1811–1814, 1833), München 1949, S. 393.
(200) *L. Kubie*, Psychoanalyse und Genie, Reinbek 1966.
(200) *K. R. Eissler*, *Goethe – A psychoanalytic Study*, 2 Bde., Detroit 1963.
(201) *L. Hill*, zit. n. M. Bowen, Die Familie als Bezugsrahmen für die Schizophrenieforschung, in G. Bateson u. a., Schizophrenie und Familie, Frankfurt a. M. 1969, S. 190.
(202) *T. Leary*, Politik der Ekstase, Hamburg 1970.
(204) *A. Mitscherlich* und F. Mielke (Hrsg.), Medizin ohne Menschlichkeit (1949), Frankfurt a. M. 1962, S. 14, S. 13.
(204) *A. Plack*, Die Gesellschaft und das Böse, München 1968.

(207) *M. Urban*, Süddeutsche Zeitung vom 29. Mai 1971.
(209) *G. de Carvalho*, Aufstieg und Fall des Jussef Beidas, in: Zeit vom 3. Febr. 1967.
(210) *M. Birkholz* und *W. Saller*, IOS: Senkrechtstart und Absturz einer Erfolgsidee, Düsseldorf / Wien 1970.
(215) *W. Schmidbauer*, Homo consumens, Stuttgart 1972, neuer Titel: Weniger ist manchmal mehr, Reinbek 1984.
(215) *F. Pohl*, »The Midas Plague« (1954), deutsch: »Die armen Reichen«, in: 7 Science Fiction Stories, München 1966.
(217) *J. L. Sampedro*, Triebkräfte der Weltwirtschaft, München 1967, S. 8f.

Kap. 7: Die Quellen des Übels

(221) *S. Freud*, Neue Folge der Vorlesungen zur Einführung in die Psychoanalyse (1933), in Ges. Werke XV, Frankfurt a. M. 1967, S. 110.
(221) *K. Lorenz*, Das sogenannte Böse, Wien 1963.
(221) *W. Schmidbauer*, Die sogenannte Aggression, Hamburg 1972, S. 158.
(223) *Y.* und *H. Lowenfeld*, Die permissive Gesellschaft und das Überich, in: J. vom Scheidt (Hrsg.), Drogenabhängigkeit, München 1972, S. 166–182.
(224) *R. D. Laing*, Phänomenologie der Wahrnehmung, Frankfurt a. M. 1969, S. 22.
– *A. Mitscherlich*, Die Idee des Friedens und die menschliche Aggressivität, Frankfurt a. M. 1969.
– *A. Mitscherlich* (Hrsg.), Bis hierher und nicht weiter. Ist die menschliche Aggressivität unbefriedbar? München 1969.
– *L. Szondi*, Gestalten des Bösen, *Bern / Stuttgart 1969.*
(227) *K. Saller*, Das Menschenbild der naturwissenschaftlichen Anthropologie, Speyer / München 1958, S. 42.
(227) *G. Teleki*, The omnivorous Chimpanzee, in: Scientific American, Jan. 1973, S. 32–42.
(227) *R. Ardrey*, Adam kam aus Afrika, Wien 1967.
(228) *R. B. Lee* und *I. De Vore* (Hrsg.), Man the Hunter, Chicago 1968.
(228) *W. Schmidbauer*, Jäger und Sammler, Planegg b. München 1972.
(230) *J. B. Calhoun*, Population Density and Social Pathology, in: Scientific American, Febr. 1962, S. 139–148.
(230) *D. von Holst*, zit. n. Der Spiegel Nr. 3 / 1973.
(230) *O. R. Galle, W. R. Gove* und *J. M. McPherson*, Science 1972, S. 23, zit, n. Selecta Nr. 40 / 1972.
(231) *J. T. Laird*, Aufsatz in The Journal for Psychology 1973, S. 171; zit. n. Psychologie heute, Juni-Heft 1974.
(231) *E. S. Deevey*, The Human Population, in: Scientific American, Sept. 1960, S. 2–9.
(231) *K. Davis*, Population, in: Scientific American, Sept. 1963, S. 2–11.
(232) *J. Huxley*, World Population, in: Scientific American, März 1956, S. 7.
– *T. Frejka*, The Prospects for a Stationary World Population, in: Scientific American, März 1973, S. 15–23.

(233) *H. Hediger*, Beobachtungen zur Tierpsychologie in Zoo und Zirkus, Basel 1961.
(234) *R. Spitz*, Vom Säugling zum Kleinkind, *Stuttgart 1967*, Kap. 14.
(236) *I. Kende*, zit. n. K. J. Gantzel, System und Akteur, Beiträge zur vergleichenden Kriegsursachenforschung, Düsseldorf 1972, S. 298 f.
(236) Kriegs-Statistik, Zit. n. R. Wiegand, Der Mitmensch als Ärgernis, Geist und Psyche, Bd. 2183, München 1972, S. 39.
(236) *I. Kende*, »Twenty-five years of local Wars«, in Journal of Peace Research VIII, 1971, S. 5–22.
(240) *A. Mitscherlich*, zit. n. Selecta Nr. 29/1972 (s. hierzu auch: Sigmund-Freud-Stiftung, Mitteilung in Psyche 1972, S. 723).
(240) zit. n. (anon.) Gesundmacher und Seelenheiler, München 1986.
(243) *P. Lüth*, Sprechende und stumme Medizin. Über das Patienten-Arzt-Verhältnis, Frankfurt 1974.
– *R. Waelder*, Die Grundlagen der Psychoanalyse, Frankfurt a. M. 1969.
– *R. Greenson*, Technik und Praxis der Psychoanalyse, Stuttgart 1973.

Kap. 8: Das Guru-Prinzip

(247) *S. Freud*, Neue Folge der Vorlesungen zur Einführung in die Psychoanalyse (1933), in: Ges. Werke XV, Frankfurt a. M. 1967, S. 86.
(248) *J. vom Scheidt*, Rauschdrogen und Yoga, in: U. von Mangoldt (Hrsg.), Yoga heute – Hilfe für den Westen, Weilheim 1971.
(248) *A. Bertholet*, Wörterbuch der Religionen, Stuttgart 1962, S. 204.
(249) *B. K. S. Iyengar*, Licht auf Yoga, Weilheim 1969, S. 25.
(250) *S. Lemaître*, Ramakrishna, Reinbek 1963, S. 82.
(250) *M. Aurel*, Wege zu sich selbst, Reinbek 1965, S. 7.
(252) *R. Shankar*, Meine Musik, mein Leben, München 1969, S. 133 ff.
(258) *E. Kretschmer*, Geniale Menschen, Berlin 1929, S. 20.
(258) *K. R. Eissler*, Zur Notlage unserer Zeit, in: Psyche *1968*, S. 654.

Bitte umblättern:

Geist und Psyche
Begründet von Nina Kindler 1964

Psychoanalyse

Hilda Abraham
Karl Abraham
Band 42213

Raymond Battegay
Psychoanalytische Neurosenlehre
Band 42279

J. Cremerius/Sven O. Hoffmann/W. Trimborn
Psychoanalyse, Über-Ich und soziale Schicht
Band 42206

Kurt R. Eissler
Todestrieb, Ambivalenz, Narzißmus
Band 42208

Sándor Ferenczi
Zur Erkenntnis des Unbewußten
und andere Schriften zur Psychoanalyse
Band 42194

Anna Freud
Das Ich und die Abwehrmechanismen
Band 42001
Einführung in die Technik der Kinderanalyse
Band 42111

Leon Grinberg/Marie Langer/Emilio Rodriguez
Psychoanalytische Gruppentherapie
Band 42094

Marie Jahoda
Freud und das Dilemma der Psychologie
Band 42276

Werner W. Kemper
Der Traum und seine Be-Deutung
Band 42184

Fischer Taschenbuch Verlag

fi 350/2a

Geist und Psyche

Begründet von Nina Kindler 1964

Psychoanalyse

Melanie Klein
Ein Kind entwickelt sich
Band 42222
Die Psychoanalyse des Kindes
Band 42291

Peter Kutter
Psychoanalyse in der Bewährung
Methode, Theorie und Anwendung
Band 42263

Peter Kutter/Jörg K. Roth
Psychoanalyse an der Universität
Band 42228

Stavros Mentzos
Neurotische Konfliktverarbeitung
Band 42239
Hysterie
Band 42212
Angstneurose
Band 42266

Theodor Reik
Die verschlungenen Wege des Selbst
Band 42235

Jürgen vom Scheidt
Der unbekannte Freud
Neue Interpretationen seiner Träume
Band 42292

D. W. Winnicott
Von der Kinderheilkunde zur Psychoanalyse
Band 42249
Reifungsprozesse und fördernde Umwelt
Studien zur Theorie der emotionalen Entwicklung
Band 42255
Familie und individuelle Entwicklung
Band 42261

Anton Zottl
Otto Rank
Band 42229

Fischer Taschenbuch Verlag

fi 350/5b

Geist und Psyche

Begründet von Nina Kindler 1964

Psychologische Ratgeber

Annelise Heigl-Evers/
Franz Heigl
Geben und Nehmen in der Ehe
Band 42151
Gelten und Geltenlassen in der Ehe
Band 42128
Lieben und Geliebtwerden in der Ehe
Band 42118

Werner W. Kemper
Der Traum und seine Be-Deutung
Band 42184

Christa Kniffki
Transzendentale Meditation und autogenes Training
Band 42197

Ann F. Neel
Handbuch der psychologischen Theorien
Band 42251

Erving und Miriam Polster
Gestalttherapie
Band 42150

Hans G. Preuss
Ehepaartherapie
Band 42277

Carl R. Rogers
Encounter-Gruppen
Band 42260
Therapeut und Klient
Band 42250

Driek van der Sterren
Pränatale Psychologie
Band 42123

Daniel Widlöcher
Was eine Kinderzeichnung verrät
Band 42254

Eckart Wiesenhütter
Traumseminar
Band 42152

Fischer Taschenbuch Verlag

fi 356/4 b